DANO SOCIAL

DANO SOCIAL

REPARAÇÃO, ASPECTOS PROCESSUAIS E DESTINAÇÃO

2021

Yuri Fisberg

ALMEDINA

DANO SOCIAL
REPARAÇÃO, ASPECTOS PROCESSUAIS E DESTINAÇÃO

AUTOR: Yuri Fisberg

DIRETOR ALMEDINA BRASIL: Rodrigo Mentz
EDITORA JURÍDICA: Manuella Santos de Castro
EDITOR DE DESENVOLVIMENTO: Aurélio Cesar Nogueira
ASSISTENTES EDITORIAIS: Isabela Leite e Larissa Nogueira

DIAGRAMAÇÃO: Almedina
DESIGN DE CAPA: FBA

ISBN: 9786556273013
Setembro, 2021

Dados Internacionais de Catalogação na Publicação (CIP)
(Câmara Brasileira do Livro, SP, Brasil)

Fisberg, Yuri
Dano social : reparação, aspectos processuais e destinação /
Yuri Fisberg. -- São Paulo : Almedina, 2021.

Bibliografia.
ISBN 978-65-5627-301-3

1. Danos (Direito civil) 2. Reparação (Direito) 3. Responsabilidade (Direito)
4. Responsabilidade civil 5. Sanções (Direito) I. Título.

21-70528 CDU-347.51

Índices para catálogo sistemático:

1. Responsabilidade civil : Direito civil 347.51

Cibele Maria Dias - Bibliotecária - CRB-8/9427

Este livro segue as regras do novo Acordo Ortográfico da Língua Portuguesa (1990).

EDITORA: Almedina Brasil
Rua José Maria Lisboa, 860, Conj.131 e 132, Jardim Paulista | 01423-001 São Paulo | Brasil
editora@almedina.com.br
www.almedina.com.br

LISTA DE ABREVIATURAS E SIGLAS

AgRg.	Agravo Regimental
Ampl.	Ampliada
ANS	Agência Nacional de Saúde Suplementar
Ap. Civ.	Apelação Cível
Art.	Artigo
Atual.	Atualizada
BGB	*Bürgerliches Gesetzbuch* (Código Civil Alemão)
BGHZ	*Bundesgerichtshof* (Tribunal Federal de Justiça Alemão)
CADE	Conselho Administrativo de Defesa Econômica
CDC	Código de Defesa do Consumidor (Lei n. 8.078/1990)
CFDD	Conselho Federal Gestor do FDD
Coord.	Coordenador(es)
DJe.	Diário de Justiça Eletrônico
FDD	Fundo de Defesa dos Direitos Difusos
LACP	Lei de Ação Civil Pública (Lei n. 7.347/1985)
LIA	Lei de Improbidade Administrativa (Lei n. 8.249/1992)
Ob. Cit.	Obra citada anteriormente
Org.	Organizador(es)
Rcl.	Reclamação
Rel.	Relator
REsp.	Recurso Especial
Rev.	Revista
STF	Supremo Tribunal Federal
STJ	Superior Tribunal de Justiça
TAC	Termo de Ajustamento de Conduta

TCU	Tribunal de Contas da União
TJDFT	Tribunal de Justiça do Distrito Federal e Territórios
TJRJ	Tribunal de Justiça do Estado do Rio de Janeiro
TJRS	Tribunal de Justiça do Estado do Rio Grande do Sul
TJSC	Tribunal de Justiça do Estado de Santa Catarina
TJSP	Tribunal de Justiça do Estado de São Paulo

SUMÁRIO

INTRODUÇÃO

Segundo Guido Alpa[1], o número (significativo) de monografias, ensaios, resenhas e tratados dedicados ao tema da responsabilidade civil ("coisificada"[2]) evidencia a relevância da matéria no âmbito do direito. E não há qualquer dúvida da proliferação do tema no âmbito judicial. Seguindo a lógica na qual o direito nasce dos fatos (*ex facto oritur ius*)[3], justifica-se o desenvolvimento do instituto no anseio social. Com fulcro na aptidão da responsabilidade de *modular condutas*, expandem-se conceitos e hipóteses ressarcíveis, por meio da flexibilização ("erosão") dos requisitos ("filtros") tradicionais, como resposta ao *afã* social de "assistir a vítima em uma realidade marcada pela insuficiência de políticas públicas"[4].

[1] Alpa, Guido. **La responsabilità civile**. Parte Generale. Torino: UTET, 2010, p. 02.

[2] O autor italiano remete ao conceito de Durkheim, que trata a *coisificação* dos fenômenos sociais como método de estudo, dissociando-os do indivíduo e de seus preconceitos ["pré-noções"], para um estudo "indiferente" – cita: *"os fenômenos sociais são coisas e devem ser tratados como coisas. (...) Tratar fenômenos como coisas, é tratá-los na qualidade de 'data' que constituem o ponto de partida da ciência. Os fenômenos sociais apresentam incontestavelmente tal caráter."* (Durkheim, Emile. **As regras do método sociológico**. São Paulo: Companhia Nacional, 1974, p. 24).

[3] Donnini, Rogério. A complementação de lacunas no Código Civil: continua a viger o artigo 4º da Lei de Introdução às Normas do Direito Brasileiro – LINDB? *In:* Cassettari, Christiano (coord.); Viana, Rui Geraldo Camargo (orient.). **10 anos de vigência do Código Civil Brasileiro de 2002**: Estudos em homenagem ao professor Carlos Alberto Dabus Maluf. São Paulo: Saraiva, 2013, p. 21.

[4] Schreiber, Anderson. **Novos paradigmas da responsabilidade civil**: Da Erosão dos Filtros da Reparação à Diluição dos Danos – 5a ed. São Paulo: Atlas, 2013, p. 84.

A responsabilidade civil consagra evoluções sociais dos últimos séculos, mas também repercute as dificuldades enfrentadas pela dogmática jurídica nas últimas décadas, para a manutenção de um sistema lógico, coeso e sustentável. As sociedades massificadas tornam hipercomplexa a dinâmica entre as normas e os fatos.

A "Era dos Direitos", citada por Norberto Bobbio e com fundamento na "radical inversão de perspectiva" na formação do Estado Moderno[5], apresenta as bases da cidadania que influenciaram a estrutura dos Estados dos últimos três séculos. Os direitos civis (século XVIII), políticos (século XIX) e sociais (século XX) constituem a transição ideológica das últimas duas décadas da "Era dos Deveres" para a "Era dos Direitos"[6]. Entre nós, inequívoco o protagonismo da Constituição Federal de 1988 na sedimentação e garantia de novos direitos[7].

Porém, a questão não está restrita ao contexto histórico-político, o estado da técnica e os padrões de convivência humana também são elementos decisivos à alteração dos paradigmas da responsabilidade civil. Com louvável percepção, Louis Josserand, em 1936, apontou que a evolução "acelerada" do instituto é fruto da "vida contemporânea". A revolução tecnológica e urbana, representada na mobilidade de uma "raça diferente", não apenas massificou relações privadas, as introduziu em um cenário de suscetibilidade de "catástrofes medonhas", na qual os operadores do direito buscam oferecer "segurança jurídica" (responsabilização de outrem)[8].

A atualidade da tese pode ser complementada com o estudo sociológico de Ulrich Beck. O autor, pouco após o acidente nuclear de Chernobyl, em 1986, advertiu a superexposição do corpo social a riscos decorrentes do desenvolvimento tecnológico e científico, concluindo

[5] Bobbio, Norberto. **A Era dos Direitos.** Trad. Carlos Nelson Coutinho, 7ª tiragem. Rio de Janeiro: Elsevier, 2004, p. 09.

[6] Mondaini, Marco. Revolução Inglesa: O respeito aos direitos dos indivíduos. *In*: Pinsky, Jaime; Pinsky, Carla Bassanezi (orgs.). **História da Cidadania**, 6ª Ed., 2ª reimpressão. São Paulo: Contexto, 2015, p. 116.

[7] Exemplifica-se com a assertiva na previsão expressa dos danos morais. Leciona Carlos Alberto Bittar que "a Carta de 1988 sufragou a tese da reparabilidade dos danos morais, incluindo a matéria no texto sobre os direitos fundamentais da pessoa humana" (**Reparação Civil por Danos Morais**, 4ª Ed. São Paulo: Saraiva, 2015, p. 103).

[8] Josserand, Louis. "Evolução da Responsabilidade Civil" Trad. Raul Lima in **Revista Forense**, fasc. 454, Vol. LXXXVI, pp. 52/63, Rio de Janeiro, abril de 1941.

pela transição para uma "sociedade de risco", não sujeita à segregação (exclusão demográfica, social, econômica ou política). E, ponderando ambas as teses no Século XXI, pode-se concluir pelo agravamento do quadro; por óbvio, a massificação das relações mencionada no alerta de JOSSERAND adquiriu proporções significativamente maiores, ante a globalização, o crescimento demográfico e a intensificação do uso de tecnologias[9].

Nesse esteio, a partir de influxos extrajurídicos – sociais, econômicos e históricos –, a responsabilidade civil foi substancialmente modificada e adquiriu destaque no sistema jurídico. MAZEAUD e MAZEAUD afirmaram ainda no século passado que a responsabilidade civil "estaria em vias de absorver todo o direito"[10] e tal previsão se realiza pela *flexibilidade* da qual é dotada. A adoção de cláusulas gerais e conceitos legais indeterminados atende à mutabilidade necessária do instituto, capaz de influenciar todos os ramos do direito[11].

No Brasil, o processo evolutivo é sintetizado com bastante brilho na obra *Da culpa ao risco*, de 1938, de ALVINO LIMA[12], que retrata a "objetivação" da responsabilidade civil. O "ocaso da culpa" mencionado por MOACYR PORTO[13] reflete precisamente o anseio de flexibilização dos

[9] Segundo dados do *United States Census Bureau* (disponível em: < http://www.census.gov/population/international/data/worldpop/table_population.php>), nos últimos sessenta anos a população mundial saltou de quase três bilhões, 1965, para mais de sete bilhões, 2015; enquanto que o índice de desenvolvimento social humano tem crescimento acelerado em índice incomparável àquele anterior ao advento da energia elétrica, inolvidável, ainda, a influência do advento do computador pessoal e da *internet* nas últimas três décadas – sobre o tema, cf. BRYNJOLFSSON, Erik; MCAFEE, Andrew; CUMMINGS, JEFF. **The Second Machine Age**: Work, Progress, and Prosperity in a Time of Brilliant Technologies. New York: W.W. Norton & Company, 2014.

[10] Apud. MONTEIRO, Washington de Barros; MALUF, Carlos Alberto Dabus; TAVARES DA SILVA, Regina Beatriz. **Curso de Direito Civil** – Direito das Obrigações, 2ª Parte – vol. 5. 41ª Ed. São Paulo: Saraiva, 2014, p. 584.

[11] LALOU, Henri. **La Responsabilité Civile** : Principes élémentaires et applications pratiques. Paris: Dalloz, 1928, p. V – ("*La matière de la responsabilité touche non seulement à toutes les parties du droit civil, mais à toutes les branches du droit*").

[12] LIMA, Alvino. **Da Culpa ao risco.** São Paulo: Revista dos Tribunais, 1938. Obra baseada na tese homônima apresentada à Congregação da Faculdade de Direito da Universidade de São Paulo, no concurso para a Cátedra de Direito Civil.

[13] MOACYR PORTO, Mario. "O ocaso da culpa como fundamento da responsabilidade civil" in **Revista da AJURIS** (Associação dos Juízes do Rio Grande do Sul), Porto Alegre, Ano XIV, p. 200, mar. 1987.

"filtros tradicionais" do dever de indenizar em prol da responsabilização de danos outrora ignorados. Consequentemente, o Código de Defesa do Consumidor, de 1990, e o Código Civil de 2002 inovaram no âmbito legislativo, com cláusulas gerais de responsabilidade sem culpa (objetiva)[14].

A "sede de justiça"[15], todavia, não se satisfez com a flexibilização da culpa. Flexibilizaram-se conceitos e criaram-se outros tantos. Como cita Guido Alpa[16], a responsabilidade civil não se limita à evolução "interna" (etimologia e conceitos intrínsecos da teoria), também relevante a "história externa" – exigências de mercado e referências de outros institutos, como a boa-fé objetiva e o abuso de direito.

Neste contexto, doutrina e jurisprudência categorizaram novos danos: dano moral coletivo, dano difuso, dano ambiental, dano biológico, dano pelo risco do desenvolvimento, dano pela perda de uma chance, dano estético, dano existencial, dano ao projeto de vida e, entre outros, o dano social. Independente da análise crítica, oportunamente abordada, nota-se a flexibilidade da responsabilidade civil voltada para a eficácia de sua função, também objeto de relevante debate na doutrina[17]. Em suma, os "novos danos" são reflexo de um anseio social, resposta jurídica às alterações sociais – o reflexo da adoção de cláusulas gerais capazes de "rejuvenescer" o sistema, enquadrando a "realidade em evolução" a novas categorias[18]. Os critérios tradicionais cedem em favor da *solidarização da responsabilidade civil*[19].

[14] Cf. artigo 927, parágrafo único, do Código Civil de 2002; e artigo 14, da Lei n. 8.078, de 1990.

[15] Josserand. "Evolução da Responsabilidade Civil". Ob. Cit., p. 549.

[16] Alpa. **La responsabilità civile**. Ob. cit., p. 25/26.

[17] Sobre a função da responsabilidade civil: no Brasil, destaca-se a obra de Nelson Rosenvald (**As funções da responsabilidade civil**: a reparação e a pena civil, 2ª ed. São Paulo: Atlas, 2014); na Itália, o texto de Cesare Massimo Bianca (Riflessioni sulla pena privata. In: Busnello, Francesco; Scalfi, Gianguido (orgs.). **Le pene private**. Milano: Giuffré, 1985).

[18] "É também a da consciência da necessidade de mudança para corresponder à necessidade de encontrar as novas categorias capazes de enquadrar uma realidade em evolução. É já uma resposta ou uma reação jurídica o apontar para um direito que é antes de mais princípio que regra, um direito de cláusulas gerais que rejuvenesça constantemente o sistema com as implicações valorativas que contém." (Ascensão, José de Oliveira. Sociedade do risco e direito do consumidor. In: Lopes, Teresa Ancona; Lemos, Patrícia Faga Iglecias; Rodrigues Junior, Otavio Luiz (Coord.). **Sociedade de risco e direito privado**: desafios normativos, consumeristas e ambientais. São Paulo: Atlas, 2013. p. 374).

A *revolução* dos conceitos no âmbito da responsabilidade civil, todavia, não está isenta de severas críticas – a profusão de conceitos, teses, ideias, fundamentos não traduz suficiência do sistema, coesão e logicidade, tampouco segurança jurídica. Na Inglaterra, a insegurança jurídica e a ineficiência do "sistema" de *damages* foram sintetizadas por PATRICK ATIYAH como *A loteria da indenização*[20]. No Brasil, ANDERSON SCHREIBER retrata a "anarquia" de entendimentos e interpretações que dá ensejo à aleatoriedade ("loteria de indenizações"); ressente-se o autor da solidarização "pela metade"[21], isto é, somente voltada para a vítima.

ANDRÉ TUNC aludiu que há uma "crise" instaurada na responsabilidade civil. A despeito do "auge" alcançado, refletido na "importância sem precedentes", a penetração da responsabilidade em outras áreas alterou "seu funcionamento tradicional", colocando em xeque suas funções e domínios[22]. Para ALPA, a vasta produção e reflexão, tanto na Academia, quanto na jurisprudência, não isentou o instituto de defeitos; pelo contrário, o estudo da responsabilidade civil "não termina nunca de surpreender"[23].

A "Era dos Direitos" parece sobrepor a lembrança de que também há deveres. O aspecto ético foi relegado em prol da indenização voltada para a vítima, o que arrefeceu não apenas a análise da conduta do ofensor, mas do próprio ofendido. Busca-se a indenização a qualquer custo, por *qualquer dano*, qualquer lesão a interesse minimamente reconhecido pelo ordenamento.

No contexto crítico, especialmente com relação ao dano moral e o debate acerca dos *punitive damages*, ANTONIO JUNQUEIRA DE AZEVEDO

[19] Segundo MICHAEL SANDEL: "a ascensão da imputação objetiva da reparação de danos em seu viés solidarista de máxima proteção às vítimas impôs um arrefecimento do viés moral da responsabilidade civil, pois os danos passaram a ser frequentemente transferidos ao patrimônio de pessoas diversas a dos causadores dos danos" (Apud. ROSENVALD. **As Funções da Responsabilidade Civil**... Ob. Cit., p. p. 90).

[20] Tradução livre. ATIYAH, Patrick S. **The Damages Lottery**. Oxford: Hart, 1997.

[21] **Novos paradigmas da responsabilidade civil**... Ob. Cit., p. 03 e 07.

[22] No original: "*Le droit de la responsabilité civile est donc dans un état de crise. Il se peut qu'il ait atteint son zénith: au moment même où il occupe un importance sans précédent, il est entouré et pénètre d'institutions que modifient profondément son fonctionnement traditionnel et remettent en question ses fonctions et son domaine*" (TUNC, André. **La responsabilité civile**, 2e Éd. Paris: Economica, 1989, p. 6).

[23] ALPA. **La responsabilità civile**. Ob. cit., p. 02.

estabelece a premissa de que "não se chegou a critério nenhum que pudesse pacificar o debate". Consequentemente, sugere, em breve ensaio na Revista Trimestral de Direito Civil, uma "nova categoria de dano", o *dano social*[24] – apto a reprimir, nos moldes do modelo compensatório do direito posto[25], ato "doloso ou gravemente culposo" que "atinge toda a sociedade, num rebaixamento imediato do nível de vida da população".

A *solução* aventada por Antonio Junqueira de Azevedo tem encontrado repercussão nos Tribunais[26] e na Academia[27]. Não obstante, a produção doutrinária ainda é incipiente, certo que as decisões judiciais baseiam-se quase exclusivamente no breve ensaio deixado por Antonio Junqueira de Azevedo pouco antes de seu falecimento. Deste modo, impõe-se maior reflexão sobre os diversos aspectos da referida tese e argumentos do autor, sob risco do dano social adir às críticas que ensejaram sua sugestão na Revista Trimestral de Direito Civil.

Neste propósito, este trabalho busca trazer considerações propositivas sobre o dano social para aferir sua validade e, principalmente, dissociá-lo das críticas sobre a falta de critério na extensão da responsabilidade civil, admitindo-o como instrumento capaz de ampliar a tutela jurisdicional, sem, contudo, banalizar as indenizações, assoberbar (mais) o Poder Judiciário ou deslegitimar a aptidão social da responsabilidade. É possível punir pela responsabilidade civil, otimizando suas funções.

Para tanto, analisaremos logo no segundo capítulo premissas conceituais e históricas. A partir do escorço histórico da responsabilidade, abordaremos as críticas ao modelo reparatório e a alegada "crise". Ainda, delinearemos algumas hipóteses acerca das funções da respon-

[24] Junqueira de Azevedo, Antônio. Por uma nova categoria de dano na responsabilidade civil: o dano social. **Revista Trimestral de Direito Civil**, Rio de Janeiro, ano 5º, n. 19, pp. 211-218, jul./set., 2004.

[25] Artigo 944, do Código Civil. "*A indenização mede-se pela extensão do dano*".

[26] Apenas para exemplificar, há diversos acórdãos sobre o tema, inclusive reconhecendo o dano social, no Tribunal de Justiça de São Paulo (cf. 0027158-41.2010.8.26.0564, 04ª Câmara de Direito Privado – Rel. Des. Teixeira Leite, j. 18.07.2013), além do importante precedente do Superior Tribunal de Justiça acerca da necessidade de pedido (Reclamação n. 13.200/GO, j. 09.10.2014).

[27] Poli, Fabrício Angerami. **O Dano Social**. 2014. Dissertação (Mestrado em Direito Civil) – Faculdade de Direito, Universidade de São Paulo, São Paulo, 2014, 300p.

sabilidade civil – argumento central para o debate sobre os rumos da matéria e admissibilidade da figura punitiva do dano social.

No terceiro capítulo, focaremos no conceito de dano, como requisito ("filtro") da responsabilidade civil, verificando-o dentre os elementos históricos do tema e atualizando-o de acordo com as figuras contemporâneas sugeridas pela doutrina e pela jurisprudência, até a consagração de novos danos, inclusive o dano social.

O quarto capítulo será destinado às figuras punitivas que se aproximam do dano social. Antes da análise da "nova categoria" aventada por Antonio Junqueira de Azevedo, faz-se necessário compreender a evolução e condições atuais da pena privada, dos *'punitive damages'* ou *'daños punitivos'* nas experiências estrangeiras – que trazem significativos aportes para adoção de um modelo próprio, por meio do dano social. Neste sentido, aliás, trazemos no quinto capítulo a inconveniência da *mera* importação destas figuras ao sistema pátrio, avaliando, ainda, as tentativas de sedimentar a indenização punitiva no plano Legislativo e a possibilidade de que sejam reconhecidos pelo Superior Tribunal de Justiça, em homologação de título judicial estrangeiro.

Com base em tais premissas, poderemos, finalmente, no capítulo sexto conceituar o dano social, remetendo-nos à concepção original e aos autores que sucederam, avaliando decisões de diversos tribunais do país que o admitiram. Neste capítulo, ainda, delinearemos a *justificativa*, isto é, o fundamento pelo qual o dano social deve ser admitido, considerada a multiplicidade de funções e a possibilidade do viés punitivo no âmbito da responsabilidade civil, com base no aspecto econômico, sistêmico e jurídico.

Já no capítulo sétimo, o conceito, os precedentes e as críticas sobre dano social servirão para fixarmos alguns critérios que corroborem a identificação do dano social e, principalmente, permitam afastar a aleatoriedade dos julgados. Neste sentido, será avaliada a exigência do elemento subjetivo (dolo ou culpa grave) e a necessidade de repercussão difusa – com sugestões de parâmetros para a aferição do dano social. No mesmo propósito, o capítulo oitavo tratará dos aspectos processuais, como a exigência de pedido, a legitimidade, a coisa julgada e a sucumbência – decisivos para a aplicação prática da "nova categoria de dano".

Por fim, os capítulos nono e décimo tratarão da reparação pelo dano social. Iniciar-se-á com a menção à reparação natural, usualmente relegada, para, então, introduzirmos critérios de quantificação da indenização em pecúnia. Aqui, nova remissão às experiências estrangeiras, especialmente o modelo norte-americano, e aos precedentes nacionais denotarão a exigência de critérios específicos os quais são pormenorizados no último item do capítulo. Definida a indenização pecuniária, portanto, o capítulo subsequente traz o debate da destinação, aludindo às hipóteses sugeridas por ANTONIO JUNQUEIRA DE AZEVEDO, além daquelas usualmente admitidas pelos tribunais.

1. A "Província" da Responsabilidade Civil[28]

1.1. Premissas conceituais

A biografia da responsabilidade civil percorre uma constante mutabilidade de seus conceitos e teorias, para adequá-los à eficiência em termos sociais. NELSON ROSENVALD, a propósito, justifica o protagonismo da responsabilidade por se mostrar "dúctil e maleável às exigências de um direito civil comprometido com as potencialidades transformadoras da Constituição Federal"[29].

Cita GUIDO ALPA[30] que o percurso da responsabilidade civil não se limita à evolução "interna" (etimologia e conceitos intrínsecos da teoria), sendo também relevante a "história externa" – exigências de mercado e referências de outros ramos do direito, da sociologia, da filosofia, da religião etc. Em verdade, o instituto desborda o direito civil; sua trajetória retrata mais que simples opções políticas ou êxitos e fracassos legislativos, reflete vetores do panorama jurídico e cultural das sociedades em cada território e período.

Antes da análise histórica, porém, impõe-se uma ressalva conceitual, a fim de delimitar o tema, precisando o que se entende por responsabilidade civil. Para tanto, ilidível o recurso da etimologia do léxico em debate.

[28] Adota-se, no título deste capítulo, a expressão cunhada por GUIDO ALPA (*La "provincia" della responsabilità civile"* – **La responsabilità civile.** Ob. Cit., p. 1), para representar a complexidade e amplitude do instituto, que permeia todo o direito (MONTEIRO; MALUF; SILVA. **Curso de Direito Civil** v. 5. Ob. Cit., p. 583).

[29] Ob. Cit., p. 06.

[30] ALPA. **La responsabilità civile**. Ob. cit., p. 25/26.

A palavra responsabilidade tem origem latina (*'respondere'*, verbo originado da raiz *'spondeo'*[31]) e constitui a "obrigação que alguém tem de assumir com as consequências jurídicas de sua atividade"[32]. Ulpiano já preconizava o princípio de não lesar (*'neminem laedere'*)[33], mas, desde sempre as sociedades estabeleceram *regras de convivência* que de algum modo tutelavam o interesse de um indivíduo ou da coletividade sobre outros e cujo descumprimento importava na responsabilização do infrator, impondo-lhe a obrigação de arcar com os efeitos de sua conduta.

Não se pode, contudo, confundir obrigação e responsabilidade. Como cita Sergio Cavalieri Filho, a obrigação "é sempre um dever jurídico originário", enquanto a responsabilidade é "um dever jurídico sucessivo, consequente à violação do primeiro"[34]. A distinção remete à decomposição *binária* da obrigação em *Schuld* (débito) e *Haftung* (responsabilidade), com antecedentes na doutrina alemã de Brinz e Savigny[35].

Violada a obrigação originária (dever contratual ou legal), impõe-se a responsabilidade (dever jurídico sucessivo), que tem fundamento na sociologia. Leciona Philippe Le Tourneau que "o homem precisa se sentir responsável, saber-se responsável", relacionando a responsabilidade como fundamento da liberdade humana[36]. Igualmente, Aguiar

[31] Aguiar Dias esclarece que a raiz latina (*spondeo*) tem fundamento no vínculo solene entre credor e devedor nos contratos verbais do direito romano (Aguiar Dias, José de. *Da Responsabilidade Civil.* 12ª Ed. São Paulo: Lumen Juris, 2012, p. 02); no mesmo sentido, Lalou. "La gamme des fautes"... Ob. Cit., p. 1.

[32] Gagliano, Pablo Stolze; Filho, Rodolfo Pamplona. **Novo Curso e Direito Civil**, volume 3: responsabilidade civil, 10ª. Ed., rev., atual. e ampl. São Paulo: Saraiva, 2012, p. 46.

[33] "10. Ulpianus libra I. Regularum. – lustitia estconstans et perpetua voluntas ius suum cuique tribuendi. § I. – Juris praecepta sunt haec: honeste vivere, alterum non laedere, suum cuique tribuere" / "10. Ulpiano, Regras, Livro I. – Justiça é a vontade constante e perpétua de atribuir a cada um o que é seu. §I. Estes são os preceitos do direito: viver honestamente, não causar dano a outrem e dar a cada um o que é seu" (Cunha, Edilson Alkmim; Alves, Antônio Augusto Catão [et. al.]. **Corpus Iuris Civilis**: Digesto – Livro I. Brasília: TRF1 – Escola da Magistratura Federal da 1a Região, 2010, p. 27).

[34] Cavalieri Filho, Sérgio. **Programa de responsabilidade civil**, 10ª Ed., rev. e atual. São Paulo: Atlas, 2012, p. 03.

[35] Pereira, Caio Mário da Silva. **Instituições de Direito Civil** : Teoria Geral das Obrigações, v. II, 20ª Ed., rev. e atual. por Luiz Roldão de Freitas Gomes. Rio de Janeiro: Forense, 2005, p. 28.

[36] Tradução livre: "*L'homme a besoin de se sentir responsable, de se savoir responsable*" (Tourneau, Philippe Le. **La Responsabilité Civile**, Tome I. Paris: Dalloz, 1972, p. 11).

Dias menciona tal fundamento social, indicando que "toda manifestação da atividade humana traz em si o problema da responsabilidade"[37].

Referida acepção, entretanto, não é suficiente, visto que polissêmica. Diz-se civil para situar a responsabilidade no âmbito jurídico, distinguindo-a da responsabilidade moral, bem como para afastá-la da responsabilidade penal. Verdadeiramente, não raro, determinadas condutas se qualificam simultaneamente como violação moral, civil e penal[38]. Entretanto, embora a acepção lhes seja comum, diferem as fontes, os limites e a legitimidade.

Não há dúvida da "afinidade" entre o direito e a moral[39]; contudo, a distinção é fruto da evolução civilizatória, em que a moral (concepção individual) suplanta as regras de convivência da coletividade (direito – concepção coletiva). George Marton define com precisão o referido processo, no qual o legislador extrapola a responsabilidade moral, regulamentando outros deveres secundários úteis ao convívio coletivo[40].

Aqui, interessante notar que a responsabilidade civil reflete a dogmática do direito em si. Isto porque, a cisão entre responsabilidade civil e responsabilidade moral reproduz, em verdade, a relação entre o direito e a moral, cuja ruptura fundou o "positivismo jurídico clássico"[41] e a reaproximação permite, por exemplo, restaurar a relevância da culpa no âmbito da responsabilidade civil.

Igualmente, a distinção da responsabilidade civil da penal corresponde à cisão do direito privado em relação ao direito penal. Basta rememorar que o os sistemas jurídicos primitivos, até mesmo Roma, desconheciam a autonomia do direito penal e do civil, tanto que a responsabilidade se confundia e, hoje, se discute a função punitiva no âmbito do direito civil justamente com fundamento em um instituto

[37] Aguiar Dias. **Da Responsabilidade Civil**... Ob. Cit., p. 01.

[38] Ripert, Georges. **La règle morale dans les obligations civiles**. Paris: Librairie générale de droit et de jurisprudence, 1949.

[39] Aguiar Dias. **Da Responsabilidade Civil**... Ob. Cit., p. 04.

[40] Marton, George. **Les Fondements de la Responsabilité Civile** : révision de la doctrine, essai d'un système unitaire. Paris: Sirey, 1938, p. 304.

[41] Sobre a relação entre direito e moral, cf. Piccolo, Carla Henriete Bevilacqua. **A moral e o conceito de direito em H. L. A. Hart**. 2011. Dissertação (Mestrado em Filosofia e Teoria Geral do Direito) – Faculdade de Direito, Universidade de São Paulo, São Paulo, 2011; e Ferraz, Tercio Sampaio. **Introdução ao Estudo do Direito** : técnica, decisão, dominação, 5ª Ed. São Paulo: Atlas, 2007.

comum – o *múltiplo* da '*poena privata*' romana, definida como "bárbara" à luz dos argumentos limitadores daquela função ao direito penal[42].

Às vezes, a responsabilidade civil e a penal não são distinguíveis[43]. O ilícito civil compartilha com o ilícito penal a concepção de violação de um dever. Contudo, a intensidade e gravidade da "perturbação social" de cada um impõe (política legislativa) espécies distintas de responsabilidade[44]. Também, enquanto o ilícito civil é marcado pela flexibilidade com origem na cláusula geral de culpa com origem francesa (*Code Civil*[45]), a ilicitude penal encontra obstáculo na taxatividade[46].

Com efeito, pode-se delimitar o estudo sobre responsabilidade civil, aqui compreendida como o dever jurídico sucessivo, que impõe àquele que viola uma obrigação jurídica originária (legal ou contratual) que assuma as consequências (civis) de tal conduta. A partir deste conceito, poderemos estabelecer um breve relato da evolução (interna e externa) da responsabilidade, sem qualquer pretensão de inovar na pesquisa ou esgotar o tema de natureza introdutória. A introdução histórica, no entanto, se justifica como instrumento de compreensão dos conceitos e da importância da responsabilidade civil[47] – especificamente, verificar os fundamentos da proliferação de novas espécies e conceitos de dano, inclusive o dano social.

[42] Starck, Boris. **Essai d'une Théorie Générale de la Responsabilité Civil Considérée en sa Double Fonction de Garantie et de Peine Privée.** Paris: L. Rodstein, 1947.

[43] Inolvidável a reforma da Lei n. 11.719, de 2008, ao Código de Processo Penal, que introduziu a possibilidade do juiz criminal, na sentença condenatória, a fixação de "*valor mínimo para reparação dos danos causados pela infração, considerando os prejuízos sofridos pelo ofendido*" (artigo 387, inciso IV).

[44] Valler, Wladimir. **A reparação do dano moral no direito brasileiro**, 3ª Ed. Campinas: EV Editora, 1995, p. 17.

[45] Cf. Artigo 1.240, do Código Civil Napoleônico: "*Tout fait quelconque de l'homme, qui cause à autrui un dommage, oblige celui par la faute duquel il est arrivé à le réparer.*", fundado na doutrina de Jean Domat (Facchini Neto, Eugênio. Code Civil francês : gênese e difusão de um modelo. **Revista de Informação Legislativa**, n. 198, ano 50, abr./jun. 2013, p. 62).

[46] Artigo 5º, inciso XXXIX, da Constituição Federal ("*não há crime sem lei anterior que o defina, nem pena sem prévia cominação legal*").

[47] Mazeaud, Henri; Mazeaud, Leon. **Traité Théorique et Pratique de la Responsabilité Civile Délictuelle et Contractuelle**, 4ª ed. Paris: Recueil Sirei, 1947, p. 31.

1.2. Evolução da responsabilidade civil

Os anais da responsabilidade civil são a história de sua expansão, basta considerar que o dever de reparar o dano tem precedentes normativos taxativos (por exemplo, a *Lex Aquilia*), posteriormente adquirindo flexibilidade, retratada na cláusula geral de culpa do *Code Civil* já citada[48], a qual foi seguida de seu *"ocaso"*[49]. E, embora o instituto seja anterior à codificação[50], interessa-nos a evolução dos últimos três séculos, decisivamente influenciada pela revolução industrial.

Resume Aguiar Dias, comparando a experiência nacional e estrangeira, que, nos últimos séculos, alteraram-se os fundamentos da responsabilidade civil, que excluiu o indivíduo, "isoladamente considerado", do "centro de preocupação" para centrar-se no "homem coletiva e socialmente considerado, inserido em um mundo cujas fronteiras vão desaparecendo" [51]. Savatier qualificou a expansão como "revolucionária"[52]. No entanto, para compreender a alteração dos "dogmas" da responsabilidade, faz-se necessário o resgate de lições primitivas.

Rogerio Donnini explicita que o fundamento filosófico da responsabilidade civil (princípio de não lesar), expresso no *Digesto* e integrante dos preceitos de Ulpiano[53], em verdade, remonta à Grécia Antiga. *'Alterum non laedere'* denota influência da filosofia de Epicuro na compilação romana[54]. No entanto, o instituto como fenômeno humano natural antecede até mesmo as civilizações ocidentais antigas; como cita Aguiar Dias, "o dano escapa ao âmbito do direito"[55].

[48] Cf. Nota de rodapé n. 39.

[49] Porto, Mario Moacyr. "O ocaso da culpa como fundamento da responsabilidade civil" in **Revista da AJURIS** (Associação dos Juízes do Rio Grande do Sul), Porto Alegre, Ano XIV, p. 200, mar. 1987.

[50] Rustad, Michael L.; Koenig, Thomas H. "The Historical Continuity of Punitive Damages Awards: Reforming the Torts Reformers" in **American University Law Review**, n. 42, 1993, p. 1285.

[51] Aguiar Dias. **Da Responsabilidade Civil**... Ob. Cit., p. 39.

[52] Savatier, René. **Du droit civil au droit public** (à travers les personnes, les biens et la responsabilité civile). Paris: Libraire Générale de Droit et de Jurisprudence, 1950.

[53] Digesto 1.1.10.1: "(...) *honeste vivere, alterum non laedere, suum cuique tribuere*".

[54] "Prevenção de Danos e a extensão do princípio neminem laedere", in *Responsabilidade Civil – estudos em homenagem ao Prof. Rui Geraldo Camargo Viana.* São Paulo, Editora Revista dos Tribunais, pp. 482/503.

[55] Ob. Cit., p. 19.

A vida em sociedade constitui "condição natural do homem" (*Unus homo, nullus homo*), tal qual o conflito dela decorrente. Consequentemente, o conflito da vida em sociedade exige um conjunto de normas aptas a regular as relações entre os indivíduos – rememora Henri Capitant que "não há sociedade possível sem direito" (*Ubi societas, ibi jus*) [56]. Logo, ao direito – aqui considerado de forma ampla – compete preservar o "equilíbrio no meio social e na esfera individual de cada um dos membros da coletividade"[57].

As sociedades antigas, inclusive Roma, experimentaram a responsabilidade como fenômeno social, ínsito à convivência e com fundamento na vingança privada – "forma primitiva, selvagem talvez, mas, humana, da reação espontânea e natural contra o mal sofrido" [58]. A *vindicta* antecede ao direito; entretanto, às civilizações antigas creditamos os alicerces da reparação civil com "bases mais lógicas e racionais"[59].

Coube ao Código de Hamurabi[60] e, posteriormente, à Lei das XII Tábuas introduzir a responsabilidade no "domínio jurídico, como reação legalizada e regulada"[61]. A superação da vingança individual apresenta os mesmos fundamentos para a sistematização da jurisdição – que

[56] "*La vie en société est la condition naturelle de l'homme. Or, elle suppose une organisation, une réglementation des rapports que en forment la trame. Pour qu'elle soit possible, il faut qu'un ordre soit établi, et que l'observation des règles qui le constituent soit imposée à tous ceux qui fond partie de la société. Cet ordre est réalisé par le Droit. Le Droit apparaît partout où il y a un groupement d'êtres humains; il n'y a pas de société possible sans droit.*" (Capitant, Henri. **Introduction à l'Étude du Droit Civil**: Notions générales, 5ᵉ Éd. Paris: Pedone, 1929, p. 24).

[57] Bittar, Carlos Alberto. **Reparação Civil por Danos Morais**, 4ª Ed., rev., aumentada e modificada por Eduardo C. B. Bittar. São Paulo: Saraiva, 2015, p. 15.

[58] Lima, Alvino. **Culpa e risco**, 2ª Ed., revista e atualizada por Ovídio Rocha Barros Sandoval. São Paulo: Revista dos Tribunais, p. 19/20.

[59] Monteiro, Washington de Barros; Maluf, Carlos Alberto Dabus; Silva, Regina Beatriz Tavares da. **Curso de Direito Civil 5** : direito das obrigações, 2ª parte, 41ª Ed. São Paulo: Saraiva, 2014, p. 584.

[60] O Código de Hamurabi (Mesopotâmia, aprox.. 1700 a.C.) não é a mais remota codificação conhecida, porém, consagrou "rol de direitos comuns a todos os homens" (Moraes, Alexandre de. **Direitos Humanos Fundamentais**. São Paulo: Atlas, 2005, p. 6) inclusive um capítulo de "Delitos e penas" (XII), cujos itens denotam a lei do talião ("196. *If a man put out the eye of another man, his eye shall be put out*" – tradução L. W. King – disponível em <http://avalon.law.yale.edu/ancient/hamframe.asp>. Acesso em 15 de dezembro de 2017) que mantinha a natureza cruel da vingança, impondo-lhe o valor da proporcionalidade.

[61] Lima. **Da Culpa ao risco**. Ob. Cit., p. 20.

substitui a *justiça privada*[62]. Como evidencia ALVINO LIMA, a relevância do direito romano se justifica pelo surgimento da "*celula mater*" da teoria clássica de culpa, posteriormente inserida no *Code Civil* e replicada nas culturas ocidentais[63].

A Lei Aquília estabeleceu um "princípio geral regulador" da reparação de danos[64]. Ainda que não se possa falar em uma cláusula geral de dano, o terceiro e último capítulo (*damnum injuria datum*) permitiu a concepção da "doutrina romana da responsabilidade extracontratual"[65]. JOHANN GOTTLIEB HEINECKE, citado por GUIDO ALPA, explicita a natureza genérica do *'damnum injuria datum'*, definindo-o como "qualquer diminuição de patrimônio causada sem qualquer direito por um homem livre"[66].

Deve-se ressaltar, todavia, que não há consenso sobre a natureza da responsabilidade estabelecida pela *Lex Aquilia*[67]. ALPA menciona que a fonte romana serviu de inspiração para leituras e manipulações distintas, seja para fundar o princípio pelo qual "inexiste responsabilidade sem culpa" ou para justificar remotamente a responsabilidade objetiva[68]. ALVINO LIMA reúne os autores que sustentam a prescindibilidade da culpa – entre outros EMILIO BETTI e os irmãos MAZEAUD – e aqueles que a entendem inerente ao conceito romano (*'In lege Aquilia et levissima culpa venit'*) – por exemplo, GIRARD e IHERING[69].

Referido autor, no entanto, aponta a ausência de interesse, além do campo teórico, no debate[70]. Fato é que a *Lex Aquilia* trouxe uma cláusula genérica de responsabilidade, permitindo vasta interpretação dos pretores e ampliando a esfera para além das causas negociais. A siste-

[62] CINTRA, Antônio Carlos Araújo; GRINOVER, Ada Pellegrini; DINAMARCO, Cândido Rangel. **Teoria Geral do Processo**, 26ª Ed. São Paulo: Malheiros, 2010, p. 29.

[63] LIMA. **Da Culpa ao risco**. Ob. Cit., p. 20.

[64] AGUIAR DIAS. **Da Responsabilidade Civil**... Ob. Cit., p. 20.

[65] LIMA. **Da Culpa ao risco**. Ob. Cit., p. 22.

[66] Tradução livre do original em italiano ("*ogni diminuzione di patrimonio cagionata senza nessun diritto da un uomo libero*") – apud. ALPA. **La responsabilità civile**. Ob. cit., p. 41.

[67] Pende dúvida sobre a data precisa da Lei – podendo situá-la no Século III a.C. (FRANÇA, Rubens Limongi. "As Raízes da Responsabilidade Aquiliana" in **Revista dos Tribunais**, n. 577, São Paulo, pp. 267-287, nov./1983).

[68] ALPA. **La responsabilità civile**. Ob. cit., p. 45.

[69] LIMA. **Da Culpa ao risco**. Ob. Cit., p. 23.

[70] LIMA. **Da Culpa ao risco**. Ob. Cit., p. 24.

matização romana fomentou a expansão do instituto, suplantando a vingança privada e alcançando, já em Justiniano, com base na extensão do capítulo *damnum injuria datum*, a tutela até de danos extrapatrimoniais[71]. Ainda, os fundamentos romanos serviram às lições de DOMAT e POTHIER, bases doutrinárias do Código Napoleônico (1804), que por sua vez inspirou muitos dos códigos e legislações das "nações cultas"[72].

Das fontes romanas, JEAN DOMAT expandiu o conceito de *fato ilícito*; considerado contrário à lei ("divina e humana") aquilo que viola a equidade, a honestidade e os bons costumes[73]. Segundo o jurista, à lei impende estabelecer a obrigação de reparar o dano, pois constitui "lei natural que aquele que submeta outro indivíduo a qualquer dano seja obrigado a repará-lo"[74], sendo certo que tal responsabilidade estava vinculada à culpa (*'faute'*). Segundo DOMAT, inviável a responsabilização do indivíduo por "eventos imprevisíveis" – como aqueles de ordem divina ou de caso fortuito[75].

Ainda, também se deve ao autor francês importante passo na estatização da responsabilidade e superação da vingança privada. Embora o direito romano já conhecesse a reparação do dano em pecúnia[76], DOMAT consagra que "todos os danos e interesses devem ser expressos em moeda"[77], afastando a crueldade do talião (*olho por olho*) pela indenização pecuniária do direito moderno.

Por seu turno, JOSEPH ROBERT POTHIER valeu-se das premissas conceituais romanas para cindir o "delito" e o "quase-delito" como "terceira

[71] MAZEAUD; MAZEAUD. **Traité Théorique et Pratique de la Responsabilité Civile**... Ob. Cit., p. 38.

[72] ALVINO LIMA exemplifica a influência do *Code Civil* no Canadá, Japão, México, Argentina, Itália, Venezuela, Brasil e outros (Ob. Cit., p. 27).

[73] Apud. ALPA. **La responsabilità civile**. Ob. cit., p. 46.

[74] Tradução livre: "c'est une loi naturelle, que celui qui a donné sujet à quelque dommage soit obligé à le réparer" (DOMAT, Jean. **Oeuvres complètes**, nouvelle édition par Joseph Remy. Paris: Firmin Didot, 1828, p. 47).

[75] *Ibidem*, p. 48.

[76] Cf. Na Roma Antiga, a *actio mista* previa a condenação *ultra simplum*, ou seja, *além do ressarcimento* (*simplum*) atribuía-se um *plus* correspondente à pena pela conduta (BARATELLA, Maria Grazia. **Le pene private**. Milano: Giuffrè, 2004, p. 7).

[77] Tradução livre: *"tous dommage et intérêts s'estiment en argent"* (DOMAT, Jean. **Les loix civiles dans leur ordre naturel; le droit public et legum delectus**, nouvelle édition, t. 1. Paris: Savoye, 1756, p. 242).

e quarta fontes de obrigação (sendo a primeira os contratos, a segunda os quase-contratos)"[78]. O *Traité des Obligations* (1761) valeu-se das lições romanas para distinguir a responsabilidade fruto do dolo e da culpa:

> "Chamamos *delito* o fato pelo qual uma pessoa, por dolo ou malícia, causa um dano ou uma lesão à outra. O *quase-delito* é o fato pelo qual uma pessoa, sem malícia, mas por imprudência que não é escusável, causa qualquer lesão à outra"[79].

Como cita GUIDO ALPA, a definição de POTHIER permitiu, implicitamente, a sistematização do ilícito civil – especificamente com a existência de um aspecto subjetivo (dolo ou culpa) vinculado à consciência, além do elemento objetivo (dano) e do nexo de causalidade[80]. E, o *Code Napoléon*, nos artigos 1.240 e 1.241[81], se inspirou precisamente nas lições de DOMAT e POTHIER, generalizando e atualizando a cláusula de responsabilidade da *Lex Aquilia*. As bases liberais da legislação francesa justificam a adoção de uma cláusula geral que sujeita todos, indistintamente, aos danos causados por sua conduta culposa.

A evolução da Lei Aquília no período de Justiniano também serviu de base dogmática ao estudo dos *pandectistas* no direito alemão. GEORGE MARTON destaca que os alemães se mantiveram mais *fiéis* ao direito romano (justinianeu), cuja cláusula de responsabilidade se repetiu no *Landrecht* da Prússia, no Código Austríaco, no Código Suíço de Obrigações e, finalmente, no *Bürgerliches Gesetzbuch* (BGB)[82]. Dispõe o BGB, no § 823, que "aquele que, intencionalmente ou por negligência, fere ilegal-

[78] ALPA. **La responsabilità civile**. Ob. cit., p. 48.

[79] Tradução livre: "*On appelle délit le fait par lequel une personne, par dol ou malignité, cause du dommage ou quelque tort à une autre. Le quasi-délit est le fait par lequel une personne, sans malignité, mais par un imprudence qui n'est pas excusable, cause quelque tort à un autre.*" (POTHIER, Joseph Robert. **Oeuvres de Pothier** : Traité des obligations, nouvelle édition. Paris: Bechet Aine, 1824, p. 62).

[80] ALPA. **La responsabilità civile**. Ob. cit., p. 48.

[81] Art. 1.240. *"Tout fait quelconque de l'homme, qui cause à autrui un dommage, oblige celui par la faute duquel il est arrivé à le réparer"; Art. 1.241. "Chacun est responsable du dommage qu'il a causé non seulement par son fait, mais encore par sa négligence ou par son imprudence"* (*Code Civil* – disponível em: <http://www.legifrance.gouv.fr>).

[82] MARTON. **Les Fondements de la Responsabilité Civile**... Ob. Cit., p. 8.

mente a vida, o corpo, a saúde, a liberdade, a propriedade ou outro direito de uma pessoa, está sujeito a compensá-la pelos danos decorrentes"[83].

No Brasil independente, considerado o tratamento incipiente no ordenamento português trazido no século XVIII[84], a regulamentação da responsabilidade civil recorreu às fontes estrangeiras. E, embora ilidível o destaque ao Código Civil de 1916, as bases da responsabilidade civil brasileira foram positivadas antes no "monumento do saber" da legislação pátria do século XIX – o Código Criminal do Império[85].

Apesar da natureza penal da norma, a Lei n. 16, de 1830, já previa logo no primeiro capítulo a cisão entre a responsabilidade criminal e civil; estabelecia o artigo 11 que os declarados inimputáveis pelo Código (artigos 9º e 10) não se eximiam da "satisfação do mal causado"[86]. Como brilhantemente exposto por VICENTE DE AZEVEDO[87], o Código

[83] Tradução livre – BFB, § 823 Schadensersatzpflicht ("Wer vorsätzlich oder fahrlässig das Leben, den Körper, die Gesundheit, die Freiheit, das Eigentum oder ein sonstiges Recht eines anderen widerrechtlich verletzt, ist dem anderen zum Ersatz des daraus entstehenden Schadens verpflichtet").

[84] AGUIAR DIAS. **Da Responsabilidade Civil**... Ob. Cit., p. 24.

[85] VICENTE DE AZEVEDO, Vicente de Paulo. **Crime-Dano-Reparação**. São Paulo: Revista dos Tribunais, 1934, p. 33.

[86] Texto original do Código Criminal de 1830:
"*Art. 9º Não se julgarão criminosos:*
1º Os que imprimirem, e de qualquer modo fizerem circular as opiniões, e os discursos, enunciados pelos Senadores, ou Deputados no exercicio de suas funcções, com tanto que não sejam alterados essensialmente na substancia.
2º Os que fizerem analyses razoaveis dos principios, e usos religiosos.
3º Os que fizerem analyses rasoaveis da Constituição, não se atacando as suas bases fundamentaes; e das Leis existentes, não se provocando a desobediencia á ellas.
4º Os que censurarem os actos do Governo, e da Publica Administração, em termos, posto que vigorosos, decentes, e comedidos.
Art. 10. Tambem não se julgarão criminosos:
1º Os menores de quatorze annos.
2º Os loucos de todo o genero, salvo se tiverem lucidos intervallos, e nelles commetterem o crime.
3º Os que commetterem crimes violentados por força, ou por medo irresistiveis.
4º Os que commetterem crimes casualmente no exercicio, ou pratica de qualquer acto licito, feito com a tenção ordinaria.
Art. 11. Posto que os mencionados no artigo antecedente não possam ser punidos, os seus bens comtudo serão sujeitos à satisfação do mal causado."

[87] Ob. Cit., p. 40/65.

Criminal de 1830 estabeleceu a noção da *reparação integral*[88], de solidariedade entre os causadores do dano[89] e, até mesmo, a responsabilidade sem culpa pelo fato da coisa, na hipótese de danos causados pelo escravo – em verdade, responsabilidade pelo fato de outrem, lastimavelmente, ainda tratado como coisa no Império[90].

As bases previstas no Código Criminal de 1830 sustentaram a matéria até o advento da norma civil. No entanto, ao contrário da festejada norma penal do século anterior, o Código Civil de 1916 surgiu "antiquado" no tocante à responsabilidade civil[91].

Entre outras críticas, a adoção da cláusula geral de culpa no Código Beviláqua[92], com inequívoco amparo no texto francês do século anterior (artigo 1383), ignorou as críticas e evoluções da matéria no direito europeu, além da própria sistematização jurisprudencial pátria sobre o dever de indenizar. O Código Civil de 1916 experimentou as mesmas críticas de outro relevante texto no qual foi inspirado, o BGB; como cita Otavio Luiz Rodrigues Junior, o texto alemão vigente desde 1900 foi tratado como "lei nascida sob o signo do passado, incompatível com as exigências do século XX"[93].

Inequívoco que a cláusula geral de culpa, com mais ou menos proximidade do texto francês ou alemão, foi adotada por inúmeros ordenamentos – independente da tradição jurídica (oriental, romano-germânica ou anglo-saxã). André Rouast afirma que "em nenhuma parte o princípio da culpa foi afastado"[94]. Ocorre, todavia, que o modelo

[88] *"Art. 22. A satisfação será sempre a mais completa, que fôr possivel, sendo no caso de duvida á favor do offendido."*

[89] *"Art. 27. Quando o crime fôr commettido por mais de um delinquente, a satisfação será á custa de todos, freando porém cada um delles solidariamente obrigado, e para esse fim se haverão por especialmente hypothecados os bens dos delinquentes desde o momento do crime."*

[90] *"Art. 28. Serão obrigados á satisfação, posto que não sejam delinquentes:*
1º O senhor pelo escravo até o valor deste."

[91] Aguiar Dias. **Da Responsabilidade Civil**... Ob. Cit., p. 28.

[92] Código Civil de 1916 (Lei n. 3.071, de 1916): *"Art. 159. Aquele que, por ação ou omissão voluntária, negligência, ou imprudência, violar direito, ou causar prejuízo a outrem, fica obrigado a reparar o dano".*

[93] Rodrigues Junior, Otavio Luiz. "A influência do BGB e da doutrina alemã no direito civil brasileiro do século XX" in **Revista dos Tribunais**, São Paulo: RT, v. 938, p. 79-155, dez. 2013, p. 83.

[94] Apud. Lima. **Da Culpa ao risco**. Ob. Cit., p. 39.

fundado na culpa atendia aos fundamentos liberais, incompatíveis com o *anseio social* das décadas subsequentes[95].

Logo percebeu-se que a culpa segundo o critério de "falta moral" prevista no *Code Civil* (1804) impunha tarefa árdua na comprovação do elemento subjetivo da conduta. Idêntica conclusão no tocante à cláusula de culpa do BGB (1900), em que o texto já surgiu com a crítica de sua *ineficiência* – em virtude das exceções à figura restrita da culpa[96] – tal qual o Código Bevilaqua, de 1916.

O capitalismo industrial trouxe o chamado *dano anônimo* – lesões em que os empregadores se eximiam do dever de indenizar ao comprovar a satisfação de diligências mínimas (exemplo: manutenção do maquinário), imputando ao acaso, à tecnologia ou a outros empregados a responsabilidade[97]. O ideal liberal, entretanto, não correspondia à expectativa social de manutenção do equilíbrio jurídico, especialmente após verificada a multiplicação destes acidentes.

Concorrentemente às revoluções político-sociais, intensificaram-se as relações sociais e a complexidade dos negócios jurídicos. SALEILLES destaca a alteração da responsabilidade civil sob o enfoque dos acidentes de trabalho, em decorrência da revolução industrial[98]. Mas, a questão não está adstrita ao campo laboral, JOSSERAND cita que a sociedade do século XX aparentava pertencer "a uma raça diferente, que se movimenta sem cessar, para seus negócios, para seu prazer (...) e que recorre, para esse fim, a engenhos maravilhosos e rápidos mas suscetíveis de causar catástrofes medonhas"[99].

Complementa ANDRÉ TUNC que a "coexistência do homem e das máquinas multiplicou as mortes e as lesões"[100]. Aqui, inolvidável que a "era das revoluções" também deu início ao êxodo rural e ao crescimento demográfico[101]. Se antes não se cogitava o risco de um atropela-

[95] DE PAGE, Henri. **Traité Elémentaire De Droit Civil Belge** : Principes, Doctrine, Jurisprudence, V. II. Bruxelles: Emile Bruylant, 1933, p. 932.

[96] MARTON. **Les Fondements de la Responsabilité Civile**... Ob. Cit., p. 19.

[97] TUNC. **La responsabilité civile.** Ob. Cit., pp. 60/63.

[98] **Les accidents de travail et la responsabilité civile**: Essai d'une Théorie Objective de la Responsabilité Délictuelle. Paris: Arthur Rousseau, 1987, p. 2. Disponível em: <http://gallica.bnf.fr/ark:/12148/bpt6k5455257c>, acesso em 03/09/2015.

[99] JOSSERAND. "Evolução da Responsabilidade Civil". Ob. Cit., p. 549.

[100] TUNC. **La responsabilité civile**. Ob. Cit., p. 63.

[101] HOBSBAWN, Eric. **A era das revoluções** : 1789 -1848, 25ª Ed., Trad. Maria Teixeira. São Paulo: Paz e Terra, 2009, p. 8.

mento, exceto por charretes, já que veículos automotivos não existiam; atualmente, o aumento da frota é coincidente com o crescimento exponencial do número de pedestres – evidenciando o discurso do caos de JOSSERAND. E basta considerar que sequer existia computador ou internet ao tempo dos discursos mencionados para potencializá-los.

Pode-se atualizar a preocupação dos autores franceses do século passado com a tese de ULRICH BECK, que afirmou a transição para a "sociedade de risco"[102]. Após o acidente de *Chernobyl* (1986), o autor observa que as catástrofes do Século XX e anteriores estavam reservadas à "categoria dos 'outros' – judeus, negros, mulheres, refugiados, dissidentes comunistas etc.", contudo, a dinâmica marcada por "fronteiras reais e simbólicas" se dissipa com o risco nuclear[103]. Os riscos são primitivos, no entanto, a natureza outrora *pessoal* (*v.g.* grandes navegações) é substituída pela característica *global*, como o dano nuclear ou ambiental[104] – o que repercute no âmbito financeiro, psicológico, social e jurídico.

E, ante a propagação do dano, no enfoque da responsabilidade civil, SALEILLES indicou que o modelo vigente não atendia à *justiça social*[105]. Iniciou-se um processo de *vilania* dos elementos que restringiam o reconhecimento do dever de indenizar, pois a chancela judicial ao direito posto – restrito – atraiu a "intolerância social e a rejeição ao próprio Poder Judiciário", como narra ANDERSON SCHREIBER[106]. "A teoria tradicional da responsabilidade repousava manifestamente em bases muito estreitas; cada vez mais se mostrava insuficiente e perempta"[107]. A "revolta dos fatos contra os códigos" ensejou respostas da doutrina, do legislador e da jurisprudência.

ALVINO LIMA apontou que a "concepção clássica" da culpa impunha "injusto" obstáculo às ações reparatórias. Os "imensos perigos" exigiram a extensão do conceito de culpa:

> "Estava, todavia [apesar da consagração universal], reservada à teoria clássica da culpa o mais intenso dos ataques doutrinários que talvez se

[102] BECK, Ulrich. **Risk society**: towards a new modernity. London: Sage, 1992.

[103] BECK, Ulrich. **Sociedade de risco** : rumo a outra modernidade, 2ª Ed., reimpressão, trad. Sebastião Nascimento. São Paulo: Editora 34, 2013, p. 7.

[104] BECK. **Sociedade de risco**. Ob. Cit., p. 25.

[105] SALEILLES. **Les accidents de travail et la responsabilité civile**. Ob. Cit., p. 2.

[106] SCHREIBER. **Novos paradigmas da responsabilidade civil**... Ob. Cit., p. 17.

[107] JOSSERAND. "Evolução da Responsabilidade Civil". Ob. Cit., p. 551.

tenha registrado na evolução de um instituto jurídico. As necessidades prementes da vida, o surgir dos casos concretos, cuja solução não era prevista na lei, ou não era satisfatoriamente amparada, levaram a jurisprudência a ampliar o conceito de culpa e acolher, embora excepcionalmente, as conclusões das novas tendências doutrinarias."[108].

A reação do direito à sociedade é ínsita de sua natureza; entretanto, o processo evolutivo da responsabilidade civil se destaca por uma ilidível uniformidade em ordenamentos jurídicos distintos. LOUIS JOSSERAND[109] destaca as reações verificadas na França em diversas categorias, as quais podem ser plenamente identificadas na Itália, na Alemanha ou no Brasil – cita-se:

> "1º. Admitiu muito facilmente a existência da culpa;
> 2º. Estabeleceu ou reconheceu presunções de culpa;
> 3º. O legislador francês, também substituiu por vezes a noção de culpa pelo conceito de risco: daí, a responsabilidade, de subjetiva que era, tradicionalmente, tornar-se objetiva;
> 4º. Enfim, a jurisprudência estendeu outra medida à responsabilidade contratual, eliminando assim a responsabilidade delitual e colocando a vítima numa situação mais favorável quanto à prova."

Ilustrando o panorama apresentado, reconhece-se nas mais distintas experiências jurídicas um processo histórico em que a jurisprudência *flexibilizou* o conceito de culpa e inverteu o ônus de prová-la (ou no caso de refutá-la); enquanto, no âmbito do Legislativo, exsurgem hipóteses de *culpa presumida* e, posteriormente, de responsabilidade sem culpa. Em suma, a proliferação de danos e a dificuldade probatória colocaram a culpa em xeque.

No processo de *vilania* da culpa, MARIO MOACYR PORTO chegou a afirmar seu *"ocaso"*[110], isto é, seu declínio e fim[111]. No Brasil, tal processo pode ser exemplificado artigo 1.527, do Código Civil de 1916, que

[108] LIMA. **Da Culpa ao risco.** Ob. Cit., p. 40.

[109] JOSSERAND. "Evolução da Responsabilidade Civil". Ob. Cit., p. 551.

[110] PORTO. "O ocaso da culpa...". Ob. Cit.

[111] Cf. Dicionário Houaiss da Língua Portuguesa. Verbete "ocaso", disponível em: <http://houaiss.uol.com.br/busca?palavra=ocaso>, acesso em 10 de maio de 2016.

tratava da responsabilidade do dono de animal. O Código Bevilaqua trazia hipótese de culpa presumida, já que isentava de responsabilidade o dono de animal desde que comprovasse que o "guardava e vigiava com o cuidado preciso". Hodiernamente, o Código Civil trata da hipótese dentre as figuras de responsabilidade objetiva (artigo 936). No entanto, a *objetivação* da responsabilidade não está restrita a situações específicas, o Código de Defesa do Consumidor (*caput* dos artigos 12 e 14[112]) e, posteriormente, o Código Civil de 2002 (artigo 927, parágrafo único[113]) consagraram cláusulas gerais de responsabilidade independente de prova da culpa.

O disposto no parágrafo único do artigo 927, do Código Civil de 2002, consagra a *teoria do risco*, com precedentes no Código Civil Português e no Código Civil Italiano[114]. Com efeito, pode-se afirmar que, atualmente, *coexistem* no direito pátrio (tal qual na maioria dos países citados) os modelos de responsabilidade civil subjetiva e objetiva. E rememora ANDERSON SCHREIBER que "a opção legislativa pela responsabilidade com culpa ou sem culpa implica uma redistribuição de riscos no contexto social"[115].

A problemática relevante para este trabalho, todavia, consiste na *insuficiência* do processo evolutivo exposto. A "sede de justiça" citada por

[112] *"Art. 12. O fabricante, o produtor, o construtor, nacional ou estrangeiro, e o importador respondem, independentemente da existência de culpa, pela reparação dos danos causados aos consumidores por defeitos decorrentes de projeto, fabricação, construção, montagem, fórmulas, manipulação, apresentação ou acondicionamento de seus produtos, bem como por informações insuficientes ou inadequadas sobre sua utilização e riscos"*
"Art. 14. O fornecedor de serviços responde, independentemente da existência de culpa, pela reparação dos danos causados aos consumidores por defeitos relativos à prestação dos serviços, bem como por informações insuficientes ou inadequadas sobre sua fruição e riscos." (Lei n. 8.078, de 1990).

[113] *"Art. 927. Aquele que, por ato ilícito (arts. 186 e 187), causar dano a outrem, fica obrigado a repará-lo. Parágrafo único. Haverá obrigação de reparar o dano, independentemente de culpa, nos casos especificados em lei, ou quando a atividade normalmente desenvolvida pelo autor do dano implicar, por sua natureza, risco para os direitos de outrem."*

[114] Código Português (Decreto-Lei n. 47.344, de 1966): *"Art. 493. (2) Quem causar danos a outrem no exercício de uma actividade, perigosa por sua própria natureza ou pela natureza dos meios utilizados, é obrigado a repará-los, excepto se mostrar que empregou todas as providências exigidas pelas circunstâncias com o fim de os prevenir"*. Código Italiano (Régio-Decreto n. 242, de 1942): *"Chiunque cagiona danno ad altri nello svolgimento di un'attività pericolosa, per sua natura o per la natura dei mezzi adoperati, e tenuto al risarcimento, se non prova di avere adottato tutte le misure idonee a evitare il danno."*

[115] SCHREIBER. **Novos paradigmas da responsabilidade civil**... Ob. Cit., p. 30.

Josserand[116] não se exauriu com a flexibilização, até mesmo a supressão, da culpa. Segundo Schreiber, vive-se o momento de "corrosão das bases do instituto"; o nexo de causalidade, outro "filtro" do dever de indenizar, também sofreu "erosão" – ampliando de forma extraordinária o "dano ressarcível"[117].

Em síntese, a responsabilidade civil, instituto fundado nas bases romanas, sofreu significativa evolução nos últimos três séculos; além da reforma dos conceitos e fundamentos jurídicos, a responsabilidade sofreu influxos filosóficos, sociais, políticos e econômicos. Não obstante, as últimas décadas agregaram especial complexidade às relações sociais, evolui-se no sentido da "sociedade de risco" ao mesmo tempo em que se "facilitou enormemente a dedução de pretensões reparatórias" [118]; surgiram novas espécies de danos e propagam-se com mais velocidade as informações sobre direitos, julgados e leis.

Deste modo, não se pode crer finda a revolução da responsabilidade civil, pelo contrário, crescentes são as críticas e dúvidas sobre os rumos. O dano social exsurge justamente de uma crítica de Antonio Junqueira de Azevedo, mas, não prescinde da compreensão do contexto e das críticas ao instituto – justamente para evitar que incorra nos mesmos equívocos.

1.3. Modelo positivado e a crise da responsabilidade

A evolução histórica destacada permite a compreensão do modelo vigente. Conforme há muito sedimentado, a responsabilidade civil contemporânea ainda se vincula aos "pressupostos" sistematizados pela doutrina há três séculos. Atualmente, a cláusula geral de culpa convive com a teoria do risco (artigo 927, do Código Civil), e remanescem como "condições para a constituição de relação jurídica de responsabilidade civil", requisitos do dever de indenizar, "a conduta antijurídica, o dano e o nexo de causalidade"[119]. Não raro, porém, o *anseio de justiça* sobrepõe

[116] Josserand. "Evolução da Responsabilidade Civil". Ob. Cit., p. 550.

[117] Schreiber. **Novos paradigmas da responsabilidade civil**... Ob. Cit., p. 79.

[118] Serpa, Pedro Ricardo e. **Indenização Punitiva**. 2011. Dissertação (Mestrado em Direito Civil) – Faculdade de Direito, Universidade de São Paulo, São Paulo, 2011. p. 9.

[119] Miragem, Bruno Nubens Barbosa. **Direito Civil** : responsabilidade civil. São Paulo: Saraiva, 2015.

tais "filtros" – implicando em interpretações ampliadas ou mesmo silêncio (eloquente) das decisões sobre tais pressupostos.

A objetivação da responsabilidade civil, introduzida inicialmente em legislação esparsa (*v.g.* Decreto n. 2.681, 1912, e Código de Defesa do Consumidor, 1990) e posteriormente positivada concorrentemente à teoria da culpa (Código Civil de 2002), não foi suficiente para atender os anseios pela reparação exigida pela "sociedade de risco". Conforme leciona Teresa Ancona Lopez, embora a higidez seja ínsita ao direito, a transformação social nunca se deu de forma "tão rápida e intensamente", impondo verdadeira "corrida maluca" da norma para atender a função de organizar a sociedade "de forma segura e justa"[120].

Com efeito, persiste a crítica da *insuficiência* do modelo positivado, apesar de sua significativa ampliação. Nesta senda, inolvidável que o Código Civil vigente foi aprovado após 27 anos de tramitação no Legislativo[121] – trazendo, ainda, conceitos importados do Código Civil francês e do BGB, que também já foram chamados "antiquados" face a realidade social dos séculos XIX e XX[122]. Trata-se de ressalva diretamente associada à *função da responsabilidade civil*, na qual se reconhece a "obsolescência" das soluções jurídicas em face da hipercomplexidade das relações sociais contemporâneas[123].

Segundo parcela da doutrina e da jurisprudência, o modelo vigente – associado à reparação[124] – não atende ao aspecto moral da responsabilidade civil. A crítica, também verificada em outras experiências jurídicas (*v.g.* Estados Unidos da América), tem fundamento na própria evolução do instituto; se por um lado o anseio social exigiu a objetivação, a base

[120] Lopez, Teresa Ancona. **Princípio da Precaução e Evolução da Responsabilidade Civil.** São Paulo: Quartier Latin, 2010, p. 15.

[121] A "Comissão Revisora e Elaboradora do Código Civil", coordenada por Miguel Reale foi constituída em maio de 1969, pelo Ministério da Justiça. Encaminhado o Projeto ao Congresso Nacional (mensagem presidencial n. 160, de junho de 1975), o Projeto de Lei (n. 635/75) foi aprovado em 1º turno na Câmara dos Deputados somente em 1984, sendo remetido ao Senado Federal que o devolveu à Câmara em 1999. A redação final foi aprovada na Câmara em 06 de dezembro de 2001 (Passos, Edilenice; João Alberto de Oliveira. **Memória Legislativa do Código Civil.** Brasília: Senado Federal, 2012, p. XXV).

[122] Rodrigues Junior. "A influência do BGB..." Ob. Cit.

[123] Moraes, Maria Celina Bodin de. **Danos à pessoa humana.** Rio de Janeiro: Renovar, 2007, p. 237.

[124] Artigo 944, do Código Civil: *"A indenização mede-se pela extensão do dano"*.

da responsabilidade (conduta do ofensor) torna-se menos relevante. Para tanto, destacamos trecho de MICHAEL SANDEL:

> "a ascensão da imputação objetiva da reparação de danos em seu viés solidarista de máxima proteção às vítimas impôs um arrefecimento do viés moral da responsabilidade civil, pois os danos passaram a ser frequentemente transferidos ao patrimônio de pessoas diversas a dos causadores dos danos"[125].

Consequentemente, não se pode decretar findo o processo de ampliação da responsabilidade civil. Os *anseios* que fundamentaram a "evolução" e tornaram a responsabilidade "a grande sentinela do direito civil mundial" se intensificaram[126], ampliando, ainda mais, o protagonismo da responsabilidade civil nas ações judiciais e análises acadêmicas. Mas, a despeito do alargamento, verifica-se o "enfraquecimento da responsabilidade civil **tradicional** porque, diante dos **novos riscos**, vindos dessa 'nova modernidade', nem mesmo a teoria do risco consegue resolver seus problemas"[127] (estado de *crise*).

O *ocaso da culpa* não se mostra suficiente às alterações sociais e aos riscos crescentes. O dever de reparação se torna um "imperativo social"[128], com notável *erosão* dos demais "filtros da reparação". A superação da culpa, ao contrário do que se poderia imaginar, não impôs maior rigor nos demais pressupostos, pelo contrário, o *anseio de justiça* alcança também o nexo de causalidade e o dano – pressupostos historicamente mais frágeis, ensejando "a extraordinária expansão do dano ressarcível"[129].

No tocante ao nexo de causalidade, a prodigalidade de teorias permite que a jurisprudência "com maior ou menor rigor" estabeleça topicamente as causas e impute responsabilidade "sob distintos critérios", para garantir a indenização em uma compreensão moderna de que "nem sempre é possível fazer prova da relação entre determinado

[125] Apud. ROSENVALD. **As Funções da Responsabilidade Civil**... Ob. Cit., p. 90.

[126] JOSSERAND. "Evolução da Responsabilidade Civil". Ob. Cit., p. 548.

[127] Grifos originais (LOPEZ. **Princípio da Precaução e Evolução da Responsabilidade Civil**. Ob. Cit., p. 16).

[128] FLOUR, Yvonne. Faute et Responsabilité Civile: Déclin ou Renaissance. **Revue Française de Théorie Juridique**, Paris, n. 5 (1987), pp. 29-43, 1987, p. 40.

[129] SCHREIBER. **Novos paradigmas da responsabilidade civil**... Ob. Cit., p. 79.

comportamento e um dano"[130]. Segundo PATRICK ATIYAH, as teorias ampliativas estimulam evidentes pedidos de imputação financeira por infortúnios pessoais, a despeito de efetiva responsabilidade (*blame culture*)[131]. Ou, como sintetiza ANDERSON SCHREIBER, a erosão do nexo de causalidade resulta na imputação individual da responsabilidade a agentes econômicos e outros indivíduos por "tragédias pessoais", atribuíveis, por coerência, "à sociedade como um todo"[132].

Neste propósito, a "extensão da responsabilidade para além dos causadores do dano" constitui outro elemento da ampliação da responsabilidade civil[133]. A *sociedade de risco* impõe à responsabilidade função que excede a primitiva retribuição do dano, à luz da conduta ilícita. Como afirma BRUNO MIRAGEM, a "compreensão contemporânea" do instituto "privilegia sua utilidade para a distribuição de custos sociais de danos inerentes à vida comunitária"[134]. Exsurgem, inseridos no dever de indenizar, a aptidão para a "socialização de riscos"[135] e a função preventiva[136].

Em 1965, GENEVIÈVE VINEY apregoava que o *Welfare State*, surgido como reflexo da revolução industrial antecedente, significaria o *declínio da responsabilidade individual*[137]. E, como cita MARCO FABIO MORSELLO, a mais "ousada" experiência no âmbito da socialização dos danos deu-se na Nova Zelândia, a partir do *Accident Compensation Act* (ACC, 1º de abril de 1974)[138].

Com substrato no modelo alemão de BISMARCK, desde 1900, a Nova Zelândia já estabelecia que a responsabilidade na esfera trabalhista

[130] MIRAGEM. **Direito Civil** : Responsabilidade Civil. Ob. Cit., p. 32-33.

[131] ATIYAH. **The Damages Lottery**. Ob. Cit., p. 138.

[132] SCHREIBER. **Novos paradigmas da responsabilidade civil**... Ob. Cit., p. 79.

[133] MIRAGEM. **Direito Civil** : Responsabilidade Civil. Ob. Cit., p. 33.

[134] MIRAGEM. **Direito Civil** : Responsabilidade Civil. Ob. Cit., p. 30.

[135] SOUZA, Maristela Denise Marques de; LOPES, Adriana. Crise dos Pressupostos Tradicionais da Responsabilidade Civil. **Revista AJURIS**. Rio Grande do Sul, v. 40, n. 129, março 2013, p. 110.

[136] LOPEZ. **Princípio da Precaução e Evolução da Responsabilidade Civil**. Ob. Cit., p. 17.

[137] VINEY, Geneviève. **Le Déclin de la Responsabilité Individuelle**. Bibliothèque de Droit Prive, 53. Paris: L.G.D.J, 1965, p. 4.

[138] MORSELLO, Marco Fabio. "A responsabilidade civil e a socialização dos riscos. O sistema neozelandês e a experiência escandinava" in **Revista da Escola Paulista da Magistratura**, ano 7, n. 2, pp. 13-22, julho-dezembro/2006, p. 15.

prescindia da prova da culpa (*"no fault workers compensation system"*)[139]. E, em 1974, criou um "sistema de socialização de riscos, considerado o mais avançado do mundo, cabendo ao Estado velar pela indenização das vítimas, tornando-se, pois, despicienda a aferição da conduta dos causadores do dano"[140].

O modelo encontra fundamento na evolução exposta da responsabilidade do último século; crescentes os danos, reconhecida a dificuldade da prova da culpa e, principalmente, os custos das lides, o *Accident Compensation Act* abolia a ação indenizatória (*action for damages*), introduzindo um modelo de seguro social de danos. Consta da Seção 3, dos objetivos do ACC:

> "O propósito desta lei é melhorar o bem público e reforçar o contrato social, introduzindo esquema de compensação de acidentes, prevendo um regime justo e sustentável para a gestão de danos pessoais, cujos objetivos primordiais são a minimização da incidência de lesões e do impacto delas na comunidade (incluindo os custos econômicos, sociais e pessoais) (...)"[141].

Entretanto, a sustentabilidade do sistema não se comprovou na prática, exigindo cinco emendas desde 1974[142]. A solidarização *pura* encontrou obstáculo na questão dos *'exemplary damages'*, tal qual no tocante aos danos morais – com inequívoco *spreading* econômico. Assim, as emendas, como o *The Accident Rehabilitation and Compensation Insurance Act*, mitigaram o sistema de solidariedade social[143].

[139] *History of ACC in New Zealand* – disponível em: <http://www.acc.co.nz/about-acc/overview-of-acc/introduction-to-acc/aba00004>, acesso em 20 de fevereiro de 2016.

[140] Morsello. "A responsabilidade civil e a socialização dos riscos...". Ob. Cit., p. 16.

[141] Tradução livre (*"The purpose of this Act is to enhance the public good and reinforce the social contract represented by the first accident compensation scheme by providing for a fair and sustainable scheme for managing personal injury that has, as its overriding goals, minimising both the overall incidence of injury in the community, and the impact of injury on the community (including economic, social, and personal costs) (...)"* – Seção 3, disponível em: <http://www.legislation.govt.nz/act/public/2001/0049/latest/DLM100100.html>, acesso em 22 de fevereiro de 2016.

[142] Cf. Accident Compensation Act 2001 (Morsello. "A responsabilidade civil e a socialização dos riscos...". Ob. Cit., p. 16).

[143] Morsello. "A responsabilidade civil e a socialização dos riscos...". Ob. Cit., p. 17-18.

E, os danos extrapatrimoniais, responsáveis pela alteração no panorama do modelo neozelandês, têm inequívoco destaque nos debates sobre a "crise" da responsabilidade civil. O aspecto subsequente à flexibilização do nexo de causalidade é, precisamente, o "efetivo alargamento da área do dano ressarcível", que Giovani Comandé indica como presente em todas as experiências ocidentais nas últimas décadas[144]. Nas palavras de Daniel de Andrade Levy, a crise da pós-modernidade enseja a "hipervalorização do dano" no campo da responsabilidade civil, mais, a "sociedade da abstração" convive com danos cada vez menos tangíveis e ora ligados à dimensão humana[145].

O estudo do dano e de suas novas espécies será abordado no capítulo subsequente; por ora, porém, interessa destacar o reflexo deste alargamento, especialmente no tocante aos danos extrapatrimoniais.

Se por um lado critica-se a responsabilidade pela *insuficiência* frente ao *anseio social* de justiça (progresso na socialização dos riscos), igualmente expressiva a crítica sobre seu protagonismo exacerbado (banalização) das demandas indenizatórias. Embora ilidível a relação de causa e efeito entre a tutela dos direitos da personalidade, a ampliação ao acesso à justiça e a consagração dos danos morais com o crescimento exponencial de demandas, não há dúvida da carência de critérios, frente a "erosão dos filtros", sujeitando demandas judiciais à "criatividade do intérprete" e à "flexibilização da jurisprudência"[146].

Os relatórios Justiça em Números, publicados pelo CONSELHO NACIONAL DE JUSTIÇA, denotam a profusão das ações indenizatórias entre os assuntos mais demandados no Poder Judiciário.

Em 2014, entre os vinte assuntos recorrentes, as ações envolvendo "Responsabilidade do Fornecedor/Indenização por Dano Moral (DIREITO DO CONSUMIDOR)" ocupam o terceiro lugar (2.039.288 ações), ou seja, 4,01% dos processos no país. Outrossim, as ações de "Responsabilidade Civil/Indenização por Dano Moral" (1.258.753 ações), "Responsabilidade Civil do Empregador/Indenização por Dano

[144] Comandé, Giovani. **Risarcimento del Danno Alla Persona e Alternative Istituzionale:** Studio di Diritto Comparato. Torino: Giappichelli, 1999, p. 20.

[145] Levy, Daniel de Andrade. **Responsabilidade Civil** : De um Direito dos Danos a um Direito das Condutas Lesivas. São Paulo: Atlas, 2012, p. 15 e 19.

[146] Rodotá, Stefano. **Il problema della responsabilità civile**. Milano: Giuffrè, 1967, p. 23. Schreiber. **Novos Paradigmas da Responsabilidade Civil**... Ob. Cit., p. 96.

Moral" (700.595 ações) e "Responsabilidade Civil/Indenização por Dano Material" (658.534 ações) ocupam a 5ª, 11ª e 15ª posições dentre os assuntos mais demandados[147]. Deste modo, em 2014, quase 10% (dez por cento) das ações judiciais em trâmite no último levantamento do CNJ envolvem questões indenizatórias. Ou seja, eram mais de 4,6 milhões de demandas sob o enfoque da responsabilidade civil.

No Relatório de 2016 (ano-base 2015), embora apresentada singela queda na proporção e no número de demandas, a relevância da responsabilidade civil entre os "assuntos mais demandados no Poder Judiciário" persiste. As ações sob a etiqueta da "Responsabilidade do Fornecedor/Indenização por Dano Moral (DIREITO DO CONSUMIDOR)" constituem o quarto assunto mais recorrente (3,94% ou 1.667.654), logo a frente de "Responsabilidade Civil/Indenização por Dano Moral (DIREITO CIVIL)" que ocupa o quinto lugar, com 2,13% das ações (903.628). Em síntese, das vinte categorias listadas dentre as mais assíduas nos tribunais pátrios, quatro envolvem responsabilidade civil – o equivalente a mais de 3,9 milhões de demandas ou 9,05% das demandas no país[148].

E o Relatório de 2017 (ano-base 2016) corrobora a conclusão acerca do crescimento destas questões no Poder Judiciário. "Responsabilidade do Fornecedor/Indenização por Dano Moral (DIREITO DO CONSUMIDOR)" assumiu o segundo lugar dentre os assuntos mais recorrentes da Justiça Estadual (3,46%), somado ao quarto assunto mais recorrente ("Responsabilidade Civil; Indenização por Dano Moral – DIREITO CIVIL"), com 1,97% das ações[149]. No âmbito dos Juizados Especiais, os temas de responsabilidade civil ocupam três dos cinco principais assuntos, significando mais de um quarto (25,26%) dos processos[150].

A crítica, contudo, não pode partir da simples verificação estatística. Maria Celina Bodin de Moraes aponta que a ampliação da judicialização de questões de responsabilidade civil evidencia símbolo

[147] CONSELHO NACIONAL DE JUSTIÇA. **Justiça em Números 2015**: ano-base 2014. Brasília: CNJ, 2015, p. 51

[148] CONSELHO NACIONAL DE JUSTIÇA. **Justiça em Números 2016**: ano-base 2015. Brasília: CNJ, 2016, p. 74.

[149] CONSELHO NACIONAL DE JUSTIÇA. **Justiça em Números 2017**: ano-base 2016. Brasília: CNJ, 2017, p. 167.

[150] Idem, p. 170.

do "reforço da cidadania"[151]. Ainda que cognoscível a ressalva sobre a excessiva litigiosidade, "não se pode ignorar, nesta temática, o progressivo desmoronar de barreiras processuais que veio assegurar à extensa camada da população, antes marginalizada, o efetivo acesso ao Poder Judiciário"[152].

A multiplicidade de demandas, todavia, encontra terreno fértil à insegurança jurídica, uma vez erodidos os "filtros clássicos da reparação". Como indica ANDERSON SCHREIBER, as pretensões "não encontram mais o freio relativamente seguro do raciocínio" tradicional[153]. Em verdade, a problemática consiste na carência de critérios na aplicação dos pressupostos do dever de indenizar, proliferando-se, pois, decisões sem exame crítico.

Deste modo, pode-se afirmar a "crise" do sistema posto. O termo, no entanto, é empregado em contrariedade ao senso comum "abstrato" e "sinistro"; preferimos a concepção de CARLO BORDONI e ZYGMUNT BAUMAN, com viés "positivo, criativo e otimista"[154].

Em 1999, ANTONIO JUNQUEIRA DE AZEVEDO mencionou que as "dúvidas" da pós-modernidade provocaram "visceral revolta numa ciência tão antiga como o direito"[155]. Contudo, o descompasso do direito com a sociedade lhe é ínsito; exacerbado, de fato, com as reformas político-sociais – o que, todavia, não justifica tal qualificação (*crise*). O processo de evolução e mutação do direito é permanente, sem que se possa falar em uma crise eterna, sob risco de ignorar o aspecto temporal da etimologia.

Igualmente, a necessidade constante de reinterpretação e evolução dos pressupostos e conceitos da responsabilidade civil jamais cessará. GENEVIÈVE VINEY aponta que a crise da responsabilidade civil é longeva, desde o maquinismo, o sistema se tornou "insuficiente"[156].

151 MORAES, Maria Celina Bodin de. "A constitucionalização do direito civil e seus efeitos sobre a responsabilidade civil" in **Direito Estado e Sociedade**, v. 9, n. 9, jul./dez. 2006, p. 241.

152 SCHREIBER. **Novos paradigmas da responsabilidade civil**... Ob. Cit., p. 85.

153 SCHREIBER. **Novos paradigmas da responsabilidade civil**... Ob. Cit., p. 85.

154 BAUMAN, Zygmunt; BORDONI, Carlo. **Estado de crise** – tradução Renato Aguiar, 1ª Ed. Rio de Janeiro: Zahar, 2016, p. 09.

155 JUNQUEIRA DE AZEVEDO, Antônio. "O direito pós-moderno", **Revista USP**, n. 42, pp. 96/101, junho/agosto 1999, p. 96.

156 VINEY, Geneviève. **Traité de Droit Civil – Introduction à la responsabilité**, vol. I, 2ème éd. Paris: LGDJ, 1995, p. 56.

Todavia, coexistem anseios aparentemente contraditórios que agravam a problemática de outrora. A candente "multifuncionalidade" da responsabilidade civil permite afirmar sua crise.

Repisa-se a orientação sociológica de BAUMAN e BORDONI: crise é "uma transição que se presta necessariamente ao crescimento, como prelúdio de uma melhoria para um status diferente, um passo adiante decisivo"[157]. No caso da responsabilidade civil, as alterações *externas* do instituto repercutiram significativamente em dogmas históricos, evidente a ruptura, cujas críticas crescentes impõem maior reflexão de validade dos modelos há muito sedimentados.

A prodigalidade dos riscos acelera diuturnamente e justifica a "erosão" dos conceitos tradicionais. O modelo positivado pelo Código Civil de 2002 e outras normas infraconstitucionais - coexistência da cláusula geral de culpa com a teoria do risco –, não se mostrou suficiente à função da responsabilidade civil de modular condutas, tampouco atende ao anseio social de solidarização. "A responsabilidade civil somente compensatória não consegue cumprir seu papel"[158], exigindo dos juristas, especialmente, da magistratura, a adoção de *alternativas* para corresponder ao anseio social (*v.g.* função punitiva da indenização) - métodos também sujeitos a críticas (ativismo).

A adoção de *alternativas*, a flexibilização dos conceitos, o *ocaso* da culpa e do nexo e a sedimentação de novos danos deram ensejo às críticas sobre a "loteria" da indenização. A solidariedade se deu "pela metade"[159]. A "socialização dos riscos não acaba com os riscos, ao contrário, pode tornar os responsáveis por eles menos cuidadosos"[160]; o seguro se opõe à natureza preventiva da responsabilidade civil. E, como denota a distinta análise de MARCO FABIO MORSELLO, as experiências de socialização "pura" de riscos não apenas ensejaram o enfraquecimento da função preventiva das condutas, geraram significativo *déficit* orçamentário[161].

Ainda, a falta de critérios sedimentados, apesar da vasta produção doutrinária e judicial, traduz insegurança jurídica - banalizando a responsabilidade civil e seus institutos. Pior, transparece a inaptidão da

[157] BAUMAN; BORDONI. **Estado de Crise.** Ob. Cit., p. 11.

[158] LOPEZ. **Princípio da Precaução e Evolução da Responsabilidade Civil.** Ob. Cit., p. 17.

[159] SCHREIBER. **Novos paradigmas da responsabilidade civil**... Ob. Cit., p. 07.

[160] LOPEZ. **Princípio da Precaução e Evolução da Responsabilidade Civil.** Ob. Cit., p. 55.

[161] MORSELLO. "A responsabilidade civil e a socialização dos riscos...". Ob. Cit., p. 17.

responsabilidade, tal qual o direito sancionador, de efetivar suas funções precípuas (também questionadas).

Embora o processo evolutivo seja irrefreável e o consenso utópico, impositivo o exame crítico das figuras inovadoras. Afirmava Antonio Junqueira de Azevedo que "não se chegou a critério nenhum que pudesse pacificar o debate", sugerindo uma "nova categoria de dano", o *dano social*[162]. Impõe-se, porém, realizar tal exame acerca da figura do dano social, precisamente para inseri-lo no processo evolutivo, verificando a aptidão de satisfação da função a que se propõe e, principalmente, afastando-o do uso irresponsável que culminou com a "crise" destacada.

1.4. Funções da responsabilidade civil

O debate sobre as funções (objetivos) da responsabilidade emerge apenas na segunda metade do século XX. Como menciona Hugo Alejandro Acciarri, até então havia um consenso sobre a natureza *reparatória*, em decorrência dos fundamentos no processo de cisão entre a responsabilidade civil e criminal. A discussão sobre *outras* funções surge com a "redefinição" da matéria, inclusive no tocante à nomenclatura (direito de danos)[163]. Em outras palavras, a crise da responsabilidade e as dúvidas sobre a eficácia do modelo posto fomentam também o questionamento sobre sua função e nomenclatura.

Na doutrina italiana, Guido Alpa sintetiza quatro funções fundamentais da responsabilidade civil – são elas:

i) função de reagir ao ato ilícito, com escopo de *ressarcir* os sujeitos por ele prejudicados;
ii) função *repristinatória*, em que se busca o *statu quo ante*;
iii) função de *reafirmação* do poder sancionador, poder *punitivo* do Estado;
iv) função *preventiva*, a fim de intimidar aquele que busca repetir a conduta contrária ao direito (*deterrence*).

[162] Junqueira De Azevedo, Antônio. Por uma nova categoria de dano na responsabilidade civil: o dano social. **Revista Trimestral de Direito Civil**, Rio de Janeiro, ano 5º, n. 19, pp. 211-218, jul./set., 2004.

[163] Acciarri, Hugo Alejandro. **La Relación de Causalidad y las Funciones del Derecho de Daños** : Reparación, prevención, minimización de costos sociales, 1ª Ed. Buenos Aires: Abeledo Perrot, 2009, p. 179.

Ainda, ALPA menciona duas funções *subsidiárias* de cunho econômico: (v) a distribuição de "perdas", de um lado; e (vi) a alocação dos custos, de outro[164]. E, como cita o consagrado autor italiano, cada função se torna "proeminente em detrimento de outra", conforme o contexto histórico e social de cada período[165], em uma sucessão cíclica e complementar de teorias justificadoras da responsabilidade civil.

Para compreender a referida dinâmica entre as funções justificadoras, convém rememorar a evolução histórica brevemente delineada neste capítulo, uma vez que o debate sobre a função (*objetivo*) é também uma leitura histórica e uma análise *teleológica* da responsabilidade civil.

A responsabilidade como *fenômeno social* surge nas sociedades primitivas com manifesto propósito *punitivo*. Embora reconhecida a introdução da razão no âmbito da responsabilidade, o Código de Hamurabi e a Lei das XII Tábuas são antes *limites* à punição do que hipóteses de reparação ou de ressarcimento[166]. Antecedentemente à sistematização de Justiniano, o modelo romano estabelecia condutas taxativamente previstas como "delitos privados", os quais não eram puníveis pelo Estado, que apenas assegurava ao ofendido a *actio* para obter a condenação do ofensor ao pagamento de determinada quantia ("*poena privata*")[167].

A *pena privada* surge como punição; tanto que excedia a reparação como se verifica pela expressa possibilidade de condenação do ofensor ao pagamento de "*múltiplos*" do dano. A título de exemplo, o '*furtum*' era "indenizado" com o pagamento do dobro ou triplo da '*res furtiva*'[168], o que excede a "extensão do dano" – hoje expressa como limite do dever de indenizar (cf. artigo 944, do Código Civil). E, como aponta KURT ZITZER, os múltiplos não estiveram restritos à experiência romana, encontrando hipótese até mesmo no Antigo Testamento (Séculos VI a.C.)[169].

[164] ALPA. **La responsabilità civile**. Ob. cit., p. 159-160.

[165] Idem, p. 161 – "È innegabile, infatti, che, mutando periodo storico e ambiente sociale, una funzione diviene preminente rispetto ad un›altra, e viceversa".

[166] VOCI, Pasquale. **Risarcimento e pena privata nel diritto romano classico**. Milano: Giuffrè, 1939, p. 2.

[167] ALVES, José Carlos Moreira. **Direito Romano**, v. I, 6ª Ed. Rio de Janeiro: Forense, 1987, p. 265.

[168] LOURENÇO, Paula Meira. **A Função Punitiva da Responsabilidade Civil**. Coimbra: Coimbra, 2006, p. 39.

[169] Êxodo, 22:1 – "*Se alguém furtar boi ou ovelha, e o degolar ou vender, por um boi pagará cinco bois, e pela ovelha quatro ovelhas*" (ZITZER, Kurt M. "Punitive Damages: A Cat's Clavicle in Modern

À jurisprudência romana atribui-se o processo de "despenalização total do direito privado" [170], argumento em que se fundam, hoje, as críticas à *função punitiva* da indenização. Entretanto, o distanciamento da responsabilidade civil na tradição romano-germânica da pena privada – há muito qualificada como "bárbara"[171] – se deu, principalmente, pela relevância da filosofia católica na releitura das fontes romanas, especialmente pela proeminência do instituto do enriquecimento sem causa nos sistemas jurídicos influenciados pela Justiça Comutativa de São Tomás de Aquino[172].

Embora inserido no espírito revolucionário e de inequívoca influência liberal, o Código Napoleônico não se dissociou totalmente do influxo canônico[173]. No âmbito obrigacional, inclusive no tocante à responsabilidade civil, as regras do *Code Civil* têm fundamento na noção de *equilíbrio* da *Summa Theologica*.

Resumidamente, São Tomás de Aquino ampliou o espectro da *justiça corretiva* antes estudada por Aristóteles – estabelecendo a *justiça comutativa* como regra de conduta nas "relações entre indivíduos"[174]. No ensinamento tomista, ao Estado compete a justiça *distributiva* – igualdade material –, ao tempo que nas relações privadas vigora a *justiça comutativa* (igualdade formal). Assim, a filosofia canônica trouxe relevo para a tese da vedação ao locupletamento sem causa e sedimentou a

Civil Law" in **The John Marshall Law Review**, vol. 22, 1998, pp. 559-662. Disponível em <http://heinonline.org/HOL/LandingPage?collection=journals&handle=hein.journals/jmlr22&div=34&id=&page=>. Acesso em: 10 de fevereiro de 2016).

170 Pargendler, Mariana Souza. O caráter exemplar da indenização e o Direito Civil Brasileiro: pena privada ou *punitive damages* In **Salão de iniciação Científica** (15 : 2003 : Porto Alegre, RS). Livro de resumos. Porto Alegre : UFRGS, 2003.

171 Starck, Boris. **Essai d'une Théorie Générale de la Responsabilité Civil Considérée en sa Double Fonction de Garantie et de Peine Privée.** Paris: L. Rodstein, 1947.

172 Costa, Judith Martins; Pargendler, Mariana Souza. Usos e abusos da função punitiva, **Revista CEJ**/ Conselho da Justiça Federal, Brasília: CEJ, v. 9, n. 28, pp. 15- 32, jan./mar. 2005, p. 21.

173 Durand, Jean-Paul. "The Civil Code and the Canon Law", **Pouvoirs, revue française d'études constitutionnelles et politiques**, n°107, 107 – Le Code civil, p.59-79. Disponível em: <http://www.revue-pouvoirs.fr/The-Civil-Code-and-the-Canon-Law.html>, acesso em 26/05/2015.

174 Barzotto, Luís Fernando. Justiça Social – Gênese, estrutura e aplicação de um conceito. **Revista do Ministério Público**, Porto Alegre – RS, v. 50, p. 19-56, 2003.

responsabilidade civil de cunho estritamente reparatório, com fundamento no *equilíbrio* da justiça comutativa.

Assim, embora reiteradamente assumida com natureza de *garantia* – como, aliás, denota o artigo 6º, inciso V, do Código de Defesa do Consumidor[175] –, a reparação integral, expressa no Código Civil (artigo 944), consiste verdadeira limitação ao dever de indenizar, com fundamento no modelo francês, de influência tomista. O adágio francês *"tout le dommage mais rien que le dommage"*[176], rememorado por GENEVIÉVE VINEY[177], reflete tal característica da "reparação integral", evidente limite à indenização e fundamento da doutrina que ainda crê *primitiva* a função punitiva do direito de danos e rechaça outras funções.

A natureza *sancionatória* é ínsita à noção de responsabilidade; no entanto, a "pena privada" tornou-se "bárbara" com a cisão entre direito civil e penal, com o racionalismo crescente na sistematização do instituto e, principalmente, a partir das influências políticas, filosóficas, econômicas e religiosas. Em outras palavras, a "história externa" da responsabilidade civil[178] permite constatar os influxos convergentes do interesse liberal e da filosofia canônica no Código Civil Francês, de 1804, que "atendeu a uma ideologia que demandava a ausência de entraves para o exercício de atividades econômicas"[179] e, consequentemente, rechaçou a função punitiva do direito civil, especialmente do âmbito da responsabilidade, com repercussão em inúmeras experiências posteriores do sistema da *Civil Law*[180].

175 *"Art. 6º. São direitos básicos do consumidor: (...) VI – a efetiva prevenção e reparação de danos patrimoniais e morais, individuais, coletivos e difusos;"*.

176 "Todo o dano, mas, nada mais que o dano" em tradução livre.

177 Apud. SANSEVERINO, Paulo de Tarso. **Princípio da reparação integral** – indenização no Código Civil. São Paulo: Saraiva, 2010.

178 ALPA. **La responsabilità civile.** Ob. cit., p. 25.

179 ROSENVALD. **As Funções da Responsabilidade Civil**... Ob. Cit., p. 25.

180 Aqui, memorável a influência do *Code Civil* francês na vasta maioria dos Códigos ocidentais que lhe foram posteriores – em palestra em homenagem ao bicentenário do *Code*, Rui Stocco afirmou que se estabeleceu *"uma espécie de 'Código-modelo', mas, muito mais do que isso, uma permanente inspiração"* (STOCCO, Rui. "Responsabilidade Civil no Código Civil Francês e no Código Civil Brasilerio" in SEMINÁRIO EM HOMENAGEM AO BICENTENÁRIO DO CÓDIGO CIVIL FRANCÊS, Superior Tribunal de Justiça, setembro/2004, **Anais**... Brasília, 2004). Sobre a influência dos textos iluministas, inolvidável a Lei da Boa Razão, de 18 de agosto de 1769, que tentou romper com as fontes canônicas e romanas usualmente adotadas pelo direito português, por um "golpe legislativo" que determinava o subsídio "antes" das

Opostamente, referida objeção não se verificou na Europa Insular; nos países de tradição anglo-saxã a noção de punição do Direito Romano persistiu em diversas formas (*verbi gratia "punitive damages", "exemplary damages", "aggravated damages"*[181]). Como bem decomposto por René David, as duas principais "famílias" do direito (*Common* e *Civil Law*) beberam das mesmas fontes romanas; ocorre que o *ius commune* decorrente do "redescobrimento" do direito romano na transição da Idade Média para a Idade Moderna, se desenvolveu na Europa Continental apenas no Século XVI – quando já sedimentado o sistema jurídico da *Common Law*, justificando sua não adoção pelos países anglo-saxões[182]. Com efeito, a evolução paralela dos institutos, ainda que amparados nas mesmas bases romanas, ensejou a cisão de pensamentos quanto à função punitiva.

Eduardo Ulian destaca que os já mencionados "múltiplos" do Direito Romano foram expressamente adotados no modelo inglês[183], como se constata na leitura do remoto '*Statute of Westminster*' de 1275[184].

Historicamente, a separação entre direito civil e penal no modelo da *Common Law* não teve relevância semelhante àquela do direito europeu continental. Como expõe Pedro Ricardo e Serpa, o "sistema saxão não distinguia ilícitos de natureza civil (os quais, posteriormente, dariam origem aos '*torts*') e os de origem criminal (os quais, no futuro, constituiriam os '*crimes*')", impondo de forma indistinta a sanção pecuniária pela "má conduta ('*wrongdoing*')"[185].

"Leis das Nações Cristãs, iluminadas e polidas" (Hespanha, António Manoel. **A História do Direito na História Social**. Lisboa: Livros Horizonte, 1978, p. 76). A norma vigente na Colônia ao tempo da introdução dos cursos jurídicos em 1827 influenciou a valorização do Código Napoleônico no desenvolvimento jurídico pátrio.

[181] Ulian, Eduardo. **Responsabilidade Civil Punitiva,** Tese (Doutorado) – Faculdade de Direito da Universidade de São Paulo. São Paulo, 2003, p. 28.

[182] David, René. **Os grandes sistemas do direito contemporâneo**, 5ª Ed. São Paulo: Martins Fontes, 2014.

[183] Ulian. **Responsabilidade Civil Punitiva.** Ob. Cit., p. 30.

[184] Exemplificando, o texto do Rei EDUARDO I, entre outras tantas condutas, regulava a vedação à extorsão pelos oficiais e funcionários reais, impondo como uma das punições o pagamento do triplo do valor obtido (*"shall pay thrice so much as he hath taken"*) – *Statute of Westminster,* Cap. XXVII – disponível em: < https://ucadia.s3.amazonaws.com/acts_uk/1200_1299/uk_act_1275_statute_westminster.pdf>, acesso em 23 de fevereiro de 2016.

[185] Serpa. **Indenização Punitiva.** Ob. Cit., p. 30.

Consequentemente, os *'punitive damages'* se desenvolveram de maneira "avassaladora (especialmente nos Estados Unidos da América)", acobertando naquele modelo jurídico múltiplas funções da indenização – além da natureza compensatória, funções de "justiça pública (*'public justice'*)", de prevenção (*'deterrence'*), de exemplo ("educativa") e de punição (*'punitive damages'*)[186].

Em verdade, não é possível afirmar a autonomia completa de cada função específica. Como cita David Owen, a indenização punitiva tem aptidão educativa frente à sociedade e ao ofensor, pois "expressa a desaprovação social de condutas especialmente reprováveis (...) reafirmando o comprometimento da sociedade para a manutenção de seus padrões morais e legais"[187]; assim, as funções se confundem. Notável, porém, que nos países de *Common Law*, especialmente nos Estados Unidos da América, a função punitiva ostenta relevância significativa.

A repercussão da figura no modelo anglo-saxão, no entanto, é sentida nos tribunais brasileiros e na Academia. A cisão histórica entre os principais sistemas do direito *justifica* as bases jurídico-filosóficas das funções da responsabilidade civil em cada modelo; contudo, como afirma Alpa, a dinâmica entre as funções consiste em um movimento cíclico de teorias justificadoras da responsabilidade civil, segundo o momento histórico e cultural[188]. Neste sentido, observável o processo de aproximação dos modelos no tocante à função ou às funções da responsabilidade.

186 Serpa. **Indenização Punitiva**. Ob. Cit., p. 35 e 39.

187 *"Much more than assessments of responsibility for actual damages, punitive damages assessments sensationalize the consequences of improper behavior in a manner that serves to inform and remind the defendant and society at large that a particular right-duty legal value not only exists, but is given staunch protection by the law. Society's most important rules governing how people are to live together, and the boundaries of their respective spheres of freedom to pursue their personal interests that sometimes conflict, are publicly declared and certified as fundamental by punitive damage awards. This form of judicial punishment expresses the community's disapproval of serious misconduct such as flagrant breaches of rules governing how people are to treat one another. Furthermore, it publicly reaffirms society's commitment to maintaining its moral and legal standards"* (Owen, David G. "A Punitive Damages Overview: Functions, Problems and Reform", **Villanova Law Review**, vol. 39, n. 363, 1994, p. 374-475. Disponível em: <http://digitalcommons.law.villanova.edu/vlr/vol39/iss2/3>, acesso em 23 de fevereiro de 2016).

188 Alpa. **La responsabilità civile**. Ob. cit., p. 160.

Enquanto na Grã-Bretanha e nos Estados Unidos da América, a função punitiva, há muito sedimentada[189], foi objeto de significativos debates, à luz dos abusos e da *análise econômica do direito*[190]; a função reparatória, consagrada como exclusiva no *Civil Law*, sofreu diversos ataques, recentemente, em razão da "crise da responsabilidade civil".

Nas palavras de René David, notável a "tentação para falar de uma família do direito ocidental", já que os "contatos" entre a *civil law* e a *common law* foram numerosos. Na substância, "soluções muito próximas, inspiradas por uma mesma ideia de justiça, são muitas vezes dadas às questões pelo direito nas duas famílias de direito"[191]. Neste sentido, as soluções de cada *família* do direito têm influenciado os modelos nacionais.

Entre nós, o debate acerca da função da responsabilidade exsurge especialmente no âmbito da indenização por danos extrapatrimoniais, mas, a discussão tem origem além-mar. Boris Starck, em 1947, publicou *'Essai d'une théorie générale de la responsabilité civile considérée en sa double fonction de garantie et peine privée'*, no qual pretendeu demonstrar que a hostilidade dirigida à natureza punitiva da indenização era "gratuita e injustificada"[192]. E, além da relevante contribuição de Starck na sistematização dos argumentos contrários à função punitiva para poder rechaçá-los[193], sobressai a acuidade do título do ensaio. A "dupla função" corresponde, precisamente, à dinâmica contemporânea das teses justi-

[189] O primeiro precedente que se tem notícia da aplicação da sanção punitiva ("punitive damages") pela *House of Lords* Inglesa data de 1763 – *Huckle vs. Money (95 Eng. Rep. 768).* Disponível em: <http://press-pubs.uchicago.edu/founders/documents/amendIVs3.html>. Acesso em 07 de fevereiro de 2016 (Gonçalves, Vitor Fernandes. **A punição na responsabilidade civil.** Brasília: Brasília Jurídica, 2005).

[190] A Suprema Corte Americana, invocando a cláusula do devido processo legal (Emenda n. 14, da Constituição) afirmou que a indenização punitiva constitui *"forma perigosa de castigo e deve ser controlada pelos tribunais"* (Honda v. Oberg. The Oyez Project at IIT Chicago-Kent College of Law. Disponível em: <http://www.oyez.org/cases/1990-1999/1993/1993_93_644>. Acesso em 07 de fevereiro de 2016) – Nanni, Giovanni Ettore. **Enriquecimento sem causa**. São Paulo: Saraiva, 2004, p. 346.

[191] David. **Os grandes sistemas do direito contemporâneo**. Ob. Cit., p. 26.

[192] Moraes, Maria Celina Bodin de. **Danos à pessoa humana**: uma leitura civil-constitucional dos danos morais, Rio de Janeiro: Renovar, 2003, p. 219.

[193] Starck aponta que a pena privada foi relegada, decretada como "bárbara" por seu antecedente na vingança, ante a incompatibilidade com a objetivação da responsabilidade e pela violação da dicotomia entre o público e o privado, além do temor do enriquecimento sem causa (Starck, Boris. **Droit civil** : Obligations, vol. 2. Paris: Litec, 1972, p. 77-80).

ficadoras/funções da responsabilidade civil. Doutrina e jurisprudência convergem para indicar a "dupla função"[194]; aliás, *múltiplas funções* que ora servem ao "anseio de justiça", ora amparam a limitação ao direito de danos.

A problemática da função da responsabilidade civil extrapola a análise intrínseca do instituto; constitui verdadeira reflexão filosófica sobre o papel do Direito. Segundo Luiz Edson Fachin, a responsabilidade civil constitui "fenômeno jurídico que perfaz uma relevante mediação entre certas práticas sociais e a sua respectiva proteção ou reprovação jurídica"[195]. E tal função se mostra especialmente relevante à sociedade, uma vez que o direito essencialmente sancionador (administrativo e penal) não se mostrou apto a absorver a função de "modular condutas"[196].

Nos países da *Civil Law*, é recente, todavia, a percepção de que a responsabilidade civil, estritamente *ressarcitória*, não atende a este anseio. A "história interna" do instituto, brevemente exposta no capítulo antecedente, ateve-se à ampliação do dever de indenizar – respondendo aos reflexos danosos da "sociedade de risco". A objetivação da responsabilidade e a flexibilização ("erosão") dos seus pressupostos, já delineadas, não se preocuparam com o ilícito, buscando, como menciona

[194] Para corroborar, exemplifica-se com precedente do SUPERIOR TRIBUNAL DE JUSTIÇA: "ADMINISTRATIVO – RESPONSABILIDADE – CIVIL – DANO MORAL – VALOR DA INDENIZAÇÃO. 1. O valor do dano moral tem sido enfrentado no STJ com o escopo de atender a sua dupla função: reparar o dano buscando minimizar a dor da vítima e punir o ofensor, para que não volte a reincidir. 2. Posição jurisprudencial que contorna o óbice da Súmula 7/STJ, pela valoração jurídica da prova. 3. Fixação de valor que não observa regra fixa, oscilando de acordo com os contornos fáticos e circunstanciais. 4. Recurso especial parcialmente provido". (RESP 604801/RS, Rel. Ministra Eliana Calmon, Segunda Turma, julgado em 23.03.2004, DJ 07.03.2005 p. 214).

[195] Fachin, Luiz Edson. **Responsabilidade civil contemporânea no Brasil**... Ob. Cit.

[196] Aqui, não se pode olvidar o princípio da subsidiariedade do direito penal. O alemão Gustav Radbruch, a propósito, mencionava que "não precisamos de um Direito Penal melhor, mas de qualquer coisa melhor do que o Direito Penal" (Radbruch, Gustav. **Filosofia do Direito**. Trad. Marlene Holzhansen. São Paulo: Martins Fontes, 2004, p. 246). Independente da discussão sobre o *abolicionismo*, a humanização do direito e a ineficácia da sanção penal apontam para a redução do conceito de bem jurídico penalmente relevante (Roxin, Claus. **Problemas Fundamentais de Direito Penal**. Lisboa: Vega, 1998, p. 26), reduzindo o espectro de incidência do direito penal.

JOSSERAND, o "socorro das vítimas"[197]. Entretanto, a solidariedade se deu "pela metade" – ensejando críticas, como a banalização da responsabilidade e a insegurança jurídica, mas, não só.

Tal qual a experiência *neozelandesa* com um modelo "puro" de solidarização dos riscos – bem delineada por MARCO FÁBIO MORSELLO –, o modelo propagado da responsabilidade civil nas últimas décadas apresenta dois obstáculos à satisfação da *função* moralizadora do direito civil: uma de ordem econômica e outra moral. O *spreading* econômico e a mitigação da função de prevenção da responsabilidade, constatadas em decorrência do *Accident Compensation Act*[198], evidenciam a insuficiência da responsabilidade civil conforme estabelecida e justificam o reconhecimento de outra função, além daquela estritamente reparatória.

PHILIPPE LE TOURNEAU menciona que é "necessário que o homem seja responsável por seus atos. O homem precisa se sentir responsável, de se saber responsável (...). Nem o Estado nem a sociedade têm o direito de quebrar essa regra fundamental"[199]. Consequentemente, a "solidarização dos riscos" dissuadiu o aspecto moral da responsabilidade. O *ocaso da culpa* favorece a vítima garantindo a indenização pelo dano experimentado, olvidando-se, porém, do *ofensor*, o que reforça a evolução da *Civil Law* no abandono da natureza punitiva. Assim, coletivização da responsabilidade "atingiu de maneira negativa as perspectivas de que a responsabilidade civil viesse a atuar adequadamente como um instrumento moralizador de condutas ilícitas"[200].

Relegar a sanção ao direito penal e ignorar a relevância da culpa no âmbito civil afasta a *prudência* do indivíduo. A prevenção não é abrangida pela limitação da responsabilidade do critério de justiça comutativo.

Em Portugal, destaca PATRICIA CARLA MONTEIRO GUIMARÃES, por meio de uma alegoria[201], que a "ordem jurídica, como está, transmite: de

[197] JOSSERAND. "Evolução da Responsabilidade Civil". Ob. Cit., p. 559.

[198] MORSELLO. "A responsabilidade civil e a socialização dos riscos...". Ob. Cit., p. 18-19.

[199] Tradução livre de: *"Il faut que l'homme soit responsable de ses actes. L'homme a besoin de se sentir responsable, de se savoir responsable (on l'observe bien chez les jeunes). Ni l'Etat ni la société n'ont le droit de briser cette règle fondamentale"* (Ob. Cit., p. 11).

[200] SERPA. **Indenização Punitiva**. Ob. Cit., p. 153.

[201] Referida alegoria consiste na narrativa de um indivíduo que pretende obter as maçãs de seu vizinho, podendo fazê-lo (i) pela via negocial, respeitando o direito de propriedade, ou (ii) invadindo a propriedade alheia, furtando as maçãs. Segundo GUIMARÃES, é irrelevante, sob o aspecto financeiro, considerada a natureza essencialmente ressarcitória, a escolha das

que é indiferente, e até conveniente muitas vezes, a violação de direitos alheios"[202]. Nos Estados Unidos da América, para justificar a "função punitiva" (*'retribution'*) dos *'punitive damages'*, OWEN cita exemplo semelhante na "metáfora do ladrão"[203]. Em idêntico sentido, NELSON ROSENVALD afirma que "o ordenamento jurídico não oferece razões suficientes para que alguém se abstenha a ponto de não incidir em inadimplemento ou se converter em agente de um ilícito"[204].

No âmbito econômico, TOURNEAU menciona que a "assunção de qualquer risco" reflete no "exagero de preços" (*spreading*) e na "inércia"[205].

O *déficit* econômico, identificado por MORSELLO nas experiências de "seguro obrigatório" de danos[206], se repete nos modelos em que há pulverização da responsabilidade – especialmente pelo fenômeno da *securitização.* A propagação dos seguros de responsabilidade, além de influenciar o aspecto moral (ante a redistribuição dos custos pelo ilícito), repercute no aumento sistemático de preços.

O temor pelo risco criado faz com que fornecedores incluam nos preços dos produtos e serviços montante suficiente para se precaver de eventuais condenações. Ainda, PHILIPPE LE TOURNEAU crê que referido temor também repercute no "*progresso*", já que a teoria do risco, se levada ao extremo, importaria "inércia" do indivíduo, limitado pelas condutas cobertas pelo seguro. Por isso, o autor sustenta a "restauração da noção de culpa"[207], o que, entre nós, pode ser admitido pelo reconhecimento da função punitiva ou preventiva da responsabilidade civil.

alternativas, ainda que uma delas configure violação de bem jurídico tutelado, já que seja pela via negocial, seja pela condenação pelo ilícito, os valores pagos pelo indivíduo seriam idênticos (GUIMARÃES, Patrícia Carla Monteiro. "Os Danos Punitivos e a Função Punitiva da Responsabilidade Civil" in **Revista de Direito e Justiça**, vol. XV, t. 1, 2001, p. 178).

202 Apud GONÇALVES. **A punição na responsabilidade civil**. Ob. Cit., p. 18.

203 Em "*a metaphor based on theft*", explica que um ladrão comete ilícito de alta reprovabilidade, que excede o interesse da vítima, viola interesses coletivos, de forma que a mera compensação (restituição patrimonial) seria insuficiente, necessária sanção pecuniária que abranja também o interesse coletivo violado (OWEN, David. G. "*Punitive Damages Overview: Functions, Problems and Reform*", in ***Villanova Law Review***, vol. 39, n. 363, 1994, pp. 375/377).

204 ROSENVALD. **As Funções da Responsabilidade Civil**... Ob. Cit., p. 31.

205 *"La prise en charge ipso facto de tout risque par celui qui agit conduit aux graves inconvénients suivants: l'exagération des prix et l'inertie"* (TOURNEAU. **La Responsabilité Civile.** Ob. Cit., p. 12).

206 MORSELLO. "A responsabilidade civil e a socialização dos riscos...". Ob. Cit., p. 18.

207 TOURNEAU. **La Responsabilité Civile.** Ob. Cit., p. 11-13.

Ainda que a "atualização de fundamento" e atribuição de "novo conteúdo a conceitos" tenha permitido "a extensão da tutela da pessoa da vítima" em prol do princípio da dignidade da pessoa humana (artigo 1º, inciso III, da Constituição Federal, a "perda de importância da função moralizadora, outrora tida como um dos aspectos nucleares do instituto" citada por Maria Celina Bodin De Moraes[208] não nos parece tolerável. O processo de objetivação da responsabilidade se justifica, a *solidarização dos riscos* também atende à Constituição Federal (artigo 3º, inciso I), mas, a função punitiva e a função preventiva coexistem com a evolução da responsabilidade civil, sem que haja contradição – pelo contrário, corrigindo excessos.

Acurada, pois, a tese de Aguiar Dias ao analisar a tese do português Guilherme Moreira:

> "Nem em um extremo nem em outro, problema corretamente o estudo, sustentando que a responsabilidade pessoal e a culpa subsistirão, mas sem prescindir da revisão exigida pelo reconhecimento e pela integração no sistema de várias formas de responsabilidade objetiva ou da socialização dos riscos, no roteiro da proposta de W. Wilburg, há quase três décadas, no sentido do abandono do sistema axiomático-dedutivo em favor de um sistema móvel, que se realizaria de modo concretamente seletivo e dialético"[209].

Sintetiza Nelson Rosenvald na obra destinada precisamente à análise das funções da responsabilidade que "amesquinhar o direito civil no escopo reintegratório, sem capacidade de atuar sob o ponto de vista preventivo, implica renúncia à efetividade"[210]. Conclui, frente a um panorama pátrio de "condutas maliciosas", que a "pena civil" constitui "talvez o instrumento mais importante no repertório legal para se pronunciar a desaprovação moral de criminosos economicamente formidáveis"[211].

Em 1918, já afirmava René Demogue que "a teoria da indenização compensatória é suficientemente forte para sobreviver, mas, muito fraca

[208] Bodin De Moraes. "A Constitucionalização..." Ob. Cit., p. 239.
[209] Aguiar Dias. **Da Responsabilidade Civil**... Ob. Cit., p. 105-105.
[210] Rosenvald. **As Funções da Responsabilidade Civil**... Ob. Cit., p. 30.
[211] Rosenvald. **As Funções da Responsabilidade Civil**... Ob. Cit., p. 256.

para fazê-lo sozinha"[212]. Não à toa, prósperas e valorosas as contribuições da doutrina na afirmação da *necessidade* de superação do paradigma estritamente ressarcitório da responsabilidade civil[213].

A definição da função da responsabilidade civil tangencia as "direções", funções, do próprio *direito*. Farias, Rosenvald e Netto apontam tais direções como: "(i) repressão de comportamentos, (ii) prevenção de comportamentos, (iii) criação e distribuição de poderes, (iv) distribuição de bens", o que não significa o monopólio de qualquer destas. As funções reparatória, punitiva ou "precaucional" destacadas pelos autores coexistem, num sistema "sem qualquer prioridade hierárquica"[214].

Em verdade, a multiplicidade de funções da responsabilidade não apresenta significativas oposições; a dificuldade consiste na *forma* de adoção das distintas funções, sem incorrer em ilegalidades ou abusos. Como mencionado, parcela significativa da doutrina crê impositiva a adoção da função punitiva ou, ao menos, daquela preventiva da responsabilidade; na jurisprudência, de forma evidente ou velada, a "dupla função" e até mesmo os *'punitive damages'* têm encontrado ressonância nos nossos tribunais:

> "Prestação de serviços de telefonia e internet banda larga. Cobranças indevidas após pedido de cancelamento dos serviços. Inscrição indevida do nome da autora nos cadastros restritivos ao crédito. Dano moral configurado "*in re ipsa*". Indenização devida na forma do "punitive damages". Quantum reparatório fixado moderadamente em montante suficiente

[212] Tradução livre: "*The theory of compensatory indemnity is sufficiently strong to survive, but too weak to rule alone*". (Demogue, René. "Validity of the Theory of Compensatory Damages" in **The Yale Law Journal**, Vol. 27, No. 5, Mar./1918, pp. 585-598, 1918, p. 597).

[213] Entre tantos, no Brasil, além das obras de Nelson Rosenvald e de Vitor Fernandes Gonçalves (**A punição na responsabilidade civil**. Ob. Cit.), destacam-se as teses de Pedro Ricardo e Serpa (**Indenização Punitiva**. Ob. Cit.) Eduardo Ulian (**Responsabilidade civil punitiva**. Ob. Cit.) e Ricardo Dal Pizzol (Pizzol. **As Funções Punitiva e Preventiva**... Ob. Cit.), todas já citadas; na França: Suzanne Carval (**La responsabilité civile dans sa fonction de peine privée**. Paris : L.G.D.J., 1995), Boris Starck (Ob. Cit.); em Portugal: Paula Meira Lourenço (**A Função Punitiva da Responsabilidade Civil**. Coimbra: Coimbra, 2006); na Itália: Franco Bricola (La riscoperta delle "pene private" nell'ottica del penalista in **Foro Italiano**, v. 108, n. 1, jan./1985, pp. 1-16, 1985), Paolo Gallo (**Pene Private e Responsabilità Civile**, Milano: Giuffrè, 1996).

[214] Farias, Cristiano Chaves de; Rosenvald, Nelson; Netto, Felipe Peixoto Braga. **Curso de Direito Civil** : responsabilidade civil, v. 3, 3ª ed., rev. e atual. Salvador: JusPodivm, 2016, p. 62.

para atender à dúplice finalidade do instituto. Sentença mantida. Apelo improvido" (TJSP, Apelação n. 0037867-18.2012.8.26.0451; Relator Des. Soares Levada; Comarca: Piracicaba; Órgão julgador: 34ª Câmara de Direito Privado; Data do julgamento: 09/03/2016; Data de registro: 10/03/2016).

Ilidível, porém, que a simples *importação* de elementos próprios da *Common Law* não atende à cultura jurídica vigente; igualmente despropositado ignorar os limites impostos pelo artigo 944, do Código Civil. Neste esteio, a crítica afirma que inexiste suporte legal para a função punitiva na responsabilidade civil[215], sendo certo que os *'punitive damages'* ou a sanção punitiva afrontam o princípio da legalidade – artigo 5o, inciso XXXIX, da Constituição Federal[216].

Dessume-se, portanto, a importância do *dano social*. Reconhecida a imperatividade da adoção de funções estranhas à simples reparação, mas, inarredáveis os óbices legais e éticos à adoção de *alternativas simplistas*, a "nova categoria de dano" cunhada por ANTONIO JUNQUEIRA DE AZEVEDO pode suprir a finalidade da responsabilidade civil, sem incorrer nas imprecisões de outros institutos. Abrangido pelo conceito de "dano", como se verá adiante, o dano social respeita a natureza reparatória, com inequívoco reflexo punitivo e preventivo – apto, portanto, a satisfazer a colisão de interesses da "crise" da responsabilidade civil.

Admiti-lo de forma *descomprometida*, porém, ensejaria os mesmos efeitos deletérios que culminaram na sua justificativa. Impõe-se, portanto, a análise criteriosa do dano social, capaz de defini-lo, diferenciá-lo de outras espécies de dano e, principalmente, balizá-lo de acordo com as funções preventiva, punitiva e reparatória da responsabilidade civil – efetivando a competência e aptidão do direito civil de regular condutas na sociedade.

[215] MORAES, Maria Celina Bodin de. *Punitive damages* em sistemas civilistas: problemas e perspectivas. **Revista Trimestral de Direito Civil**, Rio de Janeiro: Padma, ano 5, n. 18, p. 45-78, abr./jun. 2004, p. 47; e BASSAN, Marcela Alcazas. **As funções da indenização por danos morais e a prevenção de danos futuros**. 2009. Dissertação (Mestrado em Direito Civil) – Faculdade de Direito, Universidade de São Paulo, São Paulo, 2009, p. 75. Disponível em: <http://www.teses.usp.br/teses/disponiveis/2/2131/tde-24112009-133257/>. Acesso em 07 de fevereiro de 2016.

[216] TEPEDINO, Gustavo; BARBOZA, Heloisa Helena; MORAES, Maria Celina Bodin (coords.). **Código Civil Interpretado Conforme a Constituição da República**, vol. II. Rio de Janeiro: Renovar, 2006, p. 863.

2. Dano: Pressuposto do Dever de Indenizar

A análise do dano como pressuposto do dever de indenizar constitui premissa para a compreensão do *dano social* como "nova categoria", conforme sugerida por ANTONIO JUNQUEIRA DE AZEVEDO na Revista Trimestral de Direito Civil. A partir do histórico da responsabilidade civil, delineado no capítulo antecedente, pode-se afirmar que a evolução do dever de indenizar constitui verdadeira biografia da tolerância social com o dano – especificamente a ampliação de sua tutela, tanto no aspecto qualitativo, quanto no quantitativo.

Em 1946, ADRIANO DE CUPIS realçou que "a vida quotidiana oferece ao observador, até àquele mais desatento, o *espetáculo* de uma série variada e múltipla de danos"[217]; a multiplicidade e variedade destacada há setenta anos não se retraíram, pelo contrário. Se é verdade que a evolução do dano culminou no processo evolutivo do modelo posto, também inequívoco que tal dinamismo não findou.

O fenômeno oriundo nos danos "anônimos" da Revolução Industrial, expostos por SALEILLES[218], e na mudança comportamental da sociedade, destacada por JOSSERAND – associado à reforma substancial da responsabilidade entre os Séculos XVIII e XIX –, se repete atualmente, como se verifica dos efeitos da revolução tecnológica e da "sociedade de risco"[219].

[217] Tradução livre: "*La vita quotidiana offre all'osservatore anche il più distratto lo spettacolo di una serie molteplice e varia di danni*" (CUPIS, Adriano de. **Il Danno** – Teoria Generale della Responsabilità Civile. Milano: Giuffrè, 1946, p. 8).

[218] SALEILLES. **Les accidents de travail et la responsabilité civile**. Ob. Cit.

[219] BECK. **Sociedade de risco**. Ob. Cit.

Se, em 1936, LOUIS JOSSERAND definiu os homens do início do Século XX como uma "raça diferente, que se movimenta sem cessar para seus negócios, para seu prazer (...) e que recorre, para esse fim, a engenhos maravilhosos e rápidos, mas, suscetíveis de causar catástrofes medonhas"[220]; com mais razão, pode-se afirmar caótico o desafio de aquilatar o "incremento dos riscos" na sociedade do Século XXI. E, ainda que, no tocante ao exemplo do autor francês, com relação à frota mundial de veículos, se possa questionar a evolução da segurança em contraposição à multiplicidade de "agentes" lesivos, o incremento dos riscos e a velocidade deste progresso podem ser facilmente exemplificados por outros enfoques, como o surgimento da *internet*.

A *internet*, que atualmente acrescenta ilimitadas nuances no debate da responsabilidade civil – tanto nos tribunais[221], quanto na doutrina[222] –, sequer existia há um século. O órgão responsável pela gestão da rede mundial de computadores no Brasil, o Comitê Gestor da Internet, foi criado somente em 1995[223], mas, em menos de uma década já eram mais de trinta milhões de brasileiros com acesso à rede mundial e computadores. Em 2013, o Brasil alcançou a marca de 85 milhões de usuários, ou seja, 49,4% da população[224]. Ainda, o brasileiro está entre os usuá-

[220] JOSSERAND. "Evolução da Responsabilidade Civil". Ob. Cit., p. 549.

[221] Sobre a matéria, entre tantos, cf. Superior Tribunal de Justiça, AgRg. no REsp. n. 1466516/SE, Relatora Ministra Assusete Magalhães – 2ª Turma, Data do julgamento: 27/10/2015, Data de registro: 20/11/2015; Tribunal de Justiça de São Paulo, Ap. n. 0001741-37.2013.8.26.0126, Relatora Des. Maria Lúcia Pizzotti – 30ª Câmara de Direito Privado, Data do julgamento: 23/09/2015, Data de registro: 25/09/2015; Tribunal de Justiça do Rio Grande do Sul, Ap. n. 0033735-58.2016.8.21.7000, Relator Des. Tasso Caubi Soares Delabary – 9ª Câmara Cível, Data do julgamento: 16/03/2016.

[222] Apenas para exemplificar, notáveis são as obras pátrias que tratam do assunto: SANTOS, Manoel J. Pereira dos; TAVARES DA SILVA, Regina Beatriz (coord.). **Responsabilidade Civil na Internet e nos demais Meios de Comunicação**, 2ª Ed. Série GVLaw. São Paulo: Saraiva, 2012; OPICE BLUM, Renato. **Direito Eletrônico – a Internet e os Tribunais**. São Paulo: Edipro, 2001; e PINHEIRO, Patrícia Peck. **Direito Digital**, 5ª ed. São Paulo: Saraiva, 2013.

[223] Portaria Interministerial n. 147, do Ministério das Comunicações e do Ministério da Ciência, Tecnologia e Inovação.

[224] IBGE, Diretoria de Pesquisas, Coordenação de Trabalho e Rendimento. **Pesquisa Nacional por Amostra de Domicílios** 2005 e 2013. Disponível em: < http://www.ibge.gov.br/home/estatistica/populacao/acessoainternet/default.shtm>, acesso em 29 de fevereiro de 2016. Destaca-se, ainda, que o percentual é significativo em comparação aos países de desenvolvimento, um estudo do *Pew Research Centre* calculou que em 2015 apenas 22% dos indianos tinham acesso à internet, ou seja, 900 milhões de pessoas daquele país não têm

rios com utilização mais intensa: em média, 3,3 horas diárias apenas em redes sociais – atrás apenas dos filipinos[225].

Consequentemente, os danos na esfera digital saltam da inexistência à propagação com a mesma intensidade que a utilização. A "sociedade globalizada fomentadora da inovação" também é responsável pela *dinamização* dos "riscos correlatos" ao progresso[226].

As transformações nas esferas política, econômica, social e jurídica repercutiram na "história interna" do dano – afetando o conceito e suas espécies. A propagação dos danos concorre com a disseminação da ideia de que a não reparação destes é *intolerável*, não mais se cogitando imputar-lhes à humanidade, sem que se possa "pedir contas de sua desgraça"[227]. Como destacado no capítulo antecedente, referido processo fomentou a "erosão dos filtros"[228], sedimentando o enfoque da responsabilidade em prestígio à vítima, em detrimento do enfoque do ofensor ou da conduta[229]. Portanto, o dano experimenta nas últimas décadas seu *protagonismo*.

Também, dentro do conceito de dano, destacável a ampliação do *interesse jurídico tutelado*. Ao contrário do fenômeno penal, a compreensão de dano como interesse jurídico tutelado pelo ordenamento foi paulatinamente incrementada com a noção protetiva do indivíduo no Estado Democrático de Direito. Além da consolidação da dignidade da pessoa humana como elemento fundante (artigo 1º, inciso III), a Constitui-

acesso à rede mundial de computadores (cf. WU, Huizhong. 900 million Indians can't get online. Here's why. **CNN Money**, Nova Délhi, 09 de março de 2016, disponível em: <http://money.cnn.com/2016/03/09/technology/india-internet-access/>, acesso em 18 de março de 2016).

225 Análise da média diária da população mundial de utilização das redes sociais, disponível em: < http://www.statista.com/statistics/270229/usage-duration-of-social-networks-by-country/>, acesso em 29 de fevereiro de 2016.

226 MORSELLO, Marco Fábio. "A Sociedade de Risco e a Responsabilidade civil do Fabricante-Construtor da Aeronave" in LOPEZ, Teresa Ancona; LEMOS, Patrícia Faga Iglecias; JUNIOR, Otavio Luiz Rodrigues. **Sociedade de Risco e Direito Privado** – desafios normativos, consumeristas e ambientais. São Paulo: Atlas, 2013, p. 78.

227 JOSSERAND. "Evolução da Responsabilidade Civil". Ob. Cit., p. 549.

228 SCHREIBER. **Novos paradigmas da responsabilidade civil**... Ob. Cit.,

229 HIRONAKA, Giselda Maria Novaes. "Responsabilidade Civil: o estado da arte" in: NERY, Rosa Maria de Andrade; DONNINI, Rogério (coords.). **Responsabilidade Civil**: estudos em homenagem ao Professor Rui Geraldo Camargo Viana. São Paulo: Revista dos Tribunais, 2009, p. 201.

ção Federal de 1988 superou a divergência sobre a reparabilidade dos danos extrapatrimoniais (artigo 5º, incisos V e X) e introduziu a cláusula de inafastabilidade do Poder Judiciário (artigo 5º, inciso XXXV). ANDERSON SCHREIBER aponta que "não se pode ignorar, nesta temática, o progressivo desmoronar de barreiras processuais", citando os Juizados Especiais e a Defensoria Pública como elementos de efetivação da cláusula de inafastabilidade do acesso à Justiça[230].

Assim, na sociedade marcada pela expressão "tenho medo" de ULRICH BECK[231], enquanto fatores exógenos ao direito (*v.g.* economia, urbanização, massificação das relações de consumo, evolução tecnológica) fomentam a "ameaça" ao indivíduo, convergem outros fatores – intrínsecos à responsabilidade ou ao direito – responsáveis por equilibrar o sistema. As novas figuras de dano surgem com os mesmos fundamentos que culminaram com o "ocaso da culpa"; ocorre que, ampliada a imputabilidade (teoria do risco) e flexibilizado o nexo de causalidade, ampliou-se enormemente o conceito de "dano ressarcível" com base em critérios de "justiça"[232].

Destaca DANIEL DE ANDRADE LEVY as conclusões do Conselho de Estado Francês, em relatório sobre a evolução da responsabilidade civil: há um movimento de "vitimização" que conduz a uma "sociedade de reparação generalizada, procurando em todas as áleas e injustiças da vida uma fonte de financiamento e redistribuição"[233].

E, como já antecipado, a crítica consiste na ampliação "pela metade" ou sem critérios seguros capazes de rechaçar a "loteria dos danos". PATRICK ATIYAH aponta que, não raro, a sensação do leigo é de que há indenizações "enormes" para "eventos bizarros", permitindo-lhe questionar se a Justiça "enlouqueceu"[234]. Por isso, se outrora AGUIAR DIAS

[230] **Novos paradigmas da responsabilidade civil**... Ob. Cit., p. 85.

[231] BECK. **Sociedade de risco**. Ob. Cit., p. 60.

[232] SCHREIBER. **Novos paradigmas da responsabilidade civil**... Ob. Cit., p. 84.

[233] *"Le citoyen acteur de la solidarité, tend à céder la place à un individu animé d'une philosophie de l'indemnisation et qui se conçoit d'abord comme une victime d'autrui. Ce mouvement de victimisation conduit à ce que l'on a appelé 'une société de réparation généralisée' cherchant dans tous les aléas et les injustices de la vie une source de financement e de redistribution"* (CONSEIL D'ETAT. **Rapport Public** : Jurisprudence et avis de 1997. Paris: La Documentation Française, 1998, p. 241 apud. LEVY. **Responsabilidade Civil**... Ob. Cit., p. 25).

[234] Diz o autor norte-americano: *"(...) accounts of strange cases in which huge damages have been awarded for bizarre events, and wonders whether the law has gone mad"* (ATIYAH. **The Damages Lottery**. Ob. Cit., p. vii).

sustentava que "o dano é, dos elementos necessários a configuração da responsabilidade civil, o que suscita menos controvérsia", tal serenidade está limitada à necessidade do dano como *pressuposto* do dever de indenizar – necessário extremo zelo no tratamento das figuras indenizáveis, sob risco de banalizar a responsabilidade civil.

2.1. Pressuposto do dever de indenizar

Muito embora os princípios da precaução e da prevenção tenham fomentado o debate da *responsabilidade civil sem dano*[235], não se pode ignorar a importância do dano como justificativa histórica da existência da responsabilidade. Além da relevância histórica, Bruno Leonardo Câmara Carrá aponta que o dano consubstancia "espécie de válvula de segurança contra eventuais arbítrios"[236]. Parte-se, pois, do entendimento majoritário e remoto de que não há responsabilidade sem dano. Como sustenta Aguiar Dias, o dano constitui elemento indissociável da responsabilidade civil, afinal a noção de responsabilidade como *obrigação* de ressarcir não se concretiza se não há nada há reparar[237].

No mesmo sentido, leciona Rui Stocco que a carência deste *pressuposto* importa "falta de fundamento para a indenização"[238]; conclusão idêntica àquela de Philippe Le Tourneau, "sem prejuízo, sem respon-

[235] Sobre o tema: Lopez, Teresa Ancora. *Princípio da Precaução e Evolução da Responsabilidade Civil.* São Paulo, 2008. E, no âmbito da responsabilidade na seara trabalhista cf. Souto Maior, Jorge Luiz. *O direito do trabalho como instrumento de justiça social.* São Paulo: LTr, 2000; Thibierge, Catherine. *"Libre propos sur l'évolution du droit de la responsabilité vers un élargissement de la fonction de la responsabilité"*. **Revue Trimestrielle de Droit Civil**, Paris, n. 3, jul./set. 1999; Sintez, Cyril. ***La sanction préventive en droit de la responsabilité civile*** *: contribution à la théorie de l'interprétation et de la mise en effet des normes.* 2009. Tese (Doutorado em Direito) – Faculdade de Direito, Universidade de Montreal, Montreal, 2009. Disponível em: <https://papyrus.bib.umontreal.ca/xmlui/bitstream/handle/1866/3748/Sintez_Cyril_2009_these.pdf?sequence=2&isAllowed=y>, acesso em 20 de maio de 2016; e CARRÁ, Bruno Leonardo Câmara. **Direito Civil Atual** : É possível uma responsabilidade civil sem dano? Disponível em: <http://www.conjur.com.br/2016-abr-18/direito-civil-atual-possivel-responsabilidade--civil-dano>, acesso em 30 de maio de 2016.

[236] Carrá. "É possível uma responsabilidade civil sem dano?". Ob. Cit.

[237] Dias. **Da Responsabilidade Civil**... Ob. Cit., p. 819.

[238] Stoco, Rui. **Tratado de Responsabilidade Civil**. São Paulo: Revista dos Tribunais, 2004, p.1181.

sabilidade civil"[239] – repetida também na jurisprudência[240]. Alteraram-se os fundamentos, as funções da responsabilidade civil, presumiu-se ou elidiu-se a culpa, exsurgiu a teoria do risco, flexibilizou-se o nexo de causalidade; o dano, no entanto, remanesce como imanente à responsabilidade – ainda que inúmeras sejam suas repercussões e espécies. Destaca SERGIO CAVALIERI FILHO[241]:

> "O dano é, sem dúvida, o grande vilão da responsabilidade civil. Não haveria que se falar em indenização, nem em ressarcimento, se não houvesse o dano. Pode haver responsabilidade sem culpa, mas não pode haver responsabilidade sem dano."

Etimologicamente, o termo indenizar, ou seja, tornar indene, significa "ressarcir alguém de suas perdas"[242], por isso, o prejuízo, dano, perda, constitui fundamento, *pressuposto*, da responsabilidade. E, no juízo de admissibilidade da pretensão indenizatória, considerando o *ocaso* da culpa, a ampliação da *teoria do risco* e a "discricionariedade" na verificação do *nexo de causalidade*, não restam outros "óbices" ou pressupostos ao dever de indenizar, senão o dano.

Na legislação brasileira, assim como dispõe o Código Civil Francês[243], desde 1804, e, posteriormente, os textos italiano[244] e português[245], o dano constitui *pressuposto* lógico do dever de indenizar. A análise conju-

[239] Tradução livre: "*pas de préjudice, pas de responsabilité civile*" (TOURNEAU. **La Responsabilité Civile**. Ob. Cit., p. 104).

[240] Entre tantos, destaca-se: Tribuna de Justiça de São Paulo, Ap. n. 0003206-68.2011.8.26.0541, Relator Des. Rebello Pinho, 20ª Câmara de Direito Privado; Data do julgamento: 27/04/2015; Data de registro: 28/04/2015.

[241] FILHO. **Programa de Responsabilidade Civil**. Ob. Cit., p. 70.

[242] Cf. Dicionário Houaiss digital – acepção e etimologia do verbo indenizar, disponível em: <http://houaiss.uol.com.br/busca?palavra=indenizar>. Acessado em 25 de fevereiro de 2016.

[243] *"Art. 1.240. Tout fait quelconque de l'homme, qui cause à autrui un dommage, oblige celui par la faute duquel il est arrivé à le réparer".*

[244] *"Art. 2.043 Risarcimento per fatto illecito – Qualunque fatto doloso o colposo, che cagiona ad altri un danno ingiusto, obbliga colui che ha commesso il fatto a risarcire il danno (Cod. Pen. 185)".*

[245] *"Art. 483º (Princípio geral) 1. Aquele que, com dolo ou mera culpa, violar ilicitamente o direito de outrem ou qualquer disposição legal destinada a proteger interesses alheios fica obrigado a indemnizar o lesado pelos danos resultantes da violação. 2. Só existe obrigação de indemnizar independentemente de culpa nos casos especificados na lei".*

gada dos artigos 186, 389 e 927, todos do Código Civil de 2002, permite concluir que a responsabilidade civil contratual e a responsabilidade civil extracontratual se fundam na existência do dano – seja patrimonial ou moral.

> "Art. 186. Aquele que, por ação ou omissão voluntária, negligência ou imprudência, violar direito e ***causar dano*** a outrem, ainda que exclusivamente moral, comete ato ilícito."
>
> "Art. 389. Não cumprida a obrigação, responde o devedor por ***perdas e danos***, mais juros e atualização monetária segundo índices oficiais regularmente estabelecidos, e honorários de advogado."
>
> "Art. 927. Aquele que, por ato ilícito (arts. 186 e 187), ***causar dano*** a outrem, fica obrigado a repará-lo.
>
> Parágrafo único. Haverá obrigação de ***reparar o dano***, independentemente de culpa, nos casos especificados em lei, ou quando a atividade normalmente desenvolvida pelo autor do dano implicar, por sua natureza, risco para os direitos de outrem." (grifos não originais).

Dessume-se, pois, a justificativa pela qual parte da doutrina crê mais acurada a expressão "direito de danos"[246]. Seja no aspecto positivo, seja no negativo, o dano assumiu, verdadeiramente, o *protagonismo* da responsabilidade civil e, neste sentido, inúmeras são as "novas" espécies de dano (dano moral, dano psíquico, dano laboral, dano difuso, dano existencial[247], dano pelo nascimento[248], dano bioló-

[246] Ruzyk, Carlos Eduardo Pianovski. *Comentários ao Acordão proferido no REsp. 1.096.325/SP*: O "caso das pílulas de farinha" como exemplo da construção jurisprudencial de um "direito de danos" e da violação da liberdade positiva como "dano à pessoa", 2013. Disponível em: <http://fachinadvogados.com.br/artigos/Comentários%20ao%20Acordao.pdf>. Acessado em: 25/05/2015.

[247] Cf. ***Erin Brockovich v. Pacific Gas and Electric Company of California*** *(Superior Court County of San Bernardino, Barstow Division, BCV 00300)*; e **Stallman v. Youngquist**, 125 Ill. 2d 267, 531 N.E.2d 355 (1988).

[248] *Cour de Cassation*, 17.11.2000; Lei "Anti-Perruche" (*Loi n. 2005-102*, 11 février 2005 – "*Nul ne peut se prévaloir d'un préjudice du seul fait de sa naissance*"); cf. Cayla, Olivier; Thomas, Yan. ***Du droit de ne pas naître*** : *À propos de l'affaire Perruche*, Paris: Galrd, 2002; e Godoy, Gabriel Gualano. **Acórdão Perruche e o Direito de Não Nascer**. 2007. Dissertação (Mestrado em Direito) – Faculdade de Direito, Universidade Federal do Paraná, Curitiba, 2007. Disponível em:

gico[249], dano estético, dano à vida de relação, dano afetivo, dano ambiental, dano digital, dano de massa, dano de privação do uso, dano profissional, dano ao lazer, prejuízo juvenil, dano sexual, *dano social*, entre outros[250]).

2.2. Conceito de dano

À análise das figuras destacadas, especialmente do dano social, antecede a necessária fixação do conceito de dano. Para tanto, rememora-se a noção introduzida por Judith Hofmeister Martins-Costa de que o dano não é um conceito ínsito ("dado"), ao contrário, é "construído" – um "conceito situado"[251], alterável conforme os valores sociais e jurídicos.

Aguiar Dias destaca a evolução do conceito na Itália, indicando que Paoli definia dano como "abolição ou diminuição, mesmo parcial ou temporária, de um bem da vida", o que fora objeto de críticas, especialmente de Francesco Carnelutti, em virtude da utilização da expressão "bem" – que excluiria o "prejuízo meramente espiritual". Optava, portanto, pela expressão "interesse" capaz de tutelar tanto os danos

<http://dspace.c3sl.ufpr.br/dspace/bitstream/handle/1884/12026/nao_nascer_FINAL.pdf;jsessionid=870BDE8162F96BF65DF073856DE3F944?sequence=1>. Acesso em: 2016-03-19.

249 Bargagna, M.; Busnelli, Francesco (coord.). **La valutazione del danno alla salute**. Milano: Cedam, 1995.

250 Sobre o tema, destaca-se o Tratado dos Novos Danos do italiano Paolo Cendon, que, ao longo de seis volumes, traz extensa abordagem sobre as diversas espécies de dano reconhecidas na doutrina e jurisprudência europeias: **Trattato dei nuovi Danni** : Danni in generale, integrità fisica e psichica, criteri del risarcimento – Volume Primo. Padova: Cedam, 2011; **Trattato dei nuovi Danni** : malpratiche medica, prerogative della persona, voci emergenti della responsabilità – Volume Secondo. Padova: Cedam, 2011; **Trattato dei nuovi Danni** : uccisione del congiunto, responsabilità familiare, affido adozione – Volume Terzo. Padova: Cedam, 2011; **Trattato dei nuovi Danni** : danni da inadempimento, responsabilità del professionista, lavoro subordinato – Volume Quarto. Padova: Cedam, 2011; **Trattato dei nuovi Danni** : informazioni erronee, soggetti deboli, illeciti informatici, danni ambientali – Volume Quinto. Padova: Cedam, 2011; **Trattato dei nuovi Danni** : danni da reato, responsabilità processuale pubblica amministrazione – Volume Sesto. Padova: Cedam, 2011; Schreiber. **Novos paradigmas da responsabilidade civil**... Ob. Cit., p. 89; Miragem. **Direito Civil** : Responsabilidade Civil. Ob. Cit., p. 35.

251 Martins-Costa, Judith Hofmeister. "Os danos à pessoa no direito brasileiro e a natureza da sua reparação" in Martins-Costa, Judith Hofmeister; Cunha, Alexandre dos Santos (orgs.). **A Reconstrução do Direito Privado** : reflexos dos princípios, diretrizes e direitos fundamentais constitucionais no direito privado. São Paulo: Revista dos Tribunais, 2002, p. 408.

materiais quanto os imateriais[252]; este, aliás, é o conceito de GUIDO ALPA – "dano é a lesão de um interesse protegido"[253].

A contraposição de ideias, aliás, excede a relevância na conceituação do dano, traduz também as objeções primitivas aos danos extrapatrimoniais; supor o dano como prejuízo de natureza patrimonial, "bem" no sentido estritamente econômico, significaria repelir a reparabilidade dos danos morais[254]. Por isso, embora a doutrina alemã tenha mantido o vínculo do dano com a noção de violação de *bens* jurídicos – ampliou este segundo conceito. Neste sentido, LUDWIG ENNECCERUS definia dano como "toda desvantagem que experimentamos em nossos bens jurídicos (patrimônio, corpo, vida, saúde, honra, crédito, bem-estar, capacidade de aquisição)"[255].

Igualmente, WILSON MELO DA SILVA destaca autores como LALOU, MINOZZI, FORMICA e, entre nós, AGOSTINHO ALVIM, para quem o conceito de dano excede a natureza patrimonial – este último menciona que dano não abrange apenas "os haveres, o patrimônio, mas a honra, a saúde, a vida, bens esses aos quais os povos civilizados dispensam proteção"[256]. MELO DA SILVA sintetiza que é acurada a teoria de CARNELUTTI, qualificando dano como "qualquer lesão ao nosso interesse", definindo *interesse* como "perfeito conforto físico e moral"[257].

A precisão dos conceitos mencionados, todavia, deve ser verificada à luz da evolução da matéria. Assim como a responsabilidade civil, o conceito de dano excede o indivíduo. Sustenta AGUIAR DIAS:

> "(...) os novos inventos, a intensidade da vida e a densidade das populações aproximam cada vez mais os homens, intensificando suas relações,

[252] Apud AGUIAR DIAS. **Da Responsabilidade Civil...** Ob. Cit., p. 820.

[253] Tradução livre: "danno è la *lesione di un interesse protetto*". ALPA. **La responsabilità civile.** Ob. cit., p. 620.

[254] POLACCO, Vittorio. **Le obbligazioni nel diritto civile italiano**, 2ª Ed. riv. ed ampliata. Roma: Athenaeum, 1915.

[255] Tradução de SILVIO NEVES BAPTISTA (**Teoria Geral do Dano** – de acordo com o Novo Código Civil Brasileiro. São Paulo: Atlas, 2003, p. 79) – ENNECCERUS, Ludwig. **Tratado de Derecho Civil** : derecho de obligaciones, t. 2, v. 1. Tradução da 35ª ed. em alemão por Pérez Gonzales e José Alguer. Barcelona: Bosch, 1954, p. 61.

[256] ALVIM, Agostinho. **Da inexecução das Obrigações e suas Consequências.** São Paulo: Saraiva, 1949, p. 155 apud SILVA, Wilson Melo da. **O Dano Moral e sua Reparação**, 1ª Ed. Rio de Janeiro: Revista Forense, 1955, p. 211.

[257] SILVA. **O Dano Moral e sua Reparação.** Ob. Cit., p. 213.

> o que acarreta num aumento vertiginoso de motivos para a colisão de direitos e os atritos de interesse, do que surge a reação social contra a ação lesiva, de modo que a responsabilidade civil tornou-se uma concepção social, quando antes tinha caráter individual"[258].

Ao reconhecer a responsabilidade civil como uma "concepção social", não se pode amesquinhar o conceito de dano ao conforto físico e moral de um único indivíduo. A partir da acuidade e atemporalidade do conceito de Guido Alpa, pode-se concluir que o dano é a lesão de um *interesse juridicamente protegido*, o que envolve questões patrimoniais, extrapatrimoniais e individuais ou *coletivas*.

2.2.1. *Dano-evento e dano-prejuízo*

Definir dano como lesão a um *interesse* ou *bem jurídico* reflete na multiplicidade de espécies. A ampliação qualitativa do dano perpassa na dilatação jurídica de *bens jurídicos tutelados* (cf. *Welfare State*). A qualificação destas inúmeras espécies depende da compreensão prévia das duas "facetas" temporais do dano: o dano-evento e o dano-prejuízo.

Silvano Flumignan, ao tratar da dualidade do dano em dissertação de mestrado apresentada na Faculdade de Direito da Universidade de São Paulo, denota que o conceito doutrinário majoritário, próximo daquele de Carnelutti, deve ser compreendido na acepção imediata do dano (dano-evento), isto é, "à pessoa, ao patrimônio, à figura social da pessoa ou a um terceiro", isto é, "uma lesão ao direito ou ao interesse protegido". Opostamente, quando se fala em direito patrimonial ou extrapatrimonial o enfoque está voltado para as *consequências* daquele dano-evento, ou seja, o dano-prejuízo (*'danno-conseguenze'*).

Embora possam ocorrer de forma simultânea, o primeiro momento (dano-evento) constitui a "lesão a algum bem, é um dano imediato"; enquanto o dano-prejuízo consiste na "consequência dessa lesão" ou um "dano mediato" [259].

[258] Aguiar Dias. **Da Responsabilidade Civil**... Ob. Cit., p. 13.

[259] Flumignan, Silvano José Gomes. **Dano-evento e dano-prejuízo**. 2009. Dissertação (Mestrado em Direito Civil) – Faculdade de Direito, Universidade de São Paulo, São Paulo, 2009, p. 14. Disponível em: <http://www.teses.usp.br/teses/disponiveis/2/2131/tde-18112011-131559/>. Acesso em 19 de março de 2016.

O dever de ressarcir depende da conjugação de ambas as facetas, cujo antecedente italiano, embora pouco citado na doutrina, colabora para uma "noção completa" da responsabilidade civil[260]. Como explica ANTONIO JUNQUEIRA DE AZEVEDO, o dano imediato (dano-evento) pode atingir a integridade física, patrimonial ou moral de um indivíduo, sendo certo que as consequências (dano-prejuízo) também podem ter reflexos distintos – patrimoniais ou não-patrimoniais. Relevante, ainda, o destaque acerca do liame entre o dano-evento e o dano-prejuízo, de forma que "um dano ao corpo pode ter consequências patrimoniais ou não-patrimoniais e um dano ao patrimônio também pode ter consequências patrimoniais ou não-patrimoniais"[261].

E a temática da restrição de crédito mencionada no ensaio introdutório permite ilustrar a relevância da distinção. A pretensão indenizatória fundada na anotação indevida nos róis de inadimplentes (*v.g.* SCPC e SERASA) ou o protesto indevido de título constitui temática recorrente nos tribunais e, embora sedimentada a ocorrência de danos morais (*'in re ipsa'*[262]), o dano-evento consubstanciado na violação ao crédito ("bem imaterial que integra o patrimônio econômico e moral das pessoas"[263]) não está adstrito às consequências não-patrimoniais.

Em outras palavras, o dano-evento dirigido ao interesse juridicamente tutelado crédito (imaterial) pode apresentar reflexo (dano-prejuízo) material e/ou moral[264]. Ao tratar do dano moral, CAIO MÁRIO DA SILVA PEREIRA, aliás, já afirmou:

> "Admitir, todavia, que somente cabe reparação moral quando há um dano material é um desvio de perspectiva. Quem sustenta que o dano material é indenizável somente quando e na medida em que atinge a patrimônio está, em verdade, recusando a indenização do dano moral"[265].

[260] Idem, p. 14-15.

[261] JUNQUEIRA DE AZEVEDO, Antônio. "Cadastros de Restrição ao Crédito: Dano Moral" in **Revista de Direito do Consumidor**, São Paulo: RT, n. 36, 2000, pp. 46-47.

[262] Cf. – *"Nos casos de protesto indevido de título ou inscrição irregular em cadastros de inadimplentes, o dano moral se configura in re ipsa, isto é, prescinde de prova, ainda que a prejudicada seja pessoa jurídica. Precedentes"* (STJ REsp. n. 1059663/MS, Rel. Min. Nancy Andrighi j. 02.12.2008).

[263] CAHALI, Youssef Said. **Dano Moral**, 7ª Ed. São Paulo: Revista dos Tribunais, 2000, p. 358.

[264] Neste sentido, confira: TJSP, Ap. n. 9267256-42.2008.8.26.0000, Relator Des. Moura Ribeiro; 11ª Câmara de Direito Privado; Data do julgamento: 27/11/2008; Data de registro: 15/12/2008.

[265] PEREIRA, Caio Mário da Silva. **Responsabilidade civil**, 9ª Ed. Rio de Janeiro: Forense, 1998, p. 55/56.

A definição de dano-evento e dano-prejuízo tem fundamento na acepção equívoca do termo dano nas línguas latinas[266], capaz de abranger os termos lesão, dano e prejuízo. PHILIPPE LE TOURNEAU e LOÏC CADIET destacavam a problemática na língua francesa, em face dos termos *'dommage'* e *'préjudice'*[267]. Foi na Itália, porém, que o tema se desenvolveu, a partir da Decisão n. 184, de 1986, da *Corte Costituzionale* que se valeu da distinção para admitir o dano biológico como espécie distinta do dano patrimonial e moral[268].

Não se olvida que parcela da doutrina italiana crê desnecessária tal distinção[269]; entretanto, a cisão do fenômeno jurídico em dano-evento e dano-prejuízo facilita a compreensão das espécies de dano. Tal qual admitido pela *Corte Costituzionale* italiana, a admissibilidade do dano estético como figura autônoma dissociada do dano moral[270] depende precisamente da concepção de dano em suas duas facetas (evento e prejuízo). Embora o dano estético enseje consequência não-patrimonial, não se consubstancia dano moral subjetivo já que se distinguem os interesses lesados "dano-evento"; sem prejuízo, o dano estético pode apresentar dano-prejuízo de cunho patrimonial ou não.

No mesmo sentido, SILVANO FLUMIGNAN, aponta que a concepção de dano-evento e dano-prejuízo é decisiva para a compreensão do *dano social*, especialmente para diferenciá-lo dos danos morais (nomeadamente aqueles coletivos). A matéria será aprofundada nos capítulos subsequentes; importante, no entanto, destacar que o *dano social*, segundo o referido autor integra a análise do dano, na faceta de suas consequências (dano-prejuízo), já que o interesse lesivo (dano-evento) é irrelevante, verificada para qualificação desta "nova categoria", seus

[266] JUNQUEIRA DE AZEVEDO, Antônio. **Estudos e pareceres de direito privado**. São Paulo: Saraiva, 2004, p. 33.

[267] TOURNEAU, Philippe le; CADIET, Loïc. **Droit de la responsabilité**, coll. "Dalloz action". Paris: Dalloz, 1998, p. 193.

[268] PETTI, Giovani Batistti. **Il Risarcimento dei danni** : biologico, genetico, esistenziale, t. 1. Torino: Utet, 2002, p. 1277; e FLUMIGNAN, Silvano José Gomes. "Uma nova proposta para a diferenciação entre o dano moral, o dano social e os *punitive damages*" in **Revista dos Tribunais**, vol. 958, ano 104, p. 119-147. São Paulo: Revista dos Tribunais, ago. 2015, p. 122.

[269] SALVI, Cesare. **La responsabilità civile** – Trattato di diritto privato (a cura di Giovani Iudica e Paolo Zatti), 2ª Ed. Milano: Giuffrè, 2005, p. 69.

[270] Neste sentido, o Superior Tribunal de Justiça sedimentou na Súmula 387: "*É lícita a cumulação das indenizações de dano estético e dano moral*" (DJe. 01.09.2009).

efeitos, especificamente o "rebaixamento imediato do nível de vida da população" (dano-prejuízo)[271].

2.2.2. *Danos morais*

A análise exauriente das inúmeras figuras de dano e espécies noticiadas nas últimas décadas excede o objetivo deste trabalho; contudo, o estudo de determinadas categorias se mostra decisivo para a compreensão das críticas à responsabilidade civil e, principalmente, para permitir as sugestões que integrarão o desfecho desta monografia. Neste aspecto, a observação do dano moral permite verificar as virtudes da ampliação da reparabilidade, tal qual a insuficiência e as vicissitudes do modelo vigente.

A crítica atual sobre a "mercantilização das relações extrapatrimoniais"[272], pela ausência de filtro nas indenizações por danos morais, outrora serviu como fundamento para refutar a admissibilidade do dano moral. Os danos extrapatrimoniais somente foram consagrados após a Constituição Federal de 1988 (artigo 5º, incisos V e X); recente, portanto, sua ampla admissão no Judiciário.

Na Itália, Carlo Francesco Gabba reputava como "absurdo" que um dano de natureza extrapatrimonial pudesse ser estimado monetariamente[273]. No Brasil, Lafaiete mencionava a impossibilidade de "reduzir o simples sofrimento físico ou moral [extravagâncias do espírito] a valor"[274].

Verdadeiramente, há muito os danos morais encontravam ressonância na doutrina[275], mas, a jurisprudência se mostrou relutante na adoção da reparabilidade. Melo da Silva elenca inúmeras decisões que contrariavam a doutrina pela admissibilidade do *dano moral puro*; entre tantas, possível destacar a decisão de um magistrado paulista, Soriano de Sousa:

> "Os danos puramente morais, sem repercussão apreciável sobre o patrimônio do lesado, são de si mesmo irreparáveis; e muito embora possam ser idealmente apreendidos, aliás sempre indeterminadamente em res-

[271] Flumignan. **Uma nova proposta**... Ob. Cit., p. 136; e **Dano-evento**..., Ob. Cit., 50.

[272] Moraes. "A constitucionalização do direito civil..." Ob. Cit.

[273] Gabba, Carlo Francesco. **Questioni di Diritto Civile**, vol. II. Torino: Fratelli Bocca, 1911, p. 234. Disponível em: <http://catalog.hathitrust.org/Record/008975573>, acessado em 25 de fevereiro de 2016.

[274] Apud. Silva. **O Dano Moral e sua Reparação**. Ob. Cit., p. 260.

[275] Entre tantos, destacam-se os já citados Agostinho Alvim (1949), Wilson Melo da Silva (1955).

> peito a cada caso concreto, não há como estabelecer-se equação entre eles e o dinheiro, a moeda da indenização; donde o caráter absolutamente arbitrário da sentença fixando-lhes o valor, incompatível com a exação da justiça distributiva; que não só o direito romano, mas também a maioria dos modernos códigos silencia a respeito, sendo muito para notar-se que o mais recente deles, o Cód. Alemão, produto de longa elaboração científica, apesar de admitir a indenização de semelhantes danos em casos muito especiais, v.g. no de lesão da integridade pessoal (*Schmerzensgeld*) ou da honra e pudor femininos (§847), não só firmou o princípio de que aqueles danos só podiam ser pedidos, quando expressamente autorizados na lei (§253), mas, excluiu, na hipótese do cit. §847, a hereditariedade da ação, ainda não posta em juízo, e, no caso de homicídio, não concedeu aos filhos da vítima senão o direito de indenização correspondente aos alimentos"[276]

Não se pode olvidar a existência de decisões em sentido contrário e votos colegiados dissidentes, inclusive no Supremo Tribunal Federal[277]; mas, somente a Constituição Federal de 1988 "sufragou a tese da reparabilidade" há muito sustentada pela doutrina majoritária[278]. Desde a Carta Magna foram superadas "as restrições, o preconceito e a má vontade (...) à indenizabilidade cumulada"[279].

Conquanto, a admissibilidade do dano moral não lhe trouxe harmonia, sensível que a definição e a quantificação do dano constituem das mais tormentosas atividades judicantes[280], evidenciada a controvérsia também na doutrina.

Precede ao conceito de dano moral uma questão terminológica. Claudio Luiz Bueno de Godoy[281] aponta que o conceito não está

[276] Apud. Silva. **O Dano Moral e sua Reparação.** Ob. Cit., p. 268.

[277] Cf. Voto Vencido do Min. Pedro Lessa, 1915, **Revista Forense**, vol. XXIV, p. 473.

[278] Bittar. **Reparação Civil por Danos Morais**. Ob. Cit., p. 103.

[279] Stoco, Rui. **Tratado de Responsabilidade Civil**. Ob. Cit., p. 1.246.

[280] Entre tantos, fazem referência expressa à "tormenta" na fixação e quantificação do dano moral: **TJSP**, Apelação Cível n. 1001319-55.2014.8.26.0079, Rel. Des. Ricardo Negrão – 19ª Câmara de Direito Privado, data do julgamento: 04/04/2016; **TJDFT**, Apelação Cível n. 19990110096739, Rel. Des. Ana Maria Duarte Amarante Brito – 5ª Turma Cível, data do julgamento: 05/06/2000; **STJ**, REsp. n. 437.041/TO, Relator Ministro Carlos Filho – Terceira Turma, data do julgamento: 07/08/2003.

[281] Godoy, Claudio Luiz Bueno. "Alguns apontamentos sobre o dano moral, sua configuração e o arbitramento da indenização" in Cassetari, Christiano (coord.); Camargo Viana,

restrito ao "estado subjetivo, mesmo íntimo, de dor ou sofrimento da vítima", razão pela qual seria preferível a terminologia do artigo 2.059, do Código Civil Italiano[282], *danos não patrimoniais.* Como mencionava Wilson Melo da Silva[283], outros juristas reputaram inadequada a expressão "dano moral" porque aparentaria excluir os danos extrapatrimoniais com base na "dor física"; mas, como explicava o próprio autor (em 1955) deve-se admitir moral como oposição a patrimonial tal qual já previra Agostinho Alvim.

Ademais, Melo da Silva aponta que a controvérsia se repete na doutrina estrangeira, o que não impede, porém, o reconhecimento da abrangência do termo "moral". Aqui, apesar da acuidade terminológica mencionada por Godoy, tratar-se-á de forma indistinta as expressões, especialmente porque a locução dano moral (ainda que imperfeita) é a mais corrente na jurisprudência e na doutrina[284].

No tocante ao conceito do dano moral, embora inequívoca a superação do *'pretium doloris'*, não se pode afirmar que exista um conceito sedimentado.

De plano, cognoscível a natureza *residual* do dano moral. Isto porque, ainda que distintos os critérios de definição, inconteste que seu conteúdo se opõe ao dano patrimonial – isto é, a lesão a um interesse expresso em pecúnia ou, como define Caio Mario da Silva Pereira[285] uma ofensa a um direito, "sem prejuízo material".

O conceito vinculando-o à dor como elemento característico[286], foi superado como os precedentes no direito primitivo. Savatier mencionava que o dano moral é "qualquer sofrimento humano que não causado por uma perda pecuniária e abrange todo atentado à sua segurança e tranquilidade, ao seu amor-próprio estético, à integridade de

Rui Geraldo (orient.). **10 anos de vigência do Código Civil Brasileiro de 2002** : Estudos em homenagem ao Prof. Carlos Alberto Dabus Maluf. São Paulo: Saraiva, 2012.

282 *"Art. 2.059. Il danno non patrimoniale deve essere risarcito solo nei casi determinati dalla legge".*

283 Silva. **O Dano Moral e sua Reparação.** Ob. Cit., p. 12.

284 Neste sentido, Wilson Melo da Silva exemplifica que a expressão dano moral foi prestigiada por Orozimbo Nonato, Aguiar Dias, Pedro Lessa, Clovis Bevilaqua e Filadelfo Azevedo (**O Dano Moral e sua Reparação.** Ob. Cit., p. 12/13).

285 Pereira, Caio Mario da Silva. **Responsabilidade Civil**, 4a Ed. São Paulo: Forense, 1999, p. 55.

286 Silva. **O Dano Moral e sua Reparação.** Ob. Cit., p. 11 – "danos morais são lesões sofridas pelo sujeito físico ou pessoa natural de direito em seu patrimônio ideal".

sua inteligência, às suas afeições, etc."[287]. Pacificou-se que o sofrimento, o vexame, a dor, a humilhação, a angústia são consequências do dano moral e não integram sua definição[288].

As facetas do dano, dano-evento e dano-prejuízo, mencionadas no subcapítulo antecedente facilitam tal distinção. Os sentimentos, anteriormente admitidos como elementos do conceito do dano moral (sofrimento, dor, humilhação etc.), são meros reflexos extrapatrimoniais do evento lesivo (dano-prejuízo) que podem, inclusive, decorrer de um dano-evento patrimonial.

Assim, segundo Claudio Luiz Bueno de Godoy, o conceito perpassa o princípio fundante da República – dignidade da pessoa humana (art. 1º, inciso III, da Constituição Federal). Deve ser entendido como "qualquer violação a direitos que têm seu valor fonte na dignidade humana. Ou seja, violação aos direitos chamados da personalidade, essenciais ou personalíssimos do indivíduo". Por isso, ante a relevância da proteção ao interesse lesado, surge a tese de que determinadas situações fáticas se qualificam como dano '*in re ipsa*'. Adverte, porém, a insuficiência da "mera alusão à dignidade"[289]. Com idêntico temor, Anderson Schreiber alerta que a simples referência à dignidade humana permite que o dano moral acoberte tutela jurídica de "demandas frívolas"[290].

Admitida a superação do conceito do dano moral como preço da dor, temos que a preocupação com demandas "frívolas" ou "bagatelares" consubstancia preocupação posterior, de controle objetivo do labor de subsunção dos fatos à norma pelo Magistrado, não propriamente de conceituação. Definir o que é dignidade da pessoa humana ou direitos da personalidade significa um segundo passo, de relevantíssima densificação do conceito de dano moral, mas, superveniente ao seu conceito.

Da distinção entre dano-evento e dano-prejuízo, deve-se compreender o dano moral ou extrapatrimonial como uma vasta gama de lesões a interesses não patrimoniais (dano-evento moral) e repercussões inúmeras na vida, honra, imagem, saúde, estado anímico da vítima (dano-prejuízo moral). Neste sentido, acurada a exposição de Bruno Miragem

[287] Apud. Pereira. **Responsabilidade Civil**. Ob. Cit., p. 54.

[288] Bodin de Moraes, Maria Celina. **Danos à pessoa humana**. Rio de Janeiro: Renovar, 2007, p. 130.

[289] Godoy. "Alguns apontamentos sobre o dano moral...". Ob. Cit., p. 375.

[290] Schreiber. **Novos paradigmas da responsabilidade civil**... Ob. Cit., p. 242.

ao distinguir os danos extrapatrimoniais como lesão à personalidade, à vida, à integridade e estabilidade psíquica, à honra, à intimidade, à imagem – indicando que os "danos morais puros" não se confundem com a "noção abrangente de dano extrapatrimonial"[291]. A propósito, a lição do autor permite a conclusão de que, em verdade, grande parte dos "novos danos" reconhecidos no direito comparado são "consequências da violação do direito da personalidade" ou outras classificações (dano biológico ou à saúde), como o dano sexual, o prejuízo ao lazer ou juvenil[292].

Se considerado o conceito amplo, como aquele de HANS ALBRECHT FISCHER – "todo o prejuízo que o sujeito de direito vem a sofrer através de violação de bem jurídico. Quando os bens jurídicos atingidos e violados são de natureza imaterial, verifica-se o dano moral"[293] –, não há dúvida de que as "novas" espécies de dano são, em verdade, meras categorias do dano extrapatrimonial. Como leciona CARLOS ALBERTO BITTAR, o dano moral na teoria da responsabilidade civil localiza-se "na exata medida da consideração da pessoa em si, ou em suas projeções sociais"[294], de forma que a evolução "estatuto ontológico"[295] amplia a tutela do dever de indenizar.

O desdobramento da *personalidade* em atributos físicos, psíquicos e morais permite a transcendência da responsabilidade civil do indivíduo. O reconhecimento de "direitos categoriais, ou de grupos sociais, ou mesmo de coletividades" importa no reconhecimento dos danos não-patrimoniais às pessoas jurídicas[296] ou entes despersonalizados. Sintetiza BITTAR:

> "Refletem-se, assim, os danos morais tanto nas pessoas físicas como em entes jurídicos, alcançando, na primeira hipótese, a esfera íntima do

[291] MIRAGEM. **Direito Civil** : Responsabilidade Civil. Ob. Cit., p. 174 e ss.

[292] MIRAGEM. **Direito Civil** : Responsabilidade Civil. Ob. Cit., p. 199.

[293] FISCHER, Hans Albrecht. **A Reparação dos Danos no Direito Civil**. Trad. de Antônio Arruda Ferrer Correia. São Paulo: Livraria Acadêmica/Saraiva, 1938. p. 61.

[294] BITTAR. **Reparação Civil por Danos Morais**. Ob. Cit., p. 45.

[295] PEDROSO, Antonio Carlos de Campos. A reparação do dano moral. In **Revista da Faculdade de Direito da Universidade de São Paulo**, São Paulo, v. 90, 1995, p. 155-180, 1995, p 171. Disponível em: <http://www.revistas.usp.br/rfdusp/article/viewFile/67294/69904>. Acesso em: 09 de abril de 2016.

[296] A hipótese encontra, inclusive, consolidada em enunciado do SUPERIOR TRIBUNAL DE JUSTIÇA, publicada em 20 de outubro de 1999 – Súmula n. 227: *"A pessoa jurídica pode sofrer dano moral".*

> psiquismo ou da personalidade; a da consideração pessoal e a da valoração social (ou reputação), planos esses, aliás, em que se localizam, reconhecem-se e se protegem, no âmbito do Direito, atributos ou valores imprescindíveis às pessoas, aos grupos e à coletividade para o alcance das respectivas metas”[297].

E, embora inexista um conceito unívoco, a jurisprudência converge com as lições *supra* expostas. Neste propósito, destacável recente julgado em que o SUPERIOR TRIBUNAL DE JUSTIÇA julgou a possibilidade do dano moral experimentado por incapaz e, principalmente, reafirmou com suporte da doutrina o conceito de danos morais – transcreve-se a ementa:

> “(...) 2. A atual Constituição Federal deu ao homem lugar de destaque entre suas previsões. Realçou seus direitos e fez deles o fio condutor de todos os ramos jurídicos. A dignidade humana pode ser considerada, assim, um direito constitucional subjetivo, essência de todos os direitos personalíssimos e o ataque àquele direito é o que se convencionou chamar dano moral.
>
> 3. Portanto, dano moral é todo prejuízo que o sujeito de direito vem a sofrer por meio de violação a bem jurídico específico. É toda ofensa aos valores da pessoa humana, capaz de atingir os componentes da personalidade e do prestígio social.
>
> 4. O dano moral não se revela na dor, no padecimento, que são, na verdade, sua consequência, seu resultado. O dano é fato que antecede os sentimentos de aflição e angústia experimentados pela vítima, não estando necessariamente vinculado a alguma reação psíquica da vítima.
>
> 5. Em situações nas quais a vítima não é passível de detrimento anímico, como ocorre com doentes mentais, a configuração do dano moral é absoluta e perfeitamente possível, tendo em vista que, como ser humano, aquelas pessoas são igualmente detentoras de um conjunto de bens integrantes da personalidade.” (STJ, Quarta Turma, REsp. n. 1.245.550/MG – Relator Ministro Luís Felipe Salomão – j. 17/03/2015, DJe. 16/04/2015).

[297] BITTAR. **Reparação Civil por Danos Morais**. Ob. Cit., p. 51.

Todavia, como já destacado nos capítulos antecedentes, a problemática consiste na definição de quais fatos são passíveis da tutela jurídica pela responsabilidade civil (*'an debeatur'*) e, reconhecido o dever de indenizar, como quantificá-los (*'quantum debeatur'*). A ampliação do conceito de dano e dos interesses extrapatrimoniais juridicamente relevantes, por meio de cláusulas gerais, permitem a contestação da validade e eficácia do instituto, à luz do número crescente de demandas consideradas *excêntricas*.

Anderson Schreiber[298] destaca a decisão de uma corte norte-americana que impôs indenização a indivíduos que receberam um *fax* publicitário não solicitado[299] e uma ação de Santa Catarina, que rejeitou os danos morais postulados por uma adolescente barrada na entrada de um baile de gala, por utilizar "trajes inadequados"[300].

De fato, assim como ocorreu nos Estados Unidos da América[301], inquestionável a proliferação de demandas indenizatórias, por danos morais, com fundamentos duvidosos[302]. Entretanto, ao contrário de posições extremadas[303], entendemos que a situação não permite questionar a utilidade e importância da responsabilidade civil. Cabe ao Juízo a subsunção dos fatos ao conceito de dignidade ou personalidade, sendo que o rigor nos critérios não desqualifica a matéria em virtude de pedidos manifestamente improcedentes.

298 **Novos paradigmas da responsabilidade civil**... Ob. Cit., p. 96/102.

299 *Nicholson v. Hooters of Augusta Inc., Superior Court of Richmond County*, Augusta, *Civil Action File 95-RCCV-616*, j. 14.07.2000. Disponível em: <http://caselaw.findlaw.com/ga-court-of-appeals/1454718.html>, acesso em 25 de março de 2016.

300 Ação Cível n. 075.99.009820-0/0000, Tribunal de Justiça de Santa Catarina, j. 11/07/2002, disponível em: <http://www.conjur.com.br/2002-jul-16/juiz_critica_inutilidade_conceitos_alta_sociedade>, acesso em 25 de março de 2016.

301 Pizzol. **As Funções Punitiva e Preventiva**... Ob. Cit., p. 39.

302 Apenas para ilustrar, pode-se destacar a Apelação Cível n. 0906299-37.2012.8.26.0037 (TJSP, Rel. Des. Marcos Ramos – 30ª Câmara Cível, j. 04/03/2015), que gerou divergência sobre a reparação moral de um adolescente que teve suprimidos de sua *conta on-line* créditos de jogo de RPG na *internet*.

303 "O direito de todo cidadão acessar o Poder Judiciário se vê atualmente manchado por um incontável número de ações absurdas e ridículas, em que os autores postulam as mais exóticas providências do julgador. Tais demandas mais servem ao anedotário jurídico do que à efetiva satisfação de interesses da sociedade" (Schonblum, Paulo Maximilian Wilhelm. **Dano Moral** : Questões Controvertidas, 2ª ed. Rio de Janeiro: Forense, 2003, p. 131).

Resta, então, a questão da quantificação do dano moral. A adoção da função punitiva e a admissibilidade velada dos *"punitive damages"* serão objeto de análise no capítulo que segue; oportuno, no momento, compreender a dificuldade da conversão em pecúnia do dano de natureza extrapatrimonial e que culminam na adoção de *critérios extralegais* na fixação.

Idealisticamente, a reparação do dano de natureza extrapatrimonial deveria se efetivar *in natura*. MELO DA SILVA menciona que o dano moral deve ser ressarcido, preferencialmente "pelo próprio desagravo ou pela compensação não-econômica"[304]. Ocorre que o dano extrapatrimonial, por sua natureza, não é facilmente reparado, embora induvidoso o prestígio recente às hipóteses de reparação de danos pela forma específica (obrigação de fazer/execução específica)[305].

Há muito, PONTES DE MIRANDA já afirmava a prevalência da reparação específica em detrimento da conversão em pecúnia – "tem de vir em primeiro lugar a reparação. E, apenas se não há outro meio de ressarcimento que o da avaliação em pecúnia, dele se tem de lançar mão"[306]. Mas, não raro, a "melhor" maneira de restaurar (obrigação específica) se mostra inviável, pela própria natureza das lesões de interesses extrapatrimoniais. Em outras palavras, determinados danos não são compatíveis com o ressarcimento. MONTEIRO DE BARROS, TAVARES DA SILVA e MALUF mencionam que "é praticamente impossível restaurar o bem lesado"[307].

Neste esteio, FISCHER[308] menciona que é possível expressar a reparação em pecúnia, a fim de permitir ao ofendido verdadeira satisfação. E, ainda que digno de críticas, o estágio da sociedade capitalista mostra natural esta compensação pecuniária a maioria das lesões de cunho imaterial – pois, se é verdade que a morte não pode ser reposta com

[304] SILVA. **O Dano Moral e sua Reparação**. Ob. Cit., p. 422.

[305] Especialmente no âmbito das ações civis públicas e no direito ambiental, recorrente a prevalência da obrigação de fazer em detrimento da indenização pecuniária – cf. Supremo Tribunal Federal, Agravo de Instrumento n. 725.250/MG, Rel. Min. Dias Toffoli, DJe. 23/04/2010.

[306] PONTES DE MIRANDA, Francisco Cavalcanti. *Tratado de direito privado*. Rio de Janeiro: Borsoi, 1967, p. 76.

[307] MONTEIRO; MALUF; TAVARES DA SILVA. **Curso de Direito Civil** – Direito das Obrigações... Ob. Cit., p. 641.

[308] FISCHER, Hans Albrecht. **A reparação dos danos no direito civil**. Ob. Cit., p. 273/274.

dinheiro, outras tantas limitações ao direito da personalidade e a dignidade vêm sendo toleradas por todos, até mesmo gratuitamente[309].

Henri de Page afirmava que, embora inequívoca a dificuldade de traduzir o dano extrapatrimonial em pecúnia, a ausência de critérios não poderia significar a dispensa do dever de indenizar[310]. Com efeito, inviável a reparação *in natura*, impõe-se a *conversão* do dano moral em valores patrimoniais; a controvérsia, no entanto, resiste nos critérios de fixação desta verba, ou na falta deles.

Sob qualquer enfoque, o *caput* do artigo 944, do Código Civil, não se subsome com perfeição aos danos morais. "A indenização mede-se pela extensão do dano" supõe que o *'quantum'* seja fixado de acordo com o "dano-prejuízo"; porém, não há qualquer critério que permita concluir com precisão a extensão do *dano-consequência* na esfera extrapatrimonial, porque é ínsita a "falta de elementos de comutação entre o valor agredido e o *quantum* satisfatório"[311].

Na ausência de critérios legais, coube à jurisprudência estabelecer os parâmetros de fixação da indenização moral.

Neste propósito, destacável a proposta por Paulo de Tarso Sanseverino do STJ, que crê adequada a fixação de acordo com a teoria *bifásica*[312]. Segundo o referido método, na *primeira fase* o juiz deve levar em consideração o *interesse jurídico lesado* para estabelecer valores adequados aos paradigmas jurisprudenciais; ou, como menciona Judith Martins-Costa[313], "grupos de casos típicos". Na *segunda fase*, compete ao magistrado fixar o *quantum* definitivo de acordo com as "circunstâncias particulares do caso (gravidade do fato em si, culpabilidade do agente, culpa concorrente da vítima, condição econômica das partes)"[314].

[309] Cf. Neves, Thiago Ferreira Cardoso. A Indisponibilidade dos Direitos da Personalidade e as Redes Sociais. **Revista Justiça e Cidadania**, n. 167, jul.2014. Disponível em: <http://www.editorajc.com.br/2014/07/indisponibilidade-dos-direitos-da-personalidade-e-redes-sociais/>, acessado em: 27/05/2015.

[310] PAGE. **Traité Elémentaire De Droit Civil Belge**. Ob. Cit., p. 915.

[311] Severo, Sérgio. **Os Danos Extrapatrimoniais**. São Paulo: Saraiva, 1996, p. 185.

[312] Sanseverino, Paulo de Tarso. **Principio da Reparação Integral** – Indenização no Código Civil. São Paulo: Saraiva, 2010, p. 275-313.

[313] Martins-Costa, Judith. **Comentários ao novo Código Civil** : do inadimplemento das obrigações. Rio de Janeiro: Forense, 2003. v. 5, t.1-2, p. 351

[314] Superior Tribunal de Justiça, REsp. n. 959.780/ES, Rel. Min. Paulo De Tarso Sanseverino – Terceira Turma, DJe. 06/05/2011.

Fixados o limite e a garantia da reparação integral, parece impróprio um tabelamento, mas, salutar a fixação de critérios como sugere PAULO DE TARSO SANSEVERINO, cujo modelo *bifásico*, prestigia a fixação concreta da indenização, sem se olvidar para parâmetros uníssonos – o que corrobora para a *segurança jurídica* das decisões e afastam a tese da *loteria* das indenizações por danos morais[315].

Grau de culpa do ofensor[316], lapso temporal do ilícito[317], dever de mitigar os danos (*'duty to mitigate the loss'*)[318], intensidade do sofrimento[319], conduta do ofensor[320], número de ofendidos[321], razoabilidade e proporcionalidade[322], colaboração da vítima etc. Na doutrina e nos tribunais inúmeras são as *respostas* oferecidas na tentativa de estabelecer parâmetros, mais ou menos previsíveis, para a fixação, já que rechaçada entre nós a tarifação do dano moral[323].

[315] SCHREIBER. **Novos paradigmas da responsabilidade civil**... Ob. Cit., p. 03.

[316] Superior Tribunal de Justiça, REsp. n. 284.499/RS, Rel. Min. Sálvio De Figueiredo Teixeira – Quarta Turma, DJe. 05/10/2000.

[317] Superior Tribunal de Justiça, Resp. n 1.154.733/ES, Rel. Min. Nancy Andrighi – Terceira Turma, DJe. 14/05/2013.

[318] Tribunal de Justiça de São Paulo, Apelação Cível n. 1022861-66.2014.8.26.0100, Rel. Des. Maria Lúcia Pizzotti – 30ª Câmara de Direito Privado, j. 30/03/2016.

[319] Superior Tribunal de Justiça, AgRg. no AREsp. 414.788/PR, Rel. Min. Assusete Guimarães – Segunda Turma, DJe. 16/09/2014.

[320] Superior Tribunal de Justiça, REsp. n. 1.487.089/SP, Rel. Min. Marco Buzzi – Quarta Turma, DJe. 28/10/2015.

[321] Superior Tribunal de Justiça, REsp. 435.266/SP, Rel. Min. Eliana Calmon – Segunda Turma, DJe. 13/09/2004.

[322] Conforme enunciado do IX Encontro dos Tribunais de Alçada (1997), o magistrado *"deverá levar em conta critérios de proporcionalidade e razoabilidade na apuração do quantum, atendidas as condições do ofensor, do ofendido e do bem jurídico lesado".*

[323] Sobre o tema, o Supremo Tribunal Federal na ADPF n. 130 decretou a não recepção da Lei de Imprensa, inclusive no tocante à tarifação dos danos: *"Em outras palavras, penso que não se mostra possível ao legislador ordinário graduar de antemão, de forma minudente, os limites materiais do direito de retorção, diante da miríade de expressões que podem apresentar, no dia-a-dia, os agravos veiculados pela mídia em seus vários aspectos. (...)Já, a indenização por dano moral – depois de uma certa perplexidade inicial por parte dos magistrados – vem sendo normalmente fixada pelos juízes e tribunais, sem quaisquer exageros, aliás, com muita parcimônia, tendo em vista os princípios da equidade e da razoabilidade, critérios como o da gravidade e a extensão do dano, a reincidência do ofensor, a posição profissional e social do ofendido, e a condição financeira do ofendido e do ofensor. Tais decisões de resto podem ser sempre submetidas ao crivo do sistema recursal. Esta Suprema Corte, no tocante à indenização por dano moral, de longa data, cristalizou jurisprudência no sentido de que o art. 52 e 56 da Lei de Imprensa não foram recepcionados pela Constituição, com o que afastou a possibilidade do estabeleci-*

Em acurada análise jurisprudencial, MIRNA CIANCI evidencia *disparidades* de valores para casos idênticos ou soluções distintas para um mesmo critério, como a "condição financeira das partes"[324]. Dentre todos, porém, a *conduta do ofensor* e a natureza *punitiva* ou *pedagógica* do dano são os elementos da fixação dos danos morais que mais causam polêmica.

Como já destacado, o reconhecimento da *multiplicidade de funções* da responsabilidade civil se consagrou na seara dos danos morais. A carência de critérios e, especialmente, a *insuficiência* do disposto no artigo 944, *caput*, do Código Civil, tornaram rotineira a menção a funções que excedem a simples incumbência *reparatória/compensatória* da indenização. As vicissitudes na adoção destes critérios serão abordadas no capítulo seguinte, mas, desde já, deve-se precisar a ampla alusão da jurisprudência e da doutrina à *dupla função* da indenização por danos morais.

HANS ALBRECHT FISCHER apontava, em 1938, ou seja, antes mesmo da consagração dos danos extrapatrimoniais, que a natureza punitiva da indenização para tais danos decorre de sua natureza. Nos danos morais, a indenização se assemelharia à pena, porque, em verdade, aplaca o "sentimento jurídico ferido do lesado, satisfazendo a justiça, proporcionando a '*solatium*', apaziguamento, determinando a transformação do sentimento e da vontade"[325].

A hipótese se justifica na aproximação dos *fundamentos* da responsabilidade civil com o *anseio social* e o *espírito* das leis vigentes, não há, todavia, amparo legal. Por isso, o projeto de alteração do Código Civil proposto pelo Deputado RICARDO FIUZA[326] previa a inclusão do §2º, ao artigo 944, que passaria a dispor exclusivamente sobre os danos morais ("§ 2º. A reparação do dano moral deve constituir-se em compensação ao lesado e adequado desestímulo ao lesante"). A rejeição do dispositivo em comento, contudo, não impediu a persistência judicial do critério mencionado – o que, todavia, frustra a plenitude da função punitiva da indenização, como se verá adiante.

mento de qualquer tarifação, confirmando, nesse aspecto, a Súmula 281 do Superior Tribunal de Justiça" (Rel. Min. Carlos Britto, DJe. 06/11/2009).

[324] CIANCI, Mirna. **O Valor da Reparação Moral** : Interpretação da valoração e dos critérios de fixação na jurisprudência civil e trabalhista, 4ª Ed. São Paulo: Saraiva, 2013, p. 35.

[325] FISCHER. **A reparação dos danos no direito civil**. Ob. Cit., p. 234.

[326] Projeto de Lei n. 6960, de 2002.

2.3. Novos danos

Considerado como "nova categoria", o *dano social* impõe o estudo da expansão qualitativa do pressuposto dano, com a compreensão das *novas espécies* admitidas e, principalmente, com o estudo das respectivas críticas.

Segundo ANDERSON SCHREIBER, além da expansão quantitativa, a ampliação dos danos ressarcíveis decorre do reconhecimento jurisprudencial da tutela jurídica de novos/outros interesses, "sobretudo de natureza existencial e coletiva"[327]. Como cita o referido autor, ao contrário do modelo italiano (típico[328]), a influência direta do *Code Civil* Napoleônico no capítulo da responsabilidade civil traduziu um sistema *atípico*, ou seja, amplo, na definição de interesses tutelados – cuja restrição tem sido definida pelos tribunais[329].

No entanto, tanto nos sistemas fechados (ou parcialmente fechados), como a Alemanha e a Itália[330], quanto nos abertos (Brasil e França), repercute a irrefreável ampliação dos interesses reconhecidos e dos danos admitidos pelos Tribunais. Neste contexto, DANIEL DE ANDRADE LEVY afirma que a reparação do dano constitui "espelho da sociedade", latente a alteração do conceito de dano, por exemplo, na "dimensão espaciotemporal"[331].

Em 1987, FRANCESCO GALGANO – que na década anterior aventou a responsabilidade civil como *alternativa* para a "prevenção e repressão dos comportamentos antissociais distintas da privação da liberdade pessoal"[332] – escreveu um artigo intitulado *"La commedia della responsabilità civile"*[333], em que repercute o fenômeno da ampliação do "dano aquiliano

[327] **Novos paradigmas da responsabilidade civil**... Ob. Cit., p. 85.

[328] Inicialmente, vigorava interpretação restrita do artigo 2.059, do Código Civil Italiano de 1942 (*"Art. 2059. Danni non patrimoniale – Il danno non patrimoniale deve essere risarcito solo nei casi determinati dalla legge"*), com influência da tipicidade prevista no BGB (FERRARI, Franco. **Atipicità dell'Illecito Civile** : una comparazione. Milano, Giuffrè, 1992, p. 121).

[329] SCHREIBER. **Novos paradigmas da responsabilidade civil**... Ob. Cit., p. 102 e ss.

[330] VASCONCELOS, Maria João Sarmento Pestana de. "Algumas questões sobre a ressarcibilidade delitual de danos patrimoniais puros no ordenamento jurídico português" in ANTUNES, Ana Filipa Morais et alli. **Novas Tendências da Responsabilidade Civil**. Coimbra: Almedina, 2007, p. 153-154.

[331] LEVY. **Responsabilidade Civil**... Ob. Cit., p. 15.

[332] GALGANO, Francesco. "Civile e penale nella legislazione valutaria" in **Politica del Diritto**, Il Mulino, anno VI, 1976, p. 576 apud. BARATELLA. **Le Pene Private**... Ob. Cit., p. 198.

[333] "A comédia da responsabilidade civil" – tradução livre.

ressarcível"[334]. Há um fenômeno ocidental de ampliação do conceito de dano, o qual obriga "a repensar a construção clássica do instituto da responsabilidade civil à luz da evolução entretanto ocorrida na sociedade e que se traduz num potenciar das situações geradoras de prejuízos"[335].

No Brasil, pode-se estabelecer a Constituição Federal de 1988 como marco da reparabilidade destes "novos danos". A eleição da dignidade da pessoa humana – conceito *multidimensional* [336] – como *fundamento* do Estado Democrático de Direito (artigo 1º, inciso III, da Constituição Federal[337]) justifica e ampara a ampliação da tutela destes *novos interesses.*

A Constituição Cidadã efetivou "significativo desenvolvimento dos direitos da personalidade" [338], ensejando a "*repersonalização do direito civil*", cuja consequência foi "o reconhecimento de novos interesses da pessoa, e, mediante a eventual violação destes, a identificação de novos danos"[339]. A ampliação dos danos indenizáveis é, portanto, fenômeno do processo de "constitucionalização do direito civil", que extrapola as raízes patrimoniais em direção ao antropocentrismo[340], do que se extraem as justificativas e críticas da evolução do tema como se verá adiante.

2.3.1. *Danos morais coletivos*

Os danos morais coletivos consubstanciam outra *espécie* de "novos" danos que merece destaque neste ensaio, precisamente para que se possa, adiante, distingui-la do *dano social.* A despeito da distinção oportunamente verificada; interessa, aqui, realçar que a concepção transindividual do

[334] Galgano, Francesco. "La Commedia della Responsabilità Civile" in **Rivista Critica del Diritto Privato**, v. 5, Società Editrice Il Mulino, pp. 191-205, 1987, p. 192.

[335] Vasconcelos. "Algumas questões sobre a ressarcibilidade...". Ob. Cit., p. 147.

[336] Sarlet, Ingo Wolfgang. Art. 1º, inciso III in Canotilho, José Joaquim Gomes; Mendes, Gilmar Ferreira; Sarlet, Ingo Wolfgang; Streck, Lenio Luiz (coords.). **Comentários à Constituição do Brasil**. São Paulo: Saraiva/Almedina, 2013, p. 125.

[337] "*Art. 1º A República Federativa do Brasil, formada pela união indissolúvel dos Estados e Municípios e do Distrito Federal, constitui-se em Estado Democrático de Direito e tem como fundamentos: (...) III – a dignidade da pessoa humana*".

[338] Moraes, Celina. **Danos à Pessoa Humana**..., p. 165.

[339] Miragem. **Direito Civil** : Responsabilidade Civil. Ob. Cit., p. 34.

[340] Lôbo, Paulo Luiz Netto. "Constitucionalização do direito civil", **Revista de Informação Legislativa**, Brasília a. 36 n. 141 jan./mar. 1999, pp. 99-109. Disponível em: < http://www2.senado.leg.br/bdsf/bitstream/handle/id/453/r141-08.pdf?sequence=4>, acessado em 27 de fevereiro de 2016.

dano coincide com a figura sugerida por ANTONIO JUNQUEIRA DE AZEVEDO, traduzindo o processo de *socialização* de interesses na sociedade de massas. Uma vez mais, recorremos à "história externa" da responsabilidade civil; a evolução dos interesses coletivos tem origem na *massificação* das relações sociais e na "sociedade de risco".

Ao tratar da "multidão", o filósofo espanhol JOSÉ ORTEGA Y GASSET aponta que a população europeia no pós-guerra não necessariamente se alterou, porém, "de repente, aparecem sob a espécie de aglomeração". "As cidades estão cheias de gente", afirmou[341]. A revolução tecnológica, a urbanização e a globalização alteraram os modos de interação da sociedade, o que refletiu nos riscos. Como destacado por ULRICH BECK, as fronteiras (barreiras) da ameaça "evaporam" com o risco nuclear, que atinge esse aglomerado pela atmosfera, qualificando a ameaça como *global*[342].

Como lhes é ínsito, os indivíduos continuam se agrupando em categorias ou classes – ora atingindo proporções gigantescas, como os sócios de uma sociedade anônima, os condôminos de um arranha-céu ou os consumidores de uma mesma fornecedora de energia elétrica da região. Assim, a convergência da "aglomeração" com os riscos globais traduz o reconhecimento de *interesses transindividuais*, que suplantam o aspecto do indivíduo, porém, se distinguem do "interesse público"[343].

Reconhece-se a premente necessidade da tutela destes interesses que excedem o sujeito. Não à toa, o reconhecimento no âmbito do direito processual antecede aos reflexos no direito material, como se verifica, no Brasil, com a introdução da matéria no âmbito da Lei n. 7.347, de 1985, posteriormente complementada pelo Código de Defesa do Consumidor (microssistema[344]). Nas palavras de HUGO NIGRI MAZZILLI, os interesses transindividuais não são caracterizados apenas como "compartilhados por diversos titulares individuais reunidos pela

[341] GASSET, José Ortega y. **A rebelião das massas**. Rio de Janeiro: Livro Ibero-americano, 1959, p. 59 e ss.

[342] BECK. **Sociedade de risco**. Ob. Cit., p. 25.

[343] CAPPELLETTI, Mauro. "Formazioni sociali e interessi di gruppo davanti alla giustizia civile" in **Rivista di Diritto Processuale**, n. 30, p. 361-402, 1975, p. 367.

[344] Nos termos do art. 21, da Lei n. 7.347, de 1985, introduzido pela Lei n. 8.078, de 1990 ("*Art. 21. Aplicam-se à defesa dos direitos e interesses difusos, coletivos e individuais, no que for cabível, os dispositivos do Título III da lei que instituiu o Código de Defesa do Consumidor*") as normas são complementares, independente da ação tratar ou não de material consumerista.

mesma relação jurídica ou fática", mas, pelo reconhecimento da "necessidade de que o acesso individual dos lesados à Justiça seja substituído por um acesso coletivo"[345].

A previsão na Lei da Ação Civil Pública, com notória influência das *class actions* norte-americanas, reflete a "segunda onda" do acesso à Justiça, definido por Bryant Garth e Mauro Cappelletti[346]. Repisa-se a influência de elementos extrínsecos à responsabilidade civil na evolução de seus conceitos.

"Sob o ponto de vista fragmentário, o dano moral coletivo nada mais seria do que a soma dos danos morais individuais sofridos"[347]; cuja reunião se deu antes por questões processuais que materiais. A conjugação de interesses coletivos no âmbito processual se deu como instrumento de consagração do "acesso à justiça" ("requisito fundamental – o mais básico dos direitos humanos – de um sistema jurídico moderno e igualitário")[348].

E não tardou para que o reconhecimento processual dos interesses transindividuais refletisse na seara material. Nas palavras de Bruno Miragem, a "coletivização" da responsabilidade civil é resultado da "massificação das relações pessoais e negociais", o que impôs uma aproximação entre o direito processual e o direito material[349].

O Código de Defesa do Consumidor suplantou a divergência trazida pela Lei da Ação Civil Pública sobre o reconhecimento dos danos morais de natureza coletiva, estabelecendo como direito básico "a efetiva prevenção e reparação de danos patrimoniais e morais, individuais, coletivos e difusos" (art. 6º, VI, da Lei n. 8.078, de 1990). Posteriormente, a Lei n. 8.429, de 1992, qualificou como atos de improbidade administrativa condutas contrárias aos princípios da administração,

345 Mazzilli, Hugo Nigro. **A Defesa dos Interesses Difusos em Juízo** : meio-ambiente, consumidor, patrimônio cultural, patrimônio público e outros interesses, 25ª Ed. rev., ampl. e atualizada. São Paulo: Saraiva, 2012, p. 50.

346 Cappelletti, Mauro; Garth, Bryant. **Acesso à Justiça**. Trad. de Ellen Gracie Northfleet. Porto Alegre: Fabris, 1988, p. 49 e ss.

347 Germano, Geandrei Stefanelli. **Punitive damages nas relações de consumo**. 2011. Dissertação (Mestrado em Direito Civil) – Faculdade de Direito, Universidade de São Paulo, São Paulo, 2011, p. 26. Disponível em: <http://www.teses.usp.br/teses/disponiveis/2/2131/tde-03102012-084841/>. Acesso em: 2016-04-16.

348 Cappelletti; Garth. **Acesso à Justiça**. Ob. Cit., p. 12.

349 Miragem. **Direito Civil** : Responsabilidade Civil. Ob. Cit., p. 36.

especialmente, "os deveres de honestidade, imparcialidade, legalidade, e lealdade às instituições" – evidente, a natureza extrapatrimonial do dano à coletividade.

Não bastasse, a Lei n. 8.894, de 1994, que conferia à "coletividade" a titularidade dos direitos à liberdade de iniciativa, à livre concorrência, à função social da propriedade, à defesa dos consumidores e à repressão ao abuso do poder econômico[350], alterou a Lei de Ação Civil Pública, para incluir expressamente no artigo 1º que a responsabilidade ali prevista abrange os *danos morais* e patrimoniais[351]. E, como cita MAZZILLI, a adoção legal dos danos morais coletivos somente foi possível porque superada a "noção de dor ou sofrimento psíquico ou individual"[352].

A legislação também permite qualificar o dano moral coletivo em categorias distintas, conforme o rol do parágrafo único do artigo 81, do Código de Defesa do Consumidor. Embora ritualmente tratados de forma indistinta, a gama de interesses coletivos (*lato sensu*) – cindida em três categorias distintas – permite verificar a amplitude do dano moral coletivo. A tutela aos referidos interesses é inconteste, o reconhecimento da esfera moral, porém, repercute de forma distinta – especialmente se analisada sob o enfoque fracionado do dano-evento e do dano-prejuízo.

A despeito de usualmente fixada indenização moral[353]; a rigor, os interesses individuais homogêneos ("assim entendidos os decorrentes de origem comum" – inciso III, do art. 81, parágrafo único, do CDC) não são mais que a justaposição processual de interesses individuais – o que torna a fixação de uma quantia genérica destinada ao Fundo Especial

[350] Atualmente, a matéria está tratada na Lei n. 12.529, de 2011, que repete o texto do parágrafo único, do artigo 1º, mencionado:
"Art. 1º. Esta Lei estrutura o Sistema Brasileiro de Defesa da Concorrência – SBDC e dispõe sobre a prevenção e a repressão às infrações contra a ordem econômica, orientada pelos ditames constitucionais de liberdade de iniciativa, livre concorrência, função social da propriedade, defesa dos consumidores e repressão ao abuso do poder econômico.
Parágrafo único. A coletividade é a titular dos bens jurídicos protegidos por esta Lei".

[351] LACP, "*Art. 1º. Regem-se pelas disposições desta Lei, sem prejuízo da ação popular, as ações de responsabilidade por danos morais e patrimoniais causados (...)*".

[352] MAZZILLI. **A Defesa dos Interesses Difusos em Juízo**... Ob. Cit., p. 151.

[353] *V.g.* Tribunal de Justiça do Estado de São Paulo, Ap. n. 0188953-27.2009.8.26.0100; Rel. Des. Álvaro Torres Júnior; Comarca: São Paulo; Órgão julgador: 20ª Câmara de Direito Privado; Data do julgamento: 02/02/2015; Data de registro: 09/02/2015.

de Despesa de Reparação de Interesses Difusos Lesados[354] desvirtuação do princípio da reparação integral. Tal qual ocorre com os danos materiais, seria mais acurada a definição de um montante a ser liquidado individualmente – impreciso supor que exista, propriamente, um dano moral coletivo.

Por outro lado, os interesses e direitos coletivos (*stricto sensu*) e difusos permitem o reconhecimento de uma espécie distinta de danos morais ou extrapatrimoniais. Plenamente concebível a violação moral que excede a esfera do indivíduo, em razão do atingimento de valores "transindividuais, de natureza indivisível de que seja titular grupo, categoria ou classe de pessoas ligadas entre si ou com a parte contrária por uma relação jurídica base" (direitos coletivos *stricto sensu* – art. 81, parágrafo único, inciso II, do CDC) ou "transindividuais, de natureza indivisível, de que sejam titulares pessoas indeterminadas e ligadas por circunstâncias de fato" (direitos difusos – inciso I, do artigo 81, parágrafo único, da Lei n. 8.078, de 1990).

O dano moral coletivo distingue-se daquele individual no aspecto subjetivo. Na precisa lição de CARLOS ALBERTO FILHO: "quando se fala em dano moral coletivo, se está fazendo menção ao fato de que o patrimônio valorativo de uma certa comunidade (maior ou menor) idealmente considerado, foi agredido"[355]. Admite-se a coletividade como sujeito de direitos, "algo mais do que a soma de seus indivíduos"[356].

Reconhecida a responsabilidade civil como uma "concepção social"[357], sedimentada a admissibilidade do dano moral da pessoa jurídica[358] e superado o conceito baseado no *'pretium doloris'*, não há dúvida de que a coletividade pode estar sujeita a violação de interesses não patrimoniais. Tutela-se a honra, a dignidade e o *sentimento coletivo* – precisa-

[354] Art. 13, da Lei nº 7.347, de 1985: *"Havendo condenação em dinheiro, a indenização pelo dano causado reverterá a um fundo gerido por um Conselho Federal ou por Conselhos Estaduais de que participarão necessariamente o Ministério Público e representantes da comunidade, sendo seus recursos destinados à reconstituição dos bens lesados"*.

[355] BITTAR FILHO, Carlos Alberto. Do Dano Moral Coletivo no Atual Contexto Jurídico Brasileiro. **Revista de Direito do Consumidor**, n. 12, out./dez. 1994, pp. 44-62, São Paulo, Revista dos Tribunais, 1994, p. 55.

[356] GERMANO. **Punitive damages nas relações de consumo**. Ob. Cit., p. 27.

[357] MONTEIRO; MALUF; TAVARES DA SILVA. **Curso de Direito Civil** – Direito das Obrigações... Ob. Cit., p. 584.

[358] Superior Tribunal de Justiça, Súmula n. 227: *"A pessoa jurídica pode sofrer dano moral"*.

mente o que servirá de base à tese do *dano social*, cunhada por ANTONIO JUNQUEIRA DE AZEVEDO, cuja aproximação/distinção será analisada oportunamente.

Por ora, interessa-nos destacar que a insistência legislativa e o prestígio doutrinário não tornaram a jurisprudência harmônica acerca do dano moral coletivo, relevante a análise dos obstáculos para o estudo da *alternativa* do dano social. Como afirma MIRNA CIANCI, "há, na verdade, enormes indefinições a respeito do tema (...), razão que leva à grande dificuldade de se aplicar de modo genérico os conceitos existentes"[359].

Para corroborar, basta analisar os precedentes do SUPERIOR TRIBUNAL DE JUSTIÇA, em que o acolhimento da reparabilidade dos danos morais coletivos é instável. Neste esteio, paradigmática a divergência instaurada no julgamento do Recurso Especial n. 598.281/MG, em que se discutiu o dano moral coletivo por violações ao meio ambiente[360], restando vencida a tese da procedência sustentada por LUIZ FUX, consagrando a noção de que o dano moral não se afigura compatível com a natureza transindividual (Relator TEORI ZAVASCKI).

A dissidência da 1ª Turma do C. SUPERIOR TRIBUNAL DE JUSTIÇA ainda não foi revertida em decisão colegiada daquele colegiado, mas a convergência da temática nas demais Turmas responsáveis pela competência cível e decisões monocráticas dos próprios integrantes daquela turma permitem afirmar que, hodiernamente, há tendência na pacificação do entendimento no sentido da reparabilidade, como já se verificou em diversos julgados posteriores àquele mencionado[361]. Restam, porém, as restrições jurisprudenciais e doutrinárias, sobre a quantificação do dano moral coletivo, teses que permitem qualificar o debate também acerca do *dano social*, como se verá em frente.

2.3.2. *Outras espécies de "novos danos"*

A partir da consolidação da tutela dos danos morais e dos danos morais coletivos, exsurgem infindáveis "novas espécies" de dano postuladas ou reconhecidas pelos tribunais – figuras ainda mais *novas* que o dano

[359] CIANCI. **O Valor da Reparação Moral**... Ob. Cit., p. 67.

[360] Superior Tribunal de Justiça. REsp. n. 598.281/MG, Rel. Min. Luiz Fux, Rel. p. Acórdão Min. Teori Albino Zavascki, DJ 01.06.2006.

[361] Superior Tribunal de Justiça, REsp. 636.021/RJ, Rel. Min. Nancy Andrighi, DJe. 13/11/2007; REsp. n. 1.057.274/RS, Rel. Min. Eliana Calmon, DJe. 01/12/2009.

extrapatrimonial *tradicional*. GUIDO ALPA cita 32 (trinta e dois) casos dos Tribunais Italianos para exemplificar a revolução do conceito de dano e da "técnica da responsabilidade civil"[362]. Sintetiza o autor italiano:

> "Em todos estes casos – que não esgotam o espectro de demandas indenizatórias gradualmente levadas ao conhecimento dos tribunais – é claro como se expandiu a noção de dano e qual a pressão exercida por este componente na cláusula de responsabilidade civil geral"[363].

Na lição de SÉRGIO SEVERO, a admissibilidade judicial do dano existencial, biológico, à saúde, genético, assim como outras "espécies" (prejuízo ao lazer, sexual ou juvenil), nada mais é do que o reconhecimento da pluralidade de *interesses tutelados* ou "violados" na adoção de um conceito amplo da responsabilidade extrapatrimonial. Também porque a maioria destes são fenômenos plenamente compreendidos no conceito alargado de dano extrapatrimonial, a análise exaustiva dos *novos danos* excede o objetivo desta dissertação – oportuna, no entanto, a análise de algumas destas figuras.

Enquanto no Brasil "reinou a regra de um Direito Positivo ilimitado, composto de cláusula geral de indenização", com uma noção ampla de dano, conforme preceituava o artigo 159, do Código Bevilaqua, o conceito limitado de danos morais do direito italiano repercutiu no reconhecimento de *novos danos*. A natureza taxativa dos casos que caracterizam o dano não patrimonial fez surgir, na Itália, três categorias distintas de danos extrapatrimoniais – a fim de permitir sua indenizabilidade: o moral subjetivo, o dano biológico e o dano existencial[364]. O dano biológico tem origem em "situações jurídicas e danos à pessoa" que não se qualificavam como puramente morais[365].

362 ALPA. **La responsabilità civile.** Ob. cit., p. 617 e ss.

363 Tradução livre: "*In tutti questi casi – e si tratta di fattispecie che non esauriscono lo spettro delle fattispecie di danno via via portate all'attenzione delle Corti – risulta con chiarezza come si sia dilatata la nozione stessa di danno e quale sia la pressione esercitata da questa componente sulla clausola generale di responsabilità*" (ALPA. **La responsabilità civile.** Ob. cit., p. 618).

364 WESENDONCK, Tula. "O Dano Existencial nas Jurisprudências Italiana e Brasileira – Um Estudo de Direito Comparado" in **Revista da Associação dos Juízes do Rio Grande do Sul (AJURIS)**, ano 38, n. 124, pp. 327-356, dez./2011, p. 328.

365 SOARES, Flaviana Rampazzo. **Responsabilidade Civil por Dano Existencial.** Porto Alegre: Livraria do Advogado, 2009, p. 41.

Segundo a CORTE CONSTITUCIONAL ITALIANA, o dano biológico consiste no "evento lesivo à saúde", opondo-se aos danos morais (subjetivos) que constituem dano-consequência em sentido estrito, como o dano patrimonial[366]. A despeito da natureza fechada do artigo 2.059, do *Codice Civile*[367], admitiu-se a indenização de danos não-patrimoniais com fundamentos distintos daqueles elencados na Lei; a conjugação do artigo 2.043, do Código Civil italiano[368], com a tutela constitucional ("direito fundamental à saúde" – art. 32) autorizaria a indenização, ainda que não houvesse crime ou prejuízo material – causas ensejadoras do artigo 2.059 citado[369].

Sedimentado o reconhecimento do dano biológico, a CORTE CONSTITUCIONAL da Itália assentou a inserção da figura no artigo 2.059, do *Codice Civile*, indicando a releitura histórica do sistema fechado dos danos não-patrimoniais naquele país. Malgrado o artigo citado "circunscrevia" a indenização extrapatrimonial aos delitos penais[370], faz-se necessária uma "interpretação constitucional" do artigo 2.059, do Código Civil Italiano, a fim de abranger como ressarcíveis os danos à pessoa humana e aos interesses constitucionalmente tutelados[371].

366 *"Il danno biologico costituisce l'evento del fatto lesivo della salute mentre il danno morale subiettivo (ed il danno patrimoniale) appartengono alla categoria del danno – conseguenza in senso stretto"* (Corte Costituzionale Italiana, Sentença n. 184, 30 de junho de 1986 – disponível em: <http://www.giurcost.org/decisioni/1986/0184s-86.html>, acesso em 10 de outubro de 2016).

367 *"Art. 2059. Danni non patrimoniali. Il danno non patrimoniale deve essere risarcito solo nei casi determinati dalla legge"* (Código Civil Italiano).

368 *"Art. 2043. Risarcimento per fatto illecito. Qualunque fatto doloso o colposo che cagiona ad altri un danno ingiusto, obbliga colui che ha commesso il fatto a risarcire il danno"* (Código Civil Italiano).

369 Wesendonck. "O Dano Existencial..." Ob. Cit., p. 332.

370 *"Non vi è dubbio che l'art. 2059 cod. civ., stabilendo che il danno non patrimoniale deve essere risarcito solo nei casi determinati dalla legge, circoscriveva originariamente la risarcibilità all'ipotesi, contemplata dall'art. 185 cod. pen., del danno non patrimoniale derivante da reato, e le conferiva un carattere sanzionatorio, reso manifesto, tra l'altro, dalla stessa relazione al codice civile, secondo la quale «soltanto nel caso di reato è più intensa l'offesa all'ordine giuridico e maggiormente sentito il bisogno di una più energica repressione con carattere anche preventivo»"* (Corte Costituzionale Italiana, Sentença n. 233, 30 de junho de 2003 – disponível em: <http://www.giurcost.org/decisioni/2003/0233s-03.html>, acesso em 10 de outubro de 2016).

371 *"In due recentissime pronunce (Cass., 31 maggio 2003, nn. 8827 e 8828), che hanno l'indubbio pregio di ricondurre a razionalità e coerenza il tormentato capitolo della tutela risarcitoria del danno alla persona, viene, infatti, prospettata, con ricchezza di argomentazioni – nel quadro di un sistema bipolare del danno patrimoniale e di quello non patrimoniale – un'interpretazione costituzionalmente orientata dell'art. 2059 cod. civ., tesa a ricomprendere nell'astratta previsione della norma ogni danno di natura*

No Brasil, a figura do dano biológico é incipiente, dada a prescindibilidade da figura perante a cláusula geral de danos. Não obstante, é possível encontrar precedentes que distinguem, ao menos na fundamentação do *'an debeatur'* tal categoria de dano imaterial[372].

Outra figura decorrente da sistematização italiana foi o "dano existencial", que surge em contexto idêntico ao dano biológico. A autonomia do dano biológico, "abriu espaço para que outras categorias" fossem reconhecidas; além dos danos à saúde, morfológicos ou estéticos, diversos danos extrapatrimoniais não necessariamente biológicos ou morais em sentido estrito foram sendo reconhecidos pela jurisprudência italiana, fomentando preocupação com a "banalização do instituto". Consequentemente, a doutrina, especialmente destacado o papel de Paulo Cendon, sistematizou as três categorias citadas, desenvolvendo o conceito de dano existencial, "com o objetivo de abrigar aquelas outras situações existenciais que escapavam aos conceitos anteriores [dano moral subjetivo e dano biológico]"[373].

Comparando-o ao *'préjudice d'agrément'* francês e a *'loss of amenities of life'* do direito anglo-saxão, Teresa Ancona Lopez conceitua como a "lesão que compromete as várias atividades através das quais a pessoa atua para plena realização na esfera individual". Ao contrário do dano biológico, aventado pela CORTE CONSTITUCIONAL no plano do

non patrimoniale derivante da lesione di valori inerenti alla persona: e dunque sia il danno morale soggettivo, inteso come transeunte turbamento dello stato d'animo della vittima; sia il danno biologico in senso stretto, inteso come lesione dell'interesse, costituzionalmente garantito, all'integrità psichica e fisica della persona, conseguente ad un accertamento medico (art. 32 Cost.); sia infine il danno (spesso definito in dottrina ed in giurisprudenza come esistenziale) derivante dalla lesione di (altri) interessi di rango costituzionale inerenti alla persona" (Corte Costituzionale Italiana, Sentença n. 233, 30 de junho de 2003 – disponível em: <http://www.giurcost.org/decisioni/2003/0233s-03.html>, acesso em 10 de outubro de 2016).

[372] *"Como as disfunções psicológicas acarretam problemas físicos, estes acarretam problemas orgânicos, devido à interação psicossomática de que é constituído o ser humano. Assim, a requerente demonstrou a necessidade de acompanhamento psicológico e de tratamento fisioterápico, ambos objetivando fazer com que a autora diminuísse seus problemas decorrentes do acidente. Verifica-se, portanto, que a autora sofreu intensamente danos morais, sob a forma ampla de danos biológicos, estéticos e psicológicos"* (TJSC, Apelação Cível n. 2002.022453-2, da Capital – Continente, Rel. Des. Monteiro Rocha, Segunda Câmara de Direito Civil, j. 12-06-2003).

[373] Ferreira, Keila Pacheco; Bizelli, Rafael Ferreira. "A Cláusula Geral de Tutela da Pessoa Humana: enfoque específico no Dano Existencial, sob a perspectiva civil-constitucional" in **Revista de Direito Privado**, ano 14, vol. 54, pp. 11-43, abr.-jun./2013, p. 33.

dano-evento, o dano social exsurge como dano-consequência, ao lado dos danos patrimoniais e morais (puros)[374]. Assim define FLAVIANA RAMPAZZO SOARES, é o "ter de agir de outra forma":

> "É a lesão ao complexo de relações que auxiliam no desenvolvimento normal da personalidade do sujeito, abrangendo a ordem social. É uma afetação negativa, total ou parcial, permanente ou temporária, seja uma atividade, seja um conjunto de atividades que a vítima do dano normalmente tinha como incorporado ao seu cotidiano de atividades que a vítima do dano normalmente tinha como incorporado ao seu cotidiano e que, em razão do efeito lesivo, precisou modificar sua forma de realização, ou mesmo suprimir da sua rotina"[375].

E, neste sentido, a jurisprudência italiana exemplifica as situações que caracterizam o dano existencial. Na sentença n. 8.827, de 31 de maio de 2003, a CORTE DE CASSAÇÃO italiana assentou o dano existencial aos pais que convivem com a filha tetraplégica e com atrofia cerebral, em virtude de um erro médico durante a cesariana[376]. Em decisão de 2006 (Sentença n. 6.572, de 24 de março de 2006), a CORTE assentou a distinção do dano moral (interiorizado e emotivo) do dano existencial – "objetivamente constatável do dano, através da prova de escolhas de vida diversa daquela que seriam feitas, caso não tivesse ocorrido o evento danoso"[377]. Não obstante, a análise dos precedentes italianos denota a concessão global de valores – sem distinção entre os danos imateriais[378].

Na França, igualmente submetida a um sistema fechado de danos, a figura do *'préjudice d'agrément'* caracteriza "toda e qualquer lesão injusta que causasse danos à pessoa que a impedisse de desfrutar os prazeres da vida, do bem-estar, da vida em relação, ou da infância" – do qual decor-

[374] LOPEZ, Teresa Ancona. "Dano Existencial" in **Revista de Direito Privado**, ano 15, volume 57, pp. 287-302, jan.-mar./2014, p. 291.

[375] SOARES. **Responsabilidade Civil por Dano Existencial**. Ob. Cit., p. 44.

[376] WESENDONCK. "O Dano Existencial..." Ob. Cit., p. 336.

[377] SOARES. **Responsabilidade Civil por Dano Existencial**. Ob. Cit., p. 48.

[378] Dentre tantos, confira: Corte de Cassazione, Sentença Cível n. 24.095, de 2017, 3ª Seção Cível – Rel. Pellecchia Antonella, publicada em 13 de outubro de 2017 – disponível em: <http://www.italgiure.giustizia.it/xway/application/nif/clean/hc.dll?verbo=attach&db=snciv&id=./20171013/snciv@s30@a2017@n24095@tO.clean.pdf>, acesso em 31 de outubro de 2017.

rem os "danos ao lazer", o "dano juvenil" e o "dano sexual", igualmente identificados no dano existencial sugerido pela doutrina italiana[379]. E, como indicado por JUDITH MARTINS-COSTA, tais danos são conhecidos no direito inglês e norte-americano como *'loss of amenities of life'*, também reconhecidos em locais de influência inglesa (*v.g.* Hong Kong[380] e África do Sul[381]).

Dentre nós, os "novos danos" repercutem, ainda que de forma menos destacada que a divergência sobre os danos morais coletivos. A questão do dano existencial, por exemplo, tem relevância principalmente na seara trabalhista. O TRIBUNAL SUPERIOR DO TRABALHO já reconheceu a hipótese de dano existencial ao trabalhador submetido a jornadas de trabalho extenuantes[382], reiterados os pedidos perante a Justiça Especializada. A título de exemplo, o TRIBUNAL REGIONAL DO TRABALHO da 2ª Região (São Paulo) ressaltou que, embora possível, o dano existencial em casos de assédio moral (*'mobbing'*) depende de efetiva prova da "desestabilização do trabalhador"[383].

379 FERREIRA; BIZELLI. "A Cláusula Geral de Tutela da Pessoa Humana...". Ob. Cit., p. 40.

380 RHODES, Peter F. "Damages – Personal Injuries – Rate of Interest to Be Applied on General Damages for Pain, Suffering, and Loss of Amenities – Ng Chai-man and Another v. Leung Ngan" in **Hong Kong Law Journal**, v. 14, pp. 90-95,1984; e

381 GAUNTLET, J. J. "Corbett The Quantum of Damages in Bodily and Fatal Injury Cases – Volume I: General Principels" in **Journal of South African Law**, v. 4, pp. 794-796, 1995.

382 "*O dano existencial consiste em espécie de dano extrapatrimonial cuja principal característica é a frustração do projeto de vida pessoal do trabalhador, impedindo a sua efetiva integração à sociedade, limitando a vida do trabalhador fora do ambiente de trabalho e o seu pleno desenvolvimento como ser humano, em decorrência da conduta ilícita do empregador (...) Indubitável que um ser humano que trabalha por um longo período sem usufruir do descanso que lhe é assegurado, constitucionalmente, tem sua vida pessoal limitada, sendo despicienda a produção de prova para atestar que a conduta da empregadora, em exigir uma jornada de trabalho deveras extenuante, viola o princípio fundamental da dignidade da pessoa humana, representando um aviltamento do trabalhador*" (TST; Recurso de Revista n. 10347420145150002, Relator: José Roberto Freire Pimenta, Data de Julgamento: 04/11/2015, 2ª Turma, Data de Publicação: DEJT 13/11/2015).

383 "Assédio Moral: Dano existencial decorrente de terrorismo psicológico e degradação deliberada da integridade, dignidade, das condições físicas e psicoemocionais do trabalhador mediante conduta de conteúdo vexatório e finalidade persecutória. Inocorrência. Ausência de comprovação de fatos tendentes à desestabilização do trabalhador em seu local de trabalho, em relação aos pares e a si mesmo, com o fim de provocar o despedimento, a demissão forçada ou induzida ou prejuízo das perspectivas de progressão na carreira. Mácula que só se considera existente quando perceptível ao senso comum de indivíduo médio e que possua o condão de afetar negativamente a autoestima por seu potencial razoa-

E, no plano doutrinário, TERESA ANCONA LOPEZ sugere outras hipóteses de dano existencial: o assédio sexual, as práticas de *'stalking'* e *'bullying'*, o direito de morrer com dignidade e o direito de não nascer (*'wrongful birth and life'*)[384]. Os exemplos doutrinários, porém, denotam a razão pela qual GUIDO ALPA identificou trinta e duas espécies de dano nas cortes italianas[385] – o direito de não nascer, citado como hipótese de dano existencial, é reconhecido por alguns autores, inclusive na lista de ALPA, e tribunais estrangeiros como uma figura autônoma de dano, expondo que a evolução histórica do conceito de dano na Itália e na França enseja a multiplicidade de danos, não necessariamente autônomos ou distintos.

O conceito de *'wrongful birth'* tem origem no direito anglo-saxão em que há muito se discute o dever de indenizar pela falha dos métodos contraceptivos e na prescrição destes por farmacêuticos e médicos[386]; daí, disseminou-se a judicialização de ações pelo nascimento após aconselhamento genético equivocado, esterilizações mal sucedidas e abortos fracassados[387]. Em *'ultima ratio'* consiste em uma espécie de dano existencial, especificamente pelo simples nascimento ou o nascimento com alguma doença genética/deficiência que altera a rotina dos pais, em decorrência da falha/culpa de terceiro ou dos próprios pais[388]. E, como indica BARBARA STEINNINGER, há grande divergência sobre a reparabilidade do dano ao nascimento indesejado ou com algum tipo de deficiência[389].

velmente aferível como ofensivo ou degradante a algum dos direitos da personalidade" (TRT2, Recurso Ordinário n. 02445200447102005, Rel. Des. Luiz Antonio M. Vidigal – 7ª Turma – j. 23 de agosto de 2007).

384 LOPEZ. "Dano Existencial". Ob. Cit. p. 295-300.

385 ALPA. **La responsabilità civile**. Ob. cit., p. 617 e ss.

386 BARRETT, Joyce E. "Damages for Wrongful Birth" in **Cleveland State Law Review**, v. 21, pp. 34-41, 1972.

387 FRIEDL, Birgit. "Wrongful Birth Claims in Germany." in **King's College Law Journal**, v. 5 pp. 161-165, 1994-1995, p. 161.

388 "The common denominator in all wrongful birth and wrongful life claims is the birth of a child contrary to plan which is due to the negligence of a healthcare provider" (STEINNINGER, Barbara C. "Wrongful Birth and Wrongful Life: Basic Questions" in **Journal of European Tort Law**, n. 1, pp. 125-155, 2010, p. 127).

389 STEINNINGER. "Wrongful Birth and Wrongful Life... ". Ob. Cit., p. 127-132.

O caso mais "rumoroso" tem origem francesa[390] – *'arrêt Perruche'*– no qual se enunciou o "direito de não nascer", como sintetizado por Gabriel Gualano de Godoy:

> "(...) o erro médico do qual reclamou Nicolas Perruche ocasionou a perda da chance do direito ao aborto de sua mãe, Josette Perruche, ou, dito de outro modo, ocasionou a perda da chance de o próprio Nicolas Perruche ver respeitado um direito seu, um direito subjetivo, positivo, da personalidade, o direito que deveria impor aos pais e aos médicos a execução de uma "eutanásia pré-natal"[391].

Conforme consta da decisão[392], Josette Perruche, em estado gravídico, apresentou erupções cutâneas idênticas àquelas de sua filha, consequentes de rubéola que atingia a infante. O médico, então, prescreveu exames no sentido de identificar eventual infecção pelo vírus, já consignada naquela oportunidade o interesse da gestante de interromper a gestação caso descoberta a infecção, capaz de afetar gravemente o feto. Após exames contraditórios, o laboratório concluiu pela imunização do feto, razão pela qual a gestação não fora interrompida. Todavia, após o nascimento, Nicolas Perruche apresentou graves problemas neurológicos, com "surdez, cegueira, cardiopatias e deficiência intelectual" em virtude da rubéola congênita[393].

Consequentemente, o infante, representado por seus pais, ajuizou demanda indenizatória contra o médico e o laboratório, responsáveis pelo pré-natal e pela negligência na identificação da rubéola do feto. A causa de pedir "foi a perda da chance de exercício, por parte da mãe de Nicolas Perruche, do direito à interrupção voluntária da gravidez, conforme declarado ao médico na ocasião do exame pré-natal". E, rompendo com os precedentes norte-americanos (improcedência), a Corte

390 Lopez. "Dano Existencial". Ob. Cit. p. 298.

391 Godoy, Gabriel Gualano. **Acórdão Perruche e o direito de não nascer**. Dissertação (Mestrado em Direito das Relações Sociais) – Setor de Ciências Jurídicas, Universidade Federal do Paraná, Curitiba, 2007, p. 25.

392 *Corte de Cassação* Francesa, Acórdão n. 457, de 17 de novembro de 2010 – disponível em: <http://www.courdecassation.fr/jurisprudence_publications_documentation_2/bulletin_information_cour_cassation_27/bulle tins_information_2000_1245/no_526_1362/>, acesso em 10 de setembro de 2016.

393 Godoy. **Acórdão Perruche**... Ob. Cit., p. 31.

DE CASSAÇÃO Francesa julgou favoravelmente o pedido de Nicolas Perruche – apontando a inexecução do contrato de prestação de serviços de saúde, com a negligência dos réus na identificação e informação à gestante, a caracterizar o dever de indenizar[394].

Afirma TERESA ANCONA LOPEZ que o julgamento "evidentemente, foi severamente criticado, pois a vida nunca pode ser um dano! Além disso, é subestimar a criança excepcional". E o rumor social na França provocou diversas propostas legislativas que culminaram, em 2002, com a edição pela Assembleia Nacional Francesa, da Lei Anti-Perruche que prescrevia que "ninguém pode se prevalecer do dano oriundo do fato de ter nascido"[395] – cuja imposição expressa "às Cortes" denota o processo de "diálogo institucional" entre o Legislativo e o Judiciário[396]. Mas, a despeito da resistência imposta pelo Legislativo francês, o "direito de não nascer" se prolifera com a admissão de aborto de fetos "com problemas graves" na Itália, Inglaterra, Alemanha, Holanda e Israel[397]. No Brasil, o SUPREMO TRIBUNAL FEDERAL declarou a atipicidade do aborto do feto anencefálico[398], restando a discussão jurídica se cabem os danos existenciais acaso não efetivada tal medida.

394 Gabriel Gualano Godoy traduz a síntese do acórdão: *"Desde quando os erros cometidos por um médico e um laboratório na execução de contrato firmado com uma mulher grávida tenham impedido esta de exercer sua escolha de interromper a gravidez com o objetivo de evitar o nascimento de uma criança atingida por uma deficiência, esta última pode requerer a reparação do dano resultante dessa deficiência e causada pelos erros considerados"* (GODOY. **Acórdão Perruche**... Ob. Cit., p. 34).

395 Tradução livre da primeira parte do artigo 1º, da Lei n. 2002-203, de 04 de março de 2002 – *"Article 1. I – Nul ne peut se prévaloir d'un préjudice du seul fait de sa naissance. La personne née avec un handicap dû à une faute médicale peut obtenir la réparation de son préjudice lorsque l'acte fautif a provoqué directement le handicap ou l'a aggravé, ou n'a pas permis de prendre les mesures susceptibles de l'atténuer. Lorsque la responsabilité d'un professionnel ou d'un établissement de santé est engagée vis-à-vis des parents d'un enfant né avec un handicap non décelé pendant la grossesse à la suite d'une faute caractérisée, les parents peuvent demander une indemnité au titre de leur seul préjudice. Ce préjudice ne saurait inclure les charges particulières découlant, tout au long de la vie de l'enfant, de ce handicap. La compensation de ce dernier relève de la solidarité nationale.*
Les dispositions du présent I sont applicables aux instances en cours, à l'exception de celles où il a été irrévocablement statué sur le principe de l'indemnisation"

396 Sobre o tema: VICTOR, Sérgio Antônio Ferreira. **Diálogo Institucional e Controle de Constitucionalidade** : Debate entre o STF e o Congresso Nacional (Série IDP). Brasília: Saraiva, 2015.

397 LOPEZ. "Dano Existencial". Ob. Cit. p. 298.

398 *"FETO ANENCÉFALO – INTERRUPÇÃO DA GRAVIDEZ – MULHER – LIBERDADE SEXUAL E REPRODUTIVA – SAÚDE – DIGNIDADE – AUTODETERMINAÇÃO – DIREITOS*

Independentemente da polêmica sobre a admissibilidade do dano ao direito de não nascer ou ao nascimento indesejado, a figura citada caracteriza mais uma "nova espécie" de dano. Como já destacado, pode, como dano ao projeto de vida, à felicidade, o dano sexual, o dano ao lazer etc., ser qualificado como espécie de dano existencial - ou, em última instância, como figura de danos extrapatrimoniais.

As novas categorias destacadas em geral estão associadas ao interesse/direito tutelado, sendo mero dano-consequência extrapatrimonial, conforme já amplamente admitido pelo ordenamento jurídico pátrio. Judith Martins-Costa ressalta a impropriedade da "mera transposição conceitual" de elementos ínsitos aos sistemas alienígenas, como o italiano - em que a construção se baseou em um conceito fechado de dano moral -, sem que no Brasil haja tal restrição que deu azo à criação destas "categorias" de dano. Fernando Noronha afirma que, embora considerável o dano existencial, "não é necessário fazer dele uma categoria autônoma"[399]. No direito nacional não houve "repúdio" à expressão dano moral, como ocorreu na Itália e na França, indevida a importação das figuras de dano estrangeiras, facilmente inseridas na "cláusula geral" do dever de indenizar[400].

2.3.3. *Reflexos dos novos danos*

Seja qualificando-os de forma autônoma, seja estabelecendo a relação de gênero-espécie, importa-nos destacar os *efeitos* deste reconhecimento ampliativo da figura de dano - o que reflete na crítica ao dano social. A expansão qualitativa e quantitativa do conceito de dano e das hipóteses ressarcíveis admitidas na jurisprudência repercutem na compreensão e qualificação da responsabilidade civil e sua função.

FUNDAMENTAIS - CRIME - INEXISTÊNCIA. Mostra-se inconstitucional interpretação de a interrupção da gravidez de feto anencéfalo ser conduta tipificada nos artigos 124, 126 e 128, incisos I e II, do Código Penal" (STF; Arguição de Descumprimento de Preceito Fundamental n. 54, Rel. Ministro Marco Aurélio Mello - Plenário - j. 12 de abril de 2012).

399 Noronha, Fernando. "Os danos à pessoa, corporais (ou biológicos) e anímicos (ou morais em sentido estrito), e suas relações com os danos patrimoniais e extrapatrimoniais" in **Revista de Direito Privado**, v. 6, n. 22, pp. 83-95, abr./jun. 2005, p. 83.

400 Martins-Costa, Judith. "Os Danos à Pessoa no Direito Brasileiro e a Natureza da sua Reparação" in **Revista da Faculdade de Direito da Universidade Federal do Rio Grande do Sul (UFRGS)**, volume 19, pp. 181-207, mar./2001, p. 188.

Segundo Bruno Miragem, a dilatação dos danos resulta em "um aumento da complexidade da responsabilidade civil, assim como a necessidade de sistematização de modo a não permitir sobreposições ou mesmo a atribuição de indenização a interesses que não sejam dignos de tutela pelo direito". Complementa o autor mineiro que não é possível uma simples menção "retórica" à *dignidade da pessoa humana*, porque "demasiado abstrata" [401].

O reconhecimento irresponsável de novos interesses de dano coloca em xeque a própria responsabilidade civil. Francesco Donato Busnelli refuta a necessidade de novas categorias, para assegurar demandas legítimas:

> "Em verdade, rememorando algumas considerações gerais, o verdadeiro problema em tema de danos à pessoa não é (ou não é mais) hoje aquele da catalogação e da 'resposta pacífica' que oferecem ao efusivo aflorar de espécies sempre novas de prejuízos emergentes da praxe; é, ao contrário, aquele da contenção e seleção de tais danos, no escopo de não desperdiçar em um interminável acúmulo da ações triviais os pedidos de indenização da pessoa humana, que deve, opostamente, concentrar-se em garantir a plena satisfação às demandas legítimas de indivíduos efetivamente lesados em interesses privilegiados pela escala de valores definida pelo sistema"[402].

No mesmo sentido, Anderson Schreiber afirma que os ordenamentos "típicos e atípicos defrontam-se com o mesmo problema fundamental: o de identificar critérios e métodos aptos a promover, sobretudo em matéria de dano não patrimonial, a seleção dos interesses merecedores de tutela"[403]. Em meio à proliferação de *danos* e à "crise" da res-

[401] Miragem. **Direito Civil** : Responsabilidade Civil. Ob. Cit., p. 35/36.

[402] Tradução livre: *"In verità, tornando conclusivamente ad alcune considerazioni di carattere generale, il vero problema in tema di danni alla persona non è (o non è più) quello della catalogazione e risposta accorpante' da offrire alla magmatica fioritura delle sempre nuove voci di pregiudizio emergenti dalla prassi: è, invece quello della selezione e del contenimento di tali danni, allo disperdere in una sterminata congerie di trivial actions la tutela risarcitoria della persona umana, deve invece concentrarsi nell'assicurare soddisfazione piena alle legittime pretese di soggetti seriamente pregiudicati negli interessi privilegiati dalla scala di valori delineata dal sistema"* (Busnelli, Francesco. *Interessi della Persona e Risarcimento del Danno,* **Rivista Trimestrale di Diritto e Procedura Civile**, anno L (1996), pp. 1-25, Milano: Giuffrè, 1996, p. 21).

[403] **Novos paradigmas da responsabilidade civil**... Ob. Cit., p. 102.

ponsabilidade civil, importa-nos estudar a "nova categoria" cunhada por ANTONIO JUNQUEIRA DE AZEVEDO (danos sociais), de acordo com a evolução do tema e a necessária prudência, para repelir as imprecisões das demais espécies, ora em dúvida.

3. Danos Punitivos, Indenização Punitiva, '*Punitive Damages*' e Pena Privada ('*Peine Privée*'/'*Pene Private*') – Aproximação das Figuras Estrangeiras

A experiência estrangeira carece de menções expressas ao dano social. O ensaio na Revista Trimestral de Direito Civil é considerado pioneiro sobre tal categoria de dano[404], porque não há notícia de "dano social" em outros modelos jurídicos, ao menos sob tal terminologia. Isto, contudo, não significa a inexistência de figuras similares, ainda que de nomenclatura distinta ou fundadas em bases jurídicas absolutamente distintas.

Para tanto, repisa-se a tese da aproximação do "direito ocidental", exposta por René David[405], que, somada à globalização do direito (ensino jurídico e jurisdição), permite a comparação do dano social com outros institutos e instrumentos alienígenas. O aspecto *criativo* do estudo de Antonio Junqueira de Azevedo ("Por uma *nova* categoria

[404] Vianna, Tauanna Gonçalves. Indenização Punitiva no Brasil : desafios e configuração in **Revista de Direito Privado**, vol. 57/2014, pp. 179-192, jan./2014, p. 179.

[405] *"(...) os métodos adotados nos dois sistemas tendem a aproximar-se (...). Quanto à substância, soluções muito próximas, inspiradas por uma mesma ideia de justiça, são muitas vezes dadas às questões pelo direito nas duas famílias do direito"* (David. **Os grandes sistemas do Direito Contemporâneo**. Ob. Cit., p. 26).

de dano: o dano social") está limitado ao modelo nacional e à terminologia, ilidível o movimento análogo em outros sistemas estrangeiros.

Evidente que a "crise" da responsabilidade civil encontra ressonância análoga em diversas experiências jurídicas (Itália, França, Alemanha, Argentina, Estados Unidos da América, Nova Zelândia etc.), o que torna facilmente verificável a convergência das *soluções* aventadas. Tal qual sugerido por Antonio Junqueira de Azevedo, a doutrina (nacional[406] e estrangeira[407]) tem afirmado que os *'punitive damages'*, os *danos punitivos*, as *indenizações punitivas* ou as penas privadas (*'peine privée'*) – espécies distintas com elementos similares – são instrumentos aptos a superar a insuficiência da responsabilidade civil de cunho estritamente *reparatório* (problemática comum em tais modelos).

Deste modo, independente do nome aventado por Antonio Junqueira de Azevedo, ao admitir o dano social como expediente indenizatório próprio para punir e dissuadir, sugerido para superar a controvérsia e as limitações do modelo posto, verificamos a similitude com outras espécies indenizatórias sedimentadas em experiências variadas. E, mais do que simplesmente traçar similitudes ou distinções, interessa-nos analisar as premissas, legitimidade, legalidade e consequências

[406] Entre tantos, destaca-se: Maluf, Renata Chade Cattini. **O Aspecto Punitivo da Reparação do Dano Moral**. Dissertação (Mestrado em Direito) – Faculdade de Direito, Pontifícia Universidade Católica de São Paulo, São Paulo, 2004; Barros, Paula Cristina Lippi Pereira de. **A sanção socioeducativa como compensação não patrimonial do dano**. Dissertação (Mestrado em Direito) – Faculdade de Direito, Pontifícia Universidade Católica de São Paulo, São Paulo, 2010, 214 p.; Germano. **Punitive damages nas relações de consumo**. Ob. Cit.; Serpa. **Indenização Punitiva**. Ob. Cit.; Rosenvald. **As Funções da Responsabilidade Civil**... Ob. Cit.; Gonçalves. **A punição na responsabilidade civil**. Ob. Cit.

[407] Entre outros, destaca-se: Álvarez, Agustín. **Repensando la Incorporación de los Daños Punitivos**. Argentina, Academia Nacional de Derecho y Ciencias Sociales de Córdoba. Disponível em: < https://www.google.com.br/url?sa=t&rct=j&q=&esrc=s&source=web&cd=2&cad=rja&uact=8&ved=0ahUKEwj7u5zDgKjMAhXEFpAKHXjKBQwQFggmMAE&url=http%3A%2F%2Fwww.acaderc.org.ar%2Fdoctrina%2Farticulos%2Frepensando-la-incorporacion-de-los-danos-punitivos%2Fat_download%2Ffile&usg=AFQjCNGPbX_3PX5iEIh3oNp_FvWBho4Gzw&sig2=czCJyYUl5ygiKY6zbnsC0w>, acesso em 22 de abril de 2016; Barbierato, Daniela (a cura di). **Il risarcimento del danno e le sue 'funzioni'**. Napoli: Jovene, 2012; Busnelli, Francesco D.; Scalfi, Gianguido (a cura di). **Le Pene Private**. Milano: Giuffrè, 1985; e Sirena, Pietro. **La Funzione Deterrente della Responsabilità Civile** : alla luce delle riforme straniere e dei Principles of European Tort Law. Milano: Giuffrè, 2011.

de tais figuras, a fim de trazer à tese do dano social maior arcabouço acadêmico, apto a solucionar questionamentos usuais ainda não esclarecidos ou pacificados pelo estudo pátrio.

3.1. '*Punitive damages*' – modelo norte-americano

De fato, seria impreciso afirmar a *novidade* dos '*punitive damages*' aplicados há séculos no direito anglo-saxão[408]. Todavia, a adoção ou, ao menos, a influência nos sistemas de tradição romano-germânica é recente, ilidível a aproximação dos fundamentos que a justificam. Para tanto, impõe-se a comparação de conceitos; em verdade, o paralelo entre o dano social e os '*punitive damages*' legitima aquele, na medida que a simples importação da figura própria da *Common Law* encontra diversas restrições no direito pátrio.

Ao diferenciar os '*punitive damages*' dos '*compensatory damages*', a SUPREMA CORTE NORTE-AMERICANA estabeleceu que os primeiros não são uma "compensação pelo prejuízo, ao contrário, representam multas privadas, impostas por um júri civil para punir condutas reprováveis e prevenir seu cometimento no futuro"[409]. No direito pátrio, a partir da definição estrangeira, JUDITH MARTINS-COSTA e MARIANA SOUZA PARGENDLER conceituam os '*punitive damages*' como a:

> "Soma em dinheiro conferida ao autor de uma ação indenizatória em valor expressivamente superior ao necessário à compensação do dano, tendo em vista a dupla finalidade de punição (*punishment*) e prevenção pela exemplaridade da punição (*deterrence*)"[410]

Curiosamente, o surgimento estaria fundado justamente na natureza *compensatória* da responsabilidade civil. GORETTI VADILLO ROBREDO menciona que a origem dos '*punitive damages*' está atrelada à "clara intenção de utilizá-los como forma de compensar a pessoa lesada pelas

[408] SERPA. **Indenização Punitiva**. Ob. Cit., p. 35 e 39.

[409] No original: "are not compensation for injury. Instead, they are private fines levied by civil juries to punish reprehensible conduct and to deter its future occurrence." (Gertz v. Robert Welch Inc., 418 U.S. 323 1974, p. 418). Disponível em: <http://supreme.justia.com/cases/federal/us/418/323/case.html>. Acesso em: 2013-07-18.

[410] MARTINS-COSTA; PARGENDLER. "Usos e abusos da função punitiva". Ob. Cit., p. 16.

perdas que o direito não reconhecia, por exemplo os danos morais"[411]. E, como aponta a própria autora espanhola, não há dúvida de que tal fundamento foi superado com a admissibilidade do dano extrapatrimonial no modelo anglo-saxão (*'pain and suffering'*). Todavia, como explicita Pedro Ricardo e Serpa, embora superadas as razões usualmente aventadas como justificadoras de sua origem, os *'punitive damages'* persistem porque ainda consubstanciam "sanção" apta a "atingir, de maneira adequada, todas as funções para as quais foi originalmente cunhada"[412].

Neste propósito, como salienta Serpa, a teoria para o surgimento dos *'punitive damages'* permite um paralelo com o desenvolvimento da ressarcibilidade dos danos morais nos países de raiz romano-germânica. A insuficiência da função compensatória da responsabilidade civil, delimitada ao conceito patrimonial de dano do direito inglês de três séculos atrás, repete as insuficiências e contradições do modelo posto ("crise da responsabilidade"), a justificar a *importação* ou sugestão de *soluções* que justifiquem o atendimento das funções da responsabilidade civil e, consequentemente, do direito.

Não basta, todavia, a simples importação do modelo anglo-saxão aos julgados nacionais. Além da cisão histórica do sistema que impõe alguns obstáculos de cunho filosófico-jurídico e do óbice legal (artigo 944, do Código Civil), inolvidável a crítica dos *'punitive damages'* nos próprios países da *Common Law*. Ricardo Dal Pizzol explicita que a "confusão" entre danos punitivos e extrapatrimoniais que sedimentaram a primeira figura foi superada a partir de 1830, estabelecendo consenso de que os *'punitive damages'* "servem exclusivamente para punir os ofensores e prevenir a repetição de condutas indesejadas no futuro". O consenso, no entanto, não significou a ausência de reprovação naqueles países[413].

A cisão entre direito civil e penal, embora mais acentuada nos países de *Civil Law*, não foi ignorada pela doutrina de tradição anglo-saxã. Simon Greenleaf, em 1883, repelia a conclusão da SUPREMA CORTE Norte-Americana sobre a indenização punitiva, limitando o conceito de

[411] Tradução livre: *"En los orígenes de los daños punitivos se ve clara intención de utilizarlos como forma de compensar a la persona lesionada por aquellas pérdidas que el Derecho no reconocía, por ejemplo los daños morales"* (Robredo, Goretti Vadillo. *"Daños Punitivos en el Proceso Civil Norteamericano"*, ***Revista de la Universidad de Deusto,*** vol. 57, fasc. 97, jul-dic./ 1996, p. 182).

[412] Serpa. **Indenização Punitiva.** Ob. Cit., p. 36/38.

[413] Pizzol. **As Funções Punitiva e Preventiva...** Ob. Cit., p. 37.

'damages' na acepção exclusivamente compensatória ("[os danos] devem ser precisamente proporcionais à lesão, nem mais nem menos")[414] – notavelmente semelhante ao adágio francês *"tout le dommage mais rien que le dommage"*[415]. Repisava a necessária distinção entre Direito Público e Privado, apontando que a imposição de indenização além do dano (*'punitive', 'exemplary', 'vindictive damages'* ou *'smart money'*) imporia o risco de dupla punição pelo mesmo fato (indiciamento penal, multa, prisão e sanção punitiva)[416].

Superada a confusão histórica e a divergência com os danos *extrapatrimoniais*, as críticas de GREENLEAF favoreceram a sedimentação dos *'punitive damages'* na experiência estadunidense[417]. Prevaleceu a tese contrária de THEODORE SEDGWICK que consagrava os *'punitive damages'* com base na eficácia vinculante dos longevos precedentes que o admitiam (*'stare decisis'*)[418]. A despeito das críticas persistentes, sobressaiu a conclusão de SEDGWICK – para quem, ausente *'bis in idem'*, os *'exemplary damages'* permitiam sanções para além da limitação penal da prova, isto é, não se exigia mais do que uma "dúvida razoável"[419].

PEDRO RICARDO E SERPA sintetiza as aptidões, funções, usualmente reconhecidas dos *'punitive damages'*[420]:

(i) realizar a justiça pública, consubstanciada no exercício individual da tutela de interesses coletivos (*'private attorney general'*);

[414] Tradução livre: *"They should be precisely commensurate with the injury, neither more nor less"* (GREENLEAF, Simon. **Treatise on the Law of Evidence**, v. II, 14ª Ed. Boston: Little, Brown and Co., 1883, p. 258).

[415] GENEVIÈVE VINEY apud. SANSEVERINO, Paulo de Tarso. **Princípio da reparação integral** – indenização no Código Civil. São Paulo: Saraiva, 2010.

[416] GREENLEAF. Ob. Cit., p. 256/257.

[417] SEBOK, Anthony J. "What Did Punitive Damages Do – Why Misunderstanding the History of Punitive Damages Matters Today" in 8 **Chicago-Kent Law Review**, n. 163, v. 78, article 7, pp. 163-206, 2003, p. 182. Disponível em: <http://scholarship.kentlaw.iit.edu/cklawreview/vol78/iss1/7>, acesso em 18 de maio de 2016.

[418] PIZZOL. **As Funções Punitiva e Preventiva**... Ob. Cit., p. 38.

[419] *"Thus it has been held that the circumstances relied on to authorize exemplary damages need not to be proved beyond a reasonable doubt, and that the liability to exemplary damages and a criminal prosecution is not double-jeopardy"* (SEDGWICK, Theodore. **A Treatise on the Measure of Damages**: an inquiry into the principles which govern the amount of pecuniary compensation awarded by courts of justice, 8ª ed., rev. e ampl. New York: Baker Voorhis & Co., 1891, p. 516).

[420] SERPA. **Indenização Punitiva**. Ob. Cit., p. 39 e ss.

(ii) desestimular de forma geral (*'general deterrence'*) e individual (*'specific deterrence'*) o cometimento de novos ilícitos;
(iii) punir condutas especialmente censuráveis (*'retribution'*);
(iv) educar o ofensor e a sociedade sobre a relevância atribuída pelo sistema jurídico àquele bem ofendido (função "educativa");
(v) prevenir o exercício arbitrário das próprias razões do ofendido que, eventualmente, não se sentiria compensado pela indenização reparatória ("função vingativa").

POLINSKY e SHAVELL definem que a *justificativa* dos *'punitive damages'* se resume a dois objetivos "amplos": *'deterrence'* e *'punishment'*. A *dissuasão* (*'deterrence'*) consiste na aptidão da sanção em "influenciar comportamentos", maximizando o bem-estar social futuro; enquanto a *punição* (*'punishment'*) satisfaz um "desejo de vingança contra os malfeitores"[421]. E as justificativas se renovam nas últimas décadas; a "sociedade de risco" e a interpretação econômica do direito trazem novas nuances para a "necessidade" dos objetivos perseguidos pela figura dos *danos punitivos*.

O cálculo perverso do "lucro ilícito" do capitalismo em contraposição à crescente tutela da pessoa (inclusive coletivamente considerada) reforça a insuficiência dos *'compensatory damages'* para responder à função da responsabilidade civil (*'tort law'*). Os *'punitive damages'* permitem *dissuadir* que se coloquem outras pessoas sob "riscos excessivos"[422]. Como afirma ROBERT COOTER, os danos punitivos expressam, pela "linguagem do direito", "*indignação*"; oportunizam a juízes e júris que expressem "justa ira através de fundamentação e punição"[423].

Assim, o modelo de tradição inglesa adquiriu autonomia, se revigorou e aperfeiçoou no sistema norte-americano nos últimos 150 anos, apesar de persistentes vozes divergentes[424], sendo admitido em cerca

[421] POLINSKY, A. Mitchel; SHAVELL, Steven. "3700 – Punitive Damages" in BOUCKAERT, Boudewijn; DE GEEST, Gerrit. **Encyclopedia of Law and Economics**, v. II, pp. 764-781. Cheltenham (UK): Edward Elgar, 2000, p. 765.

[422] COOTER, Robert D. "Punitive Damages, Social Norms and Economic Analysis" in **Law and Contemporary Problems**, vol. 60, n. 3. Summer/1993, pp. 73-91, 1997, p. 79.

[423] Tradução livre: "*The institution of punitive damages allows judges and juries to express righteous anger through speech and punishment*" (idem, p. 82).

[424] STEVENS, Clay R. "Split-Recovery: A Constitutional Answer to the Punitive Damage Dilemma", **Pepperdine Law Review**, n. 3, v. 21, pp. 857-908, 1994, p. 857. Disponível em: <http://digitalcommons.pepperdine.edu/plr/vol21/iss3/5>, acesso em 23 de maio de 2016.

de 6% de todas as demandas julgadas procedentes naquele país[425]. E foi justamente o crescimento (no número de pedidos e nos valores) do instituto que fomentou significativa rediscussão da matéria nos Estados Unidos da América[426]. As críticas da imprevisibilidade dos valores[427] e da perda de competitividade contrapuseram, uma vez mais, vozes favoráveis e divergentes à punição na esfera cível.

O mesmo movimento da "análise econômica do direito" (*'Law and Economics'*) que permite refundar a justificativa dos *'punitive damages'* provoca as maiores reflexões e reformas do instituto desde seu advento, por força da alegada *insegurança jurídica* e dos *excessos*. Como leciona Pizzol, "embora exista certo consenso na identificação das situações que merecem punição, esse consenso desaparece no momento de exprimir em dólares o valor necessário para punir e dissuadir a reiteração da conduta"[428]. No mesmo sentido:

> "Não é difícil compreender a preocupação generalizada com indenizações punitivas erráticas. Se pessoas em situação semelhante não são tratados da mesma forma, indenizações erráticas são injustas. Por uma questão de equidade, a evidência sugere que algumas indenizações são ínfimas, enquanto outras são excessivas. Sob o aspecto da eficiência econômica (...), as indenizações são imprevisíveis; e os recursos são suscetíveis de serem desperdiçados no cálculo do risco. E, na prática, indenizações excessivas produzem excessiva cautela dos gestores e companhias sobre determinados riscos. Daí, condenações imprevisíveis

[425] Polinsky; Shavell. "3700 – Punitive Damages". Ob. Cit., p. 764.

[426] Zitzer cita um trecho de Oliver Wendel Holmes (*"It is revolting to have no better reason for a rule of law that it was so laid down in the time of Henry V. It is still more revolting if the grounds upon which it was laid have vanished long since and the rule simply exists from blind imitation of the past"*) para expor sua crítica de que os *'punitive damages'*, especialmente pela expansão verificada, precisavam ser revistos (Zitzer. "Punitive Damages: A Cat's Clavicle in Modern Civil Law". Ob. Cit., p. 657).

[427] George C. Christie indica que, além da imprevisibilidade e excesso, os valores fixados (entre US$51.146 e US$6.000.000) trouxeram a atenção externa, não apenas dos operadores do direito ("Current Trends in the American Law of Punitive Damages" in **Anglo-american Law Review**, n. 20, pp. 349-370, 1991, p. 349).

[428] Pizzol. **As Funções Punitiva e Preventiva**... Ob. Cit., p. 52.

criam injustiça e (em suposições razoáveis) ineficiência, de uma forma que pode criar *'overdeterrence'* de uma atividade desejável"[429].

A exposição das decisões judiciais[430] e a preocupação econômica em torno do instituto dos *'punitive damages'* culminou em sucessivos reveses legislativos (*'statutes'*) e jurisprudenciais – ensejando o movimento chamado de *'tort reform'* das últimas décadas do Século XX[431]. Conforme menciona Michael Rustad, "desde meados dos anos 1980, a maioria dos estados aprovaram reformas na responsabilidade civil para conter os *'punitive damages'*"; complementa, ainda, que tais restrições foram aprovadas com pouquíssima justificativa, além dos "males teóricos da indenização punitiva na responsabilidade do produto"[432].

429 *"It is not difficult to understand the widespread concern with erratic punitive damage awards. If similarly situated people– plaintiffs and defendants alike– are not treated similarly, erratic awards are unfair. As a matter of fairness, the evidence suggests that some awards are too low, while others are too high. From the standpoint of economic efficiency (...), awards are unpredictable, however, resources are likely to be wasted on that calculation, and as a practical matter a risk of extremely high awards is likely to produce excessive caution in risk – averse managers and companies. Hence unpredictable awards create both unfairness and (on reasonable assumptions) inefficiency, in a way that may create overdeterrence of desirable activity"* (Sunstein, Cass R.; Kahneman, Daniel Kahneman; Schkade, David. "Assessing Punitive Damages [WITH NOTES ON COGNITION AND VALUATION IN LAW]" in **Coase-Sandor Institute for Law & Economics Working Paper**, n. 50, Chicago Unbound, 1997, p. 7. Disponível em: < http://chicagounbound.uchicago.edu/cgi/viewcontent.cgi?article=1064&context=law_and_economics>, acesso em 10 de junho de 2016).

430 Flávio da Costa Higa aponta a "leviandade, generalização e deturpação" da exposição midiática dos *'punitive damages'* nos Estados Unidos da América. Ilustra, neste sentido, a infundada crítica sobre a indenização punitiva a partir do célebre caso envolvendo McDonald's, condenado pelo derramamento de café quente por uma consumidora (*Liebeck v. McDonald's*, 1994) em 2,7 milhões de dólares – a quantia fixada pelo júri de um "pouco expressivo" condado da Federação (Bernalillo, Albuquerque – Estado do Novo México) foi amplamente divulgada, ridicularizada e criticada – inclusive em filmes e séries (v.g. *Os Simpsons*). Opostamente, não teve idêntica repercussão a realidade fática, pois o montante indenizatório fixado foi diminuído "em mais de 75% pelo próprio juiz do caso", encerrado por um acordo com cláusula de confidencialidade (HIGA, Flávio da Costa. **Responsabilidade Civil Punitiva** – Os "Punitive Damages" no Direito Brasileiro. Rio de Janeiro: Lumen Juris, 2016, p. 21).

431 Pizzol. **As Funções Punitiva e Preventiva**... Ob. Cit., p. 56.

432 *"Since the mid-1980s, a majority of states have enacted tort reforms curbing punitive damages. These bills have been passed with very little justification other than the theoretical evils of punitive damages in products liability."* (Rustad, Michael. "In Defense of Punitive Damages in Products

Independentemente do viés político e econômico, o panorama de desenvolvimento o expôs e ensejou o *'tort reform movement'* – movimento de investida legal e judicial, baseado no *lobby* empresarial, tendente a, em maior ou menor grau, restringi-los ou refutá-los[433]. JOSEPH A. PAGE rememora que se trata de um "movimento pendular"; a ampliação resultante da *'old tort reform'* – no campo teórico e social – ensejou a retração, "em um esforço para eliminar o alegado excesso e restaurar o equilíbrio do sistema"[434].

O retrato demonizado da imprevisibilidade dos *'punitive damages'*[435] fez com que cerca de trinta dos Estados americanos estipulassem algum tipo de *restrição* legislativa à figura; dentre tais limitações, pode-se destacar[436]: a fixação de limites indenizatórios (*'statutatory caps'*), vinculação da indenização punitiva ao *'quantum'* compensatório, a fixação de critérios objetivos, a cisão da competência no reconhecimento dos *'punitive damages'*, maior poder de revisão dos juízes togados e tribunais superiores, a elevação dos *'standards'* probatórios, a divisão da destinação da verba indenizatória (*'split recovery'*), a restrição para determinadas matérias e, até mesmo, a vedação absoluta da figura.

RICARDO DAL PIZZOL especifica que no Estado de Nebraska os *'punitive damages'* são banidos, enquanto em outros estados (Massachusetts, Louiziana, Washington e New Hampshire) restritos às hipóteses legais (*'statutes'*). Já em Michigan e Connecticut, são previstos com natureza compensatória/reparatória; mas, "amplamente admitidos como

Liability: Testing Tort Anecdotes with Empirical Data" in 78 **Iowa Law Review** 1, pp. 1-88, 1992, p. 7).

433 ULIAN. **Responsabilidade civil punitiva**. Ob. Cit., p. 35.

434 *"As history suggests, the old tort reform constituted but one swing of a pendulum that later began to reverse itself in the wake of the crises of the 1970s and 1980s. Thus, construed most favorably, the "new tort reform" has become an effort to eliminate alleged excesses perpetrated by the old tort reform and to restore equilibrium to the system."* (PAGE, Joseph A. "Deforming Tort Reform" in **Georgetown Law Journal** 78.3, pp 649-698, 1990, p. 654).

435 *"Punitive damages are portrayed as the unpredictable nine- hundred-pound gorilla of our civil justice system ever ready to wreak havoc on corporate America"* (RUSTAD, Michael L. "The Closing of Punitive Damages' Iron Cage" in **Loyola of Los Angeles Law Review** 38.3 (2004-2005), pp. 1297-1420, 2005, p. 1297).

436 *"These reforms include capping punitive damages, bifurcating the amount of punitive damages from the rest of the trial, raising the burden of proof, allocating a share of punitive damages to the state, and restricting use of evidence of corporate wealth"* (RUSTAD, idem, p. 1300); PIZZOL. **As Funções Punitiva e Preventiva**... Ob. Cit., p. 56; SERPA. **Indenização Punitiva**. Ob. Cit., p. 114.

um remédio da *common law – sem a necessidade de previsão específica"* nos demais quarenta e três Estados[437], em que existem outras limitações (valores, destinação, competência, legitimidade etc.).

Mais que a análise das restrições em cada Estado norte-americano[438], interessa-nos a verificação das justificativas e dos efeitos destas restrições impostas – para comparar com a figura do *dano social*. Neste aspecto, além do aspecto econômico já citado, EDUARDO ULIAN esclarece que as limitações impostas estariam baseadas no argumento da doutrina de "que os *'punitive damages'* não seriam aptos a exercer, de maneira adequada, nem a *função preventiva* nem, tampouco, a *função punitiva*, tanto alardeadas pelos defensores do instituto"[439].

A destacada crítica de JAMES GHIARDI dizia que a aptidão dissuasória dos *'punitive damages'* seria uma "ficção", porque poucas pessoas teriam conhecimento e compreensão do que são os *'punitive damages'*, suficiente o efeito do conhecimento das sanções criminais e a aptidão de dissuasão da verba compensatória[440]. Quanto à função punitiva, indicava a incompatibilidade da sanção na esfera cível, sem os instrumentos de segurança jurídica típicos do procedimento criminal[441].

No mesmo sentido, GEORGE PRIEST, na década de 1990, contesta os estudos sobre os *'punitive damages'*, apontando que o Estado do Alabama seria um "fenômeno" que negava a tese de que as indenizações multimilionárias seriam a exceção do sistema punitivo. Observava que para o propósito de "dissuasão ou prevenção de acidentes, não existe necessidade de danos punitivos em qualquer dimensão, tampouco *'punitive damages'* ilimitados, diante da aptidão dos reparação integral pelos

[437] PIZZOL. **As Funções Punitiva e Preventiva**... Ob. Cit., p. 59-60.

[438] Sobre o tema, também: NUGENT, Lory S.; HAMMERSFAHR, Robert W.; BLATT, Richard L. **Punitive Damages** : A State-by-State Guide to Law and Practice, 2012-2013 ed. Westlaw, 2013.

[439] SERPA. **Indenização Punitiva**. Ob. Cit., p. 116.

[440] *"This rationalization of deterrence is a fiction. Few persons have any knowledge and understanding of what punitive damages are, yet they are quite aware of criminal sanctions against acts for which they could also be held liable in punitive damages. Compensatory damages alone are sufficient to deter individuals from such acts"* (GHIARDI, James D. "The Case against Punitive Damages" in **The Forum** 8.2, 1972-1973, pp. 411-424, 1973, p. 418).

[441] *"(...) is not provided the procedural safeguards in a civil action involving punitive damages that have been held to be essential in a criminal prosecution"* (idem, p. 419).

'compensatory damages'"[442]. Contestava o efeito benéfico no mercado de consumo, indicando que, em verdade, os *'punitive damages'* importavam prejuízo aos consumidores – sobretudo os de baixa renda – porque evidente o *spreading* das condenações no preço dos produtos[443].

Sem prejuízo das reformas legislativas, persistiam vozes doutrinárias (talvez mais fortes e frequentes) que reiteravam os fundamentos da *'old tort reform'*. Para muitos constituía exagero falar que o instituto dos *'punitive damages'* estaria "fora de controle"[444]. Assim, a divergência estendeu-se para os tribunais norte-americanos e, consequentemente, para a Suprema Corte dos Estados Unidos da América.

Como destaca Ricardo Dal Pizzol, a relevância da temática se mostra pela admissão em curto período (entre 1991 e 2008) de ao menos sete casos envolvendo *'punitive damages'* na Suprema Corte Norte-americana[445]. Até então, vigorava sedimentada jurisprudência sobre a constitucionalidade dos *'punitive damages'* e a liberdade da fixação

[442] *"For purposes of deterrence or accident prevention, there is no need for punitive damages of any dimension, not to mention unlimited punitive damages, given the availability of full compensatory damages"* (Priest, George L. "Punitive Damages Reform: The Case of Alabama" in **Louisiana Law Review** 56.4 (1995-1996), pp. 825-840, 1996, p. 831).

[443] *"(...) punitive damages settlements and verdicts affirmatively harm consumers, low-income consumers most of all. (...) The problem with the increasing commonality of large punitive damages verdicts and settlements, such as those in Alabama, is that the awards to some consumers of greater than compensatory damages must be built into the prices paid by all other consumers"* (Idem, p. 832-833).

[444] Serpa. **Indenização Punitiva**. Ob. Cit., p. 118.

[445] A importância reflete nas estatísticas da Suprema Corte dos Estados Unidos da América (Pizzol. **As Funções Punitiva e Preventiva**... Ob. Cit., p. 96). O modelo norte-americano, que influenciou a introdução da "repercussão geral" no ordenamento pátrio (Tavares, André Ramos. **Reforma do Judiciário no Brasil pós-88**: (des)estruturando a justiça: comentários completos à EC no 45/05. São Paulo: Saraiva, 2005), submete as demandas remetidas à Suprema Corte a um filtro – chamado de *'Writ of certiorari'* (https://www.law.cornell.edu/wex/certiorari), definido por Gilmar Mendes e Paulo Gustavo Gonet Branco (**Curso de Direito Constitucional**, 9ª Ed. rev. e atual. São Paulo: Saraiva, 2014, p. 882) como o instrumento pelo qual *"se exerce certo poder discricionário em relação as matérias a serem apreciadas, excluindo-se assuntos atingidos pelos conceitos de 'mootness' e de 'ripeness', isto é, questões abstratas (no primeiro caso) ou mesmo que não contêm ainda o necessário amadurecimento para discussão (no segundo caso)"*. A discricionariedade na admissão da casos, que beira 1% dos pedidos, constitui verdadeira opção política (Smith, Kevin H. "Certiorari and the Supreme Court Agenda: An Empirical Analysis" in **Oklahoma Law Review** 54.4 (2001), pp. 727-774, 2001). Nas últimas duas décadas a Suprema Corte dos EUA não conheceu mais do que 100 processos em cada ano judiciário (*'terms'*) – apesar dos milhares de pedidos de revisão da matéria constitucional (Bhatia, Kedar S. **Stat Pack for October Term 2014**,

dos valores pelo júri, sem alterações em quaisquer valores fixados nas instâncias inferiores; nas palavras do autor, "a Corte repeliu todos os ataques aos danos punitivos". A prodigalidade de decisões e o *lobby* econômico, no entanto, reverteram tal panorama[446].

Embora repelida a tese de que os *'punitive damages'* importariam violação da 8ª Emenda à Constituição Norte-americana que veda fianças e multa excessivas (inaplicável às verbas devidas entre particulares)[447], a divergência instaurada na Suprema Corte no julgamento de *Browning-Ferris Industries of Vermont v. Kelco Disposal* (1989) demonstrou a repercussão da temática no Tribunal Constitucional[448] – como se confirmou, em 1991, no julgamento do caso *Pacific Mutual Life Insurance Co. v. Haslip*. O voto condutor do Justice Blackmun[449] explicita a evolução da questão na Suprema Corte e o desafio daquele tempo:

> "(...) Isso [precedentes remotos sobre a temática], contudo, não coloca fim ao assunto. Seria tão impróprio dizê-lo quanto afirmar que os *'punitive damages'* foram reconhecidas por tanto tempo que sua imposição nunca seria inconstitucional. Vide *Williams v. Illinois* 399 U.S. 235, 239 (1970) ('Nem a antiguidade de uma prática, tampouco a firme aderência legislativa ou judicial de séculos isola-o do ataque constitucional..."). Notamos, uma vez mais, nossa preocupação acerca dos *'punitive damages'* 'fora de controle'. Dito isto, podemos concluir que nossa tarefa de hoje é determinar se a cláusula do devido processo legal torna a indenização por *'punitive damages'* neste caso constitucionalmente inaceitável"[450].

Scotusblog (June 30, 2015). Disponível em: <http://sblog.s3.amazonaws.com/wp-content/uploads/2015/07/SB_Stat_Pack_OT14.pdf>, acesso em: 02/07/2016).

[446] *Day v. Woodworth*, 54 U.S. 13 How. 363 363 (1851) e *Missouri Pacific Railway Co. v. Humes*, 115 U.S. 512 (1885) – Pizzol. **As Funções Punitiva e Preventiva**... Ob. Cit., p. 97/99.

[447] *"Amendment VIII – Excessive bail shall not be required, nor excessive fines imposed, nor cruel and unusual punishments inflicted"* (Disponível em: <https://www.law.cornell.edu/constitution/eighth_amendment>, acesso em 02/07/2016).

[448] BFI, Inc. v. Kelco Disposal, Inc., 492 U.S. 257 (1989) – Serpa. **Indenização Punitiva**. Ob. Cit., p. 90.

[449] Disponível em: <https://www.law.cornell.edu/supct/html/89-1279.ZO.html>, acesso em 02/07/2016.

[450] Tradução livre: *"This, however, is not the end of the matter. It would be just as inappropriate to say that, because punitive damages have been recognized for so long, their imposition is never unconstitutional. See Williams v. Illinois, 399 U.S. 235, 239 (1970) ("[N]either the antiquity of a practice nor the fact of steadfast legislative and judicial adherence to it through the centuries insulates it from consti-*

Apesar de mantida a indenização fixada, a Suprema Corte estabeleceu pela primeira vez que a 14ª Emenda à Constituição Norte-americana[451], isto é, a cláusula do "devido processo legal substantivo"[452] impõe limites à condenação. "Deve-se admitir que a margem de apreciação ilimitada do júri – ou judicial – na fixação dos danos punitivos pode ensejar resultados *extremos*"[453]. Sedimentou, assim, a tese posteriormente repetida em outros julgados, da inviabilidade de fixar critérios matemáticos, possível, porém, a análise tópica da proporcionalidade:

> "Não precisamos, e em verdade não podemos, desenhar uma linha matemática entre o constitucionalmente aceitável e o constitucionalmente inaceitável que se amolde em todo caso. Podemos dizer, entretanto, as preocupações gerais com a razoabilidade e orientação adequada do tribunal para, quando o caso for submetido a um júri, defini-lo de acordo com a cláusula constitucional. Com estas preocupações em mente, revemos a constitucionalidade dos *'punitive damages'* fixados neste caso"[454].

tutional attack. . . ."). We note once again our concern about punitive damages that "run wild." Having said that, we conclude that our task today is to determine whether the Due Process Clause renders the punitive damages award in this case constitutionally unacceptable" (Opinion Justice Harry Blackmun – Pacific Mutual Life Insurance Co. v. Haslip (89-1279), 499 U.S. 1).

[451] *"Amendment XIV – Section I (...)No state shall make or enforce any law which shall abridge the privileges or immunities of citizens of the United States; nor shall any state deprive any person of life, liberty, or property, without due process of law; nor deny to any person within its jurisdiction the equal protection of the laws"* (Disponível em: <https://www.law.cornell.edu/constitution/amendmentxiv>, acesso em 02/07/2016).

[452] *"Tradicionalmente, pode-se considerar que o princípio do devido processo legal em seu aspecto substantivo reporta-se à vida, à liberdade e à propriedade. Contudo, atualmente, seu alcance alargou-se para além dos referidos elementos clássicos, já que se compreende, hoje, que o confunde-se com o critério da proporcionalidade, exigindo uma realização procedimental do direito de maneira a não violentar ou desprezar algum dos direitos já assegurados constitucionalmente, quando da aplicação de outros* (Tavares, André Ramos. **Curso de Direito Constitucional**, 10ª ed. rev. e atual. São Paulo: Saraiva, 2012, p. 763).

[453] Tradução livre: *"One must concede that unlimited jury discretion – or unlimited judicial discretion for that matter – in the fixing of punitive damages may invite extreme (...)"*.

[454] Tradução livre: *"We need not, and indeed we cannot, draw a mathematical bright line between the constitutionally acceptable and the constitutionally unacceptable that would fit every case. We can say, however, that general concerns of reasonableness and adequate guidance from the court when the case is tied to a jury properly enter into the constitutional calculus. With these concerns in mind, we review the constitutionality of the punitive damages awarded in this case"* (idem).

PIZZOL indica que, sob o mesmo raciocínio, no caso *TXO Production Corp. V. Alliance Resource Corp.* (1993), a Suprema Corte estabeleceu o conceito de "danos punitivos 'grosseiramente excessivos'" (*'grossly excessive'*), reiterando a possibilidade da revisão do valor fixado. Neste propósito, em decisão do ano seguinte, a *Supreme Court* definiu a inconstitucionalidade de dispositivo da Constituição do Estado do Oregon que vedava a revisão judicial das indenizações punitivas fixadas por júris, em violação à 14ª Emenda (*Honda Motor Co. v. Oberg*, 1994)[455] e, finalmente, no caso *BMW of North américa Inc. v. Gore* (1996) reconheceu o montante "grosseiramente excessivo", reduzindo-o com base no devido processo substantivo[456].

A decisão introduz relevantes critérios (*'guideposts'*) para a definição de *'punitive damages'* "grosseiramente excessivos"[457], que nos interessarão adiante no capítulo da quantificação do dano social. Por ora, importante destacar que a maioria da Suprema Corte Norte-americana rechaçou o montante anterior fixado pela Corte do Alabama (US$2 milhões), pois incompatível com três *'guideposts'*: (i) o grau de reprovabilidade do ofensor; (ii) a disparidade entre o dano sofrido ou potencial (*'compensatory damages'*); e (iii) a discrepância entre os *'punitive damages'* e as multas civis previstas ou impostas em casos análogos[458].

Em 2003, a Corte Constitucional dos Estados Unidos da América reafirmou tais critérios no caso *State Farm Mutual Auto. Ins. Co. v. Campbell.* Provada uma "política empresarial (...) levada a efeito em escala nacional, com o fim declarado de cortar despesas e reduzir recolhimentos

[455] TXO Production Corp. v. Alliance Resources (92-479), 509 U.S. 443 (1993) (Disponível em: <https://www.law.cornell.edu/supct/html/92-479.ZO.html>); e Honda Motor Co. v. Oberg (93-644), 512 U.S. 415 (1994) (Disponível em: <https://www.law.cornell.edu/supct/html/93-644.ZS.html>).

[456] PIZZOL. **As Funções Punitiva e Preventiva**... Ob. Cit., p. 100-104.

[457] SERPA. **Indenização Punitiva**. Ob. Cit., p. 102.

[458] *"Three guideposts, each of which indicates that BMW did not receive adequate notice of the magnitude of the sanction that Alabama might impose for adhering to the nondisclosure policy adopted in 1983, lead us to the conclusion that the $2 million award against BMW is grossly excessive: the degree of reprehensibility of the nondisclosure; the disparity between the harm or potential harm suffered by Dr. Gore and his punitive damages award; and the difference between this remedy and the civil penalties authorized or imposed in comparable cases"* (BMW of North America, Inc. v. Gore (94-896), 517 U.S. 559 (1996) – Opinion Justice STEVENS. Disponível em: <https://www.law.cornell.edu/supct/html/94-896.ZO.html>, acesso em 02/07/2016).

fiscais", o júri fixou indenização punitiva de US$145 milhões, prestigiada pela Suprema Corte do Estado de Utah, que revogou a decisão do juiz togado que havia limitado a indenização do júri. Uma vez mais, a Suprema Corte dos EUA reconheceu os *'punitive damages'*, mas, asseverou que o excesso, avaliado pelos critérios fixados em *Gore* (1996), impõe a revisão do *'quantum'*[459].

Ainda na primeira década do Século XXI, foram analisados sobre o tema dos *'punitive damages'* os casos *Philip Morris USA v. Williams* (2007) e *Exxon Shipping Co. v. Baker* (2008)[460] – em que a Suprema Corte reafirmou os precedentes anteriores, proibindo ofensas sofridas por terceiros que não integram o processo para a fixação do *'quantum'* indenizatório e validando limites estaduais aos valores (*'statutory caps'*), respectivamente[461]. E, desde então, não houve admissão de outros casos (*'writ of certiorari'*) sobre *'punitive damages'* na Suprema Corte Norte-americana. Como explica Ricardo Dal Pizzol, a Corte pretendia claramente "estabelecer mecanismos para diminuir a incidência de indenizações 'grosseiramente excessivas', as quais violariam o Devido Processo Legal Substantivo"; critérios que somados ao aspecto legislativo da *'tort reform'* impôs limites, para repelir a ideia de que as indenizações punitivas estavam "sem controle"[462].

Deste modo, embora a simples *importação* dos *'punitive damages'* para o sistema brasileiro encontre severos obstáculos como se verá nos capítulos subsequentes, diversas considerações sobre a experiência norte-americana influenciam o modelo atual da responsabilidade civil no Brasil e, também, podem colaborar para o aperfeiçoamento do *dano social* – como figura apta a exercer funções semelhantes.

3.2. *'Daños punitivos'* – experiência argentina

Embora igualmente estranhos à cultura jurídica tradicional[463], os países de língua hispânica traduziram *'punitive damages'* de forma literal para

[459] Serpa. **Indenização Punitiva.** Ob. Cit., p. 106.

[460] Philip Morris USA v. Williams, 549 U.S. 346 (2007) (Disponível em: <https://www.law.cornell.edu/supct/html/05-1256.ZO.html>); e Exxon Shipping Co. v. Baker, 554 U.S. 471 (2008) (Disponível em: <https://www.law.cornell.edu/supct/html/07-219.ZS.html>).

[461] Pizzol. **As Funções Punitiva e Preventiva...** Ob. Cit., p. 110-116.

[462] Pizzol. **As Funções Punitiva e Preventiva...** Ob. Cit., p. 326-327.

[463] Alsina, Jorge Bustamante. **Teoría General de la Responsabilidad Civil.** 8ª Ed. ampl. e atual. Buenos Aires: Abeledo-Perrot, 1994, p. 860.

danos punitivos (*'daños punitivos'*) e os aventaram como hipótese de satisfazer às múltiplas funções da responsabilidade civil, compreendidas também sob o enfoque da análise econômica do direito[464]. A despeito da repercussão distinta em vários países de língua espanhola[465], destacável o desenvolvimento da matéria na Argentina – inclusive com a positivação dos *danos punitivos*[466].

Deixando de lado a controvérsia sobre o ineditismo, induvidosa a relevância do trabalho de 1993 escrito por Ramón Daniel Pizzarro[467] – apontado como base doutrinária dos *'daños punitivos'* na Argentina[468]. O mencionado artigo suscitou o debate sobre a "conveniência e aplicação" dos danos punitivos no modelo argentino, tendo influenciado diretamente no anteprojeto do Código Civil de 1998 que previa expressamente a possibilidade de "multa civil" àquele que agia com "grave indiferença aos direitos alheios ou aos interesses de incidência coletiva"[469]. Embora frustrada a tramitação do referido anteprojeto, os *'daños punitivos'* se disseminaram no país vizinho.

[464] Irigoyen Testa, Matías. **Análisis económico del derecho de daños**: los daños punitivos, Tese (Doutorado) – Facultad de Derecho, Universidad Complutense de Madrid, Madri, 2006.

[465] Cf. na Colômbia: Aristizábal Velásquez, David. "Apuntes sobre el Daño Punitivo en la Responsabilidad Patrimonial Colombiana" in **Revista Facultad de Derecho y Ciencias Políticas**, vol. 40, n. 112, Universidad Pontificia Bolivariana, Medellín, 2010. Disponível em <http://redalyc.uaemex.mx/src/inicio/ArtPdfRed.jsp?iCve=151416945007>, acesso em 29 de maio de 2016.

[466] Chamatropulos, Demetrio Alejandro. **Los daños punitivos en la Argentina**. Buenos Aires: Errepar, 2009.

[467] Pizarro, Ramón Daniel. "Daños Punitivos" in **Derecho de daños** : libro homenaje al Prof. Félix Trigo Represas, 2ª parte. Buenos Aires: La Rocca, 1993.

[468] Herrera, Edgardo López. **Los Daños Punitivos**, 1ª Ed. Buenos Aires: Abeledo-Perrot, 2008, p. 318.

[469] Texto original do anteprojeto de 1998 para o Código Civil Argentino "Artículo 1.587 – Multa Civil – *El tribunal tiene atribuciones para aplicar una multa civil a quien actúa con grave indiferencia respecto de los derechos ajenos o de los intereses de incidencia colectiva. Su monto se fija tomando en consideración las circunstancias del caso, en especial los beneficios que aquél obtuvo o pudo haber obtenido con su conducta, y tiene el destino que le asigne el tribunal por resolución fundada*" (Álvarez, Agustín. **Repensando la Incorporación de los Daños Punitivos**. Argentina, Academia Nacional de Derecho y Ciencias Sociales de Córdoba. Disponível em: < https://www.google.com.br/url?sa=t&rct=j&q=&esrc=s&source=web&cd=2&cad=rja&uact=8&ved=0ahUKEwj7u5zDgKjMAhXEFpAKHXjKBQwQFggmMAE&url=http%3A%2F%2Fwww.acaderc.org.ar%2Fdoctrina%2Farticulos%2Frepensando-la-incorporacion-de-los-danos-punitivos%2Fat_downl

Agustín Álvarez[470] expõe que a questão foi posteriormente tratada nas *'Jornadas Nacionales de Derecho Civil'* que indicaram o "perigo" da aplicação jurisprudencial de "penas privadas", embora admitidas pelo ordenamento civil[471], e a "conveniência" de positivação de um sistema de "indenizações punitivas"[472].

O conceito de *danos punitivos* é indissociável daquele trazido no modelo da *Common Law* que o inspirou, também associado àquele do dano social, como evidencia a definição trazida por Chamatropulos:

> "Sanções de caráter civil e de ordem legal, que podem implicar não apenas obrigação de dar (geralmente falamos de uma soma em dinheiro), como também de outra índole (obrigação de fazer, por exemplo), dissuasiva, acessória e de aplicação excepcional, que se impõem ao condenado em certos casos no qual tenha atuado com dolo ou culpa grave – geralmente com o fim de evitar que este conserve ganâncias (econômicas, políticas ou de outra espécie) derivadas de seu ilícito – não obstante o pagamento da indenização correspondente, aplicando-se em casos justificados pela necessidade de punir e prevenir comportamentos que merecem um grau muito elevado de reprovabilidade por parte da sociedade"[473].

E, ante a crescente adesão doutrinária e jurisprudencial, a matéria foi introduzida na legislação argentina por meio da *'Ley 26361'*, que modifi-

oad%2Ffile&usg=AFQjCNGPbX_3PX5iEIh3oNp_FvWBho4Gzw&sig2=czCJyYUl5ygiKY6zbnsC0w>, acesso em 22 de abril de 2016).

470 Idem.

471 XVII *Jornadas Nacionales de Derecho Civil* (Santa Fe, 1999)

472 XXI *Jornadas Nacionales de Derecho Civil* (Lomas de Zamora, 2007): *"Resulta conveniente legislar un sistema de indemnizaciones punitivas para ciertos casos con destino a la víctima, en los cuales la cuantificación tenga en miras el patrimonio del agente dañador"*.

473 Tradução livre: *"sanciones de carácter civil y de orden legal que pueden implicar no sólo una obligación de dar (generalmente hablamos de una suma de dinero), sino también de otra índole (de hacer, por ejemplo), disuasiva, accesoria de aplicación excepcional, que se impone al condenado en ciertos casos en los cuales el mismo ha actuado con dolo o culpa grave, generalmente con el fin de evitar que el mismo conserve ganancias (económicas, políticas o de otra especie) derivadas de su accionar ilícito, no obstante haber pagado las indemnizaciones correspondientes, aunque también su aplicación procede en otros supuestos en los cuales puede justificarse para castigar y prevenir conductas que merezcan un grado muy alto de reprochabilidad por parte de la sociedad"* (Chamatropulos. **Los daños punitivos en la Argentina**... Ob. Cit., p. 21).

cou o artigo 52 da *'Ley 24240/93'* que estabelece *'Normas de Protección y Defensa los Consumidores'*. Prevê o artigo incluído em 2008:

> "Artigo 52-A. Danos punitivos. Ao provedor que não cumprir as suas obrigações legais ou contratuais perante o consumidor, a pedido da vítima, o juiz poderá impor uma multa civil em favor do consumidor, que será fixada de acordo com a gravidade da conduta e outras circunstâncias, independentemente de outras indenizações devidas. Quando mais de um fornecedor é responsável pela violação irão responder todos, solidariamente, ante o consumidor, sem prejuízo do direito de regresso. A multa imposta não pode exceder a pena máxima de multa prevista no Artigo 47, parágrafo b, da presente lei"[474].

Embora tenha atendido a um anseio doutrinário e jurisprudencial, a positivação não foi capaz de superar completamente a controvérsia da aplicação de indenizações punitivas na Argentina. SEBASTIÁN PICASSO, por exemplo, aponta que a redação do artigo 52-A é extremamente vaga, permitindo a aplicação para "qualquer descumprimento contratual", independente da conduta dolosa, culposa ou enriquecimento do agente[475] – ampliando excessivamente o arbítrio da sanção legal.

Outrossim, o Código Civil Argentino, aprovado em 2014 e em vigor desde agosto de 2015, teve suprimida a menção à função punitiva da responsabilidade civil. Apesar da superação do modelo estritamente reparatório, com expressa menção às "funções" da responsabilidade civil – incluída a "prevenção do dano"[476] – o *'Código Civil y Comercial de la*

[474] Tradução livre: *"Artículo 52 bis: Daño Punitivo. Al proveedor que no cumpla sus obligaciones legales o contractuales con el consumidor, a instancia del damnificado, el juez podrá aplicar una multa civil a favor del consumidor, la que se graduará en función de la gravedad del hecho y demás circunstancias del caso, independientemente de otras indemnizaciones que correspondan. Cuando más de un proveedor sea responsable del incumplimiento responderán todos solidariamente ante el consumidor, sin perjuicio de las acciones de regreso que les correspondan. La multa civil que se imponga no podrá superar el máximo de la sanción de multa prevista en el artículo 47, inciso b) de esta ley"* (*Ley 26361*, 03 de abril de 2008 – disponível em: <http://www.infoleg.gov.ar/infolegInternet/anexos/135000-139999/139252/norma.htm>, acesso em 10 de maio de 2016).

[475] PICASSO, Sebastián. **Sobre los denominados 'daños punitivos'**. Buenos Aires: La Ley, 2007, p. 1157.

[476] Código Civil Argentino: *"Articulo 1708. -Funciones de la responsabilidad. Las disposiciones de este Título son aplicables a la prevención del daño y su reparación"* (Disponível em: <http://www.saij.gob.ar/nuevo-codigo-civil-y-comercial-de-la-nacion>, acesso em 25 de maio de 2016).

Nácion Argentina' de 2015, na versão final da tramitação, excluiu a natureza punitiva da responsabilidade civil prevista originalmente[477]. Apesar da previsão expressa na esfera de tutela do consumidor, o Congresso Nacional Argentino entendeu que a *punição* é exercida por "outros ramos do direito, tal como o direito penal e o direito administrativo"[478].

Assim, desde o texto de PIZARRO em 1993, o modelo argentino ostenta o mérito de ter avançado no estudo das funções da responsabilidade civil, consagrando no seu recente Código Civil a natureza preventiva, e ter positivado os danos punitivos na seara consumerista. Todavia, idêntica função punitiva foi enfaticamente rechaçada pelo legislador no "sistema geral" do Código Civil recém aprovado e o modelo posto na Lei de Defesa do Consumidor (*'Ley 24240'*) não superou as dúvidas rotineiramente impostas aos danos punitivos, *'punitive damages'* ou danos sociais em suas respectivas experiências jurídicas.

Interessa, porém, compreender as bases que permitiram ao sistema argentino *importar* a teoria dos *'punitive damages'* da *Common Law* e, principalmente, as soluções aventadas, úteis aos questionamentos que advirão da aplicabilidade da tese do dano social. Neste aspecto, a primeira conclusão relevante é que a criticada imprecisão do texto legal do artigo 52-A, da Lei 24240, não *banalizou* a figura dos *'daños punitivos'* a qualquer descumprimento contratual. Isto porque o "fator de atribuição" baseado na conduta "repugnante, indigna, antissocial" (*'outrageous'*) é ínsito ao conceito, irrelevante que a norma não tenha imposto qualquer exigência neste sentido[479].

Antecipando alguns aspectos que serão individualmente tratados nos capítulos subsequentes para a aplicação do dano social, destaca-se que o legislador argentino impôs restrição idêntica àquela fixada pelo SUPERIOR TRIBUNAL DE JUSTIÇA na Reclamação n. 12.062/GO; isto é, exige-se *pedido* expresso da parte, descabida a imposição *'ex officio'* pelo juízo. E, assim como ocorre na maioria dos Estados americanos

[477] Explicitam PICASSO e SÁENZ: "*el art. 1708 CCyC culmina todo debate al respecto, pues por un lado amplía el ámbito del derecho de daños también a la prevención de perjuicios futuros o en curso de producción, y por el otro descarta la supuesta función punitiva*" (in CARAMELO, Gustavo; PICASSO, Sebastián; HERRERA, Marisa (org.). **Código Civil y Comercial de la Nación Comentado** – 1ª ed. Buenos Aires: Infojus, 2015, p. 407).

[478] Idem, p. 409.

[479] ÁLVAREZ. **Repensando la Incorporación de los Daños Punitivos**. Ob. Cit.

quanto aos *'punitive damages'* e como proposto por ANTONIO JUNQUEIRA DE AZEVEDO quanto ao dano social, a *'Ley 26361'* estabeleceu que o próprio consumidor é o destinatário da verba. Veja-se que o Anteprojeto de 1998 supracitado impunha ao magistrado a definição do destino, admitindo as soluções da jurisprudência nacional quando acolhido o dano social – conforme estudado no capítulo antecedente.

Ainda, importante salientar que a doutrina argentina afirma o acerto do legislador no artigo 52-A com base nos mesmos fundamentos utilizados por ANTONIO JUNQUEIRA DE AZEVEDO para que a indenização seja fixada em favor do autor da ação[480]. Segundo AGUSTÍN ÁLVAREZ, o Estado se mostrou como "mau administrador" dos fundos públicos ("experiência nefasta"), pouco provável que o consumidor "gaste energia e tempo em reclamar algo que, se obtiver êxito, não lhe será destinado"[481].

Contudo, apesar da destinação ao consumidor (autor da demanda), a *'Ley 26361'* introduziu os *'daños punitivos'* com um limite pecuniário expresso (*'tope máximo'*)[482] que coincide com o máximo das sanções administrativas previstas na norma protetiva. Tal qual estabelecido em diversos Estados norte-americanos quanto aos *'punitive damages'*[483], o teto indenizatório foi fixado justamente para afastar "arbitrariedades" na fixação da verba, rechaçando o locupletamento sem causa do consumidor[484].

Consequentemente, o modelo argentino logrou êxito em superar o paradigma estritamente reparatório, expressa a função preventiva

[480] JUNQUEIRA DE AZEVEDO, Antônio. **Novos Estudos...** Ob. Cit., p. 383.

[481] *"Si bien no es una solución exenta de críticas, consideramos que es las más razonable, esto por dos motivos: (1) el Estado ha demostrado ser un mal administrador, y la experiencia en materia de fondos con destinos especiales, es nefasta; y (2) es poco probable que el consumidor gaste energías y tiempo en reclamar algo que, si se logra, no será destinado a él"* (ÁLVAREZ. **Repensando la Incorporación de los Daños Punitivos**. Ob. Cit.).

[482] O artigo 47, da *Ley 24240*, também alterado pela *Ley 26361*, estabelece multas (alínea *b*) de 100 a 5.000.000 de pesos argentinos – aproximadamente US$355.000,00 (trezentos e cinquenta e cinco mil dólares americanos), conforme o câmbio de maio de 2016.

[483] Na *'tort reform'* ao menos metade dos Estados Norte-americanos estabeleceram algum tipo de limite aos *'punitive damages'* – Alabama, Alaska, Arizona, Colorado, Flórida, Geórgia, Illinois, Indiana, Kansas, Montana, Nevada, New Mexico, North Carolina, North Dakota, Oklahoma, Oregon, Pennsylvania, South Dakota, Texas e Virginia [LOVETT, William A. "Exxon Valdez, Punitive Damages, and Tort Reform" in **Tort Trial & Insurance Practice Law Journal** 38.4 (2002-2003), pp. 1071-1128, 2003, p. 1107].

[484] HERRERA. **Los Daños Punitivos**... Ob. Cit., p. 355.

no Código Civil de 2015 e a função punitiva nas *'Normas de Protección y Defensa los Consumidores'*. Logo, os fundamentos e premissas se assemelham àquelas que fundam a tese do *dano social*; contudo, a prática adotada mais se aproxima com a simples *importação* da teoria dos *'punitive damages'* por meio de permissivo legal (restrito à seara consumerista), sem integral compatibilidade à tese de ANTONIO JUNQUEIRA DE AZEVEDO. Os danos sociais são antes *danos* do que pena ou prevenção (bases para a fixação), logo, não podem ser integralmente associados com os *'daños punitivos'*, cuja natureza estritamente penal é evidente[485].

3.3. *'Pene private'* – Itália

Excetuada a avançada experiência Argentina, os países de tradição jurídica romano-germânica apresentam panorama muito semelhante àquele verificado no Brasil. Persistem diversos obstáculos e objeções à adoção de institutos análogos aos *'daños punitivos'*, *'punitive damages'*, indenização punitiva, *'pene private'* ou *'peine privée'*. Notável, porém, o crescente anseio social e jurídico de *múltiplas funções* à responsabilidade civil, com destacáveis soluções e debates na doutrina e nos tribunais – os quais repercutem além das fronteiras políticas.

Neste sentido, a Itália representa um dos melhores exemplos do panorama da "crise", ápice, revolução e protagonismo da responsabilidade civil a partir da segunda metade do Século XX. O "triunfo", o "eclipse", o "crepúsculo" e a "morte" da responsabilidade civil são algumas das imagens sintetizadas por BUSNELLI e PATTI para demonstrar a "parábola" do instituto na experiência italiana[486].

Nos últimos anos, "toda a nova complexidade, o desenvolvimento econômico e a crescente integração ao redor do sistema jurídico" se voltam para uma busca de soluções pela tutela aquiliana – o que ensejou a "explosão" da responsabilidade civil e a consequente multiplicação

[485] CARAMELO; PICASSO; HERRERA. **Código Civil y Comercial de la Nación Comentado.** Ob. Cit., p. 410.

[486] *"L'istituto della responsabilità civile, forse più di ogni altro negli ultimi decenni, ha attirato l'attenzione e suscitato l'impegno dei civilisti italiani, stimolandone anche la fantasia: si sono variamente descritti, o profetizzati, il "trionfo", l'"eclissi", il "tramonto", la "morte" della responsabilità civile."* (BUSNELLI, Francesco D.; PATTI, Salvatore. **Danno e Responsabilità Civile**, 3ª ed. Torino: G. Giappichelli, 2013, p. 147/148).

de suas funções[487]. A "insuficiência" da resposta da responsabilidade aos problemas contemporâneos, idêntica àquela que um século e meio antes motivou a reforma ("ocaso") do elemento culpa, motivou significativo debate sobre o alcance e a constitucionalidade do modelo posto pelo *Codice Civile* de 1942 – coloca-se em xeque o conceito de dano:

> "O aspecto reparatório não é, verdadeiramente, suficiente para esgotar a explicação do instituto. Nem todos os danos injustos são efetivamente ressarcíveis, uma vez que a lei subordina o ressarcimento à ocorrência de um dos critérios de imputação. A exigência de reparar o dano injusto não é suficiente: exsurge uma razão adicional que justifica a transferência a um sujeito diverso da vítima"[488].

As "novas necessidades" sociais repercutiram na esfera jurídica por meio da ampliação do "catálogo de bens jurídicos"[489]; de forma que a interpretação restrita ("tipicidade") do artigo 2059, do Código Civil Italiano[490], com influência primitiva no modelo alemão[491], não mais se justificava. A interpretação ampliativa do conceito de dano extrapatrimonial sedimentou-se por intermédio da jurisprudência italiana. Como ensina CESARE SALVI, a *Corte di Cassazione*, em 11 de julho de 2003, refutou a *inconstitucionalidade* do referido artigo justamente pela evolução doutrinária e jurisprudencial sobre a temática[492].

[487] *"A leggere dottrina e giurisprudenza si direbbe che, nella seconda metà del secolo che si è appena chiuso, la responsabilità civile sia esplosa e che le sue funzioni si siano proporzionalmente moltiplicate. Tutta la nuova complessità, che lo sviluppo economico e l'accresciuta integra- zione sociale hanno accumulato a ridosso del sistema giuridico, sembrerebbe poter trovare risposta nelle tutele aquiliane: dai problemi dell'ambiente a quelli della protezione della sfera personale rispetto alle aggressioni dei sistemi comunicativi, dai problemi del controllo sociale dell'attività amministrativa e dello stesso esercizio della discrezionalità pubblica a quelli della conservazione della qualità individuale della vita e delle chances di inserimento sociale, ecc."* (BARCELLONA, Mario. **Tratatto del Danno e della Responsabilità Civile**. Torino: Utet, 2011, p. 1).

[488] Tradução livre de *"L'aspetto riparatorio non è infatti sufficiente a esaurire la spiegazione dell'istituto. Non tutti i danni ingiusti, infatti,, sono in concreto risarcibili, giacché la legge subordina il risarcimento alla ricorrenza di uno dei criteri di imputazione. L'esigenza di riparare il danno ingiusto non è sufficiente: correr altresì la sussistenza di una ragione ulteriore, che ne giustifichi la traslazione a un soggetto diverso dalla vittima"* (SALVI. **La responsabilità civile**... Ob. Cit., p. 3).

[489] BARCELLONA. **Tratatto del Danno e della Responsabilità Civile**. Ob. Cit., p. 2.

[490] *"Art. 2059. Danni non patrimoniale – Il danno non patrimoniale deve essere risarcito solo nei casi determinati dalla legge".*

[491] FERRARI. **Atipicità dell'Illecito Civile**... Ob. Cit., p. 121.

[492] SALVI. **La responsabilità civile**... Ob. Cit., p. 56.

A sentença n. 233 asseverou que o artigo 2059 do *Codice Civile* impunha restrição à responsabilidade civil por danos extrapatrimoniais, a qual foi superada com a previsão legislativa de outras espécies de danos não patrimoniais para além da limitada hipótese do ilícito penal. Declarou, ainda, que não há inconstitucionalidade, porque seria possível uma interpretação "constitucionalmente orientada" do dispositivo[493], plenamente possível um conceito amplo de dano – conforme há muito sedimentado na própria Suprema Corte Italiana[494].

No entanto, como já evidenciado na evolução histórica, a ampliação do dano, com a admissibilidade de novas figuras[495], não foi suficiente para corresponder a expectativa social sobre a responsabilidade civil. A proliferação de danos despertou o debate sobre as *funções* do instituto, reiterado o argumento de que a responsabilidade civil tem aptidão preventiva (*'deterrente'*), capaz de funcionar como "instrumento de controle social" em verdadeira "*suplência*" aos instrumentos tradicionais (administrativos e penais)[496]. Nesta perspectiva, os fatores jurídico e sociais internos somados à influência estrangeira fez "sair das sombras" a noção de "penas privadas" (*'pene private'*)[497], baseada no caráter "polifuncional" da responsabilidade civil[498].

[493] O estudo da decisão da *Corte di Cassazione* (n. 322, 11 de julho de 2003) permite aproximá-la do decreto parcial de procedência do pedido de inconstitucionalidade usualmente adotado no Supremo Tribunal Federal. Embora não haja menção expressa, as razões de decidir denotam a utilização do instrumento da "interpretação conforme" (*„gesetzeskonform Verfassungsinterpretation"*) que, segundo Canotilho ostenta inequívoca utilidade para "leis mais ou menos antigas, cujos princípios orientadores lograram posteriormente dignidade constitucional" (Canotilho, José Joaquim Gomes. **Direito Constitucional**, 6ª ed. Coimbra: Almedina, 1993, p. 236).

[494] Cf. *"(...) un'interpretazione costituzionalmente orientata dell'art. 2059 cod. civ., tesa a ricomprendere nell'astratta previsione della norma ogni danno di natura non patrimoniale derivante da lesione di valori inerenti alla persona: e dunque sia il danno morale soggettivo, inteso come transeunte turbamento dello stato d'animo della vittima"* (Disponível em: <http://www.infoleges.it/Service5/Scheda.aspx?Service=5&id=183718>, acesso em: 20/05/2016).

[495] Cf. *Corte di Cassazione*, 14 de julho de 1986, n. 184 – aponta a interpretação extensiva do dano, com a admissão do dano à esfera sexual e do dano biológico (Disponível em: <http://www.giurcost.org/decisioni/1986/0184s-86.html>, acesso em: 20/05/2015).

[496] Salvi. **La responsabilità civile**... Ob. Cit., p. 27.

[497] Busnelli, Francesco D.; Scalfi, Gianguido (a cura di). **Le Pene Private**. Milano: Giuffrè, 1985.

[498] Baratella, Maria Grazia. **Le Pene Private** – Responsabilità Comunicazione Impresa 16. Milano: Giuffré, 2006, p. 197.

Em 1976, Francesco Galgano afirmava que a imagem de algemas nos pulsos de um cidadão não era a figura de uma sociedade que progride, "necessário estudar medidas de prevenção e repressão dos comportamentos antissociais distintas da privação da liberdade pessoal"[499].

O cenário italiano muito se assemelha àquele brasileiro. A despeito da recorrente noção da *insuficiência* do modelo estritamente reparatório, inclusive com precedentes judiciais admitindo a função dissuasiva da responsabilidade civil, não se admite puramente a *importação* da figura dos *'punitive damages'*. Ao contrário do modelo argentino, a doutrina não foi capaz de superar os obstáculos na efetiva adoção judicial ou legislativa do instituto das "penas privadas" – como evidencia a sentença n. 1183, da *Corte di Cassazione*, de 19 de janeiro de 2007[500].

Judy Parrott buscava na Justiça a homologação da sentença estrangeira (Justiça do Alabama – Estados Unidos da América), em que uma empresa italiana fora condenada ao pagamento de um milhão de dólares, a título de *'punitive damages'* por uma falha de projeto que causou a morte de seu filho. A Suprema Corte Italiana, contudo, negou a execução dos *danos punitivos*, em virtude da violação à ordem pública[501]. Manteve a decisão do Tribunal local, sob o argumento de que no ordenamento italiano "a ideia de punição e sanção é estranha ao ressarcimento do dano, assim como é indiferente a conduta do agente"[502].

Idêntico argumento foi utilizado na sentença n. 1781, de 08 de fevereiro de 2012, oportunidade que a *Corte di Cassazione* repeliu a execução de sentença norte-americana de cinco milhões de dólares de *'punitive damages'*. Fundamentou que "no ordenamento vigente, o direito ao

[499] Tradução livre: *"l'immagine di una società sollecita nel mettere le manette ai polsi dei cittadini, non è l'immagine di una società che progredisce... Occorre studiare misure di prevenzione, e di repressione, dei comportamenti anti-sociali diversi dalla privazione della libertà personale"* (Galgano, Francesco. "Civile e penale nella legislazione valutaria" in **Politica del Diritto**, Il Mulino, anno VI, 1976, p. 576 apud. Baratella. **Le Pene Private**... Ob. Cit., p. 198).

[500] Busnelli; Patti. **Danno e Responsabilità Civile**. Ob. Cit., p. 103.

[501] Barcellona. **Tratatto del Danno e della Responsabilità Civile**. Ob. Cit., p. 899.

[502] *"Nel vigente ordinamento l'idea della punizione e della sanzione è estranea al risarcimento del danno, così com'è indifferente la condotta del danneggiante"* [Ponzanelli, Giulio. "Sezione III Civile; Sentenza 19 Gennaio 2007, n. 1183; Pres. Fiduccia, Est. Fico, P.M. Sgroi (concl. Conf.); Parrott (Avv. Pavoni, Belvederi) C. Soc. Fimez (Avv. Cignitti, Campeis). Conferma App. Venezia 15 Ottobre 2001" in **Il Foro Italiano** 130, no. 5, 2007, pp. 1459/1466. Disponível em: <http://www.jstor.org/stable/23203320>, acesso em: 21/05/2016].

ressarcimento do dano decorrente da lesão de um direito subjetivo não é reconhecido com característica e finalidade punitiva, mas, em relação ao efetivo prejuízo experimentado"[503]. E, em 2015, a Seção Civil repetiu os argumentos *supra*, refutando a homologação de uma sentença belga, cuja verba fixada a título de astreintes foi admitida como de natureza punitiva – contrária àquela do instituto análogo no ordenamento italiano[504].

Sem prejuízo do entendimento da SUPREMA CORTE ITALIANA, as críticas à função estritamente reparatória persistem[505]. Ainda que superado o debate da natureza das astreintes pelo precedente mencionado, o legislador italiano não ignorou por completo a doutrina sobre *'pene private'* – ou, ao menos, os elementos que fundamentam (possibilidade de *'pena'* no direito privado) – como se pode verificar com a discussão sobre o parágrafo terceiro do artigo 96 do *Codice di Procedura Civile*[506] – ora transcrito:

> "**Art. 96. (Responsabilidade agravada)** (...) Em qualquer caso, quando decidir sobre as despesas do artigo 91, o juiz, também de ofício, poderá condenar a parte sucumbente ao pagamento, em favor da parte contrária, de uma soma determinada equitativamente"[507].

Referido parágrafo renovou o debate sobre a natureza e função da responsabilidade civil naquele país. Incluído em 2009 no Código de Processo Civil Italiano, o último parágrafo do artigo 96 excede a sanção

[503] *"Nel vigente ordinamento il diritto al risarcimento del danno conseguente alla lesione di un diritto soggettivo non è riconosciuto con caratteristiche e finalità punitive, ma in relazione all'effettivo pregiudizio subìto"* (Cass. Civile, I Sezione, 8 de fevereiro de 2012, n. 1781 – disponível em: <http://virgo.unive.it/ecf-workflow/upload_pdf/010_Dijminji.pdf>, acesso em 22/05/2016).

[504] Cass., 15 de abril de 2015, n. 7613 (Disponível em: <http://dirittocivilecontemporaneo.com/wp-content/uploads/2015/04/Cass.-15-aprile-2015-n.-7613-Rel.-Nazzicone.pdf>, acesso em 22/05/2015).

[505] Sciarratta, Nicoletta. "La Cassazione su astreinte, danni punitivi e (funzione della) responsabilità civile" in **Rivista Diritto Civile Contemporaneo**, anno II, Numero III, luglio/settembre 2015 (Disponível em: <http://dirittocivilecontemporaneo.com/wp-content/uploads/2015/07/SCIARRATTA-ASTREINTE-2.pdf>, acesso em: 22/05/2016).

[506] Dalla Massara, Tommasso. "Terzo comma dell'art. 96 c.p.c.: quando, quanto e perché?" in **Nuova Giurisprudenza Civile Commentata**, n. 1, anno XXVII, Cedam, pp. 55-72, 2011.

[507] Tradução livre: *"**Art. 96. (Responsabilità aggravata)** (...) In ogni caso, quando pronuncia sulle spese ai sensi dell'articolo 91, il giudice, anche d'ufficio, può altresì condannare la parte soccombente al pagamento, a favore della controparte, di una somma equitativamente determinate"* (Disponível em: <http://www.altalex.com/documents/news/2014/12/01/disposizioni-generali-delle-parti-e-dei-difensori>, acesso em 22/05/2016).

processual prevista originalmente (parágrafo primeiro) que prevê ressarcimento dos *danos* experimentados pela parte na hipótese de "má-fé ou culpa grave"[508]. A comparação dos parágrafos permite concluir que o último estabelece verba de natureza *não reparatória* – relevante o entendimento de que se trata de verdadeira "pena privada" ou "dano punitivo". Neste sentido, a própria *Corte di Cassazione* já indicou a natureza sancionatória da verba, que dispensa prova de *dano* – em contraposição aos demais parágrafos[509].

3.4. *'Peine privée'* – França

Ainda que a França tenha sido o berço da maioria dos códigos da tradição romano-germânica[510], onde há maior "apego" com o princípio da *reparação integral*, a ideia da "pena privada" floresceu também em solo francês[511]. Aliás, o ressurgimento da indenização punitiva nos países de *Civil Law* tem como expoente doutrinário o texto de Boris Starck que, em 1947, publicou *'Essai d'une Théorie* Générale de *la Responsabilité Civile Considérée en sa Double Fonction de Garantie et de Peine Privée'* – que repelia a *hostilidade* da doutrina francesa à natureza punitiva da indenização ("gratuita e injustificada"[512]) e introduzia a noção da "dupla função" da responsabilidade civil. Desde então, a doutrina francesa produziu profundas reflexões sobre as penas privadas.

No entanto, aponta Flávio da Costa Higa que a vasta produção científica "não consegue transcender o plano teórico", por força da "pertinácia da CORTE DE CASSAÇÃO em torno de alguns dogmas obsoletos e anacrônicos"[513]. Há, verdadeiramente, uma *resiliência* jurisprudencial em diversas temáticas[514]; no plano da responsabilidade civil,

[508] *"Articolo 96 (Responsabilità aggravata) – Se risulta che la parte soccombente ha agito o resistito in giudizio con mala fede o colpa grave, il giudice, su istanza dell'altra parte, la condanna, oltre che alle spese, al risarcimento dei danni, che liquida, anche d'ufficio, nella sentenza".*

[509] Cf. Cassazione, 30 de julho de 2010, n. 17902, in Foro it., 2011, I, 3134.

[510] Lima. **Da Culpa ao risco**. Ob. Cit., p. 27.

[511] Levy, Daniel de Andrade. "Uma Visão Cultural dos *Punitive Damages*" in **Revista de Direito Privado**, n. 45, jan.-mar./2011, ano 12, pp.166-216, 2011, p. 202.

[512] Moraes, Maria Celina Bodin de. **Danos à pessoa humana**: uma leitura civil-constitucional dos danos morais, Rio de Janeiro: Renovar, 2003, p. 219.

[513] Higa, Flávio da Costa. **Responsabilidade Civil Punitiva**... Ob. Cit., p. 169.

[514] *"French courts have thus taken significant liberty in interpreting the provisions of the Code in different ways in light of changing times and circumstances despite the relatively static nature of the*

as Cortes Francesas em geral resistem à noção de indenização para além do dano. Os tribunais insistem na adstrição ao princípio (garantia e ao mesmo tempo limite) da reparação integral[515], expressa no brocardo *"tout le dommage, mais rien que le dommage"*, com base no artigo 1.240 do *Code Civil*:

> "Art. 1.240. Quando uma pessoa comete um erro e provoca um dano a outrem, esta pessoa deverá repará-lo"[516].

Deste modo, a França apresenta uma "ruptura dialógica" entre a doutrina e a jurisprudência, que repercute no "acanhamento" evolutivo da responsabilidade civil[517]. Sem prejuízo, as razões expostas em cada polo interessam à análise deste trabalho – talvez pela cisão com os tribunais, a doutrina traz substanciosa colaboração em favor da responsabilidade civil punitiva, enquanto a jurisprudência reitera com veemência os princípios clássicos da matéria.

A despeito do "reinado" uníssono do princípio pelo qual a reparação "deve ser igual ao prejuízo"[518], o debate doutrinário sobre as penas privadas teve origem na discussão acerca das *funções* da responsabilidade civil; a dúvida quanto à suficiência do modelo estritamente reparatório é que motivou os primeiros estudos sobre a pena privada na França.

Ao identificar as funções da responsabilidade civil ao longo dos séculos[519], André Tunc indica que todas "continuam a inspirar o direito de

provisions themselves since their adoption more than two hundred years ago" (Parker, Matthew. "Changing Tides: The Introduction Of Punitive Damages Into The French Legal System" in **Georgia Journal of International and Comparative Law**, v. 41:389, 2012-2013, pp. 390-432, 2013, p. 395).

515 Levy. "Uma Visão Cultural...". Ob. Cit., p. 203.

516 Tradução livre: *"Art. 1240. Tout fait quelconque de l'homme, qui cause à autrui un dommage, oblige celui par la faute duquel il est arrivé à le réparer"* (antigo artigo 1.382, renumerado pela *Ordonnance* n° 2016-131, de 10 de fevereiro de 2016).

517 Higa. **Responsabilidade Civil Punitiva**... Ob. Cit., p. 170.

518 *"Le grand principe qui règne ici est celui de l'adéquation de la réparation au préjudice. La réparation doit être égale au préjudice et, pour être égale, elle doit forcément être intégrale, sauf dans les hypothèses où la loi ou les parties ont prévu une limitation"* (Tourneau. **La Responsabilité Civile**. Ob. Cit., p. 258).

519 *"A travers les siècles, la responsabilité civile semble avoir servi cinq fonctions étroitement liés: a) châtiment d'un coupable; b) et c) vengeance et indemnisation de la victime; d) et e) rétablissement de l'ordre social et prévention des comportements antisociaux. L'importance respective de ces fonctions peut*

uma certa maneira"[520]. A "sede de justiça" mencionada por Louis Josserand[521] não cessou; pelo contrário, se acentuou no Século XX, de forma que há muito se reconhece, ao menos na doutrina, a necessária evolução, não só dos conceitos de dano ou culpa, mas, também da função da responsabilidade civil. Como evidencia Paul Esmein, a dificuldade de quantificação do sofrimento reaviva a hipótese de *'peine privée'* que, em verdade, "nunca desapareceu completamente"[522].

Neste cenário, no início do Século XX, Louis Huguenèy demonstrou que a *sanção* no direito privado francês não teria sido abolida, indicando que o Código Comercial da França de 1807, com antecedente do Século XVII, previa no capítulo de negócios marítimos indenizações em *múltiplos* – como há muitos séculos teria vigorado no Direito Romano – e verdadeiras *penas*[523]. Segundo o autor, a pena privada não teria perdido "todo o brilho", mais que isso, considerando a relevância do Direito Marítimo como fonte primitiva de todo o direito civil, onde se buscam modelos e lições, a pena privada poderia achar a base para sua expansão[524].

avoir varié selon les siècles, les lieux, les types de faut ou les cas individuels. Cependant, en général, aucun conflit ne se présentait entre les différentes fonctions. Chacune d'elle servait plus ou moins les autres" (Tunc. **La responsabilité civile**. Ob. Cit., p. 133).

520 Tradução livre: *"Tous continuent à inspirer le droit dans une certaine mesure"* (idem).

521 Josserand. "Evolução da Responsabilidade Civil". Ob. Cit.

522 *"Cette souffrance qui justifie la réparation n'est susceptible d'être ressentie que par une personne physique. On alloue cependant des dommages-intérêts* à *une personne morale parce que le préjudice est ressenti par les personnes physiques dont elle représente les intérêts. Mais il convient de ne pas aller trop loin dans cette voie, et des dommages-intérêts ne peuvent être accordés à une personne morale quand le préjudice ressenti par les personnes physiques qu'elle représente est minime et presque inappréciable. Ou alors les dommages, intérêts perdent en réalité leur caractère de réparation pour devenir une sanction, une peine privée. Or si la peine privée; qui n'a jamais complètement disparu, a de nos jours comme un regain de vie (V. L. Huguenèy, L'idée de peine privée en droit contemporain), la place qui lui est faite, en sus de la réparation civile, doit demeurer restreinte. Il faut subordonner son existence aux conditions suivantes. D'abord que l'auteur du dommage ait commis une faute grave; d'autre part qu'il ne subisse pas une sanction pénale jouant le rôle répressif désire"* (idem, p. 517).

523 Huguenèy, Louis. **La Peine Privée en Droit Contemporain** : quelques observations de droit maritime, de droit international et de droit civil comparé. Paris: Librairie Générale de Droit & de Jurisprudence, 1906, p. 3-15.

524 *"La peine privée n'a pas perdu, en droit maritime, tout-éclat! C'est la conclusion à laquelle ces observations nous conduisent et qui n'est pas sans intérêt. Le droit maritime n'est pas seulement, dans la science juridique, l'abri préféré des conceptions surannées. C'est aussi la source à laquelle la loi civile, dans bien des cas, vient chercher des modèles ou des enseignements. La Peine privée pourrait trouver dans cette puissance d'attraction une cause accessoire d'expansion"* (idem, p. 15).

Ao evidenciar que persistiam hipóteses no direito civil francês e de outros países europeus (Alemanha, Suíça, Bélgica e Itália), HUGUENEY indicou que o dogma ("escrúpulo") da inviabilidade da pena no direito civil não se justificava, lançadas as bases para a "*'peine privée'* renovada"[525]. A reparação integral foi colocada em xeque; como já citado, RENÉ DEMOGUE concluiu que "a teoria da indenização compensatória é suficientemente forte para sobreviver, mas, muito fraca para fazê-lo sozinha"[526].

Neste sentido, inúmeras foram as abordagens doutrinárias em prol de um elemento capaz de atingir a função preventiva ou punitiva da responsabilidade civil, trazendo-lhe aspectos próprios do elemento moral relegado em nome da proliferação de danos, a culpa[527]. Ressurge, com fulcro nos antecedentes romanos, a noção da "pena privada" (*'peine privée'*) – indenização de natureza mista, pena e retribuição[528], capaz de superar as deficiências do modelo estritamente reparatório.

Então, em 1947, BORIS STARCK "corajosamente" sistematizou as objeções à pena privada no modelo francês, para rebatê-las e sustentar sua tese de aplicabilidade. Citou que: (i) a pena privada tem fundamento "bárbaro" na vingança; (ii) a pena privada "é condenada por dupla evolução histórica: a abolição constante das penas e a objetivação da responsabilidade civil"; (iii) a pena privada viola a separação entre o direito civil e penal; (iv) a pena privada, não se atendo à reparação integral, dá ensejo ao enriquecimento sem causa ou ao empobrecimento[529].

Refutou as objeções mencionando que jamais houve completa abolição da sanção no direito civil. Como transcreve AGUIAR DIAS: "nem em direito romano nem no antigo direito francês nem em direito contemporâneo, na França ou no estrangeiro, o movimento esboçado chegou a seu termo: a pena privada, a culpa conservaram seu lugar e sua função própria na teoria da responsabilidade civil". Igualmente, asseve-

[525] "*C'est un scrupule dont la doctrine à plusieurs reprises, a semblé, dans ces derniers temps, moins touchée: quelques-uns ouvertement proposent de proportionner les dommages-intérêts à la mauvaise foi; quelques-uns déjà jettent les bases de la peine privée rénovée*" (idem, p. 27).

[526] Tradução livre: "*The theory of compensatory indemnity is sufficiently strong to survive, but too weak to rule alone*". (DEMOGUE. "Validity of the Theory of Compensatory Damages"... Ob. Cit., p. 597).

[527] RIPERT. **La règle morale**... Ob. Cit.

[528] SINTEZ. **La sanction préventive**... Ob. Cit., p. 163.

[529] Apud. AGUIAR DIAS. **Da Responsabilidade Civil**... Ob. Cit., p. 843.

rou a insubsistência da cisão entre direito civil e direito penal, porque "nenhum método lógico é capaz de construir sobre essas areias movediças um muro de separação que tenha a possibilidade de ficar em pé". Sobre o enriquecimento, afirmou que "se a ideia da pena privada é justa em si, evidente se torna o pretendido enriquecimento ou empobrecimento terão base legal, uma causa"[530]. A tese de STARCK, contudo, não recebeu o "impacto merecido"[531].

O anseio por um sistema de responsabilidade civil não estritamente reparatório ficou restrito ao *'Code de la Propriété Intellectuelle'*. A lei de tutela dos direitos do autor, ostenta no Título III ("Prevenção, procedimento e sanções") previsão, inserida em 2007, de "confisco", parcial ou total, das receitas decorrentes da violação dos interesses ali tutelados (art. L.331-1-4)[532]. Apesar da previsão específica e do arcabouço doutrinário, "os danos punitivos, na prática, jamais existiram no direito francês".

Inviável admitir a pena privada dentro do sistema ordinário do *Code Civil*; a CORTE DE CASSAÇÃO "sempre insistiu no princípio" da restituição integral[533] resistindo à natureza punitiva ou dissuasiva da responsabilidade civil. O binômio perda-lucro persiste como axioma do dever de indenizar[534]. Segundo célebre precedente da *Cour de Cassation*[535]:

530 Idem, p. 843-844.

531 *"Cette thèse n'avait pas obtenu le retentissement qu'elle méritait"* (CARVAL, Suzanne. "La responsabilité civile dans sa fonction de peine privée" in **Revue Internationale de Droit Comparé**, vol. 47, n. 4, Octobre-décembre/1995. pp. 1046-1047, 1995, p. 1.046. Disponível em: <http://www.persee.fr/doc/ridc_0035-3337_1995_num_47_4_5187>, acesso em 02/07/2016).

532 *"Art. L334-1-4. La juridiction peut également ordonner la confiscation de tout ou partie des recettes procurées par la contrefaçon, l'atteinte à un droit voisin du droit d'auteur ou aux droits du producteur de bases de données, qui seront remises à la partie lésée ou à ses ayants droit"* (Disponível em: <https://www.legifrance.gouv.fr/affichCode.do;jsessionid=55B2FE7C9AA688EC31927828111EAF89.tpdila09v_3?idSectionTA=LEGISCTA000006179046&cidTexte=LEGITEXT000006069414&dateTexte=20160710>, acesso em 03/07/2016).

533 LEVY. "Uma Visão Cultural...". Ob. Cit., p. 203.

534 Entre outros: "(...) *la cour d'appel a violé l'article 1382 du code civil, ensemble le principe de la réparation intégrale du préjudice sans perte ni profit"* (Cour de Cassation, 2eme Chambre Civile, Arrêt n. 1667, 10 de dezembro de 2015. Disponível em: <https://www.courdecassation.fr/jurisprudence_2/deuxieme_chambre_civile_570/1667_10_33210.html>, acesso em 07 de julho de 2016). A referência ao art. 1382 se refere à numeração pretérita do atual artigo 1240, com base na *Ordonnance* n° 2016-131, de 10 de fevereiro de 2016.

535 Também citado em PARKER. "Changing Tides: The Introduction Of Punitive Damages...". Ob. Cit., p. 396.

> "A essência da responsabilidade é restaurar, com a maior precisão possível, o equilíbrio afetado pelo dano e colocar a vítima na posição em que estaria se o ato danoso não tivesse sido produzido"[536].

Inolvidável, porém, o esforço no sentido de superar o dogma reparatório. Prova deste empreendimento foi o texto do anteprojeto de reforma do Código Civil Francês, proposto na ocasião de seu bicentenário[537]. A comissão responsável pelo rascunho de alteração do *Code Civil* no capítulo da responsabilidade civil foi capitaneada por GENVIÈVE VINEY e GEOGES DURRY, que se preocuparam em manter como "função primordial" a reparação "em conformidade com a legislação vigente"[538]. Sem prejuízo, reconhecem a função preventiva da indenização e, excepcionalmente, a punitiva – fixando hipótese de "danos punitivos":

> "Art. 1.371. O autor de um delito manifestamente intencional e, notadamente, de um ilícito lucrativo, pode ser condenado, além dos danos compensatórios, aos danos punitivos, os quais o juiz poderá atribuir facultativamente ao Tesouro Público. A decisão do magistrado de conceder tais danos deve ser especialmente motivada e seu montante distinto dos outros danos deferidos à vítima. Os danos punitivos não são asseguráveis"[539].

[536] Tradução livre: *"Le propre de la responsabilité civile est de rétablir aussi exactement que possible l'équilibre détruit par le dommage et de replacer la victime dans la situation où elle se serait trouvée si l'acte dommageable ne s'était pas produit"* (*Cour de Cassation*, 2eme Chambre Civile, Arrêt, n. 156, 09 de julho de 1981. Disponível em: <https://www.legifrance.gouv.fr/affichJuriJudi.do?idTexte=JURITEXT000007008757>, acesso em 07 de julho de 2016).

[537] O 'Avant-projet de réforme du droit des obligations et du droit de la prescription' ou '*Avant-projet Catala*' foi apresentado após os trabalhos de uma comissão de juristas presidida por PIERRE CATALA, que buscava "ajustar" o Código de 1804 às "necessidades do presente", face a natural insuficiência das "fontes de interpretação" sobre do Código Napoleônico (Disponível em: <http://www.justice.gouv.fr/art_pix/RAPPORTCATALASEPTEMBRE2005.pdf>, acesso em 08 de julho de 2016).

[538] No original: *"En ce qui concerne les* ***fonctions assignées à la responsabilité,*** *les textes proposés accordent la première place à la réparation, conformément au droit actuel"* (VINEY, Geneviève. "Exposé des motifs" in 'Avant-projet de réforme du droit des obligations et du droit de la prescription', p. 148).

[539] Tradução livre: *"Art. 1371 L'auteur d'une faute manifestement délibérée, et notamment d'une faute lucrative, peut-*être condamné, outre les dommages-intérêts compensatoires, à des dommages-intérêts punitifs dont le juge a la faculté de faire bénéficier pour une part le Trésor public. La décision du juge d›octroyer de tels dommages-intérêts doit être

Embora referido anteprojeto não tenha tido êxito legislativo, senão no capítulo da prescrição civil[540]; o dispositivo citado representa a consolidação das ideias da *'peine privée'*. E, como destaca Daniel de Andrade Levy, interessa-nos a solução proposta, especialmente a vinculação da indenização à conduta do ofensor, a destinação parcial ao Poder Público, a "exigência de motivação" – como "aporte de segurança jurídica pela fundamentação" – e a vedação da transferência do risco a terceiros (seguro)[541].

Frustrada a positivação do *'Avant-projet Catala'*[542], a polêmica da "pena privada" persevera, especialmente no tocante à quantificação dos danos morais[543]. A ausência de fundamento legal e o apego à função reparatória da responsabilidade civil incentivaram uma "tendência", também verificável no Brasil, de "mascarar a punição sob o molde do dano moral"[544]. O poder "soberano" dos magistrados na fixação do *'quantum'* nos danos extrapatrimoniais, que os desobriga a fundamentá-lo exaustivamente, permite a adoção *velada* da *'peine privée'*[545].

A título de exemplo, Martine Bourrié-Quenillet apurou que as indenizações por danos morais em decorrência do óbito de um familiar eram relativamente maiores quando verificada a culpa do ofensor, em detrimento da indenização fixada em hipóteses de responsabilidade objetiva[546].

spécialement motivée et leur montant distingué de celui des autres dommages-intérêts accordés à la victime. Les dommages-intérêts punitifs ne sont pas assurables" (Avant-projet Catala, p. 162).

540 Lei n. 2008-561, de 17 de junho de 2008 (Disponível em: <https://www.legifrance.gouv.fr/affichTexte.do?cidTexte=JORFTEXT000019013696&dateTexte=&categorieLien=id>, acesso em 04/07/2016).

541 Levy. "Uma Visão Cultural...". Ob. Cit., 206.

542 Importante realçar que em 2015, a Ministra da Justiça apresentou nova proposta de "modernização" do Código Civil, produto dos textos anteriores decaídos no Senado Francês (inclusive o *'Avant-projet Catala'*). A proposta de lei remetida ao Legislativo, porém, sugere discretas alterações do capítulo da responsabilidade civil, sem qualquer menção sobre "danos punitivos" ou à função da responsabilidade civil (Disponível em: <http://www.justice.gouv.fr/publication/j21_projet_ord_reforme_contrats_2015.pdf>, acesso em 07/07/2016).

543 Esmein, Paul. "Examen doctrinal Responsabilité Civil" in **Revue Critique de Législation et de Jurisprudence**, v. 47, n. 513, pp. 513-527, 1927.

544 Levy. "Uma Visão Cultural...". Ob. Cit., p. 204.

545 Carval. **La responsabilité civile dans...** Ob. Cit., p. 360.

546 Bourrié-Quenillet. "Le préjudice moral des proches d'une victime blessée : dérive litigieuse ou prix du désespoir" in **"La Semaine Juridique"**, n° 51, 16 décembre 1998, p. 2205, 1998. Disponível em: <http://www.lexisnexis.fr/droit-document/article/la-semaine-

Sophie Schiller esclarece que o temor das indenizações milionárias do modelo da *Common Law* é infundado, já que a "americanização" da responsabilidade civil francesa se mostrou muito mais relevante no aspecto teórico – nas "regras técnicas da responsabilidade civil" como a responsabilidade pelo fato do produto e ambiental – do que na fixação de indenizações (*'quantum'*)[547]. Segundo a autora, o processo é recíproco e a responsabilidade civil francesa passa por uma "mundialização" que permite afirmar a influência do direito francês na redução das indenizações do modelo norte-americano[548].

Neste sentido de "americanização", inolvidável a decisão da CORTE DE CASSAÇÃO que negou o *'exequatur'* de uma sentença da Corte da Califórnia que incluía *'punitive damages'*[549]. A sentença norte-americana condenara uma empresa francesa em US$3.253.734,45, consubstanciados em danos emergentes, lucros cessantes, honorários advocatícios e *'punitive damages'*. No procedimento de homologação da decisão, para a satisfação do título executivo, a *Cour de Cassation* afirmou que:

> "Uma decisão estrangeira que condena uma parte ao pagamento de danos punitivos não é, per si, contrária à ordem pública internacional; ao julgar em contrário, a Corte de Apelos violou os artigos 3 e 15 do Código Civil, 509 do Código de Processo Civil e os princípios que regem o procedimento de *'exequatur'*"[550].

Ao contrário das decisões da SUPREMA CORTE Italiana citadas no subcapítulo antecedente, a decisão da Câmara Cível da CORTE DE

juridique-edition-generale/51-1998/T02_PS_SJG_SJG9851DT02.htm#.V4KvPldk-Rs>, acesso em 20/06/2016.

547 Schiller, Sophie. "Hypothèse de L'américanisation du Droit de la Responsabilité" in **Archives de Philosophie du Droit**, 2001, n. 45 ('L'américanisation du Droit'), pp. 177-198, 2001, p. 193.

548 Idem, p. 198.

549 Cour de Cassation, Chambre Civile 1, Arrêt n. 09-13303, 1º de dezembro de 2010 (Disponível em: <https://www.legifrance.gouv.fr/affichJuriJudi.do?oldAction=rechJuriJudi&idTexte=JURITEXT000023165365&fastReqId=553219204&fastPos=1>, acesso em 07 de julho de 2016).

550 Tradução livre: *"(...) une décision étrangère condamnant une partie à paiement de dommages-intérêts punitifs n'est pas, par principe, contraire à l'ordre public international de fond ; qu'en jugeant le contraire, la Cour d'appel a violé les articles 3 et 15 du code civil, 509 du code de procédure civile et les principes régissant la procédure d'exequatur"* (idem).

CASSAÇÃO Francesa se destaca pela rejeição do argumento de que os *'danos punitivos'* violariam a ordem pública. No caso concreto, porém, refutou o *'exequatur'* dos *'dommages-intérêts punitifs'*, porque desproporcionais. Em outras palavras, a instância máxima da jurisdição cível francesa reconhece o obstáculo intransponível da reparação integral do direito interno (art. 1240), porém, admite a indenização na execução de sentenças estrangeiras.

A problemática, no entanto, persiste, já que os juízes franceses não raro se valem da conduta do ofensor, do grau de culpa e da natureza preventiva da indenização para a fixação dos valores das indenizações por danos morais[551]; e, tal qual no Brasil, ainda que *justificada* a adoção destes critérios, a aplicação de *lege ferenda* não passa incólume. As críticas se assemelham àquelas voltadas à adoção velada da punição nos danos morais pelos tribunais pátrios[552].

A fixação indistinta de danos morais em quantia superior ao dano, para abranger aspectos punitivos ou dissuasórios, traz arbitrariedades e traduz insegurança jurídica[553]. Como veremos nos capítulos subsequentes, simples importação da figura dos *'punitive damages'* atenta contra a lógica do sistema, com mais razão no modelo francês. Ao contrário do dano social, pensado no aspecto da natureza reparatória do Código Civil brasileiro, o reconhecimento dos *'dommages-intérêts punitifs'* tem fundamento na *'pena privada'* com origem romana e influência norte-americana; por isso, o obstáculo legislativo e as críticas de insegurança jurídica tornam evidente as razões da proposta do *'Avant-projet Catala'* – cujas soluções interessarão em aspectos práticos do dano social.

3.6. Alemanha

Tal qual o modelo francês, ao longo do último século se reafirmou na experiência germânica a natureza "monista" da indenização (reparatória), reforçando a cisão entre direito penal e civil – competindo ao primeiro, exclusivamente, a punição. Como afirma VOLKER BEHR, a função punitiva

551 BORGHETTI, Jean-Sébastien. "Punitive damages in France" in KOZIOL, Helmut; WILCOX, Vanessa. **Punitive Damages: Common Law and Civil Law Perspectives** – Tort and Insurance Law, v. 25. Vienna: Springer, 2009, pp. 55-73.

552 MARTINS-COSTA; PARGENDLER. "Usos e abusos da função punitiva". Ob. Cit.

553 PARKER. "Changing Tides: The Introduction Of Punitive Damages...". Ob. Cit., 423.

da responsabilidade civil é reiteradamente tratada na Alemanha de forma negativa[554].

O §249, do *Bürgerliches Gesetzbuch* (BGB), que trata da "natureza e extensão dos danos" (*'Art und Umfang des Schadensersatzes'*) tem inequívoco fundamento no equilíbrio que sedimentou o Código Napoleônico:

> "(1) O causador de danos é obrigado a reestabelecer a situação que existiria se a circunstância que o obrigou a pagar tal indenização não tivesse ocorrido"[555].

A noção de punição é estranha ao Código Civil Alemão, seja por violar o princípio compensatório, seja porque contraria a "mutualidade" da obrigação[556] e a vedação ao enriquecimento sem causa. Como leciona Thomas Dreier, mesmo que se repute o direito penal insuficiente, não cabe à responsabilidade civil tomar forma contrária aos "princípios fundamentais do direito privado"[557]. Neste sentido, representativas as conclusões da assembleia da Associação de Juristas Alemães (*'Deutscher Juristentag'*)[558] realizada em 2006, cuja maioria declinou a competência da responsabilidade civil de prevenir condutas, indicando a prevalência do princípio da "reparação natural"[559].

[554] Behr, Volker. "Punitive Damages in American and German Tendencies Towards approximation of Apparently Irreconcilable Concepts" in **Chicago-Kent Law Review**, vol. 78, n. 105, pp. 105-161, 2003, p. 106. Disponível em: <http://scholarship.kentlaw.iit.edu/cgi/viewcontent.cgi?article=3389&context=cklawreview>, acesso em 14 de julho de 2016.

[555] Tradução livre: *"§249 Art und Umfang des Schadensersatzes (1) Wer zum Schadensersatz verpflichtet ist, hat den Zustand herzustellen, der bestehen würde, wenn der zum Ersatz verpflichtende Umstand nicht eingetreten wäre"* (Código Civil Alemão, disponível em: <https://www.gesetze-im-internet.de/bgb/__249.html>, acesso em 14 de julho de 2016).

[556] Koziol, Helmut. "Punitive Damages – A European Perspective" in **Louisiana Law Review**, vol. 68, 741, 2007-2008, pp. 741-764, 2008, p. 752.

[557] Dreier, Thomas. **Kompensation und Prävention** : Rechtsfolgen der unerlaubten Handlung im Bürgerlichen. Tübingen: Möhr Siebeck, 2002, p. 527.

[558] Desde 1860 (excepcionado o período de 1933 e 1945), a *'Deutscher Juristentag'* organiza encontros bienais, com milhares de juristas alemães de diversos ramos do direito que resulta um relatório de *"decisões"* (*'Beschlüsse'*) – enunciados que transmitem o entendimento majoritário dos debates, em modelo parecido àquele adotado pelo Conselho de Justiça Federal para as Jornadas de Direito Civil (cf. <http://www.djt.de/die-tagungen/>).

[559] A Associação de Juristas Alemães (*'Deutscher Juristentag'*) enunciou que, ainda que reconhecido viés preventivo da responsabilidade civil, com controle de condutas (*'Verhaltenssteuerung'*), o princípio da "reparação natural não cede, com caráter essencialmente reparatório

Igualmente, o Tribunal Federal de Justiça Alemão (*'Bundesgerichtshof'*) já se manifestou expressamente sobre a incompatibilidade dos *'punitive damages'* naquele país[560].

Após a condenação criminal, a Corte da Califórnia acolheu a pretensão indenizatória da vítima contra um alemão que, enquanto residia nos Estados Unidos da América, cometeu abusos sexuais contra menor. A corte norte-americana impôs condenação de mais de US$700 mil, sendo quatrocentos mil dólares a título de *'punitive damages'*[561]. Com o refúgio do condenado em seu país de origem, a vítima propôs a homologação e execução da sentença na Alemanha – conforme o § 328 do Código de Processo Civil Alemão (*'Zivilprozessordnung'*)[562].

O referido dispositivo estabelece critérios negativos de reconhecimento, possível a ilação de que o "não reconhecimento deve ser a *'ultima ratio'*"[563]. Não obstante, a Corte Federal entendeu que o capítulo da sen-

(Deutscher Juristentag. **Beschlüsse** n. 66, Stuttgart 19, bis 22, setembro de 2006, p. 3. Disponível em: <http://www.djt.de/fileadmin/downloads/66/66_DJT_Beschluesse.pdf>, acesso em 14 de julho de 2016).

560 Grassi. Simone. **I Danni Punitivi : dagli Stati Uniti all'Europa**, Tese (Doutorado) – Università degli Studi di Sassari (98p). Sassari (Sardenha), 2011, p. 6.

561 Pizzol. **As Funções Punitiva e Preventiva**... Ob. Cit., p. 197.

562 Dispõe sobre o procedimento de reconhecimento da sentença estrangeira no processo civil alemão, estabelecendo cinco requisitos negativos que ensejam a rejeição da decisão: (i) carência de jurisdição do tribunal de origem; (ii) falta de citação válida para a defesa; (iii) violação da coisa julgada ou litispendência nacional; (iv) confronto à ordem pública e aos direitos fundamentais alemães; (v) ausência de reciprocidade. ("*§ 328 Anerkennung ausländischer Urteile (1) Die Anerkennung des Urteils eines ausländischen Gerichts ist ausgeschlossen: 1. wenn die Gerichte des Staates, dem das ausländische Gericht angehört, nach den deutschen Gesetzen nicht zuständig sind; 2. wenn dem Beklagten, der sich auf das Verfahren nicht eingelassen hat und sich hierauf beruft, das verfahrenseinleitende Dokument nicht ordnungsmäßig oder nicht so rechtzeitig zugestellt worden ist, dass er sich verteidigen konnte; 3. wenn das Urteil mit einem hier erlassenen oder einem anzuerkennenden früheren ausländischen Urteil oder wenn das ihm zugrunde liegende Verfahren mit einem früher hier rechtshängig gewordenen Verfahren unvereinbar ist; 4. wenn die Anerkennung des Urteils zu einem Ergebnis führt, das mit wesentlichen Grundsätzen des deutschen Rechts offensichtlich unvereinbar ist, insbesondere wenn die Anerkennung mit den Grundrechten unvereinbar ist; 5. wenn die Gegenseitigkeit nicht verbürgt ist*" – Disponível em: <https://www.gesetze-im-internet.de/zpo/__328.html>, acesso em 13 de julho de 2016).

563 Na União Europeia, a Convenção de Bruxelas, por exemplo, veda a análise de mérito no juízo de reconhecimento das sentenças estrangeiras – cf. art. 29. "As decisões estrangeiras não podem, em caso algum, ser objeto de revisão de mérito" (Vadillo Robredo, Goretti. "Reconocimiento y ejecución en Alemania de sentencias extranjeras de daños punitivos. Comentario a la decisión del Tribunal Federal de Justicia alemán (Bundesgeri-

tença americana sobre *'punitive damages'* violava a ordem pública, incompatível com a natureza da reparação civil do Direito Alemão[564].

Como última instância da jurisdição ordinária, o *'Bundesgerichtshof'* decidiu que: (i) o direito civil alemão, no § 249 e na exposição de motivos do BGB, estabelece a compensação como única consequência jurídica do ilícito, não o enriquecimento do lesado[565]; (ii) a punição e a prevenção por meio da imposição de débitos se dá na esfera do direito penal, com a multa prevista no § 46 do Código Penal Alemão, estranhas ao direito civil[566]; (iii) a destinação da verba punitiva ao indivíduo (*'private attorney/prosecutor'*) viola o monopólio estatal da punição e as salvaguardas típicas do processo penal[567]; (iv) o montante fixado nos tribunais norte-americanos considera o percentual dos honorários descontados da indenização (às vezes, até 40%), cujo modelo de fixação é vedado no BGB, e não raro viola a proporcionalidade, fundamento do sistema[568];

chtshof), de 4 de junio de 1992" in **Estudios de Deusto**, v. 45, n. 2, pp. 203-243, jan./2015. ISSN 2386-9062, p. 203. Disponível em: <http://revista-estudios.revistas.deusto.es/article/view/622/784>, acesso em 16 de julho de 2016).

564 BRASLOW, Norman T. "The Recognition and Enforcement of Common Law Punitive Damages In a Civil Law System: Some Reflections on the Japanese Experience" in **Arizona Journal of International and Comparative Law**, vol. 16, n. 2, pp. 285-365, 1999, p. 301.

565 Tradução livre: "O Sistema Civil Alemão moderno estabelece a compensação do dano como consequência legal do ato ilícito (§§ 249 do BGB), inexistindo previsão de enriquecimento da parte lesada" – *"Die moderne deutsche Zivilrechtsordnung sieht als Rechtsfolge einer unerlaubten Handlung nur den Schadensausgleich (§§ 249 ff. BGB), nicht aber eine Bereicherung des Geschädigten vor (Motive zu dem Entwurfe eines Bürgerlichen Gesetzbuches für das Deutsche Reich Bd. II S. 17 ff.)"* (BGH, 04.06.1992 – IX ZR 149/91 – Disponível em: <http://www.servat.unibe.ch/dfr/bz118312.html&usg=ALkJrhiBNXrp24m3RoikSSmILkFPVU17eA>, acesso em 14 de julho de 2016).

566 Tradução livre: "A punição e a dissuasão são finalidades possíveis da sanção pecuniária penal – que consiste em multa em favor do Estado –, não do direito civil" – *"Die Bestrafung und – im Rahmen des Schuldangemessenen – Abschreckung sind mögliche Ziele der Kriminalstrafe (§§ 46 f. StGB), die als Geldstrafe an den Staat fließt, nicht des Zivilrechts"* (idem).

567 Tradução livre: "[Os 'punitive damages'] Contrariam a cultura jurídica alemã, na medida em que se mostram incompatíveis com o monopólio estatal da punição e as garantias processuais inerentes a essa espécie" – *"Das ist nach deutscher Rechtsauffassung mit dem Bestrafungsmonopol des Staates und den dafür eingeführten besonderen Verfahrensgarantien unvereinbar"* (idem).

568 Tradução livre: "Um dos princípios fundamentais do direito alemão e o princípio da proporcionalidade, que se baseia no princípio da legalidade e também se aplica ao direito civil" – *"Zu den wesentlichen Grundsätzen des deutschen Rechts gehört der aus dem Rechtsstaatsprinzip folgende Grundsatz der Verhältnismäßigkeit, der auch in der Zivilrechtsordnung Geltung beansprucht"* (idem).

(v) a indenização punitiva enseja significativo *'spreading'* (*v.g.* securitização[569]) e colocaria em desvantagem os credores nacionais[570].

Seria simplista, contudo, concluir que a Alemanha desconhece a natureza punitiva da indenização. Mesmo que reiterada a noção da insubsistência da tese norte-americana dos *'punitive damages'*, fundamentos idênticos são reiteradamente aplicáveis na quantificação dos danos extrapatrimoniais.

Aqui, rememora-se que o ordenamento civil alemão é "típico", ou seja, restringe o ressarcimento aos interesses "tipificados em lei, como a vida, a integridade física, a saúde, a liberdade e a propriedade"[571]. O § 823, que prevê o dever de indenizar, expõe rol fechado[572] de interesses tutelados (vida, corpo, saúde, liberdade e propriedade)[573]; e, no mesmo sentido, os danos morais encontram previsão restrita a determinados interesses e "aqueles especificados em lei" (§ 253), expressa a tutela da liberdade, do corpo, da saúde e da autodeterminação sexual[574].

569 Tradução livre: "Os danos punitivos, fixados pelos tribunais norte-americanos em quantias extraordinariamente excessivas, além do prejuízo sofrido, ensejaram crescimento vertiginoso da carga compensatória no cálculo do risco segurável" (idem).

570 Tradução livre: "Assim, a execução dos danos punitivos – além da compensação dos danos materiais e extrapatrimoniais – geraria resultado intolerável na Alemanha (...)" – *"Deshalb wäre schon allein die Vollstreckung eines Anspruchs auf pauschalen Strafschadensersatz – über den Ersatz vollen materiellen wie immateriellen Schadens hinaus – in Deutschland ein untragbares Ergebnis, so daß bereits diese verhältnismäßig geringe Inlandsbeziehung des Streitfalles dem Klageantrag entgegensteht"* (idem).

571 Schreiber. **Novos paradigmas da responsabilidade civil**... Ob. Cit., p. 102.

572 Fuchs, Maximilian. "I caratteri fondamentali del sistema della responsabilità civile tedesca" in **Danno e Responsabilità**, n. 12, pp. 1133-1149, 2001, p. 1135.

573 Tradução livre: "(1) Quem violar que, intencionalmente ou por negligência, a vida, o corpo, a saúde, a liberdade, a propriedade ou outro direito de outra pessoa é obrigado a compensar pelo dano causado" – "§ 823 Schadensersatzpflicht. (1) Wer vorsätzlich oder fahrlässig das Leben, den Körper, die Gesundheit, die Freiheit, das Eigentum oder ein sonstiges Recht eines anderen widerrechtlich verletzt, ist dem anderen zum Ersatz des daraus entstehenden Schadens verpflichtet." (BGB, disponível em: <https://www.gesetze-im-internet.de/bgb/__823.html>, acesso em 14 de julho de 2016).

574 *"§ 253 Immaterieller Schaden. (1) Wegen eines Schadens, der nicht Vermögensschaden ist, kann Entschädigung in Geld nur in den durch das Gesetz bestimmten Fällen gefordert werden. (2) Ist wegen einer Verletzung des Körpers, der Gesundheit, der Freiheit oder der sexuellen Selbstbe"* (BGB, disponível em: <https://www.gesetze-im-internet.de/bgb/__253.html>). Tradução livre: "§253 Dano Extrapatrimonial. (1) A compensação em dinheiro por danos não materiais somente pode ser admitida nos casos previstos em lei. (2) São devidos danos morais em caso de lesões corporais, à saúde, à liberdade ou à sexualidade".

A limitação do BGB, todavia, se mostrou imprópria para a necessária tutela da "sociedade de risco"; os mesmos fundamentos citados por SALEILLES e JOSSERAND que ensejaram a reforma da responsabilidade na França ensejaram a *flexibilização* da restrição ao dever de indenizar, especialmente os interesses extrapatrimoniais tutelados. Neste esteio, destaca RICARDO DAL PIZZOL o papel do Tribunal Federal de Justiça (*'Bundesgerichtshof'*) na extensão do § 253 do BGB[575].

Em 1954, o Tribunal Federal Alemão estabeleceu que a Constituição Federal suplantava a restrição do BGB, inviável supor a ausência de tutela do "direito geral de personalidade", baseado na dignidade da pessoa humana[576]. Especificou, em julgado de 1961, que, ao tempo da positivação do rol taxativo (§ 253), o Código Civil alemão priorizava a propriedade, relegando proteção "insuficiente e fragmentada" da pessoa humana. Destarte, ante a nova ótica constitucional, o dever de indenizar (§ 823) não poderia ser restrito – impondo às cortes a interpretação conforme o texto constitucional, pela primazia da personalidade humana[577].

Como já visto em outras experiências jurídicas, inclusive o Brasil, a temática da *função* da responsabilidade civil exsurge dos anseios social e jurídico em favor da tutela da pessoa humana, especialmente os danos extrapatrimoniais. HANS ALBRECHT FISCHER já reconhecia a *dupla função* da indenização moral nos primeiros anos da vigência do BGB, interpretando de forma ampla o § 847[578] (ora revogado); e desde a metade do

[575] PIZZOL. **As Funções Punitiva e Preventiva**... Ob. Cit., p. 193.

[576] BGHZ, Urt. v. 05.25.1954, Az. I ZR 211/53. Disponível em: <https://www.jurion.de/Urteile/BGH/1954-05-25/I-ZR-211_53>.

[577] *"When the BGB established that enumeration principle, the high value of the protection of human personality and its special sphere had not received the recognition that it enjoys according to Arts. 1 and 2 I of the Constitution. From the standpoint of the BGB, the protection of property interests always stood in the foreground, whereas the personal worth of a human being received only insufficient and fragmentary protection. In recognizing a general personality right of mankind and granting it the protection of § 823 I BGB, the courts drew for civil law purposes the consequences resulting from the rank the Constitution assigned to the worth of human personality and the protection of its free development"* (BGH, 19.09.1961 – VI ZR 259/60. Disponível em: <https://law.utexas.edu/transnational/foreign-law-translations/german/case.php?id=738>, apud. PIZZOL. **As Funções Punitiva e Preventiva**... Ob. Cit., p. 194).

[578] "§ 847. *(1) Im Falle der Verletzung des Körpers oder der Gesundheit sowie im Falle der Freiheitsentziehung kann der Verletzte auch wegen des Schadens, der nicht Vermögensschaden ist, eine billige Entschädigung in Geld verlangen. (2) Ein gleicher Anspruch steht einer Frauensperson zu, gegen die ein*

Século passado, parcela da doutrina e da jurisprudência convergem no sentido de afirmar a *dupla função* da indenização – por um lado, a função "compensatória", de outro, uma função de "retribuição ou castigo"[579].

Nesta perspectiva, em 1955, o Tribunal Federal de Justiça[580] expressou que a indenização (extrapatrimonial) baseada no § 847 do *'Bürgerliches Gesetzbuch'* ostentava "dupla função" (*'doppelten Funktion'*). Assim, ao fixá-la, deveria ser considerado o "grau de culpa do ofensor" e a "situação econômica de ambas as partes"[581]; além de outros elementos como a existência de seguro. Os precedentes da Corte Federal Alemã sedimentaram que, nos danos morais, a indenização atende ao critério da compensação, mas, também, da "satisfação" (*'Genugtuung'*) – no qual estão inseridos valores ínsitos da natureza punitiva e preventiva da indenização (condição econômica, culpabilidade, motivação etc.)[582].

Como ensina Bernd-Rüdiger Kern a "*satisfação*" atinge três diferentes aspectos: (i) sentimental, valor fixado para apaziguar o senso de justiça violado; (ii) patrimonial, a quantia impõe ao ofensor um sacrifício patrimonial; e (iii) dissuasório ou preventivo[583]. Com efeito, indis-

Verbrechen oder Vergehen wider die Sittlichkeit begangen oder die durch Hinterlist, durch Drohung oder unter Mißbrauch eines Abhängigkeitsverhältnisses zur Gestattung der außerehelichen Beiwohnung bestimmt wird" (Disponível em: <https://dejure.org/gesetze/0BGB010102/847.html>, acesso em 10 de agosto de 2016). Tradução livre: "(1) Em caso de lesões corporais, à saúde, bem como no caso de privação da liberdade, a vítima pode exigir uma compensação em dinheiro pelo dano extrapatrimonial. (2) Demanda semelhante deve ser aplicada à mulher vítima de crime contra a moral (...)" – cf. também Fischer, Hans Albrecht. **A Reparação de Danos no Direito Civil**. Ob. Cit., p. 275.

579 *"Se dice que los daños morales en el Derecho alemán cumplen una doble función; por un lado, la función compensatoria, y por otro la función de retribución o castigo (Genugtuung)"* (Robredo. "Reconocimiento y ejecución en Alemania..." Ob. Cit., p. 224).

580 Bghz, Beschl. v. 06.07.1955, Az.: GSZ 1/55. Disponível em: <https://www.jurion.de/Urteile/BGH/1955-07-06/GSZ-1_55>.

581 Tradução livre: "(...) todas as circunstâncias do caso devem ser levadas em consideração, incluindo o grau de culpa do devedor e a situação econômica de ambas as partes" – *"Bei der Festsetzung dieser billigen Entschädigung dürfen grundsätzlich alle in Betracht kommenden Umstände des Falles berücksichtigt werden, darunter auch der Grad des Verschuldens des Verpflichteten und die wirtschaftlichen Verhältnisse beider Teile"* (idem).

582 Lourenço. **A Função Punitiva da Responsabilidade Civil**... Ob. Cit., p. 119.

583 Kern, Bern-Rüdiger. "A função de satisfação na indenização do dano pessoal. Um elemento penal na satisfação do dano?" in **Revista de Direito do Consumidor**, n. 33, pp. 9-32, 2000, p. 10.

sociável a noção de satisfação daquela de "pena privada", especialmente verificada nos casos de "micro-danos" ou "lucro ilícito":

> "A função de satisfação ganha especial importância e, até mesmo significado constitutivo da concessão do dinheiro da dor, em hipóteses com danos muito pequenos ou muito grandes, sempre que se trata de prejuízos que por sua natureza não comportam compensação. Tem de ser acrescida a culpa não insignificante. Praticamente induvidosa nesta correlação é a influência que exerce a função de satisfação sobre o dinheiro da dor nos casos de ofensa ao direito de personalidade. Isto, contudo, também ocorre quando as ofensas são tão intensas que aniquilam na vítima toda a capacidade mental e também suas percepções sensoriais. Diante de tais situações, a função da compensação recua totalmente, por não mais ser possível uma qualquer espécie de compensação. Nestes casos, se preciso for, a prestação do dinheiro da dor pode basear-se tão-somente na função de satisfação. O mesmo vale, correspondentemente, para danos diminutos, o que, em todo caso, não é reconhecido por parte da jurisprudência, por não ser compensável. Um dinheiro da dor apoiado, única e preponderantemente, na função de satisfação pode, pois, dado o caso, ser concedido"[584].

Embora não se possa afirmar pacífica[585], a dupla função tem adesão significativa da doutrina e jurisprudência alemãs. Convergem Ricardo Dal Pizzol[586] e Geandrei Stefanelli Germano[587] sobre a referência do precedente do Tribunal de Justiça Federal em demanda proposta pela Princesa Caroline de Mônaco, em que o BGHZ afirmou a necessidade de fixação da indenização imaterial em montante que gere "genuíno efeito inibidor" – isto é, que represente efetivo caráter dissuasório[588]. E, neste quadro, a posição prevalente atende à lição primitiva

[584] Idem, p. 28.

[585] Cf. Stoll, Hans. "Penal Purposes in the Law of Tort" in **The American Journal of Comparative Law**, v. 18, n. 1, pp. 3-21, 1970, p. 8. Disponível em: <https://www.jstor.org/stable/839459?seq=1#page_scan_tab_contents>, acesso em 10 de julho de 2016; e Gallo. **Pene private**... Ob. Cit., p. 52-53.

[586] Ob. Cit., p. 195.

[587] Germano. **Punitive damages nas relações de consumo**. Ob. Cit., p. 134.

[588] *"Bei der Bemessung einer Geldentschädigung, die im Fall einer schweren Verletzung des Persönlichkeitsrechts zu zahlen ist, kommt dem Präventionsgedanken besondere Bedeutung zu (...) In solchen*

de IHERING, que sustentava a "aplicação da medida da culpa a todas as relações do direito privado" e que o direito civil não poderia ser indiferente à "violação intencional" da norma jurídica[589].

O fundamento legal aberto da "satisfação", interpretado sob o anseio da "dupla função" e da retração do direito penal, ampara a adoção de critérios distintos da compensação na fixação dos danos morais. Nas palavras de BERND-RÜDIGER KERN, "o conceito de satisfação tornou-se sinônimo de pena privada"[590].

Neste contexto, a experiência alemã muito se aproxima daquela verificada nos Tribunais Pátrios. A noção de *'punitive damages'* conforme estabelecida nos países de *'Common Law'* é repelida nos Tribunais Superiores, porém, é repetidamente admitida, na fixação dos danos morais, outros critérios distintos da reparação que se encontra expressa no texto positivado. Por isso, as críticas se assemelham àquelas aqui verificadas – quanto à carência de "transparência" no *'quantum'* indenizatório[591]. Cita KERN:

> "Se a função penal deve efetivamente incidir, a satisfação tem de ser indicada, em separado e com precisão na sentença. Somente assim ela poderá ser extraída do seguro e atingir o ofensor como um papável sacrifício patrimonial"[592].

A "pena privada", portanto, encontra amparo no modelo germânico; a introdução, porém, muito se assemelha à experiência brasileira – com as vicissitudes já firmadas. A adoção de sanção velada na condenação por danos extrapatrimoniais enseja "falhas supérfluas de fundamentação" e arbitrariedades, necessário cindir e externar o fundamento dogmático da

Fällen muß von der Höhe der Geldentschädigung ein echter Hemmungseffekt ausgehen" (Bundesgerichtshof, Urt. v. 05.12.1995, Az.: VI ZR 332/94. Disponível em: <https://www.jurion.de/Urteile/BGH/1995-12-05/VI-ZR-332_94>, acesso em 16 de julho de 2016).

589 IHERING, Rudolf Von. **A luta pelo Direito**. Trad. João de Vasconcelos. São Paulo: Martin Claret, 2009, p. 54.

590 KERN. "A função de satisfação na indenização do dano pessoal. Um elemento penal na satisfação do dano?". Ob. Cit., p. 29-32.

591 PIZZOL. **As Funções Punitiva e Preventiva**... Ob. Cit., p. 196.

592 KERN. "A função de satisfação na indenização do dano pessoal. Um elemento penal na satisfação do dano?". Ob. Cit., p. 29.

"satisfação" com função dúplice (compensação e pena), a fim de permitir delimitá-las, transparecendo segurança jurídica e progresso da matéria[593].

3.6. Portugal

Como expôs Paula Meira Lourenço, o direito lusitano assistiu na segunda metade do Século XX ao "ressurgimento da teoria da '*indemnização sancionatória*'"[594]. Doutrina e jurisprudência de Portugal têm admitido de forma crescente a natureza "mista" da responsabilidade civil – isto é, a restauração de danos *e* a "reprovação da conduta"[595].

Em consonância com o movimento internacional, Júlio Gomes afirmou, em 1989, que "longes vão os tempos em que se julgava poder distinguir responsabilidade civil e responsabilidade criminal", inegável a importância da finalidade "preventivo-punitiva da responsabilidade civil". Baseia-se nos precedentes norte-americanos e o debate sobre a "satisfação" no Direito Alemão para evidenciar tais funções da indenização. Completa o autor português que o fenômeno de aproximação com o direito penal é recíproco, indicando os modelos de "justiça restaurativa" como transação cível na seara penal[596].

O *dogma* da reparação integral, segundo Mota Pinto, aplicar-se-ia apenas nos "fatos dolosos", que implicam a necessidade de reparar "*todos* os danos causados"[597]. Isto porque, os artigos 494° e 496°, do Código Civil Português de 1966, trariam ao campo da responsabilidade civil outros aspectos, como a conduta do agente, a culpabilidade e condição econômica das partes e "outras circunstâncias". Dispõem os artigos mencionados:

[593] Idem, p. 32.

[594] Lourenço, Paula Meira. "Novos Rumos da Responsabilidade Civil e Teoria da Indemnização Sancionatória" in **Colóquio Responsabilidade Civil Novas Perspectivas**, Superior Tribunal de Justiça, Brasília, 13 de março de 2008, p. 11. Disponível em: <http://www.stj.pt/ficheiros/coloquios/responsabilidadecivil_paulameiralourenco.pdf>, acesso em 20 de julho de 2016.

[595] Germano. **Punitive damages nas relações de consumo**. Ob. Cit., p. 145.

[596] Gomes, Júlio. "Uma função punitiva para a responsabilidade civil e uma função reparatória para a responsabilidade penal?" in **Revista de Direito e Economia**, ano XV (1989), Universidade de Coimbra, pp. 105-144, 1989. Disponível em: <http://repositorio.ucp.pt/handle/10400.14/18283>, acesso em 20 de julho de 2016.

[597] Mota Pinto, Carlos. **Teoria Geral do Direito Civil**, 4ª Ed. Coimbra: Coimbra Editora, 2012, p. 130.

"**ARTIGO 494º (Limitação da indemnização no caso de mera culpa).** Quando a responsabilidade se fundar na mera culpa, poderá a indemnização ser fixada, equitativamente, em montante inferior ao que corresponderia aos danos causados, desde que o grau de culpabilidade do agente, a situação econômica deste e do lesado e as demais circunstâncias do caso o justifiquem".

"**ARTIGO 496º (Danos não patrimoniais).** (...) 3. O montante da indemnização será fixado equitativamente pelo tribunal, tendo em atenção, em qualquer caso, as circunstâncias referidas no artigo 494o; no caso de morte, podem ser atendidos não só os danos não patrimoniais sofridos pela vítima, como os sofridos pelas pessoas com direito a indemnização nos termos número anterior.

Segundo João de Matos Antunes Varela, a "lei reflete em termos bastante expressivos a função *sancionatória* ou *punitiva*, que acessoriamente é exercida pela responsabilidade civil". O grau de culpa como instrumento na fixação da verba consubstancia elemento antes ignorado pelos civilistas, "completamente surdos a melodias desse estilo"[598].

E, com base no destacado autor, o Supremo Tribunal de Justiça Português, há muito sustenta que a indenização deve levar em consideração os "critérios" do artigo 494º, "para um duplo objetivo: o da reparação dos danos causados e o da sanção ou reprovação do agente"[599]. A preocupação da tutela dos direitos da personalidade, com *cláusula geral* de tutela judicial permitiria fixar indenização com natureza punitiva e preventiva, levando em consideração os aspectos econômicos e comportamentais[600].

[598] VARELA, João de Matos Antunes. "Rasgos inovadores do Código Civil Português de 1966 em matéria de responsabilidade civil" in **Boletim da Faculdade de Direito**, Universidade de Coimbra, v. 48 (1972), pp. 77-106, 1972, p. 90. Disponível em: <https://dialnet.unirioja.es/servlet/articulo?codigo=5561029>, acesso em 20 de julho de 2016.

[599] Acórdão do Supremo Tribunal de Justiça, 17/11/1998 (julgado 14/05/1998), proc. n. 98A990 – Rel. Ribeiro Coelho (Disponível em: <http://www.dgsi.pt/jstj.nsf/954f0ce6ad9dd8b980256b5f003fa814/9fe29964316f320b8025696200394bcc?OpenDocument>, acesso em 20 de julho de 2016).

[600] Paula Meira Lourenço (**A Função Punitiva**... Ob. Cit., p. 398) fundamenta nos termos do artigo 70º, 2 (Tutela Geral da Personalidade) "2. *Independentemente da responsabilidade civil a que haja lugar, a pessoa ameaçada ou ofendida pode requerer as providências adequadas às*

Não se pode, contudo, admitir como sacramentada a questão de "sanção" na responsabilidade civil portuguesa. Persiste o temor do enriquecimento sem causa e, principalmente, a adstrição ao dano (natureza estritamente reparatória). Parcela da doutrina resiste, indicando que o dispositivo mencionado do Código Civil de 1966 prevê justamente o contrário, não admitindo a noção de culpa – jamais cogitável superar o dano com base no grau de culpa/reprovação[601]. Prevalece que a noção de que as funções preventiva e punitiva são admitidas, porém, a dependência do *dano* e a natureza acessória/subsidiária ante a função reparadora se mantém[602].

Com efeito, a oposição de ideias evidencia contradições nas indenizações fixadas e expõe o risco da arbitrariedade, insuficiência ou insegurança jurídica. As objeções sobre a falta de previsibilidade do dano moral verificada no país se repetem na experiência portuguesa; Inocêncio Galvão Telles apontava que a "liberdade" fixada poderia ensejar "efeitos perversos"[603]. Como afirma Paula Meira Lourenço, há uma "miopia" na fixação dos valores dos danos extrapatrimoniais, quantias "ínfimas", sequer capazes de abranger a compensação dos danos, inaptos a satisfazer à elencada função preventiva ou punitiva[604].

Entre nós, Anderson Schreiber já afirmou que "sob o ponto de vista científico (...) o resultado das ações de danos morais é antes frustrante que efetivamente enriquecedor"[605]. No mesmo sentido, Menezes Leitão critica os tribunais portugueses pela "extrema parcimônia com que tradicionalmente fixam a indenização"[606]; o que Antônio Menezes Cordeiro sintetiza como uma "página" ou "série negra" da jurispru-

circunstâncias do caso, com o fim de evitar a consumação da ameaça ou atenuar os efeitos da ofensa já cometida".

601 Saraiva, David Emanuel Chiquita. **A Tutela Preventiva da Responsabilidade Civil.** Fev./2015. Dissertação (Mestrado em Ciências Jurídicas Forenses) – Faculdade de Direito, Universidade Nova de Lisboa, Lisboa, 2015, p. 27.

602 Ferreira da Silva, Sara Monteiro Pinto. **Danos Punitivos – Problemas em relação à sua admissibilidade no ordenamento jurídico português.** Ago./2012. Dissertação (Mestrado Forense) – Faculdade de Direito, Universidade Católica Portuguesa, Lisboa, 2012, p. 14.

603 Apud. Germano. **Punitive damages nas relações de consumo.** Ob. Cit., p. 146.

604 Lourenço. **A Função Punitiva...** Ob. Cit., p. 293-297.

605 **Novos paradigmas da responsabilidade civil...** Ob. Cit., p. 194.

606 Menezes Leitão, Luís Manuel Teles de. **Direito das Obrigações**, V. I, 4ª ed., Coimbra: Almedina, 2005, p. 319.

dência portuguesa, cuja "correção" dependeria da duplicação ou triplicação das verbas habitualmente fixadas[607] e que não foi ignorada pelos juízes:

> "(...) É mais que tempo, conforme Jurisprudência que, hoje, vai prevalecendo, de se acabar com miserabilismos indemnizatórios. A indemnização por danos patrimoniais deve ser correta, e a compensação por danos não patrimoniais deve tender, efetivamente, a viabilizar um lenitivo ao lesado, já que tirar-lhe o mal que lhe foi causado, isso, neste âmbito, já ninguém e nada consegue! Mas – *et pour cause* – a compensação por danos não patrimoniais deve ter um alcance significativo e não meramente simbólico"[608].

Assim, pode-se afirmar que a indenização punitiva é uma realidade no direito português, inserida de forma explícita nas indenizações por danos morais – porém, com vicissitudes semelhantes àquelas próprias do reconhecimento da função punitiva ou preventiva no direito brasileiro. A adoção incompleta de teorias estrangeiras, a falta de indicação da natureza do *'quantum'* fixado e a imprevisibilidade do sistema ensejam controvérsias sobre a efetividade e seriedade da figura – colocando em xeque a responsabilidade civil como um todo.

3.7. Outras experiências estrangeiras

Evidentemente, no processo de aproximação dos sistemas jurídicos ocidentais citado por René David[609], a influência do modelo norte-americano dos *'punitive damages'* e os sucessos ou insucessos do ressurgimento da "pena privada" nos países de *'Civil Law'* não esteve circunscrita aos locais citados. Em diversas experiências jurídicas, a admissão das funções preventiva e punitiva da responsabilidade civil tem ensejado, com maior ou menor repercussão, a adoção de instrumentos e figuras

607 Menezes Cordeiro, Antônio. **Tratado de Direito Civil Português**, Vol. II (Direito das Obrigações), tomo III. Coimbra: Almedina, 2010, p. 745-752.

608 Acórdão do Supremo Tribunal de Justiça, 16/12/1993 (julgado 17/11/1992), proc. n. 084508 – Relator Cardona Ferreira. Publicado em **Colectânea de Jurisprudência** – Acórdãos do Supremo Tribunal de Justiça, tomo III, 1993, pp. 181/183. Disponível em: <http://www.dgsi.pt/jstj.nsf/954f0ce6ad9dd8b980256b5f003fa814/24c864c004da7469802568fc003a5fcd?OpenDocument>, acesso em 20 de julho de 2016.

609 Ob. Cit., p. 26.

análogas para a consecução destes fins. Segundo GENEVIÈVE VINEY, a "diversificação das funções da responsabilidade civil" e "um sistema de indenização próprio aos danos de massa" são tendências que se esboçam de forma mais ou menos uniforme na responsabilidade civil de diversas experiências[610].

Reiterado que sociedade pós-industrial e o incremento dos danos exigem dos juristas "novas respostas"[611]. E, nas palavras do espanhol RICARDO ÁNGEL YAGUEZ, a premissa destas novas respostas e do futuro da responsabilidade civil está vinculada ao debate sobre a sua "multifuncionalidade"[612]. A Espanha, a propósito, apresenta panorama bastante semelhante àquele verificado no Brasil – há doutrina sustentando a adoção da indenização punitiva, que foi positivada expressamente em ramo específico do direito, com muitas objeções, ainda.

Além do argumento doutrinário sobre a possibilidade de adoção da teoria dos *'punitive damages'* na Espanha[613], a Lei Geral de Seguridade Social Espanhola (*Real Decreto Legislativo* 8, de 2015) prevê a majoração de trinta a cinquenta por cento das indenizações fixadas em acidentes de trabalho causados por infração de normas[614].

A despeito da norma específica e das menções doutrinárias, a dupla-função da responsabilidade civil é admitida de forma velada nos pre-

[610] VINEY, Geneviève. "As Tendências Atuais do Direito da Responsabilidade Civil" in TEPEDINO, Gustavo (org.). **Direito Civil Contemporâneo** : Novos Problemas à Luz da Legalidade Constitucional – Anais do Congresso Internacional de Direito Civil-Constitucional da Cidade do Rio de Janeiro. São Paulo: Atlas, 2008, p. 51.

[611] CORNET, Manuel; RUBIO, Gabriel Alejandro. "Daños punitivos" in **Anuario de Derecho Civil**, Tomo III (1997), pp. 31/45, Córdoba (Argentina), 1997, p. 35.

[612] Ángel Yágüez, Ricardo de. **Algunas previsiones sobre el futuro de la responsabilidad civil** (con especial atención a la reparación del daño). Madrid: Civitas, 1995, p. 60.

[613] CORDECH, Pablo Salvador. "Punitive Damages" in **InDret Revista para el Análisis del Derecho**, n. 13 (2000), Barcelona, 2000. Disponível em: <http://www.indret.com/pdf/013_es.pdf>, acesso em 20 de julho de 2016.

[614] Artigo 164: *"1. Todas las prestaciones económicas que tengan su causa en accidente de trabajo o enfermedad profesional se aumentarán, según la gravedad de la falta, de un 30 a un 50 por ciento, cuando la lesión se produzca por equipos de trabajo o en instalaciones, centros o lugares de trabajo que carezcan de los medios de protección reglamentarios, los tengan inutilizados o en malas condiciones, o cuando no se hayan observado las medidas generales o particulares de seguridad y salud en el trabajo, o las de adecuación personal a cada trabajo, habida cuenta de sus características y de la edad, sexo y demás condiciones del trabajador"* (Disponível em: <http://www.seg-social.es/Internet_1/Normativa/095093>, acesso em 20 de julho de 2016).

cedentes judiciais; reiteradamente rechaçada a natureza punitiva. Neste sentido, o Tribunal de Justiça da União Europeia ao rever caso da Justiça Espanhola sintetizou: ainda que o direito comunitário preveja instrumento que admita indenização para além do dano (cf. Diretiva 2006/54-CE[615]), "o conceito de 'danos punitivos' não existe em direito espanhol"[616].

O panorama atual da responsabilidade civil nos países de *Civil Law* se aproxima; ainda que não positivada indenização punitiva ou figura análoga (como na Argentina), idênticos são os problemas enfrentados – pelo que semelhantes também são as soluções aventadas. Ao tratar do modelo colombiano Édgar Cortés expõe a dificuldade da multiplicação de danos e do anseio indenizatório, frente o risco de "esgotamento" se não contidas as esperanças depositadas na responsabilidade civil[617]. Para realizar a harmonização de movimentos colidentes, suscita a importância da Constituição e das funções do Estado, ressaltando que a responsabilidade civil é instrumento *estatal* da consecução de seus fins, ou nas palavras de Rodotá ("direito público disfarçado")[618].

Na Colômbia, María Isabel Troncoso suscita a ampliação do conceito de culpa pela adoção do critério da *prevenção* como elemento da

[615] A Diretiva 54, de 2006, do Conselho e Parlamento Europeus, trata da igualdade de gênero e prevê expressamente que prevê, no artigo 25, as sanções, que serão implementadas em cada país-membro: "*Los Estados miembros establecerán el régimen de sanciones aplicable en caso de incumplimiento de las disposiciones nacionales adoptadas en cumplimiento de la presente Directiva, y adoptarán todas las medidas necesarias para garantizar su aplicación. Las sanciones, que podrán incluir la indemnización a la víctima, serán efectivas, proporcionadas y disuasorias. Los Estados miembros notificarán a la Comisión las disposiciones adoptadas a más tardar el 5 de octubre de 2005 y comunicarán lo antes posible cualesquiera modificaciones ulteriores*" (Disponível em: <http://eur-lex.europa.eu/LexUriServ/LexUriServ.do?uri=OJ:L:2006:204:0023:0036:es:PDF>, acesso em 20 de julgo de 2016).

[616] Acórdão do Tribunal de Justiça de 17 de dezembro de 2015 (quarta seção), proc. n. C-407/14 (Arjona-Camacho. ECLI:EU:C:2015:831). Disponível em: <http://curia.europa.eu/juris/document/document.jsf?text=&docid=173120&pageIndex=0&doclang=pt&mode=lst&dir=&occ=first&part=1&cid=88293>, acesso em 20 de julho de 2016.

[617] "*Es la llamada, en los países del common law, cuestión de las floodgates, de los diques de contención, es decir, de saber hasta dónde se debe abrir la responsabilidad, hasta dónde se le debe exigir y cuándo se debe cerrar, pues tantas esperanzas puestas en ella no hacen que agotarla y dejarla maltrecha*" (Cortés, Édgar. "Constitución y Responsabilidad Civil. Una relación ambivalente" in **Revista de Derecho Privado**, Universidad Externado de Colombia, n. 11, pp. 171-179, 2006, p. 173).

[618] Idem, p. 173.

responsabilidade civil[619]. E LUÍS CARLOS SÁNCHEZ HERNÁNDEZ aponta a "crise" do sistema reparatório em face da crescente tutela de danos extrapatrimoniais. Com fundamento nas fontes romanas e nos exemplos estrangeiros, sustenta o paralelo da responsabilidade civil contemporânea com a pena privada de *'iniuria'* do direito romano – a fim de admitir a natureza punitiva da indenização por danos morais[620].

Em semelhança ao debate alemão sobre a "satisfação" do dano extrapatrimonial, o colombiano DIEGO ALEJANDRO SANDOVAL GARRIDO crê necessária uma "reformulação do princípio da reparação integral". Afirma se impor a exigência de "homogeneização" dos precedentes, em favor da segurança jurídica, repelindo arbitrariedades, mas, também, considerar a culpa do ofensor e aspectos não necessariamente ligados ao prejuízo efetivo[621]. Constata-se, pois, um quadro análogo àquele da França, Itália ou do Brasil, em que se crê "necessária" a reforma e a efetivação da *multifuncionalidade* da responsabilidade civil, realizada de forma oblíqua nas condenações por danos extrapatrimoniais.

Outra experiência estrangeira destacável, o Japão também rejeitou a homologação de sentença norte-americana que previa indenização por *'punitive damages'*[622]. Sobre o referido caso, NORMAN BRASLOW cita que, a

[619] TRONCOSO, María Isabel. "El principio de precaución y la responsabilidad civil" in **Revista de Derecho Privado**, Universidad Externado de Colombia, n. 18, pp. 205-220, 2010.

[620] *"De esta manera la función punitiva de la responsabilidad civil no se contrapone a las funciones típicas del derecho privado, sino que más bien es un instrumento que coadyuva a lograr el fin de justicia propio de todo el ordenamiento jurídico 160 , pues colabora en la necesidad de imponer un respeto por los derechos e intereses personalísimos del hombre cuyo rango es constitucional, a la vez que permite otorgar a la víctima una verdadera justicia, no retributiva, sino protectora, en el sentido de que reconoce la importancia y esencialidad de sus derechos personalísimos"* (HERNANDÉZ, Luís Carlos Sánchez. "Reflexiones en torno a las funciones de la condena por daños extrapatrimoniales a la persona a partir del estudio de la "iniuria" del derecho romano clásico" in **Revista de Derecho Privado**, n. 23, jul./dez. 2012, pp. 312-364, 2012, p. 364. Disponível em: <http://heinonline.org/HOL/Page?handle=hein.journals/revdpriv23&div=2&g_sent=1&collection=journals#>, acesso em 20 de julho de 2016).

[621] SANDOVAL GARRIDO, Diego Alejandro. "Reparación integral y responsabilidad civil: el concepto de reparación integral y su vigencia en los daños extrapatrimoniales a la persona como garantía de los derechos de las víctimas" in **Revista de Derecho Privado**, Universidad Externado de Colombia, n. 25, pp. 235-271, jul./dez. 2013, p. 266.

[622] *Northcon I v. Katayama*, Supreme Court Judgment, 11 de julho de 1997; 51 Minshu (6) 2573 [1997] in **The Japanese Annual of International Law**, n. 41, pp. 104-107 (Disponível

despeito da vedação da análise de mérito no processo de internalização da decisão estrangeira[623], a Corte Distrital de Tóquio "errou" ao fazê-lo para declarar "fraca" a condenação por danos punitivos e, consequentemente, violadora da "ordem pública", por impor excessivo "fardo" ao condenado[624]. Na SUPREMA CORTE, concluiu-se que:

> "Não seria correto, evidentemente, pular para a conclusão que é contrária à ordem pública japonesa o simples fato do julgamento estrangeiro conter algo que o nosso sistema legal não adotou. Todavia, se verificada a incompatibilidade com os princípios fundamentais do sistema legal japonês, impositivo reconhecer a contrariedade da ordem pública"[625].

Opostamente, a China admite os *'punitive damages'* [626]. Embora tenha limites na compensação (*'Chang'*[627]), a responsabilidade civil chinesa surgiu nas dinastias imperiais como elemento da responsabilidade

em: <http://law.scu.edu/wp-content/uploads/exhibit_14-15.pdf>, acesso em 04 de agosto de 2016).

623 O Código de Processo Civil Japonês (民事訴訟法) estabelece critérios "negativos", semelhantes àqueles já repetidos de outros países, inclusive o Brasil (*"Article 118 A final and binding judgment rendered by a foreign court shall be effective only where it meets all of the following requirements: (i) The jurisdiction of the foreign court is recognized under laws or regulations or conventions or treaties. (ii) The defeated defendant has received a service (excluding a service by publication or any other service similar thereto) of a summons or order necessary for the commencement of the suit, or has appeared without receiving such service. (iii) The content of the judgment and the court proceedings are not contrary to public policy in Japan. (iv) A mutual guarantee exists"* – tradução disponível em: <http://www.wipo.int/wipolex/en/text.jsp?file_id=337360>, acesso em 04 de agosto de 2016).

624 Braslow. Ob. Cit., p. 292.

625 Tradução livre: *"It would not be correct, of course, to jump to the conclusion that it is contrary to Japanese public policy from the mere fact that the foreign judgment contains something that our legal system has not adopted. However, if it is found to be incompatible with the fundamental principles or basic tenets of the Japanese legal system, it must be said to be contrary to Japanese public policy under the above provision"* (*Northcon I v. Katayama*, Supreme Court Judgment, 11 de julho de 1997; 51 Minshu [1997]).

626 Koziol, Helmut. "Punitive Damages in China" in **Frontiers of Law in China**, v. 9, n. 3, pp. 308-320, set. 2014.

627 Cita Ye Lin ("The Torts System in China" in **Law and Contemporary Problems**, v. 52, n. 3, trad. Li Xiaoming e Henry Pitney, pp. 143-167, 1989. Disponível em: <http://scholarship.law.duke.edu/cgi/viewcontent.cgi?article=4002&context=lcp>, acesso em 10 de agosto de 2016, p. 144) que no chinês antigo a palavra *restituição/compensação* (*'chang'*) tem raiz próxima àquela do chinês moderno com o mesmo significado (*'peichang'*).

criminal[628]. Já no âmbito da República Popular da China, a matéria teve fundamento na previsão constitucional da responsabilidade civil do Estado[629], que fomentou o regramento na esfera infraconstitucional para os particulares, baseada no direito *soviético*. A *'General Principles of Civil Law of the People's Republic of China'* (1986) estabelecia que a responsabilidade civil não estava restrita à compensação elencando inúmeras espécies de tutela (cessação da infração, eliminação do perigo, pedido de desculpas e confisco de bens ou multas[630]).

A incoerência dos *'General Principles'* com outras inúmeras leis posteriores fez surgir uma Lei de Responsabilidade Civil Chinesa (*'Tort Law of the People's Republic of China'*[631]), em 2009, que prevê expressamente como função da matéria: "prevenir e punir condutas, promover harmonia social e estabilidade"[632]. A compensação só é mencionada dentre as espécies de tutela, em rol praticamente idêntico àquele da *'General Principles'* citado. Com efeito, cita Helmut Koziol a desimportância da compensação no sistema como decisivo para a admissão de danos punitivos no modelo chinês[633].

[628] Idem, p. 145.

[629] Previa a Constituição da República da China, de 1954 (中华人民共和国宪法), no artigo 97: "Aqueles que sofrerem danos como resultado da violação de seus direitos civis pelos funcionários do governo têm o direito de reclamar compensação" (*'Those who suffer damages as a result of violation of their civil rights by government employees have the right to claim compensation'* – idem, p. 148).

[630] *"Article 134. The forms of civil liability are principally: 1. Cessation of infringement; 2. Elimination of obstructions; 3. Elimination of danger; 4. Return of property; 5. Restoration of the original condition; 6. Repair, reconstruction, or replacement; 7. Payment of compensation; 8. Payment of [agreed] contract breach money; 9. Elimination of effects and restoration of reputation; 10. Apology. The above forms of civil liability may be used separately or in combination. In the trial of a civil case, the People's Court may, in addition to using the above provisions, issue admonitions, order repentance, or confiscate property used for illegal activities or things obtained illegally, and may also in accordance with law impose fines or detention"* (tradução para o inglês: Gray, Withmore; Zheng, Henry Ruiheng. *"General Principles of Civil Law of the People's Republic of China"* in **Law and Contemporary Problems**, v. 52, n. 2, pp. 27-57, 1989).

[631] Tradução para o inglês disponibilizada pelo Conselho de Estado Chinês em: <http://english.gov.cn/archive/laws_regulations/2014/08/23/content_281474983043584.htm>.

[632] No original: *"Article 1 – In order to protect the legitimate rights and interests of parties in civil law relationships, clarify the tort liability, prevent and punish tortious conduct, and promote the social harmony and stability, this Law is formulated"*.

[633] "Punitive Damages in China"... Ob. Cit., p. 310.

Apesar da interação intermediária entre as teses favoráveis e contrárias aos *'punitive damages'*, a previsão da punição no âmbito da responsabilidade civil não significa ampla adoção de indenizações punitivas naquele país. Como já visto em outras experiências, a China estabeleceu sanções civis próximas do modelo norte-americano nas hipóteses de indenização por fato do produto[634], sem, no entanto, significativa repercussão prática em outras esferas[635].

O processo de "aproximação" das tradições jurídicas citado por René David fica evidente na responsabilidade civil quando comparada a questão dos danos punitivos nos dois principais sistemas. Enquanto os países da *Civil Law* buscam nos *'punitive damages'*, com maior ou menor similitude, a resposta para a insuficiência da responsabilidade civil, os países da *Common Law* colhem da tradição romano-germânica as bases para *equilibrar* o sistema (*v.g. 'tort reform'* nos EUA). Por isso, além das experiências citadas e o modelo norte-americano, relevante um singelo destaque à evolução da indenização punitiva nos países de tradição anglo-saxã.

A aproximação é evidenciada pela conclusão de Ricardo Dal Pizzol de que o Reino Unido, berço do instituto, encontra "futuro incerto" sobre os *'punitive damages'* – diante da influência da Europa Continental nos rumos internos do direito civil inglês[636], mais incerto pelo rompimento do Reino Unido com a União Europeia. Em todo caso, até então, a evolução vertiginosa dos danos punitivos nos Estados Unidos da América contrasta com a retração no Reino Unido, em estágio até mesmo mais "restrito" que outras experiências jurídicas da *Common Law* – como Austrália, Canadá e Índia[637].

Enquanto a *House of Lords* Inglesa restringiu a admissibilidade dos *'exemplary damages'* [638], a Austrália, por exemplo, os admitiu de forma

[634] *"Article 47. Where a manufacturer or seller knowing any defect of a product continues to manufacture or sell the product and the defect causes a death or any serious damage to the health of another person, the victim shall be entitled to require the corresponding punitive compensation"* ('Chinese Tort Liability Law').

[635] Koziol. "Punitive Damages in China"... Ob. Cit., p. 311-312.

[636] Pizzol. **As Funções Punitiva e Preventiva**... Ob. Cit., p. 133.

[637] Lovett. "Exxon Valdez, Punitive Damages, and Tort Reform"... Ob. Cit., p. 1090.

[638] No *leading case Rookes v. Barnard,* [1964] UKHL 1, AC 1129, Lord Devlin indicou que os danos são ordinariamente compensatórios, "anômala" a função punitiva (*"Exemplary damages are essentially different from ordinary damages. The object of damages in the usual sense of the term*

plena e irrestrita (*Uren v. John Fairfax & Sons Pty. Ltd.*[639]). No mesmo sentido, a Irlanda os reconhece para "qualquer caso de ilícito consciente e intencional com desconsideração insolente do direito do outro"[640]; e na Nova Zelândia, como citado por MARCO FÁBIO MORSELLO, o *'Accident Compensation Act'* encontrou justamente na possibilidade de perquirir os danos punitivos contra o ofensor obstáculo na efetiva tentativa de solidarizar os danos[641].

Evidente que, no processo de harmonização da função da responsabilidade civil, as experiências da *Civil Law* encontram maiores obstáculos que os países da *Common Law* – cuja retração com fundamento nos elementos da tradição romano-germânica enfrenta menos *dogmas*. Referidos obstáculos, porém, se mostram persistentes nas distintas experiências, apesar da "sede de justiça"; para tanto, relevante o panorama da responsabilidade civil nos países de sistema jurídico *híbrido* ou *misto* (*v.g.* Canadá, Israel e África do Sul[642]), em que a cisão fica muito bem delineada.

A despeito da influência inglesa no sistema jurídico da África do Sul[643], prevalece o obstáculo da indenização punitiva típica da *Civil Law* da origem holandesa. Leciona RICARDO DAL PIZZOL que o sistema

is to compensate. The object of exemplary damages is to punish and deter. It may well be thought that this confuses the civil and criminal functions of the law; and indeed, so far as I know, the idea of exemplary damages is peculiary to English law. There is not any decision of this House approving an award of exemplary damages and your Lordships therefore have to consider whether it is open to the House to remove an anomaly from the law of England" – disponível em: <http://www.bailii.org/uk/cases/UKHL/1964/1.html>, acesso em 04 de agosto de 2016). Desde o referido precedente, os *'aggravated damages'* estão restritos a três categorias (*'three categories test'*): (i) abuso de autoridade; (ii) cálculo perverso do ilícito; e (iii) expressa autorização legal (*statutory law*) – cf. PIZZOL. **As Funções Punitiva e Preventiva**... Ob. Cit., p. 121-132.

639 ANDRADE. **Dano Moral e Indenização...** Ob. Cit., p. 156.

640 Pizzol. **As Funções Punitiva e Preventiva**... Ob. Cit., p. 152.

641 *"Já em 1982, a jurisprudência neozelandesa, sob o constante influxo de influência norte-americana, deu azo ao pronunciamento da Court of Appeal em Donselaar v. Donselaar, asseverando que referida lei não excluía a viabilidade de ajuizamento de ações pessoais, escudadas nos denominados exemplary damages, muito embora tivesse aconselhado aos magistrados o uso de 'rédea curta' ('keep a tight rein on actions'), na aceitação do instituto, já* que referido precedente abrira a caixa de Pandora" (MORSELLO. "A responsabilidade civil e a socialização..." Ob. Cit., p. 17).

642 DAVID. Ob. Cit., p. 26.

643 BODENSTEIN, H. D. J. "English Influences on the Common Law of South Africa" in **South African Law Journal**, v. 32, n. 4, pp. 337-358, 1915.

sul-africano questiona até mesmo a função de dissuasão e punição dos danos extrapatrimoniais, cuja previsão violaria o princípio da legalidade[644].

Em Israel, a ocupação britânica anterior à independência se opõe à exigência contemporânea de uma *codificação*, especialmente voltada para o direito privado. Assim, enquanto o direito de família se mantém essencialmente oral e vinculado à religião[645], exsurge movimento de positivação do direito privado e, também, de normas fundamentais[646].

Neste esteio, os *'punitive damages'* são reconhecidos pelo ordenamento jurídico israelense, embora raramente fixados pelas cortes[647]. E, por isso, a SUPREMA CORTE DE ISRAEL já asseverou, em pedido de homologação, que os danos punitivos fixados em uma sentença estrangeira *não* violam a "ordem pública"[648]. Fundamentou que as funções dissuasória e pedagógica da indenização não a desqualificam como "danos fixados à parte no devido processo civil"[649].

No plano interno, embora não usualmente fixados danos punitivos, a doutrina aponta que a "crise" da responsabilidade civil ensejou o abandono da "responsabilidade civil clássica" por conceitos "modernos", adaptando-se para corresponder à realidade socioeconômica contemporânea e harmonizando os "objetivos" da responsabilidade civil: compensação, dissuasão e justiça[650]. Com efeito, os *'punitive damages'* em Israel são admitidos e, como sugerido por outros modelos, excepcionais – evidente, ainda, a relevância da *multifuncionalidade* da responsabilidade civil.

[644] PIZZOL. **As Funções Punitiva e Preventiva**... Ob. Cit., p. 157.

[645] NAAMANI, Israel T. "Marriage and Divorce in Jewish Law" in **Journal of Family Law**, n. 3, v. 2, pp. 177-200, 1963.

[646] WAISBERG, Tatiana. "Notas sobre o Direito Constitucional Israelense: A Revolução Constitucional e a Constituição Escrita do Estado de Israel" in **Revista Brasileira de Direito Constitucional**, n. 11, pp. 107-134, jan./jun. 2008. Disponível em: <http://www.esdc.com.br/RBDC/RBDC-11/RBDC-11-107-Tatiana_Waisberg.pdf>, acesso em 04 de agosto de 2016.

[647] CARMON, Haggai. **Foreign Judgments in Israel** : recognition and enforcement, trad. Rafaella Levine e Haggai Carmon. New York: Springer, 2011, p. 64.

[648] C.A. 1268/2007, Greenberg v. Bamira, Israeli Supreme Court, 9 de março de 2009.

[649] CARMON. **Foreign Judgments in Israel**... Ob. Cit., p. 65.

[650] GILEAD, Israel. "Issues in the Law of Torts" in **Israel Law Review**, vol. 24, pp. 650-656, 1990.

Por fim, o Canadá, pela cisão de seu sistema judicial entre *Civil* e *Common Law*[651], representa de forma significativa a relevância e a distinção dos *'punitive damages'* em cada modelo. Há admissibilidade em todo o território, inclusive em Québec[652], cuja origem francesa remonta ao *Code* de Napoleão (tipicamente vinculado ao modelo reparatório de dano) e, portanto, apresenta menos comuns[653]. Na província de *Civil Law*, os *'punitive damages'* são restritos às hipóteses estabelecidas em lei (artigo 1621, *caput*, do *Code Civil du Québec*[654]); a SUPREMA CORTE, porém, delineou com eficácia nacional a ampla admissibilidade no país, abandonando as restrições dos precedentes ingleses[655].

[651] LAIDLER, Pawel. "The Distinctive Character of the Quebec Legal System" in PLACE AND MEMORY IN CANADA: GLOBAL PERSPECTIVES (3rd Congress of Polish Association for Canadian Studies & 3rd International Conference of Central European Canadianists), **Anais**, Cracóvia, pp. 277-287, 2004, p. 277 (Disponível em: <http://www.ptbk.org.pl/userfiles/file/laidler04.pdf>, acesso em 01 de agosto de 2016).

[652] GOTANDA. Ob. Cit., p. 431 e ss.

[653] PIZZOL. **As Funções Punitiva e Preventiva**... Ob. Cit., p. 137.

[654] *Art. 1.621: "Lorsque la loi prévoit l'attribution de dommages-intérêts punitifs, ceux-ci ne peuvent excéder, en valeur, ce qui est suffisant pour assurer leur fonction préventive"* (Disponível em: <http://legisquebec.gouv.qc.ca/fr/showdoc/cs/CCQ-1991>, acesso em 20 de julho de 2016).

[655] HODGIN, R. W.; VEITCH, E. "Punitive Damages – Reassessed" in **International and Comparative Law Quarterly**, v. 21, pp. 119-132, 1972, p. 125.

4. Indenização Punitiva no Brasil

Os capítulos antecedentes denotam premissas relevantes para a compreensão do panorama da indenização punitiva no Brasil. A semelhança do sistema reparatório dos Códigos Civis brasileiros de 1916 e de 2002 aos modelos germânico e francês, em que se inspiraram[656], evidencia idênticos problemas àqueles surgidos nas experiências jurídicas estrangeiras, delineados no item anterior.

Como cita Geneviève Viney, a responsabilidade civil "tem evoluído sem cessar sob influência das transformações ocorridas nas sociedades contemporâneas", por "origens muito diversas"[657]. Erik Brynjolfsson e Andrew Mcafee indicam que o progresso humano, "quase invisível" ao longo dos últimos milênios, experimentou súbito e vertiginoso crescimento nos últimos dois séculos[658]. A responsabilidade civil insculpida no modelo romano-germânico – a partir da Justiça Corretiva/Comutativa de Aristóteles e, posteriormente, São Tomás de Aquino[659]

[656] Lima. **Da Culpa ao risco**. Ob. Cit., p. 20; e Rodrigues Junior. "A influência do BGB..." Ob. Cit.

[657] Viney. "As Tendências Atuais..." Ob. Cit., p. 42.

[658] *"For many thousands of years, humanity was a very gradual upward trajectory. Progress was achingly slow, almost invisible. Animals and farms, wars and empires, philosophies and religions all failed to exert much influence. But just over two hundred years ago, something sudden and profound arrived and bent the curve of human history–of population and social development –almost ninety degrees"* (Brynjolfsson; Mcafee. Ob. Cit., p. 6).

[659] Sanseverino. **Princípio da reparação integral**... Ob. Cit., p. 56-57.

– denota incapacidade de atender aos riscos ínsitos desta evolução ("sociedade de risco").

Nas palavras de André Gustavo Corrêa De Andrade, "essa 'crise' do paradigma reparatório leva o operador do direito a buscar a superação do modelo tradicional"[660]. A responsabilidade civil como "reflexo jurídico da responsabilidade moral" e "produto do fato, da realidade, do meio social regrado" flexibiliza-se em torno da realização do "ideal de justiça (*fairness or equity*)"[661]. A "sede de justiça" outrora citada por Louis Josserand[662] fundamenta a *renovação* da responsabilidade civil, como instrumento de pacificação social. Neste sentido, cita Giselda Maria Fernandes Novaes Hironaka:

> "O movimento próprio desse sistema jurídico é responsável pela impossibilidade de seu fechamento em si mesmo ou da cristalização de seus cometimentos, ainda que justamente em face de alguns de seus princípios e de alguns de seus valores historicamente imutáveis. A renovação, pois, não prejudica a ordenação sistemática, mas a revitaliza e lhe concede – ou visa a conceder – uma perene adequação aos novos anseios e às novas necessidades, oriundas de um novo tempo, mas sempre sob a mesma tábua valorativa maior que é a que busca, eternamente, a realização do justo e do equânime. Reformulação da teoria da responsabilidade civil em virtude dos novos princípios constitucionais, notadamente o da dignidade da pessoa humana, que trabalham novos conceitos, visando garantir maior proteção e efetiva reparação"[663].

[660] Andrade, André Gustavo Corrêa de. **Indenização Punitiva**, 2008, p. 1. Disponível em: <http://www.tjrj.jus.br/c/document_library/get_file?uuid=dd10e43d-25e9-478f-a346-ec511dd4188a>, acesso em 30 de julho de 2016.

[661] Mahuad, Luciana Carone Nucci Eugenio; Mahuad, Cassio. "Imputação da responsabilidade civil: responsabilidade objetiva e subjetiva" in Guerra, Alexandre Dartanhan de Mello; Benacchio, Marcelo (coords.). **Responsabilidade Civil**. São Paulo: Escola Paulista da Magistratura, 2015, p. 73.

[662] Josserand. "Evolução da Responsabilidade Civil". Ob. Cit., p. 53.

[663] Hironaka, Giselda Maria Fernandes Novaes. "Responsabilidade Pressuposta" in **EOS – Revista Jurídica da Faculdade de Direito**, v. 2, n. I, ano II, Faculdade Dom Bosco. Núcleo de Pesquisa do Curso de Direito, pp. 54-66, Curitiba, 2008, p. 58. Disponível em: <http://www.dombosco.sebsa.com.br/faculdade/revista_direito/3edicao/3ª%20edição%20completa.pdf>, acesso em 28 de julho de 2016.

Assim, o "voo prodigioso" da responsabilidade civil[664] nos últimos dois séculos abrangeu diversos enfoques no sentido de ampliar a tutela do indivíduo. Resumem a *evolução* da matéria no Brasil teses como a "erosão" dos filtros da responsabilidade civil[665], o "ocaso da culpa"[666] e a adoção da teoria do risco como "cláusula geral"[667], entre outras. O paradigma reparatório, contudo, persistia ineficaz, exigindo "redimensionamento da responsabilidade civil, para atender aos modernos e complexos conflitos sociais"[668] – sob risco de torná-la obsoleta perante a realidade social[669]. E a mudança do paradigma alcança o *dogma* do dano e as bases da função da responsabilidade civil.

Com a ebulição dos danos extrapatrimoniais, sedimentou-se a "multifuncionalidade da responsabilidade civil"[670]. Conforme verificável nas decisões judiciais, é possível sintetizar "três principais funções" aplicadas de forma alternada, cumulativamente ou não: "indenização da vítima, distribuição dos danos entre os membros da sociedade e prevenção de comportamentos antissociais"[671]. Ainda, ampliou-se enormemente o conceito de dano, a fim de abranger os *novos riscos*; tudo para, uma vez mais, renovar a responsabilidade civil em face da complexidade social. Diversas vozes parecem convergir no sentido de que é "urgente" a adoção da "pena civil", para efetivar a multifuncionalidade da

[664] JOSSERAND. "Evolução da Responsabilidade Civil". Ob. Cit., p. 53. Em sentido pejorativo, SAVATIER afirmava a "hipertrofia" da responsabilidade civil (SAVATIER, René. **Traité de la Responsabilité Civile en Droit Français**, tomo 1, n. 2. Paris: Libr. Générale de Droit et de Jurisprudence, 1939, p. 1).

[665] SCHREIBER. **Novos paradigmas da responsabilidade civil**... Ob. Cit.

[666] PORTO. "O ocaso da culpa...". Ob. Cit.

[667] GODOY, Cláudio Luiz Bueno de. **Responsabilidade civil pelo risco da atividade** : uma cláusula geral no Código civil de 2002. São Paulo: Saraiva, 2010.

[668] ANDRADE. **Indenização Punitiva**. Ob. Cit., p. 1.

[669] LUIS RECASÉNS SICHES define como "crise" a obsolescência da norma perante os valores da sociedade – fenômeno que exige novos "desenvolvimentos" da ciência jurídica (RECASÉNS SICHES, Luis. **Nueva filosofía de la interpretación del derecho**, 3ª Ed. México: Editorial Porrúa, 1980, p. 3).

[670] FARIAS; ROSENVALD; NETTO. **Curso de Direito Civil** – Responsabilidade Civil... Ob. Cit., p. 62.

[671] PÜSCHEL, Flávia Portella. "Funções e Princípios Justificadores da Responsabilidade Civil e o art. 927, parágrafo único do Código Civil" in **Revista Direito GV**, v. 1, n. 1, pp. 91-107, maio/2005, p. 93.

responsabilidade civil e "agregar efetividade ao direito civil"[672]. Expõem Cristiano Chaves de Farias, Nelson Rosenvald e Felipe Peixoto Braga Netto:

> "O desprezo do agressor para com valores mínimos de convivência social, seu pouco apreço à pessoa humana, ou, mesmo o potencial danoso para a sociedade consistente na multiplicação de condutas como causadora do dano, são circunstâncias que podem ensejar a imposição da sanção punitiva no direito privado. As estatísticas demonstram que o Poder Judiciário e, especialmente, os juizados especiais converteram-se em repositórios de demandas de responsabilidade civil. Assombra a reiteração de demandas contra os mesmos réus, pelas mesmas práticas reveladoras de um profundo descaso com os seus clientes e a sociedade. Há uma subversão axiológica, haja vista que a lógica puramente patrimonialista e individualista – de uma racionalidade estritamente econômica –, paira sobre situações jurídicas existenciais e metaindividuais. A eventual reparação de danos será um preço previamente conhecido e contabilizado pelo lesante. (...) A condenação a uma sanção punitiva na esfera civil serve como uma advertência ao ofensor por parte da sociedade, que não tolera tais atos 'negativamente exemplares' e, pedagogicamente, sanciona o agente (prevenção especial) e todos os potenciais autores de ilícitos análogos (prevenção geral)"[673].

A problemática, no entanto, é como efetivar a multifuncionalidade da indenização e a adoção de sanções com natureza preventiva e/ou punitiva – sem contrariar a '*ratio*' do Código Civil. Como observado nas experiências estrangeiras, a superação do dano como fenômeno estritamente patrimonial repercutiu na evolução do conceito de indenizar, porém, trouxe também novas contradições face ao modelo positivado. Não há dúvida de que a adoção dos '*punitive damages*', conforme o exemplo norte-americano, poderia repercutir na efetivação do efeito preventivo/punitivo da indenização, mas, como absorver a indenização punitiva sem ignorar obstáculos como o artigo 944, do Código Civil?

[672] Farias; Rosenvald; Netto. **Curso de Direito Civil** – Responsabilidade Civil... Ob. Cit., p. 381.

[673] Farias; Rosenvald; Netto. **Curso de Direito Civil** – Responsabilidade Civil... Ob. Cit., p. 381/382.

Pretendemos, aqui, evidenciar as contradições do sistema posto. Tal qual verificado na Alemanha, Itália e França, embora nos seja quase uníssona a rejeição aos *'punitive damages'*[674], a adoção expressa de outros elementos na fixação da indenização, além da extensão do dano, expõe admissão de outras funções – distante da *mera* reparação prevista no Código Civil. Referida adoção, ora velada[675], às vezes expressa, se mostra bastante controvertida. Critica Maria Celina Bodin de Moraes que não se mostra "razoável que alguém seja punido, através de sanção pecuniária, sem que tenha como saber o valor da penalidade"[676].

No mesmo sentido, Eduardo Ulian aponta as vicissitudes da utilização sonegada da indenização punitiva no direito nacional:

> "A admissão velada, mas não explícita, da pena privada, produz, contudo, graves deficiências no funcionamento do sistema da responsabilidade civil. Carval arrola três delas: a falta de eficácia, a abertura para disparidade e o favorecimento a arbitrariedades. A essas, acrescentamos mais uma: a utilização indevida do esquema teórico de reparação de danos morais com propósitos para os quais não foi originalmente concebido"[677]

Bernd-Rüdiger Kern, em já citada crítica, aponta que a "satisfação" deferida pelas Cortes Alemãs deveria ser cindida do montante da "compensação" – sob o argumento de que a fixação indistinta sequer permitiria a punição do ofensor, pois ordinariamente incluída na parcela abrangida pelo seguro de danos[678]. No mesmo contexto, Eduardo

[674] Cf. "A aplicação irrestrita das "punitive damages" encontra óbice regulador no ordenamento jurídico pátrio que, anteriormente à entrada do Código Civil de 2002, vedava o enriquecimento sem causa como princípio informador do direito e após a novel codificação civilista, passou a prescrevê-la expressamente, mais especificamente, no art. 884 do Código Civil de 2002" Superior Tribunal De Justiça, AgRg. no Ag. 850.273/BA (Rel. Ministro Honildo Amaral de Mello Castro), 4ª Turma, j. 03/08/2010.

[675] Daniel de Andrade Levy cita que "as funções da responsabilidade civil passam a gravitar em torno do dano. Punição e prevenção têm na conduta do agente o seu fundamento e no dano moral o seu instrumento" – a aplicação, todavia, ainda é "constrangida", ensejando insegurança jurídica (**Responsabilidade Civil**... Ob. Cit., p. 28).

[676] Bodin De Moraes, Maria Celina. **Danos à pessoa humana**... Ob. Cit., p. 329.

[677] Ulian. **Responsabilidade civil punitiva**. Ob. Cit., p. 15.

[678] Kern. "A função de satisfação na indenização do dano pessoal. Um elemento penal na satisfação do dano?". Ob. Cit., p. 29.

Henrique de Oliveira Yoshikawa indica a falta de legitimidade da indenização sem a devida identificação do montante que serve à reparação e daquele destinado à punição[679].

Resume Ricardo Dal Pizzol:

> "Não seria exagero afirmar que há mais retórica (no mau sentido da palavra) do que substância quando as cortes brasileiras asseveram, em frases mecanicamente reproduzidas, que as indenizações por danos extrapatrimoniais servem aos propósitos de compensar punir e dissuadir"[680].

Mas, não é só a ineficiência o reflexo do panorama atual das decisões judiciais no âmbito da responsabilidade civil; como se viu nos capítulos anteriores, existem outras contradições do sistema. O montante fixado pelas cortes não raro se mostra incapaz de reprimir a "subversão axiológica" do lucro ilícito[681]; mas, suficiente para fomentar a proliferação de demandas – que agravam a burocracia judiciária. Pior, a carência de critérios no Poder Judiciário expõe a *aleatoriedade* das decisões ("loteria de indenizações") e retroalimenta o sistema, com o acolhimento de demandas "esdrúxulas" ou "frívolas"[682]. Consequentemente, os fundamentos suscitados para a ampliação da tutela jurídica repercutem de forma exatamente oposta, ensejando notável insegurança jurídica, que coloca em xeque todo o sistema da responsabilidade civil e da própria Justiça como instrumentos aptos a *pacificação social*.

Por isso, embora *urgente* a adoção (efetiva) da função punitiva e dissuasória no âmbito da responsabilidade civil, intolerável a leitura *simplista* como a importação de figuras típicas de outros modelos, como o norte-americano, o argentino ou o francês. Como observa Otavio Luiz Rodrigues Junior, a dogmática civilística pátria não está no "melhor rumo", pela "maneira como nós recepcionamos institutos, categorias e

[679] Yoshikawa, Eduardo Henrique de Oliveira. "A incompatibilidade do caráter punitivo da indenização do dano moral com o Direito Positivo brasileiro (à luz do art. 5º, XXXIX, da CF/88 e do artigo 944, caput, do CC/2002)" in **Revista de Direito Privado**, v. 9, n. 35, p. 77-96, jul./set. 2008, p. 90/91.

[680] Pizzol. **As Funções Punitiva e Preventiva**... Ob. Cit., p. 224/225.

[681] Farias; Rosenvald; Netto. **Curso de Direito Civil** – Responsabilidade Civil... Ob. Cit., p. 381.

[682] Schreiber. **Novos paradigmas da responsabilidade civil**... Ob. Cit., p. 193/194.

normas de Direito Estrangeiro e como adaptamos sem grandes preocupações metodológicas"[683].

Neste âmbito, este capítulo busca demonstrar a incompatibilidade das figuras estrangeiras – especialmente os *'punitive damages'* – ao sistema nacional; evidenciando, pois, a relevância do dano social, alheio às críticas e obstáculos da importação de institutos estranhos ao ordenamento civil pátrio. Para tanto, impõe-se a observância sobre as teses de incompatibilidade dos *'punitive damages'* ao ordenamento brasileiro.

4.1. *'Punitive damages'* no sistema jurídico brasilero

Embora a indenização punitiva e a (efetiva) adoção da prevenção na responsabilidade civil sejam reiteradamente aventadas pela doutrina e pela jurisprudência, a singela importação dos *'punitive damages'* da experiência norte-americana para o Brasil é "temerária"[684]. Fazê-lo, com a simples menção aos precedentes da *Common Law* e justificada nas cláusulas gerais de personalidade ou no fundamento da dignidade da pessoa humana, significaria repetir a forma "atécnica e disfuncional" da dogmática nacional com certos institutos[685] – desvirtuando todo o ordenamento.

Sintetiza Alexandre Guerra que "afirmar a perspectiva punitiva da responsabilidade civil não significa admitir que o Direito Brasileiro, fiel à tradição romano-germânica, admita a plena aplicação dos chamados *'exemplary'* ou *'punitive damages'*. Mesmo que reconhecida adesão dos países de *Civil Law* à pena privada, não se pode simplesmente ignorar os *dogmas* da reparação integral ou da vedação ao enriquecimento sem causa. Sobre o tema, expõem JUDITH MARTINS-COSTA e MARIANA SOUZA PARGENDLER:

> "Endossando tais preocupações, o tema não admite raciocínios simplistas, por estruturar-se numa fundamental complexidade que a comparação

[683] RODRIGUES JUNIOR, Otavio Luiz. "Encontro em Cambridge discute rumos da responsabilidade civil no mundo" in **Direito Comparado**, Portal Conjur, 27 de julho de 2016, disponível em: <http://www.conjur.com.br/2016-jul-27/direito-comparadoencontro-cambridge-discute-rumos-responsabilidade-civil>, acesso em 30 de julho de 2016.

[684] BELTRÃO, Rogério Coutinho; VASCONCELOS, Fernando Antônio de. "Punitive Damages: A Indenização de Caráter Punitivo por Danos Morais no Ordenamento Jurídico Brasileiro" in **Revista Direito e Desenvolvimento**, v. 5, n. 9, pp. 205-225, jan./jun. 2014, João Pessoa, 2014, p. 216.

[685] MARTINS-COSTA, Judith. "Dano Moral à Brasileira" in **Revista do Instituto de Direito Brasileiro**, ano 3, n. 9, Lisboa, pp. 7073/7122, 2014, p. 7074.

jurídica – em sua função 'subversiva' – pode auxiliar a desvendar. Nem os punitive damages são o único (ou o melhor) mecanismo apto a punir danos extrapatrimoniais, nem a pena privada – no modelo traçado pela tradição anglo-saxã – pode ser acolhida livremente por via jurisprudencial, com desprezo aos critérios e condições que justificam, axiológica e teleologicamente, esse instituto"[686].

Nas palavras de Sérgio Luiz Junkes, a figura norte-americana fomenta a "indústria do dano moral", que deve ser "combatida", porque "distorce e banaliza o instituto", propiciando a "desagregação social" e sobrecarregando o sistema judiciário[687]. A crítica alude à "mecanização" e "artificialidade das demandas" indenizatórias por danos morais, com "descarada" pretensão de lucro das vítimas[688].

Neste sentido, o SUPERIOR TRIBUNAL DE JUSTIÇA externa exatamente esta preocupação. Ainda que faça menção à função preventiva e ao fator de "desestímulo", o STJ repetidamente rechaça a importação da figura dos *'punitive damages'*:

> "A aplicação irrestrita das 'punitive damages' encontra óbice regulador no ordenamento jurídico pátrio que, anteriormente à entrada do Código Civil de 2002, vedava o enriquecimento sem causa como princípio informador do direito e após a novel codificação civilista, passou a prescrevê-la expressamente, mais especificamente, no art. 884 do Código Civil de 2002" (sic)[689].

As críticas que ensejaram a *'tort reform'* nos Estados Unidos da América, no entanto, consubstanciam os maiores temores dos operadores do direito sobre a adoção do modelo dos *'punitive damages'*. Independente da compreensão sobre os institutos estrangeiros, a proliferação e o valor das indenizações no sistema norte-americano repercutem em

686 Martins-Costa; Pargendler. "Usos e abusos da função punitiva". Ob. Cit., p. 16.

687 Junkes, Sérgio Luiz. "A culpa e a punição não podem servir de critério para a fixação da indenização por dano moral" in **Novos Estudos Jurídicos**, v. 11, n. 2, pp. 291-299, jul./dez. 2006, p. 297.

688 Bassan, Marcela Alcazas. **As funções da indenização por danos morais**... Ob. Cit., p. 77.

689 STJ, AgRg. no Agravo de Instrumento n. 850.273/BA, Rel. Min. Honildo Amaral de Mello Castro – j. 03.08.2010.

território pátrio com destaque aos casos, qualificados como "surreais" ou "ridículos"[690].

No Tribunal de Justiça do Estado de São Paulo, por exemplo, em meio ao debate da aprovação de enunciados da Corte pelo Órgão Especial, um desembargador abandonou o *criptoconsequencialismo*[691] ao manifestar expressamente o temor da aproximação dos institutos (danos morais e *'punitive damages'*) – mencionando que a ampliação da jurisprudência tão logo fomentará a fixação de indenizações em dólares[692]. Talvez seja exagerado supor que os juízes adotarão padrões milionários, aliás, a prática denota justamente o contrário. Porém, inconteste a controvérsia dogmática da simples invocação dos *'punitive damages'* no sistema posto.

Mesmo que cogitável a inaplicabilidade do artigo 944, do Código Civil, para as espécies de danos extrapatrimoniais, persistem diversos obstáculos à indenização punitiva sob o enfoque do modelo típico

[690] *V.g.* "Johnson & Johnson é condenada nos EUA a pagar indenização milionária por câncer atribuído a talco", **BBC Brasil**, 24 de fevereiro de 2016 (Disponível em: <http://www.bbc.com/portuguese/noticias/2016/02/160224_talco_cancer_johnson_ab>, acesso em 20 de julho de 2016); "Justiça Surreal – O 'The True Stella Awards; premia os processos mais absurdos da justiça americana", **Revista Galileu**, Juliana Tiraboschi (Disponível em: <http://revistagalileu.globo.com/Galileu/0,6993,ECT967396-1719-1,00.html>, acesso em 20 de julho de 2016).

[691] Segundo Cláudio Pereira de Souza Neto e Daniel Sarmento (**Direito Constitucional – Teoria, História e Métodos de Trabalho**. Belo Horizonte: Fórum, 2012, p. 230), constata-se o "criptoconsequencialismo" quando os julgadores levam em consideração as consequências da decisão, porém, não expõem este fundamento para a formação de sua convicção. Aqui, destacável que o "consequencialismo" tem fundamento no princípio ético que rege a magistratura "prudência" (art. 25, do Código de Ética da Magistratura: "*Especialmente ao proferir decisões, incumbe ao magistrado atuar de forma cautelosa, atento às consequências que pode provocar*"), a crítica consiste na adoção velada deste relevante aspecto na formação da convicção (Nalini, José Renato. Ética na Magistratura, 2ª Ed. São Paulo: Revista dos Tribunais, 2014).

[692] Segundo o Desembargador, a expressão "abusivo" no enunciado n. 102 do TJSP (102: "Havendo expressa indicação médica, é abusiva a negativa de cobertura de custeio de tratamento sob o argumento da sua natureza experimental ou não estar prevista no rol de procedimentos da Agência Nacional de Saúde Suplementar") fomentará a "indústria do dano moral", incentivando que os juízes fixem indenizações como no modelo norte-americano, em *"one million dollars"* (Tribunal De Justiça Do Estado De São Paulo, Órgão Especial – Sessão de 20 de fevereiro de 2013, <http://www.nucleomedia.com.br/Default.asp>, acessado em 25 de abril de 2013).

dos *'punitive damages'*. A ineficiência da responsabilidade civil vigente alcança também aspectos patrimoniais; sob o prisma da análise econômica do direito, RICARDO DAL PIZZOL aponta situações de insuficiência do modelo compensatório (*'under deterrence'*) no âmbito dos danos patrimoniais, indicando, contudo, a inviabilidade de adoção dos mesmos argumentos (jurisprudenciais), necessária reforma legislativa[693].

A alegoria do indivíduo que, deliberadamente, subtrai as maçãs do vizinho, ciente que será condenado a restituir o valor de mercado, tal qual houvesse optado por negociá-las como recomenda a ordem legal[694], citada por PATRICIA CARLA MONTEIRO GUIMARÃES, retrata a não adstrição da problemática à esfera extrapatrimonial. Deste modo, a importação dos *'punitive damages'* não se trata de simples superação do artigo 944, do Código Civil.

As críticas à adoção de indenizações punitivas são facilmente superadas, como já evidenciado pela evolução histórica e doutrinaria do instituto; não se pode, no entanto, dizer o mesmo das críticas à adoção pela via específica dos *'punitive damages'*. Se é verdade que o modelo vigente carece de elementos de efetividade, impositiva a abrangência (eficaz) da prevenção e da punição no âmbito da responsabilidade civil, intolerável o simples incremento das indenizações com base em modelo típico da *Common Law*, arriscando a segurança jurídica e a própria coesão do sistema. Destaca ANTONIO JEOVÁ SANTOS que a "cupidez do ser humano clama por lucro" e, "diante da possibilidade de um ganho fácil, pessoas se colocam como vítimas de danos morais e tudo fazem para lograr o intento principal, que é a indenização" – o que define como a "*vitimização* do dano moral"[695].

Por isso, GIOVANNI ETTORE NANNI, os *'punitive damages'* não encontram "comparativo ao sistema jurídico pátrio". Afirma ser "incoerente" e "inadequada" a importação de uma "figura de exceção" do modelo norte-americano como se regra fosse no direito brasileiro[696].

[693] PIZZOL. **As Funções Punitiva e Preventiva da Responsabilidade Civil**... Ob. Cit., p. 305.

[694] GUIMARÃES. "Os Danos Punitivos e a Função Punitiva da Responsabilidade Civil"... Ob. Cit., p. 178.

[695] SANTOS, Antonio Jeová. **Dano Moral Indenizável**, 6ª ed., rev., atual. e ampl. Salvador: Juspodivm, 2016, p. 87.

[696] NANNI, Giovanni Ettore. **Enriquecimento sem causa** – de acordo com o Novo Código Civil. Coleção Prof. Agostinho Alvim. São Paulo: Saraiva, 2004, p. 352.

Concordamos com a crítica de que "não é preciso a invocação dos *'punitive damages'* para lograr, na responsabilidade extrapatrimonial, o caráter 'exemplar' que, em certas hipóteses, faz-se necessário". Tampouco faz-se mister "buscar critérios outros que não os da legislação já existente"[697]. Nas palavras de ROGÉRIO COUTINHO BELTRÃO e FERNANDO ANTÔNIO DE VASCONCELOS, "bastante razoável que as indenizações punitivas devem vigorar, sim, no ordenamento jurídico (...) sendo, todavia, necessária sua internalização nos moldes adequados"[698]; o que, segundo sustentamos, pode se dar com a aplicação da teoria dos *danos sociais*, adequada ao ordenamento e à cultura jurídica pátria.

4.1.1. *Amparo legislativo*

Os influxos do direito estrangeiro extrapolaram o plano doutrinário; a polêmica sobre a *importação* dos danos punitivos e figuras análogas, em conformidade com a experiência de outros países, em especial da *Common Law*, também foi debatida no âmbito do ordenamento. Como ressalta FLÁVIO DA COSTA HIGA, o princípio da legalidade constitui "troféu de cidadania", repetido desde a Declaração dos Direitos do Homem e do Cidadão, consagrado na Constituição Federal de 1988 a regra latina: *'nullum crimem, nulla poena sine praevia lege'*[699]. Discute-se, portanto, a necessidade de uma lei estabelecendo a admissibilidade da indenização punitiva – o que alcançou o Legislativo. Existiram duas tentativas destacáveis de "positivação dos danos punitivos", ambas frustradas por vetos presidenciais[700].

O Código de Defesa do Consumidor ilustra este fenômeno. O festejado microssistema refletia influências francesas, espanholas, canadenses, portuguesas, alemãs e norte-americanas[701]; tendo sido previsto no

[697] MARTINS-COSTA; PARGENDLER. Ob. Cit., p. 22.

[698] Ob. Cit., p. 218.

[699] HIGA. **Responsabilidade Civil Punitiva**... Ob. Cit., p. 286.

[700] CAMARGO, Paulo Sérgio Uchôa Fagundes Ferraz de. **Dano Moral Coletivo** : Uma possibilidade de aplicação dos danos punitivos. São Paulo: Almedina, 2016, p. 112.

[701] Como lecionam ADA PELLEGRINI GRINOVER e HERMAN BENJAMIN, o Código de Defesa do Consumidor é produto de uma influência multinacional – tendo como "fontes de inspiração" o *'Projet de Code de la Consommation'* francês; a 'Ley n. 26/1984 – Ley General para la Defensa de los Consumidores y Usuarios' da Espanha; a *'Loi sur la Protection du Consommateur'* de Quebec; o Decreto-Lei nº 446/1985, de Portugal; a *'Gesetz zur Regelung des Rechts der Allgemeinen Geschäftsbedingungen'* da Alemanha; além de diversos *'acts'* dos Estados Unidos da

texto aprovado pelo Poder Legislativo (Projeto de Lei do Senado n. 97, de 1989) uma "multa civil".

De acordo com o artigo 16, previa-se sanção civil para as hipóteses de "alta periculosidade do produto ou do serviço que provocou o dano, ou grave imprudência, negligência ou imperícia do fornecedor", em ação proposta por "qualquer dos legitimados à defesa do consumidor em juízo"[702]. A *multa* cominada de forma cumulada com as indenizações devidas[703] também tinha previsão nos casos de cláusulas abusivas (art. 52, da Lei n. 8.078, de 1990)[704]. O texto, porém, foi vetado pelo Presidente da República, consignando:

> "O art. 12 e outras normas já dispõem de modo cabal sobre a reparação do dano sofrido pelo consumidor. Os dispositivos ora vetados criam a figura da "multa civil", sempre de valor expressivo, sem que sejam definidas a sua destinação e finalidade" (Mensagem de Veto n. 664, de 1990).

Da mensagem de veto verifica-se que o instituto da "multa civil" no Código de Defesa do Consumidor foi excluído porque tratado de forma incipiente, não por suposta incompatibilidade com o ordenamento jurídico. Na lição de ZELMO DENARI, o veto foi um "equívoco" do Executivo, suficiente a "sanção civil" introduzida pelo texto aprovado no Legislativo, tratando-se justamente de multa confiada ao "pru-

América (*'Federal Trade Commission Act', 'Consumer Product Safety Act', 'Fair Credit Reporting Act'* e *'Fair Debt Collection Practices Act'*) – Grinover, Ada Pellegrini; BENJAMIN, Antônio Herman de Vasconcellos e. "Introdução" in GRINOVER, Ada Pellegrini et al. **Código Brasileiro de Defesa do Consumidor** : Comentado pelos autores do Anteprojeto. 11ª Ed. Rev. Atualizada e reformulada. Rio de Janeiro: Forense, 2017, p. 10.

702 *"Art. 16 – Se comprovada a alta periculosidade do produto ou do serviço que provocou o dano, ou grave imprudência, negligência ou imperícia do fornecedor, será devida multa civil de até um milhão de vezes o Bônus do Tesouro Nacional – BTN, ou índice equivalente que venha substituí-lo, na ação proposta por qualquer dos legitimados à defesa do consumidor em juízo, a critério do juíz, de acordo com a gravidade e proporção do dano, bem como a situação econômica do responsável"* (Lei n. 8.078, de 1990 – texto vetado).

703 *"Art. 45 – As infrações ao disposto neste Capítulo, além de perdas e danos, indenização por danos morais, perda dos juros e outras sanções cabíveis, ficam sujeitas à multa de natureza civil, proporcional à gravidade da infração e à condição econômica do infrator, cominada pelo juiz na ação proposta por qualquer dos legitimados* à defesa do consumidor em juízo" (Lei n. 8.078, de 1990 – texto vetado).

704 *"Art. 52. (...) §3º – O fornecedor ficará sujeito a multa civil e perda dos juros, além de outras sanções cabíveis, se descumprir o disposto neste artigo"* (Lei n. 8.078, de 1990 – texto vetado).

dente arbítrio do juiz", conforme as situações elencadas no artigo 16, do Código de Defesa do Consumidor[705]. Nas palavras de NELSON NERY JÚNIOR, "perdeu-se a oportunidade de estabelecer-se verdadeira norma sancionatória, que atuaria como elemento moralizador das relações de consumo"[706].

Deste modo, embora mantido o veto pelo Congresso Nacional, as razões expostas não afastaram de forma peremptória a multa civil no âmbito do direito do consumidor. O excerto doutrinário de NELSON NERY JÚNIOR, aliás, foi citado pelo próprio Senado Federal. Em 2010, a Comissão de Meio Ambiente, Defesa do Consumidor e Fiscalização e Controle consignou que "infelizmente" os dispositivos foram vetados, por "incompreensão em relação ao instituto e ao receio de que sua aplicação pudesse gerar distorções. Não obstante, outras figuras análogas (v.g. Lei de Improbidade Administrativa e Estatuto do Idoso) permitiriam o "retorno dessa importante ferramenta de manutenção do equilíbrio na relação de consumo".

O PLS n. 278, de 2010, portanto, estabelecia nova tentativa de "multa civil", com o propósito de "transcender o conceito de indenização meramente compensatória", valendo-se da pena pecuniária com caráter "punitivo, preventivo e educativo". O Projeto, ainda, consignava expressamente que a redação buscava "incentivar a defesa coletiva dos direitos dos consumidores", ante a "tendência atual", corrigindo o "equívoco histórico" do veto presidencial ao texto original da Lei n. 8.078, de 1990. Sugeriram, pois, o acréscimo dos artigos 88-A e 88-B, ao Código de Defesa do Consumidor:

> "Art. 88-A. Em qualquer ação para a defesa de interesses ou direito do consumidor, o juiz poderá, de ofício ou mediante requerimento da parte, condenar o fornecedor ao pagamento de multa civil, de caráter punitivo e preventivo, graduada em função dos seguintes parâmetros:
> I – gravidade e extensão da lesão;

[705] DENARI, Zelmo. "Art. 16 (Vetado)" in GRINOVER, Ada Pellegrini et al. **Código Brasileiro de Defesa do Consumidor** : Comentado pelos autores do Anteprojeto. 11ª Ed. Rev. Atualizada e reformulada. Rio de Janeiro: Forense, 2017, p. 178.

[706] NERY JÚNIOR, Nelson. Os princípios gerais do Código Brasileiro de Defesa do Consumidor. **Revista de Direito do Consumidor**, n. 3, Instituto Brasileiro de Política e Direito do Consumidor, Revista dos Tribunais, São Paulo, pp. 44-77, jul./set. 1992.

> II – número de consumidores atingidos pela ação ou omissão danosa;
> III – grau de reprovabilidade da culpa ou do dolo do responsável; e
> IV – condição econômica do fornecedor.
> Parágrafo único. Nas ações de responsabilidade pelo fato do produto ou do serviço, o valor da multa civil também levará em conta o custo estimado do investimento que teria sido necessário à prevenção do dano em relação a todos os potenciais consumidores, de forma a tornar economicamente desvantajosa a opção por não realizá-lo.
>
> Art. 88-B. O valor recolhido a título de multa civil será distribuído da seguinte forma:
> I – nas ações individuais:
> a) um centésimo a um décimo para o autor;
> b) o restante para o fundo da União de que trata o artigo 57.
> II – nas ações coletivas:
> a) integralmente para um dos fundos de que trata o artigo 57, caso a ação tenha sido proposta por órgão ou entidade legitimada nos incisos I, II, ou III do art. 82, levando em consideração o ente federativo do qual o órgão ou entidade faça parte;
> b) um terço para a associação, legitimada no inciso IV do art. 82, que propôs a ação;
> c) dois terços para um dos fundos de que trata o art. 58, levando em consideração o âmbito territorial de atuação da associação que propôs a ação"[707].

Os artigos sugeridos coincidem com o fenômeno já exaustivamente descrito, fixando indenização com natureza punitiva e preventiva – aventando, ainda, interessante solução para a destinação, com base no *'split recovery'* do modelo norte-americano. A louvável iniciativa da Comissão do Senado Federal, no entanto, restou arquivada pelo fim da legislatura, sem indicação de interesse legislativo no processamento do PLS[708].

[707] BRASIL. Senado Federal. **Projeto de Lei n. 278**, de 2010. Altera a Lei nº 8.078, de 11 de setembro de 1990 (Código de Defesa do Consumidor), para disciplinar a multa civil. Disponível em: <https://www25.senado.leg.br/web/atividade/materias/-/materia/98320>, acesso em 10 de maio de 2017.

[708] Vide artigo 332, do Regimento Interno do Senado Federal.

Neste esteio, diversos foram os projetos que pretendiam conferir maior amplitude ao artigo 944, do Código Civil, ou consignar na legislação civil ou em normas específicas a indenização punitiva – todos, porém, arquivados ou rejeitados no Congresso Nacional[709]. Dentre as sugestões, a de maior repercussão na doutrina civilista foi o projeto proposto por Ricardo Fiúza (PLC n. 6.920, de 2002) que introduzia o parágrafo 2º, ao artigo 944, do Código Civil, consignando a "função de desestímulo ao lesante".

Na justificativa do Projeto apresentado na Câmara dos Deputados, o referido enunciado consignava a inadequação da natureza estritamente compensatória ao dano extrapatrimonial. Aventava que era necessário estabelecer um critério de *desestímulo*, a fim de inibir condutas antissociais, ressalvando o grau de culpa como elemento definidor do *'quantum debeatur'*[710]. A sugestão do relator do Código Civil na Câmara dos Deputados, no entanto, foi rejeitada na Comissão de Constituição e Justiça:

> "Art. 944 – A doutrina define o dano moral de várias formas. Todas as definições, entretanto, são coincidentes no que diz respeito a ser referente ao dano de bens não patrimoniais ou não econômicos do lesado. Em nenhum lugar a indenização por dano moral é relacionada à pena. É justamente esse caráter de pena que ora se pretende dar quando o PL diz: "adequado desestímulo ao lesante". Além do mais confere-se ao juiz um arbítrio perigoso porque não delimita a fronteira entre o dano efetivo e o adequado desestímulo ao cometimento de futuros atos ilícitos. Cria também um duplo critério de avaliação da indenização. O critério para cálculo do valor da indenização do dano, tanto para o material quanto para o moral, deve ser o da sua extensão. Pela rejeição"[711].

Ao contrário do veto do Código de Defesa do Consumidor, o relatório sobre o Projeto de Lei n. 6.960, de 2002, refutou de forma inequívoca a natureza punitiva dos danos morais. A matéria não "inibiu" a

[709] Ferreira, Gezina Nazareth. **O Caráter Punitivo do Dano Moral.** Artigo (Especialização em Direito do Consumidor) – EMERJ, Escola da Magistratura do Estado do Rio de Janeiro, TJRJ, Rio de Janeiro, 2012, 19p.

[710] Camargo. **Dano Moral Coletivo**... Ob. Cit., p. 112.

[711] BRASIL. Câmara dos Deputados. **Relatório da Comissão de Constituição e Justiça e Redação sobre o PL 6.960/2002**, Deputado Vicente Arruda, 2004. Disponível em: <http://www.camara.gov.br/sileg/integras/196514.pdf>, acesso em 23 de março de 2017.

ampla adoção de menções punitivas no tocante aos danos morais pelos Tribunais pátrios[712]; mais, a matéria sequer foi sedimentada no plano legislativo. Nos Projetos de Lei do Senado Federal n. 114 e 334, ambos de 2008, a rejeição da proposta de limitação pecuniária aos danos morais foi justificada na inconstitucionalidade da medida – necessária, na análise do caso concreto, a aferição, dentre outros, da culpabilidade e do "caráter doloso" da conduta[713].

Em suma, a questão da indenização punitiva não encontra respaldo na legislação pátria – rechaçadas as tentativas de inclusão de qualquer alusão de viés preventivo ou punitivo no âmbito das indenizações extrapatrimoniais. A doutrina diverge, no entanto, sobre tal exigência para a aplicabilidade prática do instituto.

Segundo Eduardo Ulian, o "modelo regulativo" próprio do sistema punitivo penal e administrativo "não se aplica ao regime punitivo do direito privado", porque tais condenações "não estigmatizam, com infâmia aquele que se vê condenado"[714]. Em sentido análogo, Rodrigo De Souza Trindade aponta que o artigo 5º, inciso XXXIX, da Constituição Federal[715], ao aludir a "crime" e "pena" trata exclusivamente de matéria penal – entendimentos criticáveis, uma vez que a leitura literal do dispositivo em comento excluiria até mesmo as contravenções penais da exigência de lei prévia. Nas palavras de Flávio da Costa Higa, o "estigma pode advir tanto das decisões civis quanto criminais", basta considerar que nem toda pena imposta na seara penal atualmente condiz com a prisão, também previstas sanções de cunho pecuniário[716].

Caroline Vaz também sustenta a inexigibilidade de lei específica, afirmando que a inafastabilidade de jurisdição estabeleceu "poderes implícitos" ao juiz – o que permitiria fixar a sanção civil independente de prévia lei, reconhecendo as "novas funções da responsabilidade

[712] Camargo. **Dano Moral Coletivo**... Ob. Cit., p. 115.

[713] BRASIL. Senado Federal. **Relatório da Comissão de Comissão de Constituição, Justiça e Cidadania sobre o PL 114/2008**, Senador Álvaro Dias, 2011. Disponível em: <http://legis.senado.leg.br/sdleg-getter/documento?dm=4664919&disposition=inline>, acesso em 23 de março de 2017.

[714] Ulian. **Responsabilidade civil punitiva**. Ob. Cit. p. 55.

[715] *"Art. 5º. (...) XXXIX – não há crime sem lei anterior que o defina, nem pena sem prévia cominação legal"* (Constituição Federal de 1988).

[716] Higa. **Responsabilidade Civil Punitiva**... Ob. Cit., p. 292.

civil" a partir de uma "interpretação sistemática da ordem constitucional e infraconstitucional"[717]. Também baseado no texto constitucional, André Gustavo Corrêa Andrade assevera que a indenização punitiva surge como "instrumento jurídico" construído na dignidade da pessoa humana – com finalidade de "protegê-la", logo, "suplanta" a garantia instrumental da exigência de lei[718].

Por outro lado, substanciosos os entendimentos de que não se pode admitir a indenização com viés punitivo "sem uma previsão específica"[719]. Conforme lição de Suzanne Carval, o princípio da legalidade consubstancia "elemento essencial" de todo Estado de Direito, não adstrito ao direito penal, extensível a "toda sanção repressiva"[720]. A erosão, sob o pálio de "boas intenções", é "extremamente perigosa" na medida que verificada como regra nos regimes totalitários (v.g. Código Penal da Alemanha nazista)[721]. Neste mesmo sentido, a alusão descompromissada com o sistema à boa-fé ou à dignidade da pessoa humana servem exclusivamente para esvaziá-las[722]. Paulo Sergio Uchôa Fagundes Ferraz de Camargo reconhece que, embora largamente invocado pelos tribunais pátrios para justiricar os "danos punitivos", "não existe qualquer previsão legal" para sua aplicação "na esfera individual"[723].

Ainda, há quem sustente que a indenização punitiva prescinde das alterações aventadas pelo Poder Legislativo, uma vez que inserta no âmbito dos artigos 944 e 945, do Código Civil. No escólio de Regina Beatriz Tavares da Silva, o artigo 944, parágrafo único, do Código

[717] Vaz, Caroline. **Funções da Responsabilidade Civil** : Da Reparação à Punição e Dissuasão – Os punitive damages no Direito Comparado e Brasileiro, Porto Alegre, Livraria do Advogado, 2009, p. 95.

[718] Andrade. **Dano Moral e Indenização Punitiva**... Ob. Cit., p. 245.

[719] Tepedino; Barboza; Moraes. **Código Civil Interpretado**... Ob. Cit., p. 863.

[720] Carval. **La responsabilité civile dans...** Ob. Cit., p. 225.

[721] Higa. **Responsabilidade Civil Punitiva**... Ob. Cit., p. 292-293.

[722] Lênio Streck, alude à "estória da Katchanga" de Luis Alberto Warat, para criticar a utilização de princípios e conceitos jurídicos indeterminados como fundamento para um "decisionismo voluntarista", em que tais elemento servem para genericamente basear quaisquer decisões, inclusive contra a lei (Streck, Lênio. "Senso Incomum: A Katchanga e o bullying interpretativo no Brasil" in **Consultor Jurídico**, 28 de junho de 2012. Disponível em: <https://www.conjur.com.br/2012-jun-28/senso-incomum-katchanga-bullying-interpretativo-brasil>, acesso em 10 de outubro de 2017).

[723] Camargo. **Dano Moral Coletivo**... Ob. Cit., p. 115.

Civil, autoriza o "caráter punitivo da reparação do dano", já que indica a adoção da gradação da culpa no "cálculo da indenização"[724].

A doutrina, no entanto, prevalece no sentido de que as tentativas de inserir a indenização punitiva no arcabouço normativo pátrio restaram frustradas. E, embora prevaleça que tais movimentos caracterizaram a rejeição da indenização com viés *exclusivamente* punitivo, o dano social foi aviventado justamente para evitar este obstáculo. Na concepção ANTONIO JUNQUEIRA DE AZEVEDO os danos sociais estão amparados no *'caput'* do artigo 944, do Código Civil. Isto porque, antes de punição (fundamento) seriam danos propriamente ditos, experimentados de forma difusa pela coletividade[725]. Mais, as razões que ensejaram a inexistência de normas jurídicas sobre indenização punitiva deixaram em aberto a discussão, persistindo a controvérsia na jurisprudência.

4.1.2. *'Punitive damages' em sentença estrangeira – homologação pelo STJ*

Outro aspecto importante no debate sobre a adoção dos *'punitive damages'* no Brasil consiste na possibilidade de chancela judicial de sentença estrangeira que traga tal quantia indenizatória. Aqui, ao contrário das experiências estrangeiras mencionadas no capítulo antecedente, em que os respectivos tribunais já puderam se manifestar expressamente sobre uma sentença norte-americana que atribuía *'punitive damages'*[726]; não há notícia de pedido de homologação estrangeira submetida ao SUPERIOR TRIBUNAL DE JUSTIÇA[727] com a temática de indenizações punitivas[728].

[724] TAVARES DA SILVA, Regina Beatriz. **Código Civil Comentado** - Comentários ao artigo 944, parágrafo único, 8ª Ed. São Paulo: Saraiva, 2012, p. 960.

[725] JUNQUEIRA DE AZEVEDO. **Novos Estudos e Pareceres**... Ob. Cit., p. 380.

[726] Itália (Cass., 15 de abril de 2015, n. 7613); França (Cour de Cassation, Chambre Civile 1, Arrêt n. 09-13303, 1º de dezembro de 2010); Alemanha (BGH, 04.06.1992 - IX ZR 149/91) – cf. capítulo antecedente.

[727] Desde a Emenda Constitucional n. 45, de 2004 (Reforma do Poder Judiciário), a competência para a homologação de sentenças estrangeiras compete exclusivamente ao Superior Tribunal de Justiça (art. 105, inciso I, alínea *'i'*, da Constituição Federal).

[728] O modelo de homologação de sentenças não difere das experiências estrangeiras já citadas, além da Lei de Introdução às Normas do Direito Brasileiro, a matéria está prevista na Resolução n. 9, de 2004, do STJ, que prevê requisitos formais e um único requisito material (*"Art. 6º Não será homologada sentença estrangeira ou concedido exequatur a carta rogatória que ofendam a soberania ou a ordem pública"*).

Os precedentes internos, contudo, denotam que o resultado muito se assemelharia àquelas cortes que rejeitaram a indenização punitiva de origem estrangeira, sob o enfoque da violação da "ordem pública" (art. 17, da Lei de Introdução às Normas do Direito Brasileiro[729]).

Importante ressalvar que o "juízo de delibação" está circunscrito aos requisitos legais ("positivos" e "negativos"), sendo inviável a revisitação da coisa julgada estrangeira pelo SUPERIOR TRIBUNAL DE JUSTIÇA. Segundo José Carlos Barbosa Moreira, o procedimento de homologação da sentença estrangeira busca, tão-somente, "recusar" a eficácia de decisões "incompatíveis com os princípios políticos, éticos, sociais, que estão na base mesma da organização do Brasil como Estado"[730]. O requisito negativo da violação da ordem pública "representa o espírito e o pensamento de um povo, a filosofia sócio-jurídico-moral de uma nação"[731].

Em precedente da relatoria de José Delgado, o STJ estabeleceu que são leis de ordem pública: as constitucionais, as penais, as processuais, as administrativas, as de organização judiciária, as fiscais, as de polícia, as que protegem os incapazes, as que tratam da organização de família, as que estabelece condições e formalidades para certos atos e as de organização econômica[732]. Com efeito, eventual sentença norte-americana com indenização por *'punitive damages'* não encontraria obstáculo, pois, ainda que cogitável violação do limite do artigo 944, do Código Civil.

Porém, o preenchimento do *conceito jurídico indeterminado* pelo SUPERIOR TRIBUNAL DE JUSTIÇA constitui evidente opção *político-jurídica*; razão pela qual, poder-se-ia refutar a homologação, sob diversos aspectos. Ao repelir reiteradamente a adoção expressa dos *'punitive damages'*, o STJ indica a incompatibilidade com o ordenamento jurídico, relegando ao direito penal tal aptidão – bastaria, pois, qualificar a indenização como "pena" própria da esfera penal para justificar a violação da

[729] *"Art. 17. As leis, atos e sentenças de outro país, bem como quaisquer declarações de vontade, não terão eficácia no Brasil, quando ofenderem a soberania nacional, a ordem pública e os bons costumes".*

[730] Barbosa Moreira, José Carlos. "Problemas relativos a litígios internacionais" in **Revista de Processo** (Instituto Brasileiro de Direito Processual), v. 17, n. 65, jan./mar. 1992, São Paulo: Revista dos Tribunais, pp. 144-161, 1992.

[731] Dolinger, Jacob. **A Evolução da Ordem Pública no Direito Internacional Privado**. Rio de Janeiro: Luna, 1979.

[732] Baseado no rol sintetizado por Maria Helena Diniz e Serpa Lopes (cf. STJ, SEC n. 802, Corte Especial, j. 17 de agosto de 2005).

ordem pública. Igualmente, eventual *spreading* da condenação punitiva permitiria qualificar a decisão como violadora das normas (de ordem pública) de organização econômica.

Inúmeras são as interpretações possíveis para cogitar a recusa do juízo de delibação. Talvez, a mais subsistente fosse justamente aquela hipótese apontada pelo TRIBUNAL FEDERAL ALEMÃO (*'Bundesgerichtshof'*) sobre o desprestígio aos credores internos[733], afinal ao admitir a indenização punitiva para sentenças estrangeiras, refutando tal hipótese no plano interno, poderia caracterizar violação da isonomia (norma constitucional, ou seja, de ordem pública).

Logo, persiste o obstáculo aos *'punitive damages'* tanto no plano interno, quanto na internalização de decisões estrangeiras. Mesmo que baseado em *criptoconsequencialismo*, dificilmente a composição do Superior Tribunal de Justiça, no panorama legislativo atual, admitirá uma sentença que inclua com indenização punitiva. A rejeição fomenta, portanto, o debate sobre o dano social.

[733] Cf. Nota de rodapé n. 566.

5. Dano Social

5.1. Surgimento e definição

Responder *o que é dano social* constitui uma das *proposições* deste ensaio; a dificuldade, todavia, não subsiste propriamente na definição, mas, na fixação dos critérios de subsunção entre os fatos e a definição doutrinária. Em outras palavras, o obstáculo consiste na definição *do que* qualifica o dano social na prática. Isto, porém, não nos desobriga o estudo, ainda que singelo, do *conceito* de dano social; para tanto, imperativo trazer à baila a definição fundada na lição de ANTONIO JUNQUEIRA DE AZEVEDO.

O ensaio publicado na Revista Trimestral de Direito Civil[734], em 2004, estabelece a premissa já citada de que, apesar da "intensa produção doutrinária e da vasta jurisprudência", o debate dos danos morais ainda carecia de um critério que pudesse *pacificá-lo*, notadamente na quantificação[735].

Reconhece o artigo 944, do Código Civil, como limite à aplicação da teoria anglo-saxã dos *'punitive damages'*; apontando, porém, a insuficiência do modelo. Afirma JUNQUEIRA DE AZEVEDO que o "desestímulo" é necessário, inviável, porém, que os juízes aumentem "*dissimuladamente*" as indenizações, "sem declarar que esse aumento é punição ou deses-

[734] JUNQUEIRA DE AZEVEDO, Antonio. Por uma nova categoria de dano na responsabilidade civil: o dano social. **Revista Trimestral de Direito Civil**, Rio de Janeiro, ano 5º, n. 19, pp. 211-218, jul./set., 2004.

[735] JUNQUEIRA DE AZEVEDO. **Novos Estudos e Pareceres**... Ob. Cit., p. 377/378.

tímulo". Sugere, portanto, a adoção de uma "nova categoria de dano", capaz de permitir o que antes "parecia proibido"[736].

Assevera que o Brasil sofre "de profunda insegurança quanto à própria vida e incolumidade física e psíquica", que impõe dos juristas reflexão sobre soluções à "ineficiência do direito penal para impedir crimes e contravenções – atos ilícitos, na linguagem civilista" – colocando em dúvida a cisão de que ao direito civil não compete estabelecer punições. Indica que inúmeras são as hipóteses que o Código Civil *pune*, inclusive empregando a expressão *pena*[737].

No entanto, o ensaio de ANTONIO JUNQUEIRA DE AZEVEDO aponta dois obstáculos à função de desestímulo, ao menos como aplicada pelos tribunais pátrios. Enfatiza o limite imposto pelo artigo 944, do Código Civil, e suscita a inviabilidade de sanção nos casos de responsabilidade objetiva. Reconhece que o segundo óbice é facilmente superado, já que a natureza objetiva da responsabilidade não impede o reconhecimento do dolo ou da culpa no caso concreto, com eventual responsabilização (*punição*) por esta conduta especialmente qualificada por aspectos subjetivos; também, o desestímulo prescinde da análise do ânimo do ofensor.

Por outro lado, o limite do artigo 944, do Código Civil, subsistiria – a justificar a "nova categoria de dano", chamada de *dano social* e definida como:

> "um ato, se doloso ou gravemente culposo, ou se negativamente exemplar, não é lesivo somente ao patrimônio material ou moral da vítima, mas sim, **atinge, a toda a sociedade, num rebaixamento imediato do nível de vida da população. Causa dano social**." (grifos originais)[738]

[736] Idem, p. 378.

[737] Entre outras, exemplifica hipóteses de sanção civil: a "pena" ao herdeiro que sonega bens da herança(artigos 1.992 e 1.993, do Código Civil); a repetição do indébito àquele que postula em juízo por dívida já quitada (artigo 940, do Código Civil); a "multa" ao condômino que descumpre os deveres previstos na lei (artigo 1.336, do Código Civil); a exclusão da herança por ato de indignidade ou por deserdação (artigos 1.814 e 1.962, do Código Civil); a perda da indenização por benfeitorias do possuidor de má-fé (artigo 1.220, do Código Civil) – Idem, p. 379. Aqui, poderíamos destacar, ainda, a sanção prevista no artigo 42, parágrafo único, do Código de Defesa do Consumidor, e as sanções estabelecidas pelo comportamento improbo no âmbito do Processo Civil, cf. artigos 80 e 81, da Lei n. 13.105, de 2015.

[738] Idem, p. 380.

Trata-se de violação que enseja "diminuição da tranquilidade social" ou "quebra da confiança", em situações (contratuais ou extracontratuais) que acarretam a "redução da qualidade coletiva de vida". Atos "negativamente exemplares" que repercutem além da relação entre ofensor e ofendido, sendo a coletividade também vitimada, de forma que a condenação "visa restaurar o nível social de tranquilidade diminuída pelo ato ilícito"[739]. Entende, pois, que podem coexistir a indenização por danos individuais (patrimoniais ou morais) e *danos sociais*[740]; valendo-nos da cisão temporal do dano já exposta, um mesmo dano-evento pode ensejar dano-prejuízo material, moral e *social.*

Resume o autor:

> "Os danos sociais, por sua vez, são lesões à sociedade, no seu nível de vida, tanto por rebaixamento de seu patrimônio moral – principalmente a respeito da segurança – quanto por diminuição de sua qualidade de vida. Os danos sociais são causa, pois, de **indenização punitiva** por dolo ou culpa grave, especialmente, repetimos, se atos que reduzem as condições coletivas de segurança, e de indenização dissuasória, se atos em geral de pessoa jurídica, que trazem uma diminuição do índice de qualidade de vida da população" (grifos originais)[741].

A partir do breve ensaio de ANTONIO JUNQUEIRA DE AZEVEDO, a questão dos *danos sociais* difundiu-se na doutrina[742] e nos tribunais[743],

[739] Idem, p. 381.

[740] Idem, p. 382.

[741] Idem, ibidem.

[742] Entre outros, exemplifica-se: SILVA, Flávio Murilo Tartuce. "Reflexões sobre o dano social" in Âmbito Jurídico, Rio Grande, XI, n. 59, nov. 2008. Disponível em: <http://www.ambito-juridico.com.br/site/index.php?n_link=revista_artigos_leitura&artigo_id=3537>. Acesso em 22 de abril de 2016; PEREIRA, Ricardo Diego Nunes. "Os novos danos: danos morais coletivos, danos sociais e danos por perda de uma chance" in Âmbito Jurídico, Rio Grande, XV, n. 99, abril 2012. Disponível em: <http://www.ambito-juridico.com.br/site/?n_link=revista_artigos_leitura&artigo_id=11307>. Acesso em 22 de abril de 2016; FLUMIGNAN, Silvano José Gomes. "Uma nova proposta para a diferenciação entre o dano moral, o dano social e os *punitive damages*" in **Revista dos Tribunais**, vol. 958, ano 104, p. 119-147. São Paulo: Revista dos Tribunais, ago. 2015; POLI, Fabrício Angerami. **O Dano Social**. 2014. Dissertação (Mestrado em Direito Civil) – Faculdade de Direito, Universidade de São Paulo, São Paulo, 2014, 300p.

[743] A análise dos precedentes mais relevantes sobre o tema será objeto de estudo em momento oportuno. Por ora, no entanto, registra-se que os danos sociais (acolhidos

sem que houvesse, todavia, significativas alterações no conceito transcrito. A V Jornada de Direito Civil, coordenada pelo Conselho da Justiça Federal, aprovou o enunciado 456 que sedimenta a admissibilidade do *dano social* como espécie de dano inserta no artigo 944, do Código Civil:

> "A expressão 'dano' no art. 944 abrange não só os danos individuais, materiais ou imateriais, mas também os danos sociais, difusos, coletivos e individuais homogêneos a serem reclamados pelos legitimados para propor ações coletivas."[744]

Embora reconhecida a aplicabilidade e sedimentado o conceito, a Academia e os julgados evidenciam que o tema ainda é tormentoso. A controvérsia persiste sobre as questões da legitimação (validade) da categoria e da legitimidade em postulá-la. Para amparar as proposituras nestes aspectos, porém, é necessário antes estabelecer a distinção entre o dano social e o dano moral coletivo e exemplificar a *nova categoria*.

5.2. Exigência de prejuízo

A análise da figura do dano social deve empreender harmonia com toda a obra de Antonio Junqueira de Azevedo; analogamente à tipicidade conglobante do Direito Penal[745], a conceituação do dano social extrapola o texto original, impositivo o confronto da "nova categoria de dano" com outros textos do autor. Neste aspecto, importante destacar parecer

ou não) têm sido objeto de debate em reiteradas demandas – exemplifica-se: STJ, Rcl. n. 12.062/GO – Rel. Min. Raul Araújo (Segunda Seção), DJe. 20/11/2014; STJ, Rcl. n. 13.200/GO – Rel. Min. Luís Felipe Salomão (Segunda Seção), DJe. 14/11/2014; TJSP, Ap. Civ. n. 1001333-15.2015.8.26.0302 – Rel. Des. Ramon Mateo Junior (12ª Câmara Extraordinária de Direito Privado), j. 15.04.2016; TJSP, Ap. Civ. n. 0021120-65.2011.8.26.0309 – Rel. Des. Luiz Sabbato (17ª Câmara de Direito Privado) j. 26.02.2013; TJSP, Ap. Civ. n. 9119667-17.2006.8.26.0000 – Rel. Des. Francisco Loureiro (4ª Câmara de Direito Privado), j. 25.08.2011; TJRS, Ap. Civ. n. 71001281054 – Rel. Des. Ricardo Torres Hermann (1ª Turma Recursal Cível), j. 12.07.2007; TJBA, Ap. Civ. n. 0000070-36.2015.8.05.0144 – Rel. Des. Rosita Falcão de Almeida Maia (3a Câmara Cível), DJe. 17/03/2016; TJPR, Ap. Civ. 0004528-97.2015.8.16.0174 – Rel. Des. Daniel Tempski Ferreira da Costa (3ª Turma Recursal), DJe. 23/03/2016.

[744] CONSELHO DA JUSTIÇA FEDERAL, disponível em: <http://www.cjf.jus.br/enunciados/enunciado/403>, acesso em 25/03/2016.

[745] Zaffaroni, Eugenio Raúl; Pierangeli, José Henrique. **Manual de Direito Penal Brasileiro**, v. 1, 6ª edição. São Paulo: Revista dos Tribunais, 2006, pp. 391 e seguintes.

em que ANTONIO JUNQUEIRA DE AZEVEDO afirma, peremptoriamente, a necessidade de prejuízo como pressuposto da responsabilidade civil[746] – o que nos permite a distinção do dano social de outras figuras (puramente) punitivas do direito estrangeiro.

Em uma consulta formulada pelo escritório de advocacia Campos Scaff e Peña, em ação civil pública decidida pelo Tribunal de Justiça do Estado de São Paulo[747], ANTONIO JUNQUEIRA DE AZEVEDO reforçou a autonomia do Direito como sistema complexo de segunda ordem – a serviço da ordem Social, mas, independente.

A ação civil pública proposta pelo Ministério Público pretendia a declaração de invalidade de renovações sucessivas de contratos de fornecimento de serviço firmados com a DERSA com pedido de indenização pelo ilícito, o que fora acolhido pelo Juízo da Primeira Instância e mantido no Tribunal de Justiça. Sustenta o parecer encomendado pelos réus a distinção processual entre a ação civil pública – própria para 'responsabilizar' pelos danos causados a bens jurídicos (Lei 7.347, de 1992) – e a ação popular, que visa "anular ato lesivo ao patrimônio público" (CF, artigo 5º, LXXIII). A defesa, portanto, alegava o equívoco da declaração de nulidade com a imposição de indenização, em detrimento da solução adequada (retorno ao '*status quo ante*').

O cerne do parecer, entretanto, é a afirmação de que não há responsabilidade civil sem dano. ANTONIO JUNQUEIRA DE AZEVEDO cita doutrina e jurisprudência no sentido de reforçar a exigibilidade de prova do prejuízo para constituir o dever de indenizar; mais que o dano-evento, a concepção de dano do artigo 159, do Código Bevilaqua (atual artigo 186), abrange o dano-prejuízo ("elemento essencial da responsabilidade civil")[748].

[746] JUNQUEIRA DE AZEVEDO, Antonio. "(Parecer) O Direito como sistema complexo e de 2ª ordem; sua autonomia. Ato nulo e ato ilícito. Diferença de espírito entre responsabilidade civil e penal. Necessidade de prejuízo para haver direito de indenização na responsabilidade civil" in **Estudos e Pareceres de Direito Privado**. São Paulo: Saraiva, 2004, pp. 25-37.

[747] REsp. n. 1.579.897/SP, denegado monocraticamente pelo Rel. Ministro Francisco Falcão (01º de fevereiro de 2017). Processo n. 0409886-72.1995.8.26.0053 da origem, julgado em Segundo Grau pela 3ª Câmara de Direito Público.

[748] JUNQUEIRA DE AZEVEDO. **Estudos e Pareceres de Direito Privado**... Ob. Cit., p. 32.

Abstraindo a tese de que o dano ao erário pode ser "presumido" nas ações civis públicas por fraude em licitações[749], a jurisprudência consagra também neste aspecto a exigência de dano como pressuposto do dever de indenizar. Independente da sorte do processo nas Instâncias Superiores ou a acuidade da decisão do Tribunal de Justiça de São Paulo, interessa-nos repisar a harmonia do parecer apresentado por ANTONIO JUNQUEIRA DE AZEVEDO com o texto que introduziu os danos sociais como "nova categoria de dano".

O dano social, segundo o ensaio introdutório, é "causa" de indenização punitiva, mas, não se afasta do conceito de "lesão"[750]. A regra dos danos sociais não extrapolaria o limite disposto no artigo 944, do Código Civil, porque permite que o "juiz fixe, além das indenizações pelo dano patrimonial e pelo dano moral, também – esse é o ponto – uma indenização pelo **dano social**". Completa, ainda, o autor:

> "A 'pena' – agora, entre aspas, porque no fundo, é reposição à sociedade –, visa restaurar o nível social de tranquilidade diminuída pelo ato ilícito"[751].

Não há, portanto, contradição entre o parecer outrora apresentado na ação civil pública em destaque com o ensaio publicado na Revista Trimestral de Direito Civil ("Por uma nova categoria de dano na responsabilidade civil: o dano social"). Ao contrário, além da harmonia dogmática, a obra se complementa, permitindo a interpretação da efetiva distinção do dano social de outras figuras punitivas, especialmente do modelo estrangeiro. Como já aventado, os danos sociais, em oposição aos *'punitive damages'* do modelo norte-americano, são *antes* dano que punição. A punição é causa e efeito dos danos sociais, vinculados, todavia, ao conceito de lesão ao bem jurídico – especificamente, o "nível social de tranquilidade" e segurança da sociedade.

5.3. Distinção: danos morais coletivos e danos sociais

Reputando desnecessária a reiteração dos conceitos expostos nos capítulos antecedentes, impõe-se reconhecer a *identidade* entre os danos

[749] Superior Tribunal de Justiça, REsp. n. 1.280.321/MG, Rel. Ministro Mauro Campbell Marques, 2ª Turma, julgado em 06/03/2012.

[750] JUNQUEIRA DE AZEVEDO. **Novos Estudos e Pareceres de Direito Privado**... Ob. Cit., p. 382.

[751] JUNQUEIRA DE AZEVEDO. **Novos Estudos e Pareceres de Direito Privado**... Ob. Cit., p. 381.

sociais e os danos morais coletivos; lhes é ínsita a noção contemporânea de *solidarização* da responsabilidade civil ou da ampliação do conceito de dano. A despeito das diferenças apuradas na doutrina, temos que a coincidência depende tão-somente da acepção e extensão admitida pelos danos transindividuais. Ampliado o conceito de dano moral coletivo, como verdadeira lesão a interesses extrapatrimoniais, a distinção do *dano social* constitui, exclusivamente, o viés punitivo expresso desta "nova categoria".

Ao compará-los, Flávio Tartuce Silva afirma que o dano moral coletivo "*também* surge como um candidato dentro da ideia de ampliação dos danos reparáveis", indicando que o conceito de ambos é "muito similar". Embora, reconhecidamente não sejam sinônimos[752].

Como cita Fabrício Angerami Poli, a indenização moral estabelece "compensação de uma lesão a direito personalíssimo, sem a atribuição de qualquer *plus*, e independente da gravidade da ofensa". O dano moral coletivo constitui a sedimentação de um interesse transindividual violado, ensejando "compensação", sem qualquer aptidão punitiva ou preventiva. Ao contrário, o dano social "visa diretamente à punição", com intuito evidente de "punir e dissuadir" uma conduta especialmente lesiva. Desta forma, as espécies se distinguem por seus fundamentos.

Entretanto, o autor discorda da afirmação de Flávio Murilo Tartuce Silva de que as figuras não só se distinguem nos fundamentos, mas, também porque o "dano social englobaria também as repercussões patrimoniais, enquanto aquele apenas se cingiria ao dano extrapatrimonial"[753]. Afirma que o dano social constitui modalidade de dano extrapatrimonial, como reflexo dos "direitos personalíssimos dos indivíduos" de uma sociedade, sendo certo que a reparação patrimonial seria reparada nos "critérios ordinários da responsabilidade civil"[754]. Afirma:

> "(...) o dano social também pode ser material, ou seja, também pode repercutir patrimonialmente no âmbito da sociedade. Isso não ocorre no dano moral coletivo, que repercute extrapatrimonialmente. A título de exemplo, uma conduta socialmente reprovável pode trazer danos

[752] Silva. **Direito Civil** : direito das obrigações e responsabilidade civil... Ob. Cit.

[753] Silva. **Direito Civil** : direito das obrigações e responsabilidade civil... Ob. Cit. p. 283/285.

[754] Idem, p. 285.

patrimoniais a determinadas pessoas, ao mesmo tempo em que diminui o nível de desenvolvimento da sociedade"[755].

Respeitada a divergência instaurada, a solução deve ser convergente, uma vez que o critério para a distinção não é, precisamente, a natureza patrimonial ou moral, mas, a dicotomia entre danos *individuais* e *sociais* – como indica Silvano José Gomes Flumignan[756]. Sem dúvida, os fundamentos são distintos apenas por um viés histórico, cuja evolução os aproxima. Em conformidade com a exposição de Tartuce Silva, a não adstrição do dano social à seara extrapatrimonial é evidenciada no próprio ensaio de Antonio Junqueira de Azevedo. Ao estabelecer a "nova categoria de dano", o autor expressamente consigna a origem patrimonial e extrapatrimonial[757], o que fomenta o argumento questionado.

Precoce, no entanto, a interpretação de que há dano social patrimonial e isto justificaria a cisão entre os danos morais coletivos e o dano social – fazê-lo significa restringir o conceito de dano moral à remota noção de "preço da dor". No escólio de Cláudio Luiz Bueno de Godoy, "associar o conceito de dano moral à dor ou ao sofrimento" o torna incompatível com "a ideia de titularidades transindividuais" – impositiva a "acepção ampliada" capaz de abranger as "novas manifestações de eventos lesivos"[758].

Deve-se ter em mente a construção teórica que admite uma *justaposição* entre os danos patrimoniais, morais e sociais (dano-prejuízo) em decorrência de uma mesma conduta lesiva – inclusive de natureza patrimonial (dano-evento), sem, contudo, ignorar a coincidência dos danos morais coletivos – quando admitidos de forma ampla. Repisa-se, portanto, a utilidade da cisão temporal do dano em dano-evento e dano-prejuízo.

Depreende-se do estudo que inaugurou a "nova categoria de dano" que o dano social constitui espécie de dano-prejuízo, ao lado do dano patrimonial e moral. Enquanto os danos morais em sentido próprio e retrógrado consubstanciariam fenômeno de ampliação do interesse tutelado, reconhecendo a multiplicidade de lesões diante da tutela da pessoa humana. Diferencia-se, portanto, o dano moral do dano social

755 Silva. **Direito Civil** : direito das obrigações e responsabilidade civil... Ob. Cit. p. 285.

756 Flumignan. Uma nova proposta... Ob. Cit., p. 134.

757 Junqueira de Azevedo. **Novos Estudos e Pareceres...** Ob. Cit., p. 381.

758 Godoy. "Alguns apontamentos sobre o dano moral...". Ob. Cit., p. 379.

somente quando debatido em planos diferentes do conceito de dano (dano-prejuízo e dano-evento). Logo, perfilhamos-nos àqueles que sustentam como equivocada a distinção fundada no interesse atingido (dano-evento)[759].

Ricardo Diego Nunes Pereira ainda sugere a distinção entre o dano moral coletivo do dano social com fundamento na definição dos interesses transindividuais trazida no artigo 81, parágrafo único, do Código de Defesa do Consumidor. Segundo este critério, qualificar-se-iam como dano social as violações a interesses e direitos difusos (inciso I); enquanto o dano moral coletivo consubstancia violação a interesses e direitos coletivos em sentido estrito (inciso II) ou individuais homogêneos (inciso III). Desta forma, o dano social poderia ser identificado como aquele que atinge vítimas indetermináveis, ao contrário do dano moral coletivo (determinadas ou determináveis)[760].

Respeitado o critério invocado, mais uma vez cremos que a distinção sugerida está baseada em mera redução do conceito de dano moral coletivo, incompatível com a noção ampliativa vigente. Para tanto, devem ser rememorados os conceitos próprios daquele microssistema em que acepção do termo *coletivos* é repetidamente apontada como plurívoca. Segundo a doutrina de Teori Albino Zavascki, a emergente tutela de interesses e direitos coletivos, os menciona de forma (*'lato sensu'*), porque dentre as espécies há os direitos difusos, os coletivos *'stricto sensu'* e os individuais homogêneos, conforme o rol do artigo 81, do Código de Defesa do Consumidor [761]. Distinguir o dano social do dano moral coletivo a partir dos sujeitos (determináveis ou indetermináveis) significa reduzir este último à espécie de interesse coletivo *'stricto sensu'*.

Embora legítima a distinção aventada, contraria a praxe jurídica – ao tratar de danos morais coletivos, a doutrina e a jurisprudência não os restringem à figura (limitada) do artigo 81, inciso II, do Código de Defesa do Consumidor. A Segunda Turma do Superior Tribunal de Justiça, por exemplo, menciona o cabimento dos danos morais coletivos quando violados "interesses difusos e coletivos"[762]. Ademais, vincular o

[759] Flumignan. Ibidem.

[760] Pereira. "Os novos danos...". Ob. Cit.

[761] Zavascki, Teori Albino. **Processo Coletivo** : tutela de direitos coletivos e tutela coletiva de direitos. São Paulo: Revista dos Tribunais, 2006, p. 41.

[762] Cf. REsp. n. 1.509.923/SP, Rel. Ministro Humberto Martins, Segunda Turma, julgado em 06/10/2015, DJe. 22/10/2015.

dano social às vítimas (determinadas ou indeterminadas) o introduz no âmbito do dano-evento, certo de que a figura se situa no plano do dano-prejuízo. Sintetiza José Flumignan com precisão que "o dano social é um aspecto oriundo do dano-prejuízo. É aquele que repercute na esfera social. Não se relaciona com o direito violado"[763].

O dano social invoca as consequências das condutas lesivas (materiais ou morais) na coletividade, com "rebaixamento da confiança" da sociedade. Neste sentido, elucidativa a tabela distintiva trazida por Flumignan:

Dano Moral	Dano Social
Definição parte do dano-evento	Integra o dano-prejuízo
Decorre da violação de um direito da personalidade	Pode decorrer de um direito individual ou coletivo e não necessariamente da personalidade
Foco na violação do direito da personalidade (dano-evento)	Foco na abrangência da consequência (dano-prejuízo)
Legitimado é o titular do direito	Legitimados para propor ACP – Enunciado 456 da V Jornada de Direito Civil

Fonte: Flumignan. Revista dos Tribunais, RT958, ago./2015, p. 136.

Irretocáveis as conclusões depreendidas pelo autor da sistematização transcrita, deve-se repisar que a distinção entre os danos morais e o dano social está baseada em leitura restrita do conceito daqueles. A cisão depende da admissão dos danos morais em sua acepção restrita – não mais condizente com a melhor doutrina e a evolução do instituto.

Como já aventado da lição de Cláudio Luiz Bueno de Godoy, a ampliação do conceito de dano moral o aproxima de outras figuras, inclusive do dano social. Uma vez reconhecido que melhor seria a adoção da terminologia do Código Civil Italiano ("dano extrapatrimonial ou não patrimonial"), crescente o conceito de dano perante ao panorama de ampliação dos interesses tutelados juridicamente, superada a acepção histórica que atrelava o dano moral à dor ou ao sofrimento foi superada – sequer compatível com a figura de interesses transindividuais – o dano moral coletivo assemelha-se ao dano social[764]. Ambos consubstanciam a repercussão difusa ou coletiva de um evento danoso sobre a coletividade.

[763] Flumignan. Uma nova proposta... Ob. Cit., p. 135.

[764] Godoy. "Alguns apontamentos sobre o dano moral...". Ob. Cit., p. 378-380.

A efetiva distinção constitui no propósito da fixação de um ou de outro. A admissão do dano social como espécie coexistente de dano-prejuízo significa reconhecê-lo nas mais distintas hipóteses de lesão, individuais ou coletivas; transbordando os limites da responsabilidade civil, reconhecendo consequências do dano-evento para além da relação entre ofensor e ofendido – com notável propósito punitivo e pedagógico. A única distinção remanescente, portanto, seria o aspecto expressamente punitivo do dano social – o qual também pode não subsistir se admitido este viés no âmbito do dano extrapatrimonial coletivo.

5.4. Exemplos doutrinários

O ensaio de Antonio Junqueira de Azevedo constrói o conceito *supra*citado com base em alguns exemplos repetidos na doutrina nacional, para ilustrar a casuística do dano social. Consubstanciaria ato "negativamente exemplar", com manifesto "rebaixamento do nível coletivo de vida", uma empresa aérea que "atrasa sistematicamente seus voos", repercutindo não apenas na esfera individual de dano, mas, "diminuindo as expectativas de bem-estar de toda a população". Esclarece o autor a distinção do ânimo do indivíduo que se dirige ao aeroporto "confiante" sobre a pontualidade de seu voo daquele que vive a "angústia do imprevisível"[765].

Outro exemplo, seria o caso "relativamente divertido, do cantor Zeca Pagodinho". Conforme noticiado[766] e, inclusive, judicializado[767], o referido

[765] Junqueira de Azevedo. **Novos Estudos e Pareceres**... Ob. Cit., p. 381.

[766] Os fatos expostos na mídia foram destaque na seara jurídica como exemplo, não só do *dano social*, mas, também, da eficácia externa subjetiva do contrato, a partir da função social do contrato (art. 421, do Código Civil). Judith Martins-Costa sintetizou: "*O caso Zeca Pagodinho – denominação que popularmente "pegou" para designar recente guerra publicitária entre duas conhecidas marcas de cerveja- está em todos os noticiários. Apenas relembrando: o cantor Zeca Pagodinho havia firmado um contrato com a agência de publicidade Fischer América para fazer um comercial na TV, em favor da cerveja Nova Schin. Intrometeu-se nessa relação contratual a agência África (titular da conta publicitária da cerveja Brahma), em razão do que Pagodinho violou o contrato com a primeira, passando a fazer publicidade para a segunda, concorrente da primeira.*" ("Zeca Pagodinho, a razão cínica e o novo Código Civil Brasileiro", **Portal Migalhas**, 31 de março de 2004, disponível em: <http://www.migalhas.com.br/dePeso/16,MI4218,101048-Zeca+Pagodinho+a+razao+cinica+e+o+novo+Codigo+Civil+Brasileiro>, acesso em 30/05/2016).

[767] O juízo monocrático julgou improcedente o pedido indenizatório (material e moral) formulado pela empresa lesada (Schincariol), o que fora revertido na apelação n. 9112793-79.2007.8.26.0000, julgada pela 5a Câmara de Direito Privado do Tribunal de Justiça de São Paulo (Rel. Des. Mônaco da Silva) em 12 de junho de 2013. O acórdão reconheceu a concor-

cantor, garoto-propaganda de uma marca de cerveja, rompeu seu contrato, após aliciamento de uma empresa concorrente, o que repercute socialmente com "evidente estímulo ao descumprimento dos contratos", insuficiente a compensação dos danos. Segundo JUNQUEIRA DE AZEVEDO, era necessário o "***plus***" do dano social, sob risco de evidenciar a "tolerância" do sistema com o dolo e com o descumprimento da palavra[768].

ANGERAMI POLI alerta que a "materialização" do dano social é relevante para ilustrar a vasta aplicabilidade, capaz de traduzir critérios na fixação. Explicita que é possível qualificar o dano social no plano dos "ilícitos lucrativos", em que o modelo compensatório seria insuficiente, e, também, das "microlesões", não sujeitas à indenização individual[769], elencando, ainda, a possibilidade de dano social na seara ambiental e consumerista – sem, contudo, especificar hipóteses, além daquelas já reconhecidas nos tribunais pátrios.

Polêmico o debate acerca da admissibilidade na esfera ambiental. Isto porque, no ensaio introdutório do tema, ANTONIO JUNQUEIRA DE AZEVEDO distinguiu o dano social do dano ambiental, já que embora coletivos, os danos ao meio-ambiente são "'materiais', verificáveis pela biologia e ecologia", ao tempo que o primeiro seria apurado pela "sociologia e estatística"[770]. Em sentido contrário, FABRÍCIO ANGERAMI POLI crê plenamente possível o reconhecimento de grave conduta culposa ou dolosa com "rebaixamento da qualidade de vida social" contra o meio-ambiente (bem difuso)[771].

A construção conceitual adotada neste trabalho, contudo, permite harmonizar as teses divergentes. Sem dúvida, o dano ao meio ambiente *pode* ter natureza "material"; na cisão temporal do conceito de dano, a lesão aos valores mais ou menos tangíveis do meio-ambiente (dano-evento) podem repercutir material ou moralmente (dano-prejuízo). Embora coletivo (difuso), plenamente possível cogitar a apuração de dano emergente e/ou lucros cessantes em decorrência de uma queimada, *v.g.* Por outro lado, o mesmo dano-evento pode repercutir na

rência desleal (Lei n. 9.279, de 1996), o aliciamento contrário à função social do contrato vigente e condenou a ré ao pagamento de danos materiais e morais (R$200.000,00).

768 Idem, p. 382.

769 POLI. **O Dano Social**. Ob. Cit., p. 233.

770 JUNQUEIRA DE AZEVEDO. **Novos Estudos e Pareceres**... Ob. Cit., p. 383.

771 POLI. **O Dano Social**. Ob. Cit., p. 236.

esfera de direitos da personalidade dos lesados (dano moral coletivo) e na qualidade de vida (dano social).

Deste modo, coexistem as figuras de dano pela lesão ao meio-ambiente. A propósito, como cita Angerami Poli, a seara ambiental talvez seja a que mais evidencia o reflexo do dano social, porque transcende o "bem público" afetando "toda população"[772].

Seguindo a análise dos exemplos na doutrina, Flávio Murilo Tartuce Silva[773] fornece alguns que afirma "pitorescos" para ilustrar o que podem ser qualificadas como "condutas socialmente reprováveis":

> "o pedestre que joga papel no chão, o passageiro que atende ao celular no avião, a loja do aeroporto que exagera no preço em dias de *apagão aéreo*, a pessoa que fuma próximo ao posto de combustíveis, a empresa que diminui a fórmula no medicamento, o pai que solta o balão com o seu filho. Mas os danos podem ser consideráveis: a metrópole que fica inundada em dias de chuva, o avião que tem problema de comunicação o que causa um acidente aéreo de grandes proporções, os passageiros já atormentados que não têm o que comer (já que a empresa aérea não paga o lanche), o posto de combustíveis que explode, os pacientes que vêm a falecer, a casa atingida pelo balão que pega fogo."

Os exemplos da doutrina, no entanto, são escassos, já que a matéria não foi necessariamente aprofundada como outras *categorias* mais longevas de dano. Os poucos (e louváveis) textos sobre a matéria preferem tratar outros aspectos – como a legitimidade, validade e destinação –, ou apenas o enfoque conceitual, sem elucidar compreensões práticas de dano social[774]. Deste modo, além dos exemplos corriqueiros citados por Junqueira de Azevedo, à jurisprudência coube trazer novas hipóteses de dano social.

[772] Poli. **O Dano Social**. Ob. Cit., p. 236.

[773] Silva, Flávio Murilo Tartuce. "Reflexões sobre o dano social" in Âmbito Jurídico, Rio Grande, XI, n. 59, nov. 2008. Disponível em: <http://www.ambito-juridico.com.br/site/index.php?n_link=revista_artigos_leitura&artigo_id=3537>. Acesso em 22 de abril de 2016.

[774] Cf. Flumignan. Ob. Cit. e Brasilino, Fábio Ricardo Rodrigues. "O dano social e função social da responsabilidade civil" in Fiúza, César Augusto de Castro; Silva, Rafael Peteffi da; Júnior, Otávio Luiz Rodrigues (coord.). **Direito Civil I**. Florianópolis: CONPEDI, 2014, p. 412-433. Disponível em: <http://www.publicadireito.com.br/artigos/?cod=1cde2efe98ea537f>, acesso em 04/05/2016.

5.5. Dano social nos tribunais

Apesar da preocupação com a disseminação de pedidos indenizatórios abrangendo o dano social, especialmente nos Juizados Especiais Cíveis[775], a matéria ainda é incipiente se comparada com o número de demandas indenizatórias distribuídas e julgadas anualmente pelos tribunais nacionais[776].

Em singela pesquisa, limitada à competência da Justiça Comum, nos repositórios de jurisprudência dos Tribunais de Justiça dos vinte e seis estados e do Distrito Federal e dos cinco Tribunais Regionais Federais[777], apenas Mato Grosso do Sul, Minas Gerais, Pará, Paraíba, Paraná, Rio Grande do Sul, Rio de Janeiro, São Paulo e Tocantins – ou seja, nove estados da Federação – têm decisões de Segundo Grau registradas com a temática desta monografia.

Verdadeiramente, não se pode olvidar a provável capilaridade do tema nas decisões monocráticas das varas de Primeiro Grau ou dos Juizados Especiais Cíveis[778]. Entretanto, os números evidenciam o estágio

[775] Entre outros, exemplifica-se o temor exposto por GABRIELLE BARROSO ROSSA ("O dano social na prática: A nova tendência nas ações judiciais contra grandes empresas" in **Portal Migalhas**, 10 de junho de 2013, disponível em: <http://www.migalhas.com.br/dePeso/16,MI180129,51045-O+dano+social+na+pratica>, acesso em 04/05/2016) e CHRISTIANO TADEU M. LOMBA ("O dano social" in **Informe Jurídico JEC n. 4** Siqueira Castro Advogados, outubro de 2013, disponível em: <http://www.siqueiracastro.com.br/informativos/Informe-JEC/2013/info_jec-04_02.html>, acesso em 04/05/2016).

[776] Além dos números já apresentados – notas de rodapé n. 3 e 147 –, destacável a pesquisa de ANDRÉ GUSTAVO CORRÊA DE ANDRADE, que apurou no Tribunal de Justiça do Estado do Rio de Janeiro o percentual de um terço de ações de fundo indenizatório, além da coincidência de partes – 32 empresas reiteradamente acionadas e com altíssimo percentual de sucumbência (**Dano Moral e Indenização Punitiva** : Os *punitive damages* na experiência da *common law* e na perspectiva do direito brasileiro, 2ª ed. Rio de Janeiro: Lumen Juris, 2009, p. 257/258).

[777] Busca da expressão "dano social", eventualmente combinada com os termos "Antônio Junqueira de Azevedo" "indenização" e/ou "responsabilidade civil" no endereço eletrônico de pesquisa de jurisprudência dos Tribunais de Justiça do Acre, Alagoas, Amapá, Amazonas, Bahia, Ceará, Distrito Federal e Territórios, Espírito Santo, Goiás, Maranhão, Mato Grosso, Mato Grosso do Sul, Minas Gerais, Pará, Paraíba, Paraná, Pernambuco, Piauí, Rio Grande do Norte, Rio Grande do Sul, Rondônia, Roraima, Sergipe, São Paulo e Tocantins; e dos Tribunais Regionais Federais (1ª, 2ª, 3ª, 4ª e 5ª regiões) – pesquisa realizada nos meses de maio/2016 e outubro/2017.

778 Exemplificadamente, apenas os registros do "Banco de Sentenças" do Tribunal de Justiça do Estado de São Paulo aponta 60 (sessenta) resultados com a adoção dos mesmos

embrionário do debate nos tribunais nacionais – especialmente agravado pela restrição imposta pelo SUPERIOR TRIBUNAL DE JUSTIÇA em acórdão paradigma quanto à legitimidade e à necessidade de pedido expresso para a condenação em danos sociais[779]. A maioria dos precedentes localizados não aborda o conceito de dano social ou os critérios justificadores, porque se limita a afastar a condenação primitiva, adequando à decisão no recurso repetitivo. Ilustra, neste sentido, a decisão do TRIBUNAL DE JUSTIÇA DO ESTADO DO TOCANTINS[780] que rechaçou a indenização, a título de "dano social" fixada em ação de busca e apreensão julgada improcedente, sob a alegação de violação do artigo 460, do Código de Processo de 1973[781], então vigente:

> "Pelo princípio da congruência, incumbe ao magistrado proferir a decisão nos limites postos pelas partes, sendo-lhe defeso julgar fora do que foi pedido nos autos, nos termos do art. 460 do CPC, sob pena de nulidade"[782].

critérios aplicada nos repositórios de jurisprudência, ou seja, mais do que o número de decisões envolvendo dano social de Segundo Grau de todos os estados somados (disponível em: <http://esaj.tjsp.jus.br/cjpg/pesquisar.do;jsessionid=03B56029B0645BD5C52C3AF0B3103E6A.cjpg1?conversationId=&dadosConsulta.pesquisaLivre=%22dano+social%22+%22responsabilidade+civil%22&tipoNumero=UNIFICADO&numeroDigitoAnoUnificado=&foroNumeroUnificado=&dadosConsulta.nuProcesso=&dadosConsulta.nuProcessoAntigo=&classeTreeSelection.values=&classeTreeSelection.text=&assuntoTreeSelection.values=&assuntoTreeSelection.text=&agenteSelectedEntitiesList=&contadoragente=0&contadorMaioragente=0&cdAgente=&nmAgente=&dadosConsulta.dtInicio=&dadosConsulta.dtFim=&varasTreeSelection.values=&varasTreeSelection.text=&dadosConsulta.ordenacao=DESC>, acesso em 30/05/2016).

[779] Reclamação n. 12.062-GO, Rel. Ministro Raul Araújo, (2a Turma), julgada em 12/11/2014, nos termos dos artigos 543-C, do Código de Processo de 1973, e 1.036, do Novo Código de Processo Civil.

[780] TJTO, AI 0011798-09.2015.827.0000, Rel. Juíza convocada Célia Regina Regis, 1ª Câmara Cível, julgado em 09/12/2015.

[781] O artigo 460, do Código Buzaid, estabelecia em seu *caput*: "É defeso ao juiz proferir sentença, a favor do autor, de natureza diversa da pedida, bem como condenar o réu em quantidade superior ou em objeto diverso do que *Ihe foi demandado*", parcialmente repetido no artigo 141, da Lei n. 13.105, de 2015, que trouxe o Novo Código de Processo Civil: *"O juiz decidirá o mérito nos limites propostos pelas partes, sendo-lhe vedado conhecer de questões não suscitadas a cujo respeito a lei exige iniciativa da parte"*.

[782] Entre outras, também se pode destacar: TJMS, Ap. n. 0800443-27.2013.8.12.0009, Rel. Des. Divoncir Schreiner Maran (1ª Câmara Cível), j. 23/06/2015; TJMG, Ap. n. 0224325-98.2013.8.13.0701, Rel. Des. Marcos Lincoln (11ª Câmara Cível), j. 11/11/2015; TJPA, Ap.

Assim, apenas Paraíba, Rio Grande do Sul, Rio de Janeiro e São Paulo revelam decisões colegiadas de Segundo Grau admitindo o dano social; acórdãos que corroboram a reflexão sobre o conceito, critérios e hipóteses da "nova categoria de dano" aventada por Antonio Junqueira de Azevedo.

As questões da legitimidade, da necessidade de pedido e destinação da indenização serão objeto de análise oportuna. No entanto, cumpre destacar, desde já, que os entes legitimados no microssistema coletivo, considerados pelo SUPERIOR TRIBUNAL DE JUSTIÇA como legítimos ao pedido de dano social (Reclamação n. 12.062/GO), pouco utilizam a figura do dano social, já que entre os precedentes pesquisados apenas aquele do TRIBUNAL DE JUSTIÇA DO ESTADO DO RIO DE JANEIRO envolve uma ação de natureza coletiva[783], os demais precedentes coincidem por tratar da concessão da indenização por dano social em demandas individuais.

O acórdão do TJRJ reconheceu a ilicitude da cobrança do "Bilhete Único" instituído na capital carioca para uma "infinidade de usuários – pessoas indeterminadas porém quantificáveis" que não usufruiu do benefício tarifário (viagens múltiplas pelo mesmo valor), sem que a lei houvesse suprimido a "tarifa simples". Diante da violação do princípio da legalidade por entidade da Administração Pública, impôs condenação a título de danos sociais, entendida como "indenização punitiva que, quando possível, pode levar em conta aspectos patrimoniais e não-patrimoniais do caso concreto".

Sem dúvida, o descumprimento reiterado da Administração Pública a princípio constitucional expresso e ínsito ao Estado Democrático de Direito (legalidade, art. 37, *caput*, da Constituição Federal), conforme descrito nos autos, pode qualificar o dano social. Trata-se de ato doloso que lesou não apenas os usuários do serviço de transporte municipal, mas, toda sociedade; evidente o rebaixamento imediato do nível vida da

n. 0000637-39.2009.8.14.0302, Rel. Des. Max Ney do Rosário Cabral (Turma Recursal Permanente); TJPR, Ap. n. 0012357-83.2013.8.16.0018, Rel. Des. Liana de Oliveira Lueders (1ª Turma Recursal), j. 11/05/2015) e Ap. n. 0006362-38.2015.8.16.0174, Rel. Des. Siderlei Ostrufka Cordeiro (3ª Turma Recursal), j. 06/04/2017; TJRS, Ap. n. 70068911106, Rel. Des. Mylene Maria Michel (19ª Câmara Cível), j. 28/04/2016.

[783] TJRJ, Ap. n. 0198586-29.2010.8.19.0001, Rel. Des. Paulo Sérgio Prestes (2ª Câmara Cível), j. 17/02/2016.

população. Em outras palavras, a análise preliminar indica que os fatos se subsomem ao conceito de dano social conforme o texto originário de Antonio Junqueira de Azevedo.

Por outro lado, a liquidação do *'quantum'* adotada no acórdão carioca denota desvio da indenização em relação fundamento aplicado. A verba destinada ao Fundo previsto no art. 13 da Lei no 7.347, de 1985, fixada pelo montante correspondente ao lucro da municipalidade traduz verdadeiro dano material dos usuários. O valor da condenação correspondeu precisamente ao cálculo da diferença obtida pela Administração a partir do método de cálculo menos vantajoso aos passageiros, com base no número de usuários do serviço no período. Em *'ultima ratio'*, a condenação não ostenta caráter difuso, típica do dano social, a liquidação com base no valor e número de passagens indica natureza coletiva, de acordo com a definição do artigo 81, parágrafo único, inciso II, do Código de Defesa do Consumidor[784].

A destinação ao Fundo da Lei de Ações Civis Públicas se deu pela alegada inviabilidade de identificação dos lesados, diante da "infinidade de usuários"; mas, existente relação jurídica base (contrato de transportes), cuida-se de interesse coletivo *'stricto sensu'*, com pessoas indeterminadas, mas, "determináveis enquanto grupo, categoria ou classe"[785]. Destarte, malgrado tenha sido qualificado como "dano social", a indenização fixada corresponde a danos emergentes coletivos, fixados em favor do Fundo Público pela dificuldade de aquilatar a extensão do número de usuários.

Em outras palavras, o precedente do TJRJ utiliza o conceito de Antonio Junqueira de Azevedo para assegurar categoria de dano já consagrada. Para satisfazer plenamente o propósito elencado, punição pela conduta lesiva do Município, deveria ter disso fixada, além da restituição efetivamente determinada, outra quantia, suplementar, justificada pelo rebaixamento da qualidade de vida oriunda da conduta ilícita da Administração. Portanto, o referido precedente apresenta exemplo

[784] *"Art. 81. (...) Parágrafo único: (...) II – interesses ou direitos coletivos, assim entendidos, para efeitos deste código, os transindividuais, de natureza indivisível de que seja titular grupo, categoria ou classe de pessoas ligadas entre si ou com a parte contrária por uma relação jurídica base"* (Código de Defesa do Consumidor.

[785] Watanabe, Kazuo. Comentários aos artigos 81 a 90, da Lei n. 8.078, de 1990 in Grinover. **Código Brasileiro de Defesa do Consumidor Comentado**... Ob. Cit., p. 623.

de dano social, embora não se assemelhe por completo à natureza da indenização fixada conforme os critérios já aventados.

Mais acurado com o conceito adotado em precedente pioneiro do TRIBUNAL DE JUSTIÇA DO RIO GRANDE DO SUL, em que o dano social foi fixado em uma ação individual com fundamento na fraude em sistema de loteria ("Toto-bola")[786]. Comprovada a viciosidade do sorteio que beneficiava os operadores, proliferaram diversas demandas indenizatórias na Justiça Estadual daquele Estado.

Em 176 (cento e setenta e seis) ações de indenização, as Turmas Recursais do TJRS, capitaneadas pelo voto condutor do Desembargador EUGÊNIO FACCHINI NETO[787], entenderam que a conduta não qualificava "dano moral puro". Não obstante, "ainda que os danos individuais pudessem ter sido pequenos, fragmentados e dispersos pela população, o fato é que a fraude perpetrada permitia uma vantagem absurdamente grande" e a ilicitude da conduta impunha uma resposta do direito civil. Assim, admitiram a "recuperação" da *pena privada* com fundamento nos *'punitive damages'* da *Common Law*, a fim de impor sanção civil. A decisão alude primordialmente ao modelo da indenização punitiva típica do direito anglo-saxão; no entanto, são plenamente identificáveis os fundamentos com o conceito de *dano social* de ANTONIO JUNQUEIRA DE AZEVEDO.

As Turmas Recursais do TJRS adotaram a condenação em centenas de casos, considerando a conduta dolosa, *negativamente exemplar*, com rebaixamento da qualidade de vida. No entanto, ao contrário do que sustentava o ensaio original da Revista Trimestral de Direito Civil, entenderam que a "dimensão coletiva do dano", não justificaria a "apropriação individual" da condenação, impondo a reversão dos valores ao Fundo de Defesa de Interesses Difusos. O valor foi fixado de acordo com o limite legal dos Juizados Especiais Cíveis à época (R$10.400,00) – totalizando cerca R$1.830.400,00 (um milhão, oitocentos e trinta mil e quatrocentos reais), com base no número de demandas registradas no sistema informatizado do TJRS.

[786] Cf. SABALLA JUNIOR, Léo. "Justiça condena envolvidos na fraude do Toto-Bola". Porto Alegre, **Jornal Zero Hora**, 02 de julho de 2009, disponível em: <http://zh.clicrbs.com.br/rs/noticia/2009/07/justica-condena-envolvidos-na-fraude-do-toto-bola-2566286.html>, acesso em 05/05/2016.

[787] TJRS, Recurso Inominado Cível n. 71001249796, Rel. Des. Eugênio Facchini Neto (3ª Turma Recursal), j. 27/03/2007.

A decisão das Turmas Recursais do Rio Grande do Sul alude à justificativa econômica da indenização punitiva, enfrentada em capítulo subsequente. O dano material oriundo das apostas em sistema de loterias fraudado era ínfimo; repelido o dano moral porque ausentes elementos que caracterizassem a "dor física ou sofrimento moral, situações de angústia, forte estresse, grave desconforto, exposição à situação de vexame, vulnerabilidade ou outra ofensa a direitos da personalidade". Neste sentido, foi reconhecida a aptidão do direito civil em "contribuir para orientar os atores sociais no sentido de evitar determinadas condutas, mediante a punição econômica", em especial quando verificado o "lucro ilícito"[788] – ilidível, pois, a convergência da condenação imposta com os fundamentos aqui expostos, divergindo a solução aventada em

[788] "TOTO BOLA. SISTEMA DE LOTERIAS DE CHANCES MÚLTIPLAS. FRAUDE QUE RETIRAVA AO CONSUMIDOR A CHANCE DE VENCER. AÇÃO DE REPARAÇÃO DE DANOS MATERIAIS E MORAIS. DANOS MATERIAIS LIMITADOS AO VALOR DAS CARTELAS COMPROVADAMENTE ADQUIRIDAS. DANOS MORAIS PUROS NÃO CARACTERIZADOS. POSSIBILIDADE, PORÉM, DE EXCEPCIONAL APLICAÇÃO DA FUNÇÃO PUNITIVA DA RESPONSABILIDADE CIVIL. NA PRESENÇA DE DANOS MAIS PROPRIAMENTE SOCIAIS DO QUE INDIVIDUAIS, RECOMENDA-SE O RECOLHIMENTO DOS VALORES DA CONDENAÇÃO AO FUNDO DE DEFESA DE INTERESSES DIFUSOS. RECURSO PARCIALMENTE PROVIDO. Não há que se falar em perda de uma chance, diante da remota possibilidade de ganho em um sistema de loterias. Danos materiais consistentes apenas no valor das cartelas comprovadamente adquiridas, sem reais chances de êxito.

Ausência de danos morais puros, que se caracterizam pela presença da dor física ou sofrimento moral, situações de angústia, forte estresse, grave desconforto, exposição à situação de vexame, vulnerabilidade ou outra ofensa a direitos da personalidade. Presença de fraude, porém, que não pode passar em branco. Além de possíveis respostas na esfera do direito penal e administrativo, o direito civil também pode contribuir para orientar os atores sociais no sentido de evitar determinadas condutas, mediante a punição econômica de quem age em desacordo com padrões mínimos exigidos pela ética das relações sociais e econômicas. Trata-se da função punitiva e dissuasória que a responsabilidade civil pode, excepcionalmente, assumir, ao lado de sua clássica função reparatória/compensatória. O Direito deve ser mais esperto do que o torto, frustrando as indevidas expectativas de lucro ilícito, à custa dos consumidores de boa-fé. Considerando, porém, que os danos verificados são mais sociais do que propriamente individuais, não é razoável que haja uma apropriação particular de tais valores, evitando-se a disfunção alhures denominada de 'overcompensation'. Nesse caso, cabível a destinação do numerário para o Fundo de Defesa de Direitos Difusos, criado pela Lei 7.347/85, e aplicável também aos danos coletivos de consumo, nos termos do art. 100, parágrafo único, do CDC. Tratando-se de dano social ocorrido no âmbito do Estado do Rio Grande do Sul, a condenação deverá reverter para o fundo gaúcho de defesa do consumi-

"Por Uma Nova Categoria de Dano" somente quanto a destinação da verba – com o que concordamos, como se verá adiante.

Os precedentes do TRIBUNAL DE JUSTIÇA DO ESTADO DE SÃO PAULO, seja para acolher ou rechaçar o dano social, não raro citam o conceito de JUNQUEIRA DE AZEVEDO *in verbis*. Logo, interessa destacá-los para evidenciar os critérios e exemplos da Justiça Bandeirante sobre o dano social.

Algumas decisões corroboram para delimitar a extensão do que consiste o dano social. Em julgado da 17ª Câmara de Direito Privado do TJSP restou decidido que o envio não solicitado de cartão de crédito, embora configure dano moral, não se qualifica como dano social, inexistente lesão de toda a sociedade[789]. Igualmente, a 20ª Câmara de Direito Privado sedimentou que o protesto de duplicata fraudulenta enseja condenação por danos morais, pela negligência bancária no serviço (lucrativo) de desconto e cobrança de títulos, porém, insuficiente para o dano social – porque não verificada a "eficácia SOCIAL da conduta que não pode ser considerada a partir da simples reiteração da falta de zelo da Instituição Bancária no protesto de títulos"[790].

Opostamente, algumas Turmas do TJSP já admitiram a figura do dano social. A 4ª Câmara de Direito Privado, por exemplo, afiançou que o descumprimento reiterado de decisão sumulada e de precedentes dos Tribunais Superiores, consistente na recusa indevida de internação por plano de saúde, caracteriza dano social. Assentou, em apertada síntese, que o atendimento de urgência e emergência encontra respaldo legal (Lei n. 9.656, de 1998), o que fora reafirmado por Súmula do TJSP (n. 103[791]) e pelo SUPERIOR TRIBUNAL DE JUSTIÇA, intolerável a reincidência – a justificar a sanção no plano processual (recurso prote-

dor" (TJRS, Recurso Inominado Cível n. 71001249796, Rel. Des. Eugênio Facchini Neto – 3ª Turma Recursal, j. 27/03/2007).

789 TJSP, Ap. n. 0021120-65.2011.8.26.0309, Rel. Des. Luiz Sabbato (17ª Câmara de Direito Privado), j. 26/02/2013.

790 TJSP, Ap. n. 0012171-25.2009.8.26.0664, Rel. Des. Maria Lúcia Pizzotti (20ª Câmara de Direito Privado), j. 30/06/2014.

791 Súmula nº 103, do Tribunal de Justiça do Estado de São Paulo: *"É abusiva a negativa de cobertura em atendimento de urgência e/ou emergência a pretexto de que está em curso período de carência que não seja o prazo de 24 horas estabelecido na Lei n. 9.656/98"* (Órgão Especial, 28/02/2013).

latório) e material, tanto no aspecto individual (danos morais) quanto difuso (danos sociais)[792].

Segundo o voto do Desembargador Carlos Teixeira Leite, mesmo cientes da vedação "legal e judicial sobre alguns temas relacionados à saúde do segurado", as seguradoras insistem na recusa do serviço, afetando não só o indivíduo que propôs a ação, "mas, de maneira reflexa, acabam por afetar outros milhares, de pessoas, segurados ou não, que buscam a solução para um direito". Ressaltou que não há "tranquilidade" ou "segurança" com o descumprimento deliberado do contrato, repercutindo no assoberbamento do Poder Judiciário, a justificar uma "indenização punitiva".

Complementa o Desembargador Relator que os danos sociais são uma "tentativa" para que a responsabilidade civil "cumpra a função que a sociedade exige, qual seja, a de encontrar fórmulas subsidiárias para acabar com os efeitos da crise provocada pelos chamados efeitos repetitivos da ilicitude". Por isso, condenou a seguradora de saúde, além do pagamento pelos danos morais (R$50.000,00) em favor do demandante, indenização por dano social, fixado em R$1.000.000,00 (um milhão de reais) – revertidos em favor do Hospital das Clínicas da Faculdade de Medicina da Universidade de São Paulo[793].

A despeito dos louváveis argumentos do acórdão, corroborando significativamente para a definição prática do que consiste o *dano social*, a decisão está pendente de análise no SUPERIOR TRIBUNAL DE

[792] *"PLANO DE SAÚDE. Pedido de cobertura para internação. Sentença que julgou procedente pedido feito pelo segurado, determinado que, por se tratar de situação de emergência, fosse dada a devida cobertura, ainda que dentro do prazo de carência, mantida. DANO MORAL. Caracterização em razão da peculiaridade de se cuidar de paciente acometido por infarto, com a recusa de atendimento e, consequentemente, procura de outro hospital em situação nitidamente aflitiva. DANO SOCIAL. Caracterização. Necessidade de se coibir prática de reiteradas recusas a cumprimento de contratos de seguro saúde, a propósito de hipóteses reiteradamente analisadas e decididas. Indenização com caráter expressamente punitivo, no valor de um milhão de reais que não se confunde com a destinada ao segurado, revertida ao Hospital das Clínicas de São Paulo. LITIGÂNCIA DE MÁ FÉ. Configuração pelo caráter protelatório do recurso. Aplicação de multa. Recurso da seguradora desprovido e do segurado provido em parte."* (TJSP, Ap. n. 0027158-41.2010.8.26.0564, Rel. Des. Teixeira Leite; Comarca: São Bernardo do Campo; Órgão julgador: 4ª Câmara de Direito Privado; Data do julgamento: 18/07/2013; Data de registro: 19/07/2013).

[793] TJSP, Ap. n. 0027158-41.2010.8.26.0564, Rel. Des. Teixeira Leite (4ª Câmara de Direito Privado), j. 18/07/2013.

JUSTIÇA[794], que tende a declarar nula a parcela condenatória estranha ao pedido inicial e fixada em ação individual – conforme decidido em recurso repetitivo (Reclamação n. 12.062/GO).

No mesmo sentido, aliás, tramitam as diversas decisões monocráticas que reconheceram indenização por danos sociais em diversos Estados da Federação. Os bancos de dados dos Tribunais indicam inúmeras decisões de Primeiro Grau em consonância com o entendimento esposado pela 4ª Câmara de Direito Privado do TRIBUNAL DE JUSTIÇA DO ESTADO DE SÃO PAULO, contrariando tácita ou expressamente (*'distinguishing'*) o acórdão paradigma[795].

Conquanto os precedentes de Primeiro Grau excedam o espectro da pesquisa – seja porque não traduzem propriamente uma tendência jurisprudencial, seja pela inviabilidade de exaurir os registros de todo país –, algumas decisões especialmente relevantes merecem destaque.

Neste esteio, assemelha-se ao julgado citado do TJSP uma decisão de GUILHERME MADEIRA DEZEM, da 44ª Vara Cível Central – que reconheceu o dano social pela negativa indevida e reiterada do plano de saúde à cobertura médica, "em flagrante menosprezo à jurisprudência consolidada". Destaca o Juiz da Primeira Instância paulista que segundo a teoria do *'law and economics'*, a recusa de tratamento se mostra lucrativa, inviável a chancela judicial da conduta "que pauta o lucro na dignidade da pessoa humana"[796].

Afirma o magistrado que "é chegada a hora de alterar essa postura complacente de incentivo ao descumprimento do contrato e da jurisprudência do E. TJSP", evidente a conduta "socialmente reprovável" decorrente da recusa indevida de tratamento médico-hospitalar e menoscabo à jurisprudência sumulada. Citada a lição de JUNQUEIRA DE AZEVEDO, fundamentou a "redução da qualidade de vida e a repercussão social", para condenar a requerida ao pagamento de R$500.000,00

[794] REsp. n. 1.598.709/SP, autuado no Tribunal da Cidadania em 02/05/2016.

[795] Embora o Novo Código de Processo Civil reforce a natureza vinculante dos precedentes firmados em recurso repetitivo (artigo 985, da Lei n, 13.105, de 2015), também foi positivada a possibilidade de "distinção" (*'distinguishing'*) e superação (*'overruling'*) – sobre o tema cf. CUNHA, Leonardo Carneiro da; MACÊDO, Lucas Buril de; ATAÍDE JR, Jaldemiro Rodrigues de (org.). **Precedentes judiciais no NCPC**. Coleção Novo CPC e novos temas. Salvador: Juspodivm, 2015.

[796] TJSP, Proc. n. 1036078-45.2015.8.26.0100, sentença proferida em 30 de setembro de 2015 (Juiz Guilherme Madeira Dezem – 44ª Vara Cível do Foro Central da Capital).

(quinhentos mil reais) em prol do GRAAC (Grupo de Apoio ao Adolescente e à Criança com Câncer) – além da condenação moral em favor do autor.

Outras decisões de primeira instância que merecem destaque envolvem a conduta reiteradamente lesiva das empresas concessionárias dos serviços de telefonia e internet, uma única empresa fora condenada ao pagamento de danos sociais por juízes de São Paulo e Minas Gerais – decisões posteriormente reformadas, mas, objeto de significativa repercussão[797].

Em Jales, interior do Estado de São Paulo, em extensa e fundamentada sentença, o Juiz FERNANDO ANTÔNIO DE LIMA impôs à concessionária de telefonia móvel condenação de R$5.000.000,00 (cinco milhões de reais), em virtude da conduta deliberada de interromper ligações ofertadas como ilimitadas. Fundamentou que a empresa ofertava ligações ilimitadas, isto é, sem restrição de tempo, por R$0,25, porém, em prática abusiva e enganosa, interrompe as ligações, obrigando o consumidor a pagar por nova tarifa. Apontou, ainda, que a prática já foi sancionada sem sucesso na esfera administrativa (PROCON e ANATEL), evidenciada a "opressão" dos "grandes conglomerados que escapam a qualquer controle político-social", sendo o dano social "um contraponto a esse poder até então incontrolável"[798].

Em extensa crítica ao abuso do poder econômico, o Magistrado aponta que as condenações (materiais e morais) não são suficientes para evitar o lucro ilícito. Impositiva a releitura da responsabilidade civil de acordo com sua *função social*, em que a "teoria do dano social" constitui principal mecanismo de mudança – uma concepção "revolucionária", uma "teoria nova, viva, abundante, justa, distributiva, solidária e fraternal" – também inserida no "poder geral de efetivação" da seara proces-

[797] PORTAL MIGALHAS. "TIM deve pagar R$300 mil por dano social", 22 de janeiro de 2014. Disponível em: <http://www.migalhas.com.br/Quentes/17,MI194063,81042-Tim+deve+pagar+R+300+mil+por+dano+social>, acesso em 05/05/2015. PORTAL MIGALHAS. "TIM é condenada a pagar R$5 mi para reparar dano social", 14 de outubro de 2013. Disponível em: <http://www.migalhas.com.br/Quentes/17,MI188308,51045-Tim+e+condenada+a+pagar+R+5+mi+para+reparar+dano+social>, acesso em 05/05/2016.

[798] TJSP, Proc. n. 0005261-74.2013.8.26.0297, sentença proferida em 12 de novembro de 2013 (Juiz Fernando Antônio de Lima – Vara do Juizado Especial Cível e Criminal da Comarca de Jales).

sual. Complementa sobre a possibilidade do reconhecimento do dano social nos Juizados Especiais Cíveis:

> "O arcabouço para a cessação das condutas repetidamente ilícitas, danosas à coletividade, está plantado. A teoria do dano social, aplicada nos Juizados Especiais Cíveis, captará os dramas que desconcertam grupos sociais e a coletividade. Captando esses dramas, destrui-los-á. Destruindo-se esses dramas, devolverá à coletividade a renda que da coletividade foi usurpada.
>
> Das mãos dos Juizados, então, poderá surgir uma nova justiça: concreta, efetiva, verdadeira, não formalista, com força e dignidade para resolver os dramas e problemas humanos que a ordem neoliberal tem criado. Os lineamentos da teoria do dano social estão plantados. Basta aos juízes dos Juizados Especiais Cíveis aplicá-la".

O debate sobre o dano social, contudo, foi ceifado pela questão processual, singelamente aplicada pela Turma Recursal, que afastou a condenação imposta, além do pedido e em favor de terceiro "estranho à lide"[799].

Sorte idêntica ao processo envolvendo a mesma empresa no âmbito do TRIBUNAL DE JUSTIÇA DO ESTADO DE MINAS GERAIS; em que o juízo da primeira instância fixou indenização por dano social, em decorrência da requerida se qualificar como "uma das empresas que mais lesam o consumidor"[800]. A sentença, posteriormente reformada pela 14ª Câmara Cível do TJMG[801], menciona os conceitos doutrinários supracitados para apontar a repercussão *social* da conduta reiteradamente lesiva da empresa de telefonia. No mesmo sentido, a 3ª Turma Recursal do TRIBUNAL DE JUSTIÇA DO ESTADO DO PARANÁ reformou decisão monocrática da Comarca de União da Vitória que condenou outra empresa de telefonia em R$300.000,00, a título de

[799] Decisão da Turma do Colégio Recursal – "Recurso Parcialmente Provido – *V.U. A fim de reconhecer, nos termos da r. decisão proferida na reclamação 12.062-GO-STJ, a nulidade do julgado em relação à condenação da parte ré ao pagamento de indenização a título de danos sociais em favor de terceiro estranho à lide, mantida a indenização por danos morais nos termos da r sentença prolatada. Arcará a recorrente com todas as custas e despesas processuais, bem como com os honorários da parte contrária que fixo em 10% sobre o valor total da condenação*" (j. 26/05/2015).

[800] TJMG, Proc. n. 0058388-88.2012.8.13.0210, sentença proferida em 10 de janeiro de 2014 (Juiz Henrique Alves Pereira – Vara de Pedro Leopoldo/MG).

[801] Rel. Des. Evangelina Castilho Duarte, j. 16/12/2014

danos sociais, em razão da ineficiência e das falhas recorrentes em serviço de internet[802].

Ainda, o acórdão localizado do TRIBUNAL DE JUSTIÇA DO ESTADO DA PARAÍBA se destaca pelo embate sobre a tênue distinção prática entre o dano moral coletivo e os danos sociais, apesar da diferenciação doutrinária mencionada em subcapítulo antecedente. Na decisão do Desembargador OSWALDO TRIGUEIRO DO VALLE FILHO, a 2ª Câmara Cível do TJPB admite a figura do dano social para rechaçar o pedido de indenização por danos morais, em decorrência da ofensa do requerido contra os cidadãos da Paraíba, publicada em vídeo na *internet*. A decisão colegiada manteve a sentença no sentido de que, embora repugnante, os comentários não afrontaram a "honra subjetiva" do demandante, razão pela qual o dano seria "social", difuso, e não moral[803].

Excetuado o julgado do Estado do Rio de Janeiro, inserido em típica ação coletiva, todos os precedentes elencados estão pendentes ou tiveram o capítulo da indenização punitiva suprimida com base no entendimento do SUPERIOR TRIBUNAL DE JUSTIÇA. O acórdão paradigma tem origem em reclamação[804] contra a julgado da Turma Recursal do Estado de Goiás que condenou instituição bancária ao pagamento de R$5.000,00, a título de danos morais, e R$10.000,00, pelos danos sociais decorrentes da cobrança indevida do consumidor.

O "Tribunal da Cidadania" entendeu que a fixação, '*ex officio*', em ação individual, de condenação não requerida a terceiro "estranho à lide" constitui decisão "teratológica", a admitir a reclamação perante aquele colegiado. No mérito, citou o conceito de ANTONIO JUNQUEIRA

802 TJPR, RI n. 0006362-38.2015.8.16.0174 – União da Vitória – Rel. Siderlei Ostrufka Cordeiro (3ª Turma Recursal), j. 06.04.2017.

803 TJPB, Ap. n. 0082768-83.2012.8.15.2001, Rel. Des. Oswaldo Trigueiro Do Valle Filho (2ª Câmara Cível), j. 17/12/2013.

804 O STJ, na vigência do Código de Processo de 1973, após a inserção do procedimento de julgamentos repetitivos naquele Tribunal (artigo 543-C, inserido pela Lei n. 11.672, de 2008), editou a Resolução n. 12, de 2009, que estabelecia a competência para a análise de reclamações contra decisões de Turmas Recursais dos Estados que contrariassem precedentes paradigmas ("*Art. 1º. As reclamações destinadas a dirimir divergência entre acórdão prolatado por turma recursal estadual e a jurisprudência do Superior Tribunal de Justiça, suas súmulas ou orientações decorrentes do julgamento de recursos especiais processados na forma do art. 543-C do Código de Processo Civil serão oferecidas no prazo de quinze dias, contados da ciência, pela parte, da decisão impugnada, independentemente de preparo*".

DE AZEVEDO para admitir o dano social, fundado no artigo 944, do Código Civil. Todavia, nos termos do Enunciado n. 456, da V Jornada de direito Civil, somente os legitimados para a tutela coletiva estariam aptos a requerê-lo em juízo. Fundamentou, portanto, que a decisão da Turma Recursal viola o *princípio da congruência*, extrapolando "de forma clara os limites objetivos e subjetivos da demanda".

O Relator RICARDO VILLAS BOAS CUEVAS asseverou que "os danos sociais são admitidos somente em demandas coletivas", fixando seguinte tese para o recurso repetitivo:

> "É nula, por configurar julgamento extra petita, a decisão que condena a parte ré, de ofício, em ação individual, ao pagamento de indenização a título de danos sociais em favor de terceiro estranho à lide".

Com efeito, os exemplos dos tribunais pátrios, inclusive do STJ, permitem concluir que a tese dos danos sociais é admitida no ordenamento. Os precedentes permitem, ainda, ilustrar melhor o conceito doutrinário – especialmente indicando diretrizes para a definição do que constitui ou não dano social. As pretensões são refutadas quando se aproximam dos exemplos "pitorescos" de FLAVIO TARTUCE[805], que não mereceriam tutela dos tribunais pátrios, porque ausente a repercussão social e reiteração lesiva, uníssona a menção aos exemplos e definições ANTONIO JUNQUEIRA DE AZEVEDO.

Por outro lado, a análise quantitativa e o teor das decisões denotam dificuldades práticas para a admissão do dano social. A inexistência de uma única condenação punitiva, a título de danos sociais, que tenha subsistido – seja pelo obstáculo processual imposto pelo SUPERIOR TRIBUNAL DE JUSTIÇA, seja pelo mérito, quanto à definição de que determinada conduta é especialmente lesiva à comunidade – evidencia a ineficácia prática do instituto.

As decisões condenatórias, via de regra, traduzem verdadeira *resposta* do Poder Judiciário a situações repetidamente judicializadas, com manifesto viés *simbólico* e propósitos distributivo e defensivo. Daí exsurge a necessidade de aprofundar as propostas repetidas desde "Por Uma Nova Categoria de Dano: o Dano Social".

[805] SILVA. "Reflexões sobre o dano social" Ob. Cit.

Sem dúvida, os obstáculos processuais (princípios da inércia da jurisdição e da correlação) impediram atuação positiva dos Tribunais quanto ao dano social. Como destacado, as condenações em ações individuais e sem pedido expresso da parte ceifaram o valioso debate com a simples adequação da decisão ao recurso repetitivo. Provavelmente, o efeito mais relevante dos precedentes que acolheram a indenização punitiva foi simbólico, a partir da repercussão midiática – o que extrapola a função judicial e atenta contra o instituto. Para tanto, rememora-se a lição de Flávio da Costa Higa que demonstra, a partir do modelo norte-americano, os efeitos da propagação midiática, às vezes imperfeita, distorcida ou inverídica, para "aniquilar todo o instituto" com detratores predispostos a fazê-lo[806].

Como aponta Marc Galanter, a eficácia do sistema de responsabilidade civil depende de um sistema de conhecimento[807]. A utilização simbólica dos danos sociais pode esvaziar a finalidade e acentuar as críticas à insegurança jurídica do direito de danos. Por isso, estabelecer ou aprofundar os parâmetros da tutela coletiva significa fomentar a aplicação pelos agentes legitimados, autorizar o debate judicial e consagrar os efeitos que justificaram sua adoção.

5.6. Justificativa

Antonio Junqueira de Azevedo, no ensaio inaugural do tema, apresenta as justificativas da "nova categoria de dano"[808]. O dano social, no entanto, não merece o simplismo da afirmação como instrumento capaz de subverter a divergência sobre os critérios de quantificação do dano moral, especialmente porque, como se verá adiante, persistem as contradições neste aspecto. A "crise" da responsabilidade civil e do direito legitimam o dano social como uma via alternativa, apta a suprir os anseios sociais, sem, entretanto, extraviar as decisões jurisdicionais das amarras da segurança jurídica e legalidade.

Desde o artigo publicado na Revista Trimestral de Direito Civil, os autores costumam a tratar o dano social dentro do conceito evolutivo

[806] Higa. **Responsabilidade Civil Punitiva**... Ob. Cit., p. 11.

[807] Galanter, Marc. "Real world torts: an antidote to anedoct" in **Mariland Law Review**, v. 55, pp. 1.093-1.160, 1996, p. 1.160.

[808] Junqueira de Azevedo. **Novos Estudos e Pareceres**... Ob. Cit., p. 379.

há muito sedimentado por ALVINO LIMA, LOUIS JOSSERAND e outros. O discurso da ampliação dos danos como fenômeno da *sociedade de risco*, inserido no processo de coletivização da responsabilidade civil, para atender às exigências sociais do direito, em um aspecto civil-constitucional[809], se repete.

Nas palavras de FÁBIO RICARDO RODRIGUES BRASILINO o dano social é um "instrumento paradigmático-constitucional", que surge "para a efetivação dos objetivos do Estado", legitimado na teoria da *ação comunicativa* de JÜRGEN HABERMAS[810].

No viés *habermasiano* de que o Direito é o "elemento intermediador do mundo da vida e do mundo sistêmico", BRASILINO crê que o dano social representa norma jurídica que contempla "validade e faticidade", alcançada pela "ética do discurso". A coletivização da responsabilidade civil, consagrada nas novas categorias de dano, denota a "mudança de paradigma no direito", com um aspecto funcional que busca "desestimular e educar o praticante do ato". Assim, o dano social surge como "instrumento efetivador da dignidade"[811].

Ao tratar da hipótese de destinação da indenização a terceiros, estranhos à lide, ALEXANDRE GUERRA aponta que os *princípios da socialidade e eticidade* do Código Civil de 2002[812] servem de "fundamento axiológico da aplicação da indenização social"[813]. Idêntica a conclusão de RALPHO

[809] Sobre tema, entre outros, destaca-se: LÔBO, Paulo Luiz Netto. "Constitucionalização do direito civil", **Revista de Informação Legislativa**, a. 36, n. 141, Brasília, jan./mar. 2009. Disponível em: <http://www2.senado.leg.br/bdsf/bitstream/handle/id/453/r141-08.pdf?sequence=4>, acesso em 10 de abril de 2016; MORAES, Maria Celina Bodin de. Dilemas de Direito Civil-constitucional. Rio de Janeiro: Renovar, 2012; e PERLINGIERI, Pietro. **Il diritto civile nella legalità costituzionale secondo il sistema italo-comunitario delle fonti**, vol. 1. Napoli: Edizioni Scientifiche Italiane, 2012.

[810] BRASILINO, Fábio Ricardo Rodrigues. **Dano Social como instrumento paradigmático-constitucional de efetivação da dignidade humana**. 2015. Disponível em: <http://brasilino.adv.br/?p=40>, acesso em 12 de maio de 2016.

[811] Idem.

[812] Sobre os fundamentos do Código Civil de 2002, MIGUEL REALE (**Teoria Tridimensional do Direito**, 5ª ed. São Paulo: Saraiva, 2003).

[813] "Dano Moral Punitivo e a Indenização Social: A destinação de parte da indenização por danos morais punitivos em favor de instituições locais de beneficência, a critério judicial, como forma de evitar o enriquecimento ilícito da vítima" in GUERRA, Alexandre; BENACCHIO, Marcelo (coords.). **Responsabilidade Civil Bancária**. São Paulo: Quartier Latin, 2012, p. 210.

Waldo de Barros Monteiro Filho e Renata Pinto Lima Zanetta, que apontam que o dano social "emerge do regramento básico da socialidade adotado pelo Código Civil de 2002 que prega a valorização do coletivo em detrimento do individual"[814].

Por todos, Flávio Tartuce resume a relação entre a responsabilidade civil e o dano social com o princípio da *socialidade*:

> "O conceito mantém relação direta com a principiologia adotada pelo Código Civil de 2002, que escolheu entre um de seus regramentos básicos a socialidade: a valorização do *nós* em detrimento do *eu*, a superação do caráter individualista e egoísta da codificação anterior. Justamente por isso, os grandes ícones privados têm importante função social: a propriedade, o contrato, a posse, a família, a empresa e também a responsabilidade civil"[815].

Não há a menor dúvida sobre a influência da *função social* da responsabilidade civil no surgimento e legitimação dos danos sociais. Os elementos históricos que ensejaram no ressurgimento da função punitiva e pedagógica do "direito de danos" não podem ser ignorados – especialmente porque comuns em diversas experiências jurídicas (*v.g.* Espanha, Alemanha, França, Itália, Argentina, Equador, Colômbia, Chile etc.). A *constitucionalização* do direito civil repercute na responsabilidade com a ampliação da tutela preventiva e reativa à "sociedade de risco". A releitura com base na Constituição permite a dilatação do conceito de dano até nos sistemas mais restritos; como revela Cesare Salvi[816], sobre a expansão do modelo "típico" de danos extrapatrimoniais do Código Civil italiano[817].

[814] Filho, Ralpho Waldo De Barros Monteiro; Zanetta, Renata Pinto Lima. "O dano na responsabilidade civil" in Guerra, Alexandre Dartanhan de Mello; Benacchio, Marcelo. **Responsabilidade Civil**. São Paulo: Escola Paulista da Magistratura, 2015, p. 203.

[815] Silva, Flávio Monteiro Tartuce. **Direito Civil** : direito das obrigações e responsabilidade civil – v. 2, 9ª ed. Rio de Janeiro: Forense, 2014, p. 438.

[816] Salvi. **La responsabilità civile**... Ob. Cit., p. 70.

[817] O *Codice Civile*, ao contrário da cláusula geral, atípica, dos danos patrimoniais (*Art. 2043. Risarcimento per fatto illecito. Qualunque fatto doloso o colposo, che cagiona ad altri un danno ingiusto, obbliga colui che ha commesso il fatto a risarcire il danno – Cod. Pen. 185*), prevê no artigo 2059, que trata dos danos extrapatrimoniais, de forma típica, restrita (*Art. 2059. Danni non patrimoniali. Il danno non patrimoniale deve essere risarcito solo nei casi determinati dalla legge – Cod. Proc.*

Induvidosa a *legitimidade* do dano social com base no fundamento do Estado Democrático da "dignidade da pessoa humana" (art. 1º, inciso II, da Constituição Federal), no objetivo fundamental republicano de "uma sociedade livre, justa e solidária" (art. 3º, inciso I, da Constituição) ou nos direitos fundamentais, como a "igualdade" (art. 5º, *caput*, da CF88). A "eficácia horizontal dos direitos fundamentais"[818] justifica o *protagonismo* da responsabilidade civil como instrumento apto a mediar conflitos e impor valores[819]. Todavia, são necessários outros argumentos além da dignidade da pessoa humana, socialidade ou solidariedade.

Como leciona Daniel Sarmento "se é certo que os direitos fundamentais se irradiam para as relações privadas, não é menos certo que a aplicação destes direitos no campo não estatal reveste-se de uma série de especificidades"[820]. Em outras palavras, não se pode simplesmente aludir a princípios ou a conceitos jurídicos indeterminados sem *densificar* os vetores interpretativos. O uso indiscriminado e descompromissado dos direitos fundamentais serve tão-somente para desacreditar os princípios fundantes da República e o próprio Poder Judiciário[821]. Segundo Anderson Schreiber a alusão *"descomprometida"* à dignidade humana lhe serve, apenas, para a banalização do fundamento republicano[822]; por isso, não interessa a adoção do dano social com base na "justiça", sob risco de esvaziar completamente a credibilidade/função da responsabilidade civil e do instituto.

Civ. 89; Cod. Pen. 185, 598) – o que tem sido ampliado por legislação esparsa e pela interpretação jurisprudencial (Salvi. **La responsabilità civile**... Ob. Cit., pp. 69/71).

818 Julio Strada, Alexei. **La Eficacia de los Derechos Fundamentales entre Particulares.** Bogotá: Universidad Externado de Colombia, 2000.

819 Daniel de Andrade Levy crê que a responsabilidade civil será a "mediana" da parábola entre a valorização do indivíduo e o "anseio coletivizador do ambiente" (aspecto solidarista) (**Responsabilidade Civil**... Ob. Cit., p. 24).

820 Sarmento, Daniel. **Direitos Fundamentais e Relações Privadas**, 2ª ed., 3ª tiragem. Rio de Janeiro: Lumen Juris 2010, p. 13.

821 Neste sentido, já decidiu o Supremo Tribunal Federal que a menção genérica a princípios constitucionais, como a dignidade da pessoa humana, a função social da propriedade, o devido processo legal e o acesso à Justiça não permite o reconhecimento da repercussão geral (cf. STF, ARE n. 950.787/SP; Rel. Min. Luiz Fux, Plenário; j. 28/04/2016).

822 Schreiber. **Novos paradigmas da responsabilidade civil**... Ob. Cit., p. 128.

Ainda que inexista um consenso sobre as bases do "pós-positivismo"[823], inconteste o viés crítico à legalidade e ao positivismo baseados na filosofia política de Montesquieu[824] e, posteriormente, consagrada na filosofia do direito de Hans Kelsen[825]. A "pureza" do direito não subsistiu às atrocidades da Segunda Guerra Mundial, contrariando a tese de que a moral, a psicologia, a sociologia, a ética e a teoria política seriam de menor importância na delimitação da ciência jurídica[826].

O pós-positivismo, contudo, não rompeu com a legalidade e a segurança jurídica. A exaltação de cláusulas gerais e conceitos jurídicos indeterminados[827] traduz a ampliação do poder *hermenêutico* do magistrado, sem, entretanto, afastar a "normatividade" do direito. Norberto Bobbio preconiza que, a despeito do rompimento com a "teoria estatista do direito", "a experiência jurídica é uma experiência normativa" [828]. Além da pluralidade de ordenamentos jurídicos[829], a evolução da filosofia do

[823] Ramos, Elival da Silva. **Ativismo Judicial** : Parâmetros Dogmáticos. São Paulo: Saraiva, 2010, p. 25/38.

[824] *"Poderia acontecer que a lei, que é ao mesmo tempo clarividente e cega, fosse, em certos casos, rigorosa demais. Mas os juízes da nação são apenas, como já dissemos, a voca que pronuncia as palavras da lei; são seres inanimados que não podem moderar nem sua força, nem seu rigor"* (Montesquieu, Charles de Seondat, Baron de. **O Espírito das Leis**, 2ª Ed., 2ª tiragem – apresentação Renato Janine Ribeiro, trad. Cristina Murachco. São Paulo: Martins Fontes, 2000, p. 175). Apesar do sentido pejorativo decorrente da análise político-histórica da Segunda Guerra Mundial, ao afirmar que o juiz era a *"bouche de la loi"*, Montesquieu buscava rechaçar a arbitrariedade das decisões judiciais, crítica plenamente inserida no contexto histórico e, por vezes, reavivada no sistema vigente (cf. Esheiner, José Maria Rosa. "Juiz *bouche de la loi* – em Defesa de Montesquieu" in **Revista Páginas de Direito**, Porto Alegre, ano 8, nº 788, 23 de junho de 2008. Disponível em: <http://www.tex.pro.br/home/noticias2/64-artigos-jun-2008/5975-juiz--bouche-de-la-loi--em-defesa-de-montesquieu>, acesso em 23 de maio de 2016).

[825] Kelsen, Hans. **Teoria Pura do Direito**, 7ª Ed. – Trad. João Baptista Machado. São Paulo: Martins Fontes, 2006.

[826] Ramos, Elival da Silva. **Ativismo Judicial**... Ob. Cit., p. 1.

[827] Nery Júnior, Nelson; Nery, Rosa Maria de Andrade. **Código Civil Comentado e Legislação extravagante** – 2ª Ed., rev. e ampl. São Paulo: Revista dos Tribunais, 2003, p. 140 e ss.

[828] Bobbio, Norberto. **Teoria da Norma Jurídica** – 5ª ed., trad. Fernando Pavan Baptista e Ariani Bueno Sudatti, apresentação Alaôr Caffé Alves. São Paulo: EDIPRO, 2012, p. 25.

[829] Cesarini-Sforza, Widar. "Ordinamenti giuridici privati" in **Rivista Trimestrale del Diritto Pubblico**, pp. 249-331, 1995.

direito permite admitir a "valoração da norma", inviável, porém, estabelecer um valor "universal" de justiça, validade e eficácia das normas[830].

Sem dúvida, a partir do "realismo jurídico" do Século XX, o juiz se tornou "criador do direito" – "na medida em que as regras que ele descobre na realidade social não sejam ainda regras jurídicas", exercendo a função de "qualificação"[831]. A qualificação, entretanto, está associada aos mesmos elementos básicos de legitimação da jurisdição, de forma que não basta a afirmação de que a solidariedade, a igualdade ou a dignidade da pessoa humana, constitucionalmente aplicáveis aos particulares, são fundamento do dano social. Fazê-lo significaria chancelar arbitrariedades.

O ato de "qualificação" do anseio punitivo e preventivo na responsabilidade civil, efetivado por meio do dano social, portanto, percorre um dever concreto de fundamentação[832]. A solidariedade, a dignidade da pessoa humana e a igualdade podem fundamentar a ampliação da cláusula geral de dano, desde que devidamente concretizadas – sob pena de esvaziar tanto tais direitos fundamentais quanto o próprio dano social.

Deste modo, apesar do inequívoco fundamento legitimador na Constituição Federal, o principal argumento de legitimidade dos danos sociais é, paradoxalmente, sua aptidão para reduzir os danos reconhecidos – a partir da consagração da responsabilidade civil com viés punitivo. Admite-se uma "nova categoria de dano", a fim de otimizar a expansão irracional até então observada, buscando legitimar a responsabilidade civil e o próprio sistema jurídico.

Ao criticar a hipótese da "responsabilidade civil sem dano", Bruno Leonardo Câmara Carrá aponta que a revisão da matéria não significa a supressão do elemento ínsito (dano), cuja interpretação flexível é suficiente para corresponder "às exigências de nossa era". Conclui: "adaptando-o, apenas talvez até ampliando seu alcance, mas nunca

[830] Norberto Bobbio cita que toda norma está sujeita a valoração numa "tríplice ordem de problemas": "1) se é justa ou injusta; 2) se é válida ou inválida; 3) se é eficaz ou ineficaz" (Ob. Cit., p. 47), não existindo "nenhum ordenamento perfeitamente justo" (idem, p. 56).

[831] Idem, p. 69-70.

[832] Além do disposto no artigo 93, inciso IX – "todos os julgamentos dos órgãos do Poder Judiciário serão públicos, e fundamentadas todas as decisões, sob pena de nulidade (...)"; o Novo Código de Processo Civil (art. 489, §1º) que "não se considera fundamentada" a decisão judicial que "emprega conceitos jurídicos indeterminados, sem explicar o motivo concreto de sua incidência no caso" (inciso II).

suprimindo-o, que se chegará a uma responsabilidade civil capaz de enfrentar os desafios"[833].

Já vimos que o crescimento irracional de danos ressarcíveis repercute negativamente; daí exsurge a relevância da teoria do dano social. Além da justificativa constitucional, o dano social como sugerido por Antonio Junqueira de Azevedo tem aptidão de *conciliar* a natureza compensatória da responsabilidade civil com a exigência de sua multifuncionalidade inserida na "sociedade de risco".

Constitui espécie indenizatória *utilitarista*, capaz de harmonizar a punição, a prevenção e a reparação, sem incidir no enriquecimento sem causa do aspecto indenizatório da função punitiva dos danos morais ou na ineficiência das sanções administrativas. Fixadas as balizas da quantificação do dano social, a indenização efetiva, com seriedade, a prevenção (especial e geral), a fim de atingir melhores padrões nas relações jurídicas (contratuais ou extracontratuais), repercutindo diretamente no número de demandas indenizatórias.

Por via oblíqua, o dano social atinge ideais de "justiça"; não necessariamente por restituir à coletividade pela "qualidade de vida atingida" ou satisfazer aos "objetivos fundamentais" da República, mas, por atingir a função de mediar de conflitos e de tutelar direitos exigida da responsabilidade civil[834] – ao mesmo tempo que se mostra apto a reduzir o tráfego processual e transmitir valores cívicos ("dedicação ao bem comum"[835]).

5.6.1. *Consagração da múltipla função da responsabilidade civil*

Mais que o critério de "justiça" ou o fundamento na dignidade da pessoa humana e na igualdade, o dano social deve ser justificado no "urgente" reconhecimento da função punitiva da responsabilidade civil[836]. Embora a "admissão das sanções punitivas civis" retrate uma "das mais evidentes manifestações do câmbio do Estado Liberal para o Estado Constitucional"[837], é possível *densificar* o anseio de adoção da função pu-

[833] Carrá. "É possível uma responsabilidade civil sem dano?". Ob. Cit.

[834] Salvi. **La responsabilità civile**... Ob. Cit., p. 3.

[835] Sandel. Ob. Cit., p. 325.

[836] Netto, Felipe Braga; Farias, Cristiano Chaves de; Rosenvald, Nelson. **Novo Tratado de Responsabilidade Civil**, 2ª Ed. São Paulo: Saraiva, 2017, p. 380.

[837] Netto; Farias; Rosenvald. **Novo Tratado de Responsabilidade Civil**. Ob. Cit., p. 65.

nitiva na responsabilidade a partir da própria evolução do princípio do *'alterum non laedere'*, de forma que o processo dialógico com a Constituição Federal não ofusque ou banalize a figura da sanção civil.

Antonio Junqueira de Azevedo fundamenta o surgimento da "nova categoria de dano", o dano social, na insuficiência do modelo vigente. Os danos morais, "grande tema da responsabilidade civil na década de noventa [1990]", a despeito da vasta reflexão doutrinária e jurisprudencial, não "chegou a nenhum critério" seguro sobre a quantificação[838]. Como também já destacado, os tribunais pátrios ainda vacilam sobre a natureza da indenização extrapatrimonial, sobre a aplicabilidade do artigo 944, do Código Civil, e sobre os critérios aplicáveis na definição do *'quantum debeatur'*. Pior, a insegurança jurídica sobre o tema nada acrescentou na redução dos riscos ou da proliferação de demandas.

A doutrina converge no sentido de identificar a "falta de eficiência" do sistema[839]. Dentre nós, Nelson Rosenvald afirma que a responsabilidade civil sob o viés estritamente ressarcitório traz uma "resposta tímida do ordenamento jurídico à necessidade social de contenção de comportamentos"[840]. Na Itália, Massimo Bianca crê existir uma "exigência" de buscar "outros remédios de tutela privada, distintos daquele tradicional do ressarcimento do dano", o qual constitui uma "resposta insuficiente" à complexidade lesiva atual[841].

Neste caso, a resposta sugerida é o reconhecimento da *multiplicidade de funções* da responsabilidade civil. O dano social, como dano e punição, consagra um dever de indenizar com viés ressarcitório (rebaixamento da qualidade de vida), preventivo (*'deterrence'*) e punitivo – renovando a importância da conduta e do agente responsável pelo ilícito.

Sintetizam Carlos Alberto Menezes Direito e Sergio Cavalieri Filho, a definição do dever de indenizar está fundada no critério ressarcitório, restaurando o lesado com fulcro no "equilíbrio"; no entanto, a quantificação dos danos extrapatrimoniais deve englobar, também, a "punição do causador do dano na justa medida"[842]. O conceito tantas

[838] Junqueira de Azevedo. **Novos Estudos e Pareceres**... Ob. Cit., p. 377.

[839] Carval. **La responsabilité civile dans...** Ob. Cit., p. 289.

[840] Rosenvald. **As Funções da Responsabilidade Civil**... Ob. Cit., p. 33.

[841] Bianca. "Riflessioni sulla pena privata"... Ob. Cit., p. 407.

[842] Menezes Direito, Carlos Alberto; Cavalieri Filho, Sergio in Teixeira, Sálvio de Figueiredo. **Comentários Ao Novo Código Civil** – Volume XIII (arts. 927 a 965), Da res-

vezes repetido denota o reconhecimento nacional da dupla ou tripla funcionalidade – imperativa a "conjugação" da função reparatória com outros elementos capazes de lhe dotar de eficiência, conferindo à responsabilidade civil a *atualidade* que lhe é exigida.

Flávia Portela Püschel argumenta que a abertura para a função punitiva no sistema pátrio encontra respaldo justamente na inviabilidade dos danos morais serem propriamente "indenizados", mas, apenas compensados"[843]. A "admissão do caráter punitivo da responsabilidade civil retoma o interesse pela conduta ilícita", necessário observar a função punitiva em conformidade com as teorias da pena, próprias da doutrina penal – o que pode fomentar a reaproximação dos direitos civil e penal, rompendo com uma cisão que, embora tradicional, "nos impede elaborar soluções criativas para os problemas que se apresentam ao direito"[844]. Neste propósito, a indenização com viés punitivo tem aptidão de romper as "extremas desenhadas" pela dogmática jurídica como indicam Cristiano Chaves de Farias, Felipe Braga Netto e Nelson Rosenvald:

> "Se o direito civil quer se reconstruir com efetividade para os desafios do século XXI, é necessário que a doutrina e os aplicadores do direito constatem que o contexto socioeconômico e cultural requer que a responsabilidade civil assuma novas técnicas de controle social, prioritariamente uma função preventiva. O fundamental das sanções civis punitivas é reagir contra a perspectiva em voga, que invariavelmente remente a responsabilidade civil à pessoa da vítima e ao dano, abstraindo-se da pessoa do agente, de sua culpa e, principalmente, de qualquer aptidão preventiva"[845].

Reconhecer a função punitiva, no entanto, perpassa admitir a correlação desta com a função preventiva e precaucional, como evidenciado no excerto transcrito. Há muito se repete a distinção entre a punição e a prevenção; a primeira estaria fundada no fato pretérito, na conduta do

ponsabilidade civil, das preferências e privilégios creditórios, 3ª ed., rev. e atual. Rio de Janeiro: Forense, 2011, p. 332.

[843] Püschel. ""Funções e Princípios..." Ob. Cit., p. 20.

[844] Püschel. ""Funções e Princípios..." Ob. Cit., p. 30.

[845] Netto; Farias; Rosenvald. **Novo Tratado de Responsabilidade Civil**. Ob. Cit., p. 376.

agente (expiação), ao tempo que a prevenção está associada a efeitos futuros (*'deterrence'*). A cisão mais precisa, no entanto, é aquela que reconhece uma função punitiva/dissuasória e outra função precaucional[846], uma vez que a sanção não existe em si mesma senão como forma de dissuadir a reincidência do indivíduo ou a coletividade. Como leciona TERESA ANCONA LOPEZ, tanto os *'punitive damages'* quanto a figura da *'deterrence'* têm aspecto preventivo – são "medidas economicamente mais pesadas", penas privadas, que geram "uma ameaça ou um temor efetivos em todos os cidadãos"[847].

A análise econômica de GUIDO CALABRESI sobre a prevenção geral (*'general deterrence'*) e específica (*'specific deterrence'*)[848] coincide precisamente com as teorias da pena, há séculos discutidas na doutrina penal. A análise pelo viés da responsabilidade civil aponta que a cisão entre prevenção e punição está sedimentada em teorias absolutas ou retributivas da pena, não mais condizentes com o sistema jurídico – ao menos não de forma exclusiva[849].

IMMANUEL KANT, por exemplo, sustentava que a pena não deveria ser fixada em favor de qualquer benefício, seja do indivíduo culpado, seja da sociedade; a pena era exclusivamente voltada àquele que delinquiu[850]. A partir do "imperativo categórico, o homem, como "fim em si mesmo", não pode ser "meio" de transmissão de valores à sociedade, logo, impor qualquer castigo por "razões de utilidade social não seria eticamente permitido"[851]. O imperativo categórico, no entanto, não responde ao anseio de justificativa da pena, efetivamente. Segundo CEZAR

846 NETTO; FARIAS; ROSENVALD. **Novo Tratado de Responsabilidade Civil**. Ob. Cit., p. 69.

847 LOPEZ. **Princípio da Precaução e Evolução da Responsabilidade Civil**. Ob. Cit., p. 81-82.

848 CALABRESI, Guido. **The Costs of Accidents** : A Legal and Economic Analysis, student edition. New Haven: Yale University Press, 1970; CALABRESI, Guido. **Costo Degli Incidenti e Responsabilità Civile** : Analisi Economico-Giuridica, ristampa inalterata dell'edizione del 1975. Milano: Giuffrè, 2015.

849 Cezar Roberto Bitencourt sintetiza as objeções de Claus Roxin para quem a ideia retributiva da pena "só é compreensível como mero ato de fé (irracional)"; destacável, também, a crítica de Winfried Hassemer, que reputa inaceitável a teoria absoluta da pena no direito penal moderno (BITENCOURT, Cezar Roberto. **Falência da Pena de Prisão** : Causas e Alternativas, 4ª ed. São Paulo: Saraiva, 2011, p. 130).

850 KANT, Immanuel. **Princípios Metafísicos da Doutrina do Direito**. São Paulo: Martins Fontes, 2014, p. 162.

851 BITENCOURT. **Falência da Pena de Prisão**... Ob. Cit., p. 121.

ROBERTO BITENCOURT, as teorias absolutas não subsistem à exigência racional da pena[852].

Opostamente, as teorias preventivas da pena buscam, com alusão ao brocardo de SÊNECA – *'nemo prudens punit quia peccatum est sed ne peccetur'* –, racionalizar a imposição da pena[853]. Desde 1826, JEREMY BENTHAM aludia à pena como único instrumento apto a "prevenir as ações danosas"[854] – prevenção de aspecto geral.

Como defendia FEUERBACH, a cominação penal, ou seja, a ameaça de uma pena, consistia em "aviso" aos componentes da sociedade que iguais ilícitos encontrarão igual reação (sanção). A pena é uma "ameaça da lei aos cidadãos para que se abstenham de cometer delitos; é, pois, uma 'coação psicológica' com a qual se pretende evitar o fenômeno delitivo"[855]. A "coação psicológica" de FEUERBACH todavia é associada ao "direito penal do terror", a prevenção geral progride para uma visão "positiva" em que tal coação não busca intimidar, mas, reforçar a "vigência da lei penal"[856]. Como explica GUSTAVO OCTAVIANO DINIZ JUNQUEIRA, as teorias relativas gerais positivas refutam a "lei particular" daquele que rompeu com o ordenamento jurídico, reiterando a aplicabilidade e vigência da "lei geral" que proscreve determinada conduta ("indesejada")[857].

As teorias relativas, todavia, não estiveram vinculadas ao aspecto geral – também racionalizadas no plano individual, "direcionada exclusivamente à pessoa do condenado". Em idêntico raciocínio entre a teoria geral negativa e positiva, a prevenção especial negativa busca "intimidar o condenado para que ele não torne a ofender a lei penal"; opostamente, a prevenção especial positiva "preocupa-se com a resso-

[852] BITENCOURT. **Falência da Pena de Prisão**... Ob. Cit., p. 131.

[853] Em tradução livre: nenhuma pessoa prudente pune em virtude do pecado cometido, mas, para que não volte a pecar (HASSEMER, Winfried. **Fundamentos del Derecho Penal**. Barcelona: Bosch, 1984, p. 347).

[854] BENTHAM, Jeremy. **Teorías de las Penas y de las Recompensas** – Trad. D.L.B. Paris: Casa de Masson e Hijo, 1826, p. 58. Disponível em: <http://cdigital.dgb.uanl.mx/la/1080043788_C/1080045964_T3/1080045964_MA.PDF>, acesso em 03 de novembro de 2017.

[855] BITENCOURT. **Falência da Pena de Prisão**... Ob. Cit., p. 133.

[856] MASSON, Cleber. **Direito Penal**, Volume I – Parte Geral, 11ª Ed., rev., atual. e ampliada. São Paulo: Método, 2017, p. 617.

[857] JUNQUEIRA, Gustavo Octaviano Diniz. **Finalidades da Pena**. Barueri: Manole, 2004, p. 69.

cialização do condenado"[858]. De acordo com WINFRIED HASSEMER, a pena somente será "legítima" quando apta a "promover a ressocialização do criminoso".

A longevidade da discussão não tornou a questão pacífica; a doutrina penal, ainda, diverge sobre quais os fundamentos da pena. Exemplificando, FRANCISCO MUÑOZ CONDE contesta a função ressocializadora, fundada no simples "domínio" de uma classe/grupo sobre outros indivíduos – buscando impor valores próprios. Complementa CEZAR ROBERTO BITENCOURT que o "Estado não tem legitimidade para impor aos cidadãos determinado tipo de valor moral" [859].

Por isso, prevalecem os argumentos em favor de uma "teoria mista", unificadora das "vantagens" de cada uma das propostas antecedentes[860]. E, no plano legislativo, esta é justamente a teoria adotada; segundo CLEBER MASSON, o artigo 59, do Código Penal[861], indica a adoção da teoria conciliatória da pena, ao sugerir finalidade de reprovação e prevenção. Em sentido análogo, a Lei de Execução Penal (n. 7.210, de 1984[862]) atribuiu especial ênfase à finalidade preventiva – tanto geral, quanto especial – convivendo, ainda, com a Convenção Americana de Direitos Humanos (Pacto de San José da Costa Rica – Decreto n. 678, de 1992[863]) que consagra a função ressocializadora.

A partir da doutrina penal, evidencia-se que a cisão entre prevenção e punição está baseada precipuamente em um viés superado da teoria da pena. Ainda que distinguíveis, a função punitiva e preventiva se correlacionam. O caráter eclético da pena na seara criminal pode ser igualmente suplantado para o direito civil – a indenização punitiva não está

[858] MASSON. **Direito Penal**... Ob. Cit., p. 617.

[859] BITENCOURT. **Falência da Pena de Prisão**... Ob. Cit., p. 146.

[860] JUNQUEIRA; VANZOLINI. **Manual de Direito Penal**... Ob. Cit., p. 466.

[861] *"Art. 59 – O juiz, atendendo à culpabilidade, aos antecedentes, à conduta social, à personalidade do agente, aos motivos, às circunstâncias e consequências do crime, bem como ao comportamento da vítima, estabelecerá, conforme seja necessário e suficiente para **reprovação** e **prevenção** do crime (...)"* (Código Penal, grifos não originais).

[862] *"Art. 1º A execução penal tem por objetivo efetivar as disposições de sentença ou decisão criminal e proporcionar condições para a harmônica integração social do condenado e do internado"* e *"Art. 10. A assistência ao preso e ao internado é dever do Estado, objetivando prevenir o crime e orientar o retorno à convivência em sociedade"* (Lei de Execução Penal, n. 7.210, de 1984).

[863] *"Artigo 5º (...) 6. As penas privativas de liberdade devem ter por finalidade essencial a reforma e a readaptação social dos condenados"* (Pacto de San José da Costa Rica – Decreto n. 678, de 1992).

baseada exclusivamente na expiação, a rechaçar o caráter preventivo – a prevenção, ainda, pode ser claramente identificada entre positiva e negativa, específica e geral. Neste propósito, Teresa Ancona Lopez e Guido Alpa reconhecem, a partir do texto de Calabresi, justamente este duplo aspecto da prevenção geral e específica, tal qual aventado na seara penal[864].

Para Guido Calabresi, o "principal instrumento" para a redução dos custos dos ilícitos seria "desencorajar as atividades perigosas e substitui-las por atividades mais seguras". A prevenção geral não intervém no mercado, apenas fomentando a escolha por uma atividade ou método menos lesivos, busca "forçar" os indivíduos a considerarem os custos do ilícito quando desta escolha[865]. A *'deterrence'* específica, por outro lado, envolve a regulação do mercado, por meio de "valorações políticas" capazes de vetarem certas atividades ou atos "perigosos"[866]; devendo, ambas, serem adotadas em conjunto a fim de "diminuir o número de danos dentro da sociedade"[867].

O fundamento para o dano social, todavia, exsurge da crítica à miscelânea jurisprudencial sobre as funções da responsabilidade civil. A correlação prevenção-punição é usualmente repetida, mas, usualmente, de forma atécnica. Embora reconhecida a concorrência das funções punitiva, preventiva, precaucional e ressarcitória na responsabilidade civil – com maior ou menor relevância para cada uma das funções –, o tratamento indistinto enseja insegurança jurídica e imprevisibilidade, especialmente porque usual a violação ao dever de fundamentação (artigo 93, inciso IX, da Constituição Federal[868], e artigo 11,

[864] Lopez. **Princípio da Precaução e Evolução da Responsabilidade Civil**. Ob. Cit., p. 84; e Alpa. **La Responsabilità Civile**. Ob. cit., p. 128-145.

[865] *"La prevenzione generale tenta appunto di costringere gli individui a considerare il costo degli incidenti quando si trovano a scegliere tra più attività"* (Calabresi. **Costo Degli Incidenti**... Ob. Cit., p. 102).

866 *"La prevenzione specifica può essere, inoltre, costretta a far ricorso al mercato per rendere operative le sue scelte, ma ciò accadrà nella misura più limitata possibile"* (Calabresi. **Costo Degli Incidenti**... Ob. Cit., p. 135).

[867] Lopez. **Princípio da Precaução e Evolução da Responsabilidade Civil**. Ob. Cit., p. 86.

[868] *"Art. 93. (...) IX – todos os julgamentos dos órgãos do Poder Judiciário serão públicos, e fundamentadas todas as decisões, sob pena de nulidade, podendo a lei limitar a presença, em determinados atos, às próprias partes e a seus advogados, ou somente a estes, em casos nos quais a preservação do direito à intimidade do interessado no sigilo não prejudique o interesse público à informação"* (Constituição Federal).

do Código de Processo Civil[869]). Como avalia RICARDO DAL PIZZOL, a menção à punição nas condenações por danos morais ostenta caráter muito mais "retórico" que preventivo ou punitivo, notável a reprodução de "frases mecanizadas" sem densidade tópica[870].

A título de exemplo, há decisões que reconhecem o caráter punitivo, a fim de que os agentes responsáveis pelo ilícito envidem esforços no aprimoramento de sua atividade (prevenção específica positiva)[871]e outras decisões assentam expressamente o caráter de expiação da indenização imposta (prevenção específica negativa)[872]. Todavia alusão à *prevenção geral*, positiva ou negativa, usualmente é alegada nos precedentes de ações coletivas. Daí, a maior eficácia do dano social – capaz de abranger não só a teoria da prevenção especial, mas, também, a prevenção geral. PAULO SERGIO UCHÔA FAGUNDES FERRAZ DE CAMARGO sugere que somente através do dano coletivo se pode cogitar a aplicação dos "danos punitivos"; a previsão administrativa de multa no sistema de

[869] *"Art. 11. Todos os julgamentos dos órgãos do Poder Judiciário serão públicos, e fundamentadas todas as decisões, sob pena de nulidade"* (Lei n. 13.105, de 2015).

[870] PIZZOL. **As Funções Punitiva e Preventiva**... Ob. Cit., p. 329.

[871] Dentre outros: "À míngua de critério legal, devem ser levados em pauta os objetivos punitivos e compensatórios da sanção pecuniária, razão pelo qual o valor de R$ 10.000,00, de forma solidária, se mostra razoável e proporcional ao abalo moral e vetor para que os corréus envidem esforços no aprimoramento do conjunto de melhorias a assegurar o sucesso de seus empreendimentos" (TJSP; Apelação 1001216-28.2014.8.26.0506; Relator (a): Sérgio Rui; Órgão Julgador: 36ª Câmara Extraordinária de Direito Privado; Foro de Ribeirão Preto - 6ª Vara Cível; Data do Julgamento: 09/10/2017; Data de Registro: 09/10/2017); *"Na função punitiva, ou de desestímulo do dano moral, os olhos se voltam para aquele que teria cometido da falta, de sorte que o valor indenizatório represente uma advertência, um sinal de que tal ato não deve tornar a ocorrer. Vale dizer, a difícil tarefa de quantificar o valor a ser arbitrado deve ser de tal ordem que repare o mal causado a quem pede e de certa forma desestimule o causador desse mal, a reincidir, isto é, o incentive a cumprir com o seu papel na sociedade, sem, contudo, gerar o enriquecimento sem causa da parte lesada"* (TJSP; Apelação 0159638-46.2012.8.26.0100; Relator (a): Rosangela Telles; Órgão Julgador: 2ª Câmara de Direito Privado; Foro Central Cível - 30ª Vara Cível; Data do Julgamento: 31/10/2017; Data de Registro: 01/11/2017).

[872] Exemplificando: *"(...) 2. Há, como bastante sabido, na ressarcibilidade do dano moral, de um lado, uma expiação do culpado e, de outro, uma satisfação à vítima. 3. O critério que vem sendo utilizado por essa Corte Superior na fixação do valor da indenização por danos morais, considera as condições pessoais e econômicas das partes, devendo o arbitramento operar-se com moderação e razoabilidade, atento à realidade da vida e as peculiaridades de cada caso, de forma a não haver o enriquecimento indevido do ofendido, bem como que sirva para desestimular o ofensor a repetir o ato ilícito"* (STJ; REsp. n. 210.101/PR, Rel. Ministro Carlos Fernando Mathias – 4ª Turma, j. 20/11/2008, DJe 09/12/2008).

defesa do consumidor autoriza a fixação da indenização com viés punitivo no microssistema de direitos coletivos, enquanto a destinação ao Fundo Público e a previsão legal esvaziariam os obstáculos, usualmente expostos quando aventada a função punitiva na esfera individual[873].

Consequentemente, o dano social encontra fundamento na aplicação efetiva da múltipla funcionalidade da responsabilidade civil. A "nova categoria de dano" exsurge como instituto capaz de abranger a finalidade reparatória, mas, atender a exigências de punição e prevenção, sem romper com os elementos basilares da matéria – em especial a associação do dever de indenizar à correspondência de um dano (material ou extrapatrimonial). O dano social converge com a teoria da pena, admitindo a reunião da prevenção específica e geral (positivas e negativas), sem olvidar da expiação pela conduta do agente responsável pela lesão.

5.6.2. *Justificativa econômica*

Inserida na "abordagem funcional", mostra-se plenamente "aceitável" a adoção de indenizações punitivas, capazes de realizar os "fins desejáveis" da responsabilidade civil. E, como introduz DIOGO NAVES MENDONÇA, a análise econômica pode justificar a indenização punitiva como instrumento de *eficiência* da responsabilidade – especialmente nos casos de "erro de execução" (*'enforcement'*)[874]. A partir das inferências sobre a relação entre Direito e Economia[875], é possível sustentar o dano social sob três enfoques: a questão da eficiência da responsabilidade civil, o limite intrínseco à lide (consequencialismo) e, por fim, como limite extrínseco (otimização judiciária).

Os dois primeiros aspectos estão relacionados. Interessante destacar que os estudiosos da relação entre Direito e Economia tratam a indenização punitiva como instrumento da reparação integral. Sintetiza DIOGO NAVES MENDONÇA que os autores preocupados com o enfoque econômico dos *'punitive damages'* os sustentam justamente no aspecto

[873] CAMARGO. **Dano Moral Coletivo**... Ob. Cit., p. 206.

[874] MENDONÇA. Diogo Naves. **Análise Econômica da Responsabilidade Civil** : o dano e a sua quantificação. São Paulo: Atlas, 2012, p. 110-112.

[875] Dentre tantos, confira: COASE, Ronald. "The Problem of Social Cost" in **The Journal of Law and Economics**, v. 3, pp. 1-44, outubro/1960; e CALABRESI, Guido. "Some thoughts on Risk Distribution and the Law of Torts" in **Yale Law Journal**, v. 70, n. 4, pp. 499-553, março/1961.

ressarcitório da responsabilidade civil – isto é, a punição encontra fundamento nas funções ressarcitória e dissuasória, tradicionalmente sedimentadas. Sob o enfoque econômico, a credibilidade da responsabilidade civil perpassa o aspecto da "efetiva reparação de danos", medida a eficiência por meio da responsabilização do agente "na precisa extensão do dano". Todavia, nem sempre tal ressarcimento seria alcançado (*'underdeterrence'*); o que motivaria a indenização punitiva para suprir esta deficiência[876].

Neste sentido, peremptória a afirmação de MITCHELL POLINSKY e STEVEN SHAVELL:

> "Em suma, os *'punitive damages'* ordinariamente devem ser fixados se, e somente se, o ofensor tiver a chance de escapar da responsabilidade pelo dano que causou"[877].

Os autores excepcionam a assertiva, explicitando que "ordinariamente" não exclui hipóteses em que os *'punitive damages'* são fixados independente da chance de *'underdeterrence'*. Contudo, conduzem o estudo central da análise econômica da indenização punitiva no fundamento de que, em regra, os *'punitive damages'* encontram justificativa na busca pela eficiência da responsabilidade civil, nas hipóteses de risco à reparação integral[878]. Sob os primeiros aspectos aventados, portanto, a indenização punitiva preenche a lacuna da complexidade fática frente ao princípio da reparação integral – com função análoga àquela reconhecida ao *'fluid recovery'* das ações coletivas.

RICARDO DAL PIZZOL sistematiza estes argumentos em quatro hipóteses em que a indenização punitiva encontraria fundamento na análise econômica do direito: a "internalização integral dos danos causados"; o "curto-circuito do contrato"; "ofensas dolosas sem valor social"; e "ilícitos lucrativos"[879].

876 MENDONÇA. **Análise Econômica da Responsabilidade Civil**... Ob. Cit., p. 111.

877 Tradução livre: *"In summary, punitive damages ordinarily should be awarded if, and only if, an injurer has a chance of escaping liability for the harm he causes"* (POLINSKY, Alan Mitchell; SHAVELL, Steven. "Punitive Damages: An Economic Analysis" in **Harvard Law Review**, v. 111, n. 4, pp. 869-962, fevereiro de 1998, p. 874).

878 Idem, p. 373-374.

879 PIZZOL. **As Funções Punitiva e Preventiva da Responsabilidade Civil**... Ob. Cit., p. 275-303.

(a) Internalização dos danos

A *'underdeterrence'* baseada na imputação apenas parcial do agente frustra a reparação integral – internalizados os danos sem a necessária dissuasão. Como explicita PIZZOL, quando o ilícito "escapa" da necessária reparação, a indenização punitiva deve ser "inversamente proporcional à probabilidade de responsabilização do agente". Exemplificando, se o agente é responsabilizado em apenas 25% dos ilícitos cometidos, a indenização punitiva deve *compensar* esta diferença (75%), a ensejar um "nível ótimo de dissuasão e gastos de prevenção", como se o agente tivesse sido responsabilizado integralmente pela conduta lesiva[880].

Para evitar esta circunstância, o Código de Defesa do Consumidor previu o mecanismo da indenização fluida, estabelecida no artigo 100, do Código de Defesa do Consumidor[881], e no artigo 2°, parágrafos 1° e 2°, da Lei n. 7.913, de 1989[882].

A *'fluid recovery'* prevista nas ações coletivas tem fundamento exatamente na frustração de responsabilização integral do agente – indenizando de forma "fluida e difusa" quando frustrado o recebimento "concreto" e "individualizado" das vítimas[883]. E esclarece a doutrina pátria que referida hipótese está associada ao campo dos "danos insignificantes" ou microdanos:

> "A hipótese é comum no campo das relações de consumo, quando se trate de danos insignificantes em sua individualidade, mas, ponderáveis no conjunto: imagine-se, por exemplo, o caso de venda de produto cujo

[880] PIZZOL. **As Funções Punitiva e Preventiva da Responsabilidade Civil...** Ob. Cit., p. 285-286.

[881] *"Art. 100. Decorrido o prazo de um ano sem habilitação de interessados em número compatível com a gravidade do dano, poderão os legitimados do art. 82 promover a liquidação e execução da indenização devida. Parágrafo único. O produto da indenização devida reverterá para o fundo criado pela Lei n° 7.347, de 24 de julho de 1985"* (Lei n. 8.078, de 1990).

[882] "Art. 2°. (...) §1º As importâncias a que se refere este artigo ficarão depositadas em conta remunerada, à disposição do juízo, até que o investidor, convocado mediante edital, habilite-se ao recebimento da parcela que lhe couber. §2º Decairá do direito à habilitação o investidor que não o exercer no prazo de dois anos, contado da data da publicação do edital a que alude o parágrafo anterior, devendo a quantia correspondente ser recolhida ao Fundo a que se refere o art. 13 da Lei nº 7.347, de 24 de julho de 1985" (Lei da Ação Civil Pública de Proteção aos Investidores Lesados no Mercado de Valores Imobiliários – n. 7.913, de 1989).

[883] ANDRADE, Adriano; MASSON, Cleber; ANDRADE, Landolfo. **Interesses Difusos e Coletivos**, 5ª ed., rev. atualizada e ampliada. São Paulo: GEN/Método, 2015, p. 237.

peso ou quantidade não corresponda aos equivalentes ao preço cobrado. O dano globalmente causado pode ser considerável, mas de pouca ou nenhuma importância o prejuízo *sofrido* por cada consumidor lesado"[884].

No âmbito da responsabilidade civil, MITCHELL POLINSKY e STEVEN SHAVELL citam diversas situações que ensejariam a *'underdeterrence'*. Além do desconhecimento do dano ou da autoria, aponta a tendência de que a vítima não processe o "agressor" quando os custos legais e o custo-benefício de tempo e esforço superem a expectativa de ganho[885]. Em sentido análogo, descreve RICHARD ALLEN POSNER que a indenização punitiva é "eficiente" quando os atos ilícitos não são "detectáveis"[886]. Destarte, o dano social encontra fundamento nas demandas que envolvem os chamados "microdanos" – cuja natureza coletiva[887] assegura a responsabilização de agente que usualmente escapa dos meios ordinários de imputação.

(b) *'Contractual By-pass'*

A segunda justificativa econômica para as indenizações punitivas, citada por RICARDO DAL PIZZOL, seria aquela do *"contractual by-pass"* ou "curto-circuito do contrato". A indenização estritamente compensatória pode ser igualmente ineficaz na medida em que a condenação (regras de responsabilidade) impõe prejuízo ao ofensor idêntico àquele da opção negocial (regras de propriedade) – o mero ressarcimento pelo uso de imagem não incentiva "a conclusão de transações voluntárias", bastando a reprodução ilícita e posterior quitação do valor de

[884] GRINOVER, Ada Pellegrini. **Código Brasileiro de Defesa do Consumidor comentado pelos autores do anteprojeto**, 8ª Ed. Rio de Janeiro: Forense, 2005, p. 893.

[885] *"Third, even if the victim knows both that he was wrongfully injured and who injured him, he might not sue the injurer. A person will tend not to bring a suit if the legal cost and the value of the time and effort he would have to devote to the suit exceed the expected gain. The decision to forgo suit will often occur when the harm the victim has suffered is relatively small or the likelihood establishing causation is low"* (POLINSKY; SHAVELL. "Punitive Damages: An Economic Analysis"... Ob. Cit., p. 888).

[886] *"Punitive damages are an efficient remedy when wrongful acts are likely to go undetected"* (POSNER, Richard Allen. "Common-Law Economic Torts: An Economic and Legal Analysis" in **Arizona Law Review**, v. 48, pp. 735-747, 2006, p. 746).

[887] CAMARGO, Bárbara Galvão Simões de. "A ação coletiva face ao microdanos" in **Revista de Processo**, Instituto Brasileiro de Direito Processual – v. 38, n. 219, pp. 405-422, maio/2013.

mercado[888]. Em idêntico sentido, repetimos a alegoria de PATRÍCIA CARLA MONTEIRO GUIMARÃES em que o vizinho pode optar por adquirir as maçãs do proprietário ou simplesmente tomá-las – já que, no âmbito da responsabilidade civil, a indenização reparatória estará subordinada ao valor do produto furtado ou roubado, transmitindo a noção de que é "indiferente" a violação da norma jurídica (direito de propriedade)[889].

MITCHELL POLINSKY e STEVEN SHAVELL apontam que somente a indenização punitiva, além do dano compensatório, teria a aptidão de "encorajar" a observância das regras de mercado[890]. E, neste aspecto, a justificativa econômica encontra amparo na argumentação original de ANTONIO JUNQUEIRA DE AZEVEDO quando exemplificou do dano social como o célebre caso da quebra deliberada do contrato por um artista nacional, quando os ofensores optaram deliberadamente pelo ilícito, considerando tolerável a arcar com a indenização prevista (*'contractual bypass'*)[891].

Célebre cantor, garoto-propaganda de uma marca de cerveja, foi assediado por uma empresa concorrente – que pagou a multa rescisória do contrato vigente, a fim de utilizar o artista no seu material publicitário, com reconhecido caráter jocoso àquela cervejaria para quem atuava antes[892]. Independente da sorte do processo[893] (cujo precedente é estudado no âmbito da tutela externa do contrato e função social do contrato[894]), ANTONIO JUNQUEIRA DE AZEVEDO apontava o caso como exemplificativo de dano social. Malgrado não tenha aludido expressamente à Escola do Direito e Economia, argumento que o "desrespeito

[888] PIZZOL. **As Funções Punitiva e Preventiva da Responsabilidade Civil**... Ob. Cit., p. 297.

[889] GUIMARÃES. "Os Danos Punitivos e a Função Punitiva da Responsabilidade Civil"... Ob. Cit., p. 178.

[890] POLINSKY; SHAVELL. "Punitive Damages: An Economic Analysis"... Ob. Cit., p. 947.

[891] JUNQUEIRA DE AZEVEDO. **Novos Estudos e Pareceres**... Ob. Cit., p. 382.

[892] Cf. Notícia Folha de São Paulo: *Entenda a Polêmica de Zeca Pagodinho na "guerra das cervejas"*, 31 de março de 2004. Disponível em: <http://www1.folha.uol.com.br/folha/dinheiro/ult91u82653.shtml>. Acesso em: 10 de abril de 2017.

[893] Tribunal de Justiça do Estado de São Paulo, Ap. n. 9085298-60.2007.8.26.0000 – Rel. Des. Pedro Ablas (14ª Câmara de Direito Privado); j. 09/04/2008.

[894] MARTINS-COSTA, Judith Hofmeister. "Zeca Pagodinho, a razão cínica e o novo Código Civil Brasileiro" in **Portal Migalhas**, 31 de março de 2014. Disponível em: <http://www.migalhas.com.br/dePeso/16,MI4218,101048-Zeca+Pagodinho+a+razao+cinica+e+o+novo+Codigo+Civil+Brasileiro>. Acesso em 10 de abril de 2017.

doloso" do contrato e o "mau exemplo" impunha o dano social – um "*plus*" cuja ausência significaria "evidente estímulo ao descumprimento dos contratos"[895].

(c) Ofensas dolosas sem valor social

A terceira justificativa para as indenizações punitivas da "*Law and Economics*" aventada por POSNER e sistematizada por RICARDO DAL PIZZOL é a hipótese das "ofensas dolosas sem valor social". Enquanto na integralização integral dos danos há o temor da '*overdeterrence*' – isto é, do excesso da sanção –, determinadas condutas não são puramente negativas, nada acrescentam à sociedade ("sem valor social"). Deste modo, a punição encontra fundamento, independente do valor da dissuasão, aplicada justamente para reforçá-lo[896].

(d) Ilícitos lucrativos

Finalmente, a indenização punitiva sob o enfoque da *Análise Econômica do Direito* pode ser justificada pela hipótese dos ilícitos lucrativos[897]. Referida questão fora expressamente consignada nos precedentes de danos sociais do Tribunal de Justiça do Rio Grande do Sul – quando a Turma Recursal apontou a necessidade de que o direito seja "mais esperto que o torto, frustrando as indevidas expectativas de lucro ilícito"[898]. Neste propósito, a indenização se afeiçoa como elemento de reforço à boa-fé objetiva e punição ao abuso de direito – ressaltando a força do ordenamento e o adágio de que o "ilícito não compensa" ('*tort does not pay*')[899].

A "expectativa da punição" conduz à conduta proba, abstendo-se da conduta ofensiva[900]. A última justificativa assemelha-se, portanto, à segunda ('*contractual bypass*'); o modelo estritamente compensatório fomenta o "lucro ilícito" na medida em que valores éticos ou morais não

[895] JUNQUEIRA DE AZEVEDO. **Novos Estudos e Pareceres**... Ob. Cit., p. 382.

[896] PIZZOL. **As Funções Punitiva e Preventiva da Responsabilidade Civil**... Ob. Cit., p. 302.

[897] PIZZOL. **As Funções Punitiva e Preventiva da Responsabilidade Civil**... Ob. Cit., p. 303.

[898] Tribunal de Justiça do Rio Grande do Sul, Recurso Inominado Cível n. 71001249796, Rel. Des. Eugênio Facchini Neto (3ª Turma Recursal), j. 27/03/2007.

[899] CARVAL. **La responsabilité civile dans...** Ob. Cit., p. 68.

[900] BENTHAM, Jeremy. **An Introduction to the Principles of Morals and Legislation**. Kitchener (Canadá): Batoche Books, 2007, p. 97.

são suficientes para evitar a "opção racional" do lucro em detrimento da licitude, uma vez que a responsabilidade decorrente da conduta ilícita será aquém do lucro. Distinguem-se as figuras, pois, no *'contractual bypass'* sopesa-se a indenização pelo ilícito com a conduta segundo o direito (cumprimento do contrato x descumprimento); aqui, o sopesamento é entre a conduta ilícita e o lucro dele advinda em face de eventuais responsabilizações (ilícito x lucro x indenização civil). Resume Daniel de Andrade Levy:

> "No contexto dos comportamentos antijurídicos, a teoria do ilícito lucrativo leva o agente a estimar as perdas inerentes à sua condenação, confrontando-as com os benefícios previsíveis que a concretização da atividade ilícita pode gerar; é somente se a receita ilícita fora maior do que o montante da sanção que o sujeito agirá, decidindo, em total conhecimento de causa e no âmbito de uma preocupação de racionalidade econômica, transgredir a regra de direito"[901].

O exemplo mais elucidativo é o precedente norte-americano *Grimshaw v. Ford Motor Co. (1981)*. No referido caso, restou comprovado que a fornecedora de veículos com erro no projeto tinha consciência dos riscos pelo *design* adotado, mas, realizou uma análise de "custo-benefício" entre potenciais condenações, o lucro obtido com a venda dos veículos e o custo para a regularização daquele modelo. O componente que causava incêndio em determinadas colisões do automóvel poderia ser substituído por peça que custava o dobro do preço (oito dólares); não obstante, considerando a média de indenizações por morte, a fabricante *optou* por manter a produção com maior margem de lucro, o que ultrapassava significativamente eventuais condenações civis[902]. Neste esteio, foram fixados *danos punitivos* com base nesta escolha *perversa* pela conduta ilícita – aquilatando-se a indenização com fulcro no lucro obtido.

O exemplo estrangeiro é repetido na doutrina, balizando a indenização punitiva como instrumento de responsabilização do ilícito lucrativo,

901 Levy. **Responsabilidade Civil**... Ob. Cit., p. 108.

902 *"A reasonable inference may be drawn from the evidence that despite management's knowledge that the Pinto's fuel system could be made safe at a cost of but $4 to $8 per car, it decided to defer corrective measures to save money and enhance profits. The evidence was thus highly relevant and properly received"* (disponível em: <http://law.justia.com/cases/california/court-of-appeal/3d/119/757.html>).

a fim repelir a noção de que determinadas condutas poderiam ficar "sem consequências no campo da responsabilidade civil"[903]. Embora haja quem sustente que o modelo estritamente reparatório, em uma leitura literal do artigo 944, do Código Civil, é incompatível com a teoria da "exclusão do lucro ilícito do patrimônio do ofensor"[904]; substanciosas as vozes em favor da adoção dos ilícitos lucrativos como critério de fixação da indenização nos danos extrapatrimoniais, com fundamento punitivo[905].

Dentre nós, destaca-se que o ordenamento admite como figura indenizável a "exclusão do lucro ilícito"; o artigo 210, da Lei de Propriedade Industrial, estabelece como critério dos lucros cessantes em casos de contrafação justamente "os benefícios que foram auferidos pelo autor da violação do direito"[906] – com ampla aplicação nos tribunais, mas, não só quanto aos lucros cessantes, mas, também, quanto aos danos morais decorrentes da violação concorrencial[907]. Neste esteio, a polêmica está na adoção jurisprudencial do conceito dos ilícitos lucrativos como crité-

903 BENACCHIO, Marcelo. "A função punitiva da responsabilidade civil no Código Civil" in LOTUFO, Renan; NANNI, Giovanni Ettore; MARTINS, Fernando Rodrigues (coords.). **Temas Relevantes do Direito Civil Contemporâneo** : Reflexões sobre os 10 anos do Código Civil. São Paulo: Atlas, 2012, pp. 641-668.

904 TERRA, Aline Miranda Valverde; GUEDES, Gisela Sampaio da Cruz. "Considerações acerca da exclusão do lucro ilícito do patrimônio do agente ofensor" in **Revista da Faculdade de Direito da Universidade Estadual do Rio de Janeiro**, n. 28, pp. 1-24, dez./2015. Disponível em: <http://www.e-publicacoes.uerj.br/index.php/rfduerj/article/view/20290>, acesso em 10 de agosto de 2017.

905 ANTUNES, Henrique Sousa. **Da Inclusão do Lucro Ilícito e de Efeitos Punitivos entre as Consequências da Responsabilidade Civil Extracontratual** : A Sua Legitimação pelo Dano. Coimbra: Ed. Coimbra, 2011.

906 Lei n. 9.279, de 1996: *"Art. 210. Os lucros cessantes serão determinados pelo critério mais favorável ao prejudicado, dentre os seguintes: (...) II – os benefícios que foram auferidos pelo autor da violação do direito".*

907 *"Apelação. Propriedade industrial. Marca "Hering". Ação de cominatória com pedido de indenização por danos morais. (...) Danos morais caracterizados. Dano presumido na hipótese de desvio de clientela e confusão entre os consumidores. Embora não haja comprovação de desvio de clientes, a ré, pequena empresa, utilizou-se de marca já existente e registrada. Aplicação da teoria do ilícito lucrativo. Êxito da empresa que, sem dúvida, se relaciona com a credibilidade formada pela marca. Valor indenizatório mantido. Majoração dos honorários advocatícios. É via inadequada as contrarrazões para deduzir pretensão recursal (CPC/15, art. 1.008 e 1.013). Sentença mantida. Recurso desprovido"* (TJSP; Apelação 1006717-41.2016.8.26.0037; Relator (a): Hamid Bdine; Órgão Julgador: 1ª Câmara Reservada de Direito Empresarial; Data do Julgamento: 09/08/2017).

rio de majoração das indenizações por danos morais – não só em ações regidas pela Lei de Propriedade Intelectual.

No Superior Tribunal de Justiça, o caráter "exemplar" dos danos morais já fora consignado em alusão expressa ao caráter sancionatório com base na análise econômica do direito. Citando as lições da Escola de Chicago, o voto vencido da Ministra NANCY ANDRIGHI consignou que nas ações envolvendo matérias jornalísticas de conteúdo difamatório é considerado valor usual das indenizações fixadas, sopesando-o com o lucro esperado – "ao decidir se publica ou não uma matéria difamatória, a imprensa toma em conta, de um lado, os valores fixados pelos Tribunais a título de danos morais e, de outro, a expectativa de receita que o ato ilícito irá trazer" – a justificar a adoção do lucro como critério da indenização[908].

Expressamente ou de forma indireta, os Tribunais pátrios usualmente avocam as justificativas aventadas pela análise econômica do direito como fundamento para a fixação dos danos morais com viés "punitivo", "exemplar" ou "preventivo" e "pedagógico". No tocante ao ilícito lucrativo, a questão é mencionada[909], embora sem efetiva alusão à questão econômica – aludindo à repetição do ilícito, sem efetiva demonstração da "opção malévola" ou do lucro no aspecto contábil.

Por isso, sugerimos a figura do dano punitivo através da figura do dano social. Os critérios propostos adiante avocam as justificativas

[908] STJ, REsp. n. 355.392/RJ, Voto vencido da Rel. Sorteada Ministra Nancy Andrighi, j. 26 de março de 2002.

[909] *"(...) Conduta que implica na concreta inutilidade do negócio jurídico. Desequilíbrio contratual no exercício abusivo do direito que se evidencia na desigualdade material de poder. Prestadora que confunde boa-fé com interesse próprio. Menoscabo com o consumidor. Lesão à dignidade humana. Interpretação que fere a boa-fé objetiva e contrapõe-se à função social do contrato (arts. 421 e 422 do Cód. Civil). Conduta que a doutrina moderna caracteriza como ilícito lucrativo. Prestadora de serviços que não deve interferir na prescrição médica. Interpretação contratual mais favorável ao consumidor (art. 47 do CDC). Incidência dos arts. 4º, "caput", 7º, 46 e 51, IV, do CDC. Cobertura devida. Sentença mantida"* (TJSP; Apelação 1032147-68.2014.8.26.0100; Relator (a): Rômolo Russo; Órgão Julgador: 7ª Câmara de Direito Privado; Data do Julgamento: 20/06/2017).

"APELAÇÃO – INDENIZAÇÃO – DANOS MORAIS – INTEGRAÇÃO DA SENTENÇA – DESCUMPRIMENTO QUALIFICADO DO CONTRATO. (...) Responsabilidade civil que tem o condão de punir condutas ilícitas, especialmente quando reiteradamente adotadas por justificativas econômicas ("lucro ilícito"). 'Tese do 'desvio produtivo do consumidor' – valor fixado em R$5.000,00" (TJSP; Apelação 1003318-78.2014.8.26.0132; Relator (a): Maria Lúcia Pizzotti; Órgão Julgador: 30ª Câmara de Direito Privado; Data do Julgamento: 07/06/2017)

econômicas, com o anseio punitivo da responsabilidade civil, sem, contudo, banalizar o viés sancionatório e, com isso, honrando os fundamentos que o sustentam. Quanto à análise econômica em comento neste capítulo, a avaliação casuística e excepcional dos danos sociais permite aferir, com maior rigor e técnica, a presença de quaisquer das justificativas elencadas – alcançando o propósito utilitarista da decisão judicial.

5.6.3. *Justificativa sistêmica*

Outro elemento que fundamenta a adoção de um modelo punitivo no âmbito do direito civil consiste na ineficiência ou inconveniência dos modelos penal e administrativo para lidar com a regulação da sociedade. Embora de forma sintética, ANTONIO JUNQUEIRA DE AZEVEDO alude ao fundamento em consonância do que tratam os demais autores sobre indenizações punitivas – invocando a realidade nacional:

> "O momento que estamos vivendo, especialmente no Brasil, de profunda insegurança quanto à própria vida e incolumidade física e psíquica, deveria levar todos os juristas, independentemente do seu campo de atuação, a refletir e procurar soluções para aquilo que poderíamos afirmar, pedindo desculpas, se for o caso, aos penalistas, como ineficiência do direito penal para impedir crimes e contravenções – atos ilícitos, na linguagem civilista"[910].

Diuturnamente, são propalados argumentos sobre ineficiência da política de encarceramento e criminal do Estado[911]. A "sociedade de risco", aventada por ULRICH BECK[912], que revolucionou a figura do dano na seara da responsabilidade civil, como já exposto com base nos textos

[910] JUNQUEIRA DE AZEVEDO. **Novos Estudos e Pareceres**... Ob. Cit., p. 378.

[911] Na mídia: "Um terço dos presos no Brasil são provisórios, diz CNJ" (MOURA, Rafael Moraes; PIRES, Breno. **Jornal O Estado de São Paulo**, 23 de fevereiro de 2017. Disponível em: <http://brasil.estadao.com.br/noticias/geral,um-terco-dos-presos-no-brasil-sao-provisorios-diz-cnj,70001677310>, acesso em 10 de outubro de 2017). E, no âmbito acadêmico, destaca-se: RUEDIGER, Marco Aurélio (coord.). **Geografia do Encarceramento** : Estudo sobre a origem dos apenados e crimes no Rio de Janeiro. Rio de Janeiro: Fundação Getúlio Vargas, 2016. Disponível em: <http://dapp.fgv.br/geografia-do-encarceramento/>, acesso em 10 de outubro de 2017.

[912] BECK, Ulrich. **Risk society**: Ob. Cit.

de LOUIS JOSSERAND[913] e RAYMOND SALEILLES[914], também tornou obsoleto as "estruturas estatais" de controle social típicas do direito penal; a prática de condutas típicas por "agrupamentos sociais despersonalizados" ou no ambiente virtual denotam a "incapacidade do Estado, especialmente por meio dos mecanismos do Sistema Criminal, de oferecer respostas adequadas, que sejam concomitantemente eficazes para sua função social e efetivas na garantia dos direitos do réu"[915].

Importante a ressalva, porém, que a *alternativa* no plano da responsabilidade civil não está fundada exclusivamente nas deficiências do Sistema Penal, até porque a taxa de congestionamento do Poder Judiciário é uníssona em todos os ramos – inclusive na esfera cível. A alusão ao dano social como opção punitiva à sanção penal tem fundamento, também, na própria doutrina penal, já destacado o movimento reducionista ou *abolicionista*. Há que se conceber que nem todo bem jurídico é penalmente relevante – o conjunto de "bens jurídicos penais" está inserido, mas, é inferior àquele de todos os bens jurídicos tutelados[916].

A "intencionalidade redutora do poder punitivo" consiste na "ideia reitora" das concepções prevalentes sobre o direito penal[917]. Segundo o CONSELHO NACIONAL DE JUSTIÇA, o crescimento exponencial da prisão, com notada "seletividade" econômica e social do Sistema, denota "o quanto tentamos encobrir, através de respostas penais, situações que demandam outra modalidade de intervenção e interferência"[918]. Os princípios da subsidiariedade e da fragmentariedade buscam reduzir o espectro de incidência do direito penal, fomentando-se paralelamente

[913] JOSSERAND. "Evolução da Responsabilidade Civil". Ob. Cit.

[914] SALEILLES. **Les accidents de travail et la responsabilité civile**. Ob. Cit.

[915] GARCIA, Rogério Maia. "A sociedade de risco e a (in)eficiência do Direito Penal na era da Globalização" in **Revista de Estudos Criminais**, v. 5, n. 17, Porto Alegre, pp. 77-104, 2005, p. 96.

[916] BIANCHINI, Alice. **Pressupostos Materiais Mínimos da Tutela Penal** – Série As Ciências Criminais no Século XXI, v. 7. São Paulo: Revista dos Tribunais, 2002.

[917] ZAFFARONI, Eugenio Raúl; BATISTA, Nilo; ALAGIA, Alejandro; SLOKAR, Alejandro. **Direito Penal Brasileiro** : Teoria do Delito, introdução histórica, v. 2, 2ª edição. Rio de Janeiro, Revan, 2016, p. 60.

[918] CONSELHO NACIONAL DE JUSTIÇA. **Regras de Tóquio** : regras mínimas padrão das Nações Unidas para a elaboração de medidas não privativas de liberdade (Série: Tratados Internacionais de Direitos Humanos). Coordenação: Luís Geraldo Sant'Ana Lanfredi. Brasília: Conselho Nacional de Justiça, 2016, p. 11.

penas distintas do encarceramento (cf. Regras Mínimas das Nações Unidas para a Elaboração de Medidas Não-Privativas de Liberdade – Regras de Tóquio). Discute-se "vivamente" a reparação do dano como "terceira via" do direito penal[919].

Deste modo, o prestígio à reparação do dano e a sedimentação das penas alternativas à prisão aproximam o direito penal do direito administrativo sancionador. Ocorre que as sanções administrativas também experimentam obstáculos. Além da limitação de valores com fundamento no princípio da legalidade a que se submetem os entes administrativos (artigo 37, *caput*, da Constituição Federal), a via extrajudicial não minora a judicialização de conflitos, tampouco supera os questionamentos sobre a eficiência das sanções impostas.

Em 2012, o TRIBUNAL DE CONTAS DA UNIÃO – incumbido constitucionalmente de auxiliar o Legislativo no controle externo das contas públicas[920] – apurou que os dados de 2005 e 2009 das entidades de fiscalização recolheram tão-somente 3,7% das multas aplicadas, indicando duas "questões graves". A primeira preocupação é arrecadatória, porque evidentemente deixaram de ser recolhidos aos cofres públicos valores bilionários; para nós, destacável a segunda conclusão, a da ineficiência de tais entidades. Naquela decisão, o não recolhimento das custas caracteriza redução do "desempenho obtido pelas referidas entidades no cumprimento de suas missões institucionais, uma vez que seu poder sancionador perde parte considerável de sua eficácia"[921].

E, em cumprimento às determinações daquela decisão, em setembro de 2017, o TCU proferiu novo acórdão no procedimento de "monitoramento", instaurado para apurar a arrecadação de multas administrativas impostas pelas entidades de fiscalização, agências reguladoras e outros órgãos federais com atribuições de fiscalização e controle[922]. Conforme monitoramento mais recente do TRIBUNAL DE CONTAS DA UNIÃO, o Banco Central, por exemplo, recolheu entre 2011 e 2014, apenas 2,5%

[919] Roxin, Claus. **Derecho Penal** – Parte General. Madrid: Civitas, 1997, p. 108.

[920] Cf. *"Art. 71. O controle externo, a cargo do Congresso Nacional, será exercido com o auxílio do Tribunal de Contas da União (...)"* (Constituição Federal de 1988).

[921] TCU, Processo RL (Relatório de Levantamento) n. 022.631/2009-0, Rel. Raimundo Carreiro, Plenário (acórdão 482/2012), sessão 07 de março de 2012.

[922] TCU, Processo RACOM (Relatório de Acompanhamento) n. 029.688/2016-7, Rel. Aroldo Cedraz, Plenário (acórdão 1970/2017), sessão de 06 de setembro de 2017.

do valor correspondente às multas impostas; no mesmo período, o CADE arrecadou 4,49%.

Embora reconhecida a persistência de deficiências, a decisão indica crescimento dos valores em comparação ao período anteriormente avaliado[923]. Dentre as agências fiscalizadas, os índices mais relevantes são da Agência Nacional de Aviação Comercial (ANAC) que recolheu, no período, pouco mais de 34% dos 132 milhões de reais em multas às empresas do ramo; opostamente, a SUSEP recolheu apenas 0,13% das multas impostas de mais de 15 bilhões de reais.

Reconhecendo a necessidade da "realização das multas" para "melhorar a efetividade da atuação finalística de cada uma das entidades sancionadoras", o TCU tenta apontar alguma das causas. Além da desídia, inadimplemento e comportamento protelatório dos devedores, o TRIBUNAL DE CONTAS destaca que há índice significativo de multas suspensas judicialmente, sequer divulgadas ou prescritas por inércia do ente fiscalizador. A título de exemplo, a Agência Nacional de Saúde Suplementar (ANS), agência reguladora responsável pela fiscalização do setor de planos de saúde no país (área que, como se verá adiante, tem sido objeto de decisões com aplicação de dano social), não inscreve as multas no Cadastro Informativo de Créditos não Quitados do Setor Público Federal (Cadin).

Em suma, o direito administrativo, indicado pelo direito penal como opção (via) à inoportuna sanção penal, também se mostra deficiente na aptidão para modular condutas. No âmbito administrativo, o controle social também é seletivo e ineficiente – uma vez que nem mesmo as empresas estatais satisfazem as sanções impostas pelas agências reguladoras[924]. Com base nos dados do próprio TRIBUNAL DE CONTAS DA UNIÃO, a burocracia estatal e a não executoriedade das sanções, aliadas

923 "Multas administrativas de órgãos reguladores não são amplamente divulgadas" in Portal do Tribunal de Contas da União, 15 de setembro de 2017. Disponível em: <http://portal.tcu.gov.br/imprensa/noticias/multas-administrativas-de-orgaos-reguladores-nao-sao-amplamente-divulgadas.htm>, acesso em 28 de outubro de 2017.

924 Nogueira, Danielle; Justus, Paulo; D'ercole, Ronaldo. "Estatais não quitam 78% das multas aplicadas por agências reguladoras". **Jornal O Globo**, 23 de março de 2013, Rio de Janeiro. Disponível em: <https://oglobo.globo.com/economia/estatais-nao-quitam-78-das-multas-aplicadas-por-agencias-reguladoras-7931187>, acesso em 20 de setembro de 2017.

à ausência de redução do número de ações judiciais, repercutem na ineficácia do direito administrativo sancionatório.

Por isso, além da justificativa econômica, a aplicação de sanções punitivas no âmbito da responsabilidade civil tem o condão de acrescentar alternativas à exigência de instrumentos eficazes no controle social. Nas palavras de Adriano Barreto Espíndola Santos, o aspecto punitivo "supre, certamente, uma lacuna social, para coibir práticas desonestas e desumanas"[925].

A ampliação dos bens jurídicos não pode sofrer idêntica extensão no plano penal (princípios da fragmentariedade e legalidade), as penas – sejam privativas de liberdade ou restritivas de direito – são seletivas e ineficazes; igualmente, as sanções administrativas encontram limite no princípio da legalidade e, por vezes, são esvaziadas pela não autoexecutoriedade da autuação[926]. Ao contrário, a responsabilidade civil, por sua plasticidade histórica, admite a extensão dos bens jurídicos, permite a adoção de quantias tópicas, não adstritas a limites legais – senão os da razoabilidade e proporcionalidade. Logo, a indenização punitiva, instrumentalizada pelo dano social, a fim de impedir eventuais desvios de finalidade e assegurar garantias processuais, pode ser consagrada como alternativa aventada pelo próprio sistema jurídico.

5.6.4. *Justificativa jurídica (segurança jurídica)*

No plano jurídico, também constitui fundamento à adoção expressa de indenizações punitivas – em especial o dano social – o princípio da segurança jurídica. O texto de Antonio Junqueira de Azevedo, "*Por uma nova categoria de dano na responsabilidade civil: o dano social*", já estabelecia como premissa o fato de que a "intensa produção doutrinária" e a "vasta jurisprudência" não conferiram critério uníssono na fixação dos danos morais. O dano social é a solução aventada para superar a "não-

925 Espíndola Santos, Adriano Barreto. **O dano social e as funções punitiva e social da responsabilidade civil**. 2015. Dissertação (Mestrado em Direito Civil) – Faculdade de Direito, Universidade de Coimbra, Coimbra, 2015. Disponível em: <https://estudogeral.sib.uc.pt/bitstream/10316/29870/1/O%20dano%20social%20e%20as%20funcoes%20punitiva%20e%20social.pdf>, acesso em 20 de setembro de 2017, p. 35.

926 Meirelles, Hely Lopes; Burle Filho, José Emmanuel. **Direito Administrativo Brasileiro**, 42ª Ed., atual. até a EC n. 90/2015. São Paulo: Malheiros, 2016, p. 185.

-conclusão" sobre os elementos da responsabilidade por danos extrapatrimoniais, especificamente sobre a admissibilidade de viés punitivo[927].

O panorama observado há mais de uma década no ensaio introdutório sobre o dano social se acentuou. A insegurança e a ineficiência do "sistema" de *damages*, outrora propaladas por PATRICK ATIYAH no modelo anglo-saxão como uma "loteria"[928], sem dúvida, também podem ser admitidas como realidade no modelo brasileiro. ANDERSON SCHREIBER afirma que há verdadeira "anarquia" de interpretações, conferindo ao "sistema" de responsabilidade civil "aleatoriedade" - ilustrada como uma "loteria de indenizações"[929]. A divergência jurisprudencial sobre a extensão e critérios da fixação dos danos extrapatrimoniais caracteriza vulnerabilidade da segurança jurídica e, consequentemente, do próprio sistema.

A segurança jurídica excede a alusão do artigo 5º, inciso XXXVI, da Constituição Federal, que tutela a irretroatividade da lei quanto ao direito adquirido, o ato jurídico perfeito e a coisa julgada[930]. Malgrado o inciso XXXVI contemple postulado da segurança jurídica, o princípio está implícito no ordenamento pátrio e excede o dispositivo do artigo 5º, da Constituição Federal[931]; trata-se de base do Estado de Direito[932] (artigo 1º, da Constituição Federal) - com aplicação mais abrangente e genérica - protegendo a *confiança* social sobre um modelo jurídico/legal (*'Schutz des Vertrauens'*[933]).

927 JUNQUEIRA DE AZEVEDO. **Novos Estudos e Pareceres**... Ob. Cit., p. 377.

928 Tradução livre. ATIYAH. **The Damages Lottery**. Ob. Cit.

929 SCHREIBER. **Novos paradigmas da responsabilidade civil**... Ob. Cit., p. 03.

930 *"Art. 5º. (...) XXXVI – a lei não prejudicará o direito adquirido, o ato jurídico perfeito e a coisa julgada"* (Constituição Federal).

931 SARLET, Ingo Wolfgang. "A eficácia do direito fundamental à segurança jurídica: dignidade da pessoa humana, direitos fundamentais e proibição de retrocesso social no direito constitucional brasileiro" in ROCHA, Carmen Lúcia Antunes (coord.). **Constituição e segurança jurídica** : direito adquirido, ato jurídico perfeito e coisa julgada. Estudos em homenagem a José Paulo Sepúlveda Pertence, 2. ed. Belo Horizonte: Fórum, 2009, p. 91

932 Segundo Eduardo Henrique de Oliveira Yoshikawa, a expressão "segurança jurídica" surge nos acórdãos do Supremo Tribunal Federal em 1989, ou seja, já na vigência da Constituição Federal de 1988, incogitável o princípio, "em sua plenitude", no "período de exceção de 1964 a 1985" - YOSHIKAWA, Eduardo Henrique de Oliveira. **Processo (in)civil e (in)segurança jurídica**. 2014. Tese (Doutorado em Direito Processual) - Faculdade de Direito, Universidade de São Paulo, São Paulo, 2014.

933 DEGENHART, Cristoph. **Staatsrecht I** : Staatsorganisationsrecht - Mit Bezügen zum Europarecht, 28ª Ed. Heidelberg: C.F. Muller, 2012, p. 132.

De acordo com José Joaquim Gomes Canotilho "o homem necessita de segurança para conduzir, planificar e conformar autônoma e responsavelmente a sua vida. Por isso, desde cedo se consideraram os princípios da segurança jurídica e da proteção da confiança como elementos constitutivos do Estado de direito" [934]. Complementa:

> "A ideia de segurança jurídica reconduz-se a dois princípios materiais concretizadores do princípio geral de segurança: princípio da determinabilidade de leis expresso na exigência de leis claras e densas e o princípio da proteção da confiança, traduzido na exigência de leis essencialmente estáveis, ou, pelo menos, não lesivas da previsibilidade e calculabilidade dos cidadãos relativamente aos seus efeitos jurídicos".

E, apesar da reiterada alusão à norma, o princípio da segurança jurídica não tem enfoque único ao legislador, tampouco à lei – consubstancia subprincípio do Estado de Direito com função de destaque na "realização da própria ideia de justiça material"[935]. Caracteriza verdadeiro *sobreprincípio* compreendido como a confiança do cidadão de que atos ou decisões públicas "sobre os seus direitos, posições jurídicas e relações" sejam tomadas em conformidade com "as normas jurídicas vigentes", de efeitos duradouros, previstos ou calculados também "com base nessas mesmas normas" [936]. Daí o reconhecimento de que as decisões judiciais estão igualmente submetidas ao princípio da segurança jurídica – esperando-se da tutela jurisdicional (poder-dever-função do Estado de Direito) igual previsibilidade e confiança.

A oscilação da jurisprudência, por óbvio, contraria estes postulados – estabelecendo um sistema jurídico não coeso, incompatível com a exigência de antecipação das respostas para casos análogos[937]. O Estado-Juiz também deve observar o princípio da segurança jurídica – que tem

[934] Canotilho. **Direito Constitucional**. Ob. Cit., p. 371-372.

[935] Mendes; Branco. **Curso de Direito Constitucional**... Ob. Cit., p. 395.

[936] Canotilho. **Direito Constitucional**. Ob. Cit., p. 373.

[937] Wambier, Luiz Rodrigues; Vasconcelos, Rita de Cássia Corrêa de; Wambier, Teresa Arruda Alvim. "Jurisprudência oscilante no STJ – Ofensa à segurança jurídica sob o aspecto da previsibilidade judiciais" in Gallotti, Isabel; Dantas, Bruno; Freire, Alexandre; Gajardoni, Fernando da Fonseca; Medina, José Miguel Garcia (Orgs.). **O papel da jurisprudência no STJ**, 1ª Ed. São Paulo: Revista dos Tribunais, 2014, pp. 223-238.

como "corolário a proibição da surpresa"[938]. O Novo Código de Processo Civil, a propósito, positivou a regra da não-surpresa da decisão judicial, impondo contraditório prévio e efetivo sobre os fundamentos aplicados – ainda que cognoscíveis '*ex officio*' (artigo 10, da Lei n. 13.105, de 2015[939]).

Não só, a novel legislação trouxe expressamente a boa-fé objetiva para o processo civil a todos aqueles que "de qualquer forma" participam do processo (artigo 5º, do Código de Processo Civil). Em consonância com a cláusula geral do Código Civil, a boa-fé, imposta dentre os princípios fundamentais do Novo Código de Processo Civil, denota um dever de agir segundo "comportamentos desejados ou esperados"; nas palavras de Cassio Scarpinella Bueno, todos os sujeitos do processo "conduzem à proteção da confiança legítima", devendo observar os *standards* de comportamento, iluminados pela lealdade e eticidade[940]. E, conforme o SUPERIOR TRIBUNAL DE JUSTIÇA, o juiz é protagonista na garantia da "tutela da confiança" expressa no artigo 5º, da Lei n. 13.105, de 2015[941].

Neste esteio, destacada a *insegurança jurídica* dos precedentes alusivos à responsabilidade civil. Como já destacado anteriormente, a oscilação dos Tribunais Pátrios na quantificação dos danos morais consagra verdadeira mácula ao sistema. Ricardo Dal Pizzol aponta que a "imprevisibilidade do valor das condenações é outro efeito negativo" do modelo vigente dos danos extrapatrimoniais; ainda que repelido o tarifamento, destaca a inconveniência da "total ausência de parâmetros legais" sem parâmetros uniformes nas decisões. Aponta, também, que não raro os tribunais aludem de forma genérica e vaga às funções de "compensação, punição e dissuasão", não indicando a correlação com os valores fixados

[938] Yoshikawa. **Processo (in)civil e (in)segurança jurídica**. Ob. Cit., p. 197.

[939] *"Art. 10. O Juiz não pode decidir, em grau algum de jurisdição, com base em fundamento a respeito do qual não tenha dado às partes oportunidade de se manifestar, ainda que se trate de matéria sobre a qual deva decidir de ofício"* (Código de Processo Civil de 2015).

[940] Bueno, Cassio Scarpinella. **Manual de Direito Processual Civil** – Volume Único, 2ª Ed. (inteiramente estruturado à luz do NCPC). São Paulo: Saraiva, 2016, p. 98-99.

[941] "(...) 3. Deve ser homenageada a tutela da confiança como corolário da boa-fé objetiva no caso concreto, não se podendo determinar, na hipótese da lide, a deserção na medida em que o juízo de primeiro grau, ao oportunizar a correção do vício de admissibilidade recursal, gerou na parte a legítima expectativa de que sua apelação seria admitida caso recolhesse as custas, conforme anteriormente determinado (...)" (AgInt no REsp 1576743/SP, Rel. Ministro Moura Ribeiro, 3ª Turma, julgado em 18/05/2017, DJe 30/05/2017).

e, no mesmo sentido, pouco se atêm às exigências da fase probatória que, por exemplo, permitiriam aferir o grau de culpabilidade ou o lucro obtido com o ilícito[942].

A análise das decisões judiciais denota disparidade para casos análogos – quando não idênticos. Exemplifica MIRNA CIANCI que o STJ já assentou para "hipóteses idênticas", valores e critérios "diametralmente opostos", em uma ação afirmando o exagero dos danos morais fixados em 180 salários-mínimos e, em outra Turma do mesmo Tribunal, a acuidade da indenização de 200 salários-mínimos[943]. Mas, além da divergência quantitativa (analisada em capítulo subsequente), deve ser registrada a dissonância dos julgados quanto aos critérios de fixação do *'quantum'* – especificamente a insegurança decorrente da alusão genérica à função *pedagógica*, *punitiva* ou *preventiva*.

Repetidamente, o SUPERIOR TRIBUNAL DE JUSTIÇA rechaça textualmente a função punitiva da indenização. Em exaustiva análise das decisões daquele Tribunal, MIRNA CIANCI aponta que o precedente-base para esta afirmação se deu no REsp. 447.431/MG, em que restou assentado que "no Brasil a indenização de perdas e danos não tem função punitiva"[944]. No mesmo sentido, o STJ ressalvou em acórdão paradigma (art. 1.036, do Código de Processo Civil) a inviabilidade da natureza sancionatória em virtude de danos ambientais – indicando que "é inadequado pretender conferir à reparação civil dos danos ambientais caráter punitivo imediato, pois a punição é função que incumbe ao direito penal e administrativo"[945].

Não obstante, inúmeros são os precedentes do próprio SUPERIOR TRIBUNAL DE JUSTIÇA admitindo a função punitiva sob outros adjetivos ou, ao menos, aludindo à conduta do ofensor como critério de valoração da indenização por danos morais. Em agosto de 2017, por exemplo, ressaltou a adequação de *'quantum'* fixado em "levando

[942] PIZZOL. **As Funções Punitiva e Preventiva da Responsabilidade Civil**... Ob. Cit., p. 230.

[943] CIANCI. **O Valor da Reparação Moral**... Ob. Cit., p. 14.

[944] STJ, REsp 447.431/MG, Rel. Ministro Ari Pargendler, 2ª Seção, julgado em 28/03/2007, DJ 16/08/2007, p. 285 (in CIANCI. **O Valor da Reparação Moral**... Ob. Cit., p. 30).

[945] STJ, REsp. 1354536/SE, Rel. Ministro Luis Felipe Salomão, 2ª Seção, julgado em 26/03/2014, DJe. 05/05/2014, julgado nos termos do artigo 543-C, do Código de Processo Civil de 1973 (recurso representativo de controvérsia repetitiva) – vinculante nos termos do artigo 927, do Novo Código de Processo Civil.

em consideração o grau da lesividade da conduta ofensiva e a capacidade econômica da parte pagadora, a fim de cumprir dupla finalidade: amenização da dor sofrida pela vítima e punição do causador do dano, evitando-se novas ocorrências"[946]. Igualmente, contrariando o recurso repetitivo supracitado, a 4ª Turma do STJ rechaçou indenização moral coletiva, porque tal condenação "visa punir e inibir a injusta lesão da esfera moral de uma coletividade, preservando, em ultima ratio, seus valores primordiais", o que não teria se verificado no caso concreto[947].

A questão da admissão da função punitiva pelos Tribunais, ainda que de forma indireta, já foi tratada no capítulo antecedente; aqui, interessa-nos repisar a insegurança causada pela adoção de critérios e fundamentos díspares. O Estado de Direito, como base do princípio da segurança jurídica, resta vulnerado em razão de decisões vacilantes sobre temas idênticos, afrontando a previsibilidade do sistema, fomentando abusos e desvios da finalidade da norma. Mesmo quando reconhecido o viés punitivo da indenização, os Tribunais não destacam qual seria o montante atinente a cada função da responsabilidade civil – expõe Mirna Cianci que da leitura de mais de cinco mil decisões "nenhum julgado" destacou quanto seria o "acréscimo a que se referem os *punitive damages*", "sempre oculta" a parcela punitiva[948].

Neste esteio, a adoção da indenização punitiva por meio dos danos sociais supera a adversidades apontadas quanto à insegurança jurídica. Além da fundamentação específica e destacada deste montante, conferindo maior transparência na definição de valores; os aspectos processuais próprios da figura *social* do dano, conforme verificados em frente, supre também a crítica de Ricardo Dal Pizzol sobre o desinteresse dos Tribunais quanto aos elementos próprios da fase instrutória que fundamentam a punição. Em suma, o dano social tem aptidão de conferir maior previsibilidade às condenações por danos extrapatrimoniais.

[946] STJ, AgInt. no AREsp. 832.779/PR, Rel. Ministro Napoleão Nunes Maia Filho, 1ª Turma, julgado em 15/08/2017, DJe. 28/08/2017.

[947] STJ, REsp. 1303014/RS, Rel. Ministro Luis Felipe Salomão, Rel. p/ Acórdão Ministro Raul Araújo, QUARTA TURMA, julgado em 18/12/2014, DJe. 26/05/2015.

[948] Cianci. **O Valor da Reparação Moral**... Ob. Cit., p. 34.

6. Dano Social – Proposta de Critérios

De acordo com Clóvis Veríssimo do Couto e Silva o dano sempre foi aspecto da "política jurídica" – consubstancia matéria "fluida" que depende da "casuística dos juízes"[949]. No entanto, tolerar a adoção judicial do dano social sem maiores reflexões repercutiria de forma contrária aos elementos que justificaram seu surgimento e aplicação. Para tanto, destacável a crítica de Judith Martins-Costa:

> "Na tentativa de ultrapassar as claras barreiras de ordem constitucional à aplicação judicial de *'punitive damages'*, ensaia-se a 'troca de etiqueta', passando-se a denominá-lo de *dano social*. Esta figura nasceu de opinião externada em artigo doutrinário pelo Professor Antonio Junqueira de Azevedo, que, preocupado com uma *situação pontual* – o problema da segurança de vida e de integridade física e psíquica – propôs refletir sobre a conveniência de, em certos casos, agravar o *quantum* indenizatório, na responsabilização por dano moral, a título de 'desestímulo' àqueles que agem dolosamente ou em culpa grave, atingindo a segurança física e psíquica do ser humano.
>
> A partir dessa inspiração doutrinaria – um único artigo de poucas páginas, propondo refletir sobre um "tema novo", inconcluso quanto a vários aspectos e que não teve seguimento, em face do falecimento daquele

[949] Silva, Clóvis Veríssimo do Couto e. "O conceito de dano no direito brasileiro e comparado" in **Revista de Direito Civil Contemporâneo**, vol. 2 (2015), pp. 333-348, jan./mar. 2015, p. 337.

> Professor – começaram a ser emitidas decisões judiciais dando *valor de lei* àquela opinião. Mais ainda, passou-se a condenar empresas a pagar indenização do dano social inclusive abstraindo dos pressupostos aventados pelo Professor Junqueira de Azevedo, a saber: o dano social caberia apenas quando praticado ato doloso ou gravemente culposo capaz de pôr em perigo a segurança física ou psíquica das pessoas humanas ou afetar a qualidade de vida de uma população" (grifos originais)[950].

Como citado nos capítulos antecedentes, o dano social constitui "nova espécie" de dano, capaz, justamente, de conter a prodigalidade de ações indenizatórias, conferindo, simultaneamente, efetiva aptidão preventiva e punitiva à responsabilidade civil. O *dano social* está plenamente justificado pelos argumentos já expostos, compatível com o ordenamento civil e constitucional. Isto, todavia, não desobriga à aplicação cautelosa, segundo critérios *objetivos*, necessário aprofundar os requisitos estabelecidos por Antonio Junqueira de Azevedo. Definido o conceito em capítulo pretérito, convém restringir as ideias aventadas, para evitar o "descalabro conceitual" citado por Judith Martins-Costa[951].

Estabelecer critérios do dano social significa *ponderação*, evitando as posições extremadas da impossibilidade de sanções civis ou do uso exagerado. Nelson Rosenvald cita o italiano Paolo Benazzo para repelir o simplismo do pensamento binário *'tutto è pena: niente è pena'*[952]. O modelo aventado por Antonio Junqueira de Azevedo, de fato, não foi aprofundado pela Academia antes das menções judiciais; mas, isso não significa que a figura deve se tornar regra em todas as demandas de responsabilidade civil, tampouco ser relegada.

6.1. Elemento subjetivo – exigência de dolo ou culpa grave

O primeiro aspecto sobre o conceito do *dano social* que precisa ser reafirmado é a exigência de "dolo ou culpa grave" mencionado expressamente

950 Martins-Costa. "Dano moral à brasileira"... Ob. Cit., p. 7101.

951 Idem, p. 7102.

952 Benazzo, Paolo. **Le 'Pene Civili' nel Diritto Privato d'Impresa.** Quaderni di Giurisprudenza Commerciale. Milano: Giuffrè, 2005, p. 6 apud. Rosenvald. **As Funções da Responsabilidade Civil**... Ob. Cit., p. 34.

por ANTONIO JUNQUEIRA DE AZEVEDO[953]. Do texto original, o *dano social* é *definido* como um *ato* doloso, gravemente culposo ou negativamente exemplar, o que reanima a valoração do conceito de *culpa*, outrora relegado pela doutrina civilista na busca da solidarização da responsabilidade civil[954]. Destaca NELSON ROSENVALD:

> "Paulatinamente, a ascensão da imputação objetiva da reparação de danos em seu viés solidarista de máxima proteção às vítimas impôs um arrefecimento do viés moral da responsabilidade civil, pois os danos passaram a ser frequentemente transferidos ao patrimônio de pessoas diversas a dos causadores do dano"[955].

Por isso, CLAUDIO LUIZ BUENO DE GODOY afirma que *objetivação* e *coletivização* da responsabilidade não significam que a "culpa deve ser escoimada do sistema"[956].

Em verdade, a restauração da importância da culpa não é necessariamente nova, nem mesmo elide a "evolução" da solidarização da responsabilidade civil. Segundo PHILIPPE LE TOURNEAU, a teoria do risco levada ao extremo incrementa o risco, já que a transferência da responsabilidade desobriga o "dever de cuidado" outrora exigido do "bom pai de família", excluindo o aspecto "moral" da responsabilidade civil[957].

A pena civil, aqui retratada no *dano social*, portanto, apresenta a aptidão de reinventar a função "ética" da responsabilidade civil. A "conduta reprovável" é ínsita ao dever de indenizar e a gravidade da falta há muito é consagrada como critério da fixação do montante indenizatório[958], especialmente nos danos extrapatrimoniais[959]. No entanto, o conceito de *'faute'* do Código Napoleônico foi sucessivamente alargado até a aclamação da teoria do risco; o que, no entanto, não pode ser admitido na análise dos danos sociais, cuja conduta *dolosa* ou *gravemente culposa* constitui requisito de existência do dano-evento. "Não é qualquer ilícito que

953 **Novos Estudos e Pareceres**... Ob. Cit., p. 382.

954 PORTO. "O ocaso da culpa...". Ob. Cit.

955 Rosenvald. **As Funções da Responsabilidade Civil**... Ob. Cit., p. 90.

956 GODOY, Claudio Luiz Bueno. "Artigo 927" in PELUSO, Cezar (coord.). **Código Civil Comentado** : doutrina e jurisprudência, 6ª ed., rev. e atual. Barueri: Manole, 2012, p. 924.

957 TOURNEAU. **La Responsabilité Civile**... Ob. Cit., p. 12.

958 SANTOS. **Dano Moral Indenizável**. Ob. Cit., p. 154.

959 RODIÈRE, René. **La Responsabilité Civile**. Paris: Rousseau, 1952, p. 278.

desencadeia o mecanismo da pena. O seu suporte fático demanda mais do que isto"[960]. Impositivo, pois, conceituar *dolo* e *culpa grave*.

A culpabilidade no âmbito da responsabilidade civil foi introduzida pela *lex Aquilia*, na previsão da *'damnum iniuiria datum'* que estabelecia sanção para determinadas condutas extracontratuais. Para que tais condutas se qualificassem como tal exigia que "a danificação fosse feita *iniuria*, isto é, contra a lei"; que, posteriormente, foi interpretada pelos *jurisconsultos* não apenas como o ilícito, *'iniuria'* era também a "culpabilidade do autor do dano. Exigiu-se, pois, que o dano causado fosse doloso ou ao menos culposamente"[961]. A *lex Aquilia*, no entanto, admitia a culpa *levíssima*[962], que fundamentou a ampliação da responsabilidade no sentido *solidarista*.

Paradoxalmente, a mesma ampliação e flexibilização dos filtros que culmina com o surgimento de novos danos, inclusive o *dano social*, não merece destaque na aferição do dever de indenizar com fundamento punitivo. Resume Ramón Daniel Pizarro que a indenização punitiva exige "algo mais que a mera negligência", reivindicando prova da "temeridade, malícia, má-fé, maldade, intenção, perversão, atitude moralmente culpável ou grosseira negligência"[963].

Entre nós, a exigência de culpa grave ou dolo também não consubstancia novidade. A Súmula n. 145, do SUPERIOR TRIBUNAL DE JUSTIÇA, de novembro de 1995, estabelece regime análogo para a responsabilidade civil decorrente do transporte gratuito de pessoas (*caronas*). Prevê o enunciado que "no transporte desinteressado, de simples cortesia, o transportador só será civilmente responsável por danos causados ao transportado quando incorrer em dolo ou culpa grave"[964].

[960] Rosenvald. **As Funções da Responsabilidade Civil**... Ob. Cit., p. 62.

[961] Marky, Thomas. **Curso Elementar de Direito Romano**, 8ª ed., 11ª tiragem. São Paulo: Saraiva, 2007.

[962] *'In lege Aquilia et levissima culpa venit'.*

[963] *"En principio, doctrina y jurisprudencia admiten que es menester algo más que la mera negligencia en la comisión de un tort para que se apliquen estas puniciones. Temeridad, malicia, mala fe, malignidad, intencionalidad, perversión, actitud moralmente culpable o grosera negligencia, son algunos de los calificativos que la jurisprudencia utiliza para justificar la sanción"* (Pizarro, Ramón Daniel. **Daño moral** : prevención, reparación, punición : el daño moral en las diversas ramas del derecho. Colección Responsabilidad Civil, v. 17. Buenos Aires: Hammurabi, 2000, p. 379).

[964] Diário de Justiça 17 de novembro de 1995 – disponível em: <http://www.stj.jus.br/SCON/sumulas/doc.jsp?livre=145&b=SUMU&p=false&t=JURIDICO&l=10&i=1>, acesso em 20 de agosto de 2016.

A adoção das figuras evita a dificuldade de definição dos casos tênues entre dolo eventual ou culpa consciente, a definição, contudo, não está relegada ao arbítrio – impositivo delimitar os conceitos de dolo e culpa grave.

6.1.1. *Dolo*

O Código Civil não define *dolo*, não se confundindo o requisito subjetivo do dever de indenizar com a figura prevista no Capítulo "Dos defeitos do negócio jurídico"[965]. Aliás, CRISTIANO CHAVES DE FARIA, NELSON ROSENVALD e FELIPE PEIXOTO BRAGA NETTO apontam que o "dolo é tão subserviente à culpa que o artigo 186 sequer a ele faz menção", obsoleta a distinção entre delito e quase-delito[966]. Coube, pois, à doutrina estabelecer o conceito de dolo.

Apontando a distinção do dolo como vício do negócio, PAULO NADER o define como elemento integrante da culpa *lato sensu*, caracterizado pela "intencionalidade de provocar dano a alguém, ou o risco consciente da possibilidade de dano" ou "intencionalidade deliberada"[967]. Segundo FÁBIO ULHOA COELHO, a *intenção* ou o dolo se traduz no "comportar-se de certa maneira, quando poderia comportar-se de outra, o sujeito de direito manifesta, num certo sentido, sua vontade"[968]. Define:

> "Age dolosamente quem provoca prejuízos a outrem, ao praticar atos com o objetivo ou o risco de causá-los. Esta modalidade de culpa compreende tanto o dolo direto, em que o prejuízo é a finalidade perseguida pelo agente, como o indireto, em que o dano ocasionado não era propriamente o objetivo, mas o agente assumiu de forma consciente o risco de provocá-lo"[969].

965 *"Art. 145. São negócios jurídicos anuláveis por dolo, quando este for a sua causa"* (Lei n. 10.406, de 2002).

966 FARIAS; ROSENVALD; NETTO. **Curso de Direito Civil** – Responsabilidade Civil... Ob. Cit., p. 209.

967 NADER, Paulo. **Curso de Direito Civil** : Responsabilidade Civil, v. 7, 6ª ed., rev., atual. e ampl. Rio de Janeiro: Forense, 2016, p. 135.

968 COELHO, Fábio Ulhoa. **Curso de Direito Civil** – Obrigações e Responsabilidade Civil, v. 2, 5ª ed. São Paulo: Saraiva, 2012, p. 355.

969 Idem, p. 422.

Ao contrário do vício do negócio jurídico, o dolo aqui debatido aproxima-se do conceito penal[970]. Consubstancia a conduta (ação ou omissão), com "consciência e a vontade" destinada a um fim[971], que segundo a doutrina civilística não está associado com o resultado (ilícito). Conforme leciona AGOSTINHO ALVIM, a intenção está associada à conduta que potencialmente cause algum prejuízo, cujo risco seja conhecido e assumido pelo indivíduo, não necessariamente vinculado ao mal causado[972]. Referida cisão surgiu justamente na evolução do dolo na esfera penal, ao contrário do *'dolus malus'* do Direito Romano, a consciência da ilicitude foi repelida da tipicidade[973], assim como da figura no âmbito civil.

O dolo é a intenção da *conduta*, não necessariamente à ilicitude.

Conforme JOÃO DE MATOS ANTUNES VARELA, o dolo consagra a "modalidade mais grave da culpa [*lato sensu*]", evidenciando o vínculo mais "estreito" entre a conduta e a vontade do agente, razão pela qual se torna mais censurável[974]. E, de acordo com PEDRO RICARDO E SERPA, a censurabilidade abrange tanto o dolo *direto*, quanto o dolo *eventual* (assunção dos riscos) – cita:

> "Vê-se, assim, que a conduta dolosa é especialmente reprovável por se direcionar conscientemente para o cometimento de um resultado ilícito, quer tenha o ofensor efetivamente desejado sua ocorrência (característica do dolo direto, que é ainda mais gravoso), quer tenha ele apenas assumido conscientemente o risco de sua ocorrência (característica do dolo indireto, menos gravoso, mas ainda assim particularmente reprovável e socialmente indesejado). Não é preciso, portanto, que o ofensor deseje cometer o mal, basta que se tenha conduzido de maneira

970 *"Art. 18. Diz-se o crime: I – doloso, quando o agente quis o resultado ou assumiu o risco de produzi-lo"* (Código Penal, Decreto-Lei n. 2.848, de 1940).

971 JUNQUEIRA, Gustavo; VANZOLINI, Patrícia. **Manual de Direito Penal**. São Paulo: Saraiva, 2013, p. 261.

972 ALVIM, Agostinho. **Da Inexecução das Obrigações e suas Consequências**, 4ª ed. São Paulo: Saraiva, 1972, p. 256.

973 LUZ, Nelson Ferreira da. "Considerações sobre o Dolo" in **Revista da Faculdade de Direito UFPR**, v. 2, pp. 303-313, 1954. Disponível em: <http://dx.doi.org/10.5380/rfdufpr.v2i0.6185>, acesso em 10 de agosto de 2016.

974 ANTUNES VARELA, João de Matos. **Das Obrigações em Geral** – v. I, 10ª ed., Coimbra: Almedina, 2000, p. 572.

consciente, direcionando sua conduta de modo a potencialmente causar tal prejuízo, cujos riscos de ocorrência eram previamente conhecidos e assumidos"[975].

Para CESARE MASSIMO BIANCA são requisitos do dolo: (i) voluntariedade do fato; (ii) consciência da consequência danosa do fato; (iii) consciência da injustiça do dano[976]; cuida-se de "requisito psicológico" não essencial do ilícito. Elucidativa, neste conceito, a definição do Código Penal Italiano que estabelece como dolosa a conduta, típica, cujo dano/prejuízo era esperado como resultado das ações ou omissões do agente[977] e recebida pelo direito civil de forma "mais simplificada"[978].

Não há, pois, grandes distinções sobre o dolo – usualmente mencionado de forma mais singela que a dogmática penal. Todavia, a despeito da aparente inexistência de significativas controvérsias, a definição encontra dificuldade em determinados ramos da responsabilidade civil. Neste sentido, o conceito de dolo adquire relevância no debate da "quebra intencional do contrato" (*'willful breach of contract'*) muito debatida nos Estados Unidos da América – como uma das hipóteses de fixação da indenização para além do dano[979].

Sustenta RICHARD CRASWELL[980] que o conceito de dolo (*'willful'*) nas relações contratuais deve atender a uma análise macro – assemelhando sua tese àquela da "obrigação como processo" de CLÓVIS VERÍSSIMO DO COUTO E SILVA[981]. Afirma que a inexistência de um conceito consagrado

975 SERPA. **Indenização Punitiva**. Ob. Cit., p. 255.

976 No original: *"Requisiti specifici del dolo sono: 1) la volontarietà del fatto; 2) la consapevolezza dela conseguenza dannosa derivante dal fatto; 3) la consapevolezza dell'ingiustizia del danno"* (BIANCA, Cesare Massimo. **Diritto Civile V** – La Responsabilità, 2ªed. Milano: Giuffrè, 2012, p. 576).

977 *"Articolo 43 – Il delitto: è doloso, o secondo l'intenzione, quando l'evento dannoso o pericoloso, che è il risultato dell'azione od omissione e da cui la legge fa dipendere l'esistenza del delitto, è dall'agente preveduto e voluto come conseguenza della propria azione od omissione (...)"*. (cf. CARUSI, Donato; DI MAJO, Adolfo et alii. **La Reponsabilità e Il Danno III**, Attuazione e Tutela de Diritti (Dirito Civile, diretto da Nicolò Lipari e Pietro Rescigno). Milano: Giuffrè, 2009, p. 111).

978 ALPA. **La responsabilità civile**. Ob. cit., p. 249.

979 BAR-GILL, Oren; BEN-SHAHAR, Omri. "An Information Theory of Willful Breach" in **Michigan Law Review**, vol. 107, n. 8, pp. 1479-1500, 2009.

980 CRASWELL, Richard. "When is a Willful Breach Willful – The Link between Definitions and Damages" in **Michigan Law Review**, v. 107, n. 8, pp. 1501-1516, 2009.

981 SILVA, Clóvis Veríssimo do Couto e. **A obrigação como processo**. Rio de Janeiro: FGV, 2006.

de dolo impõe aos julgadores maior dificuldade na análise ("política") para afirmar a *intencionalidade*[982], necessária a avaliação de todo o relacionamento jurídico das partes para aferir o dolo. Nessa lógica, Guido Alpa aponta maior obstáculo na prova do dolo se comparado à culpa, mais facilmente compreendida das "circunstâncias fáticas"[983].

Mas, ao contrário da responsabilidade penal[984], não se exige tipicidade diversa para as figuras do dolo e da culpa[985] na responsabilidade civil. Por isso, a distinção se mostra menos tormentosa na prática.

Evidente a qualificação da conduta como dolosa quando há *prova* da intenção ou assunção dos riscos; fácil a subsunção dos fatos à figura do dano social quando provado o dolo (direto ou eventual). A escolha deliberada pela conduta ilícita, em detrimento de riscos sabidos e assumidos pode ser aferida por quaisquer meios de prova, como verificado no caso norte-americano *Grimshaw v. Ford Motor Co. (1981)*[986] ou no caso das "ligações ilimitadas" de uma operadora de telefonia brasileira[987]. Há, de fato, situações limítrofes que ensejam maior reflexão, mas, que, não raro, se qualificam como culposas.

Sem prejuízo, a interpretação do aspecto subjetivo deve ser restrita, tanto na culpa quanto no dolo. Ainda que a definição de dolo ou de *intenção*, como o conceito de dano[988], consubstancie uma escolha de

982 Craswell. "When is a Willful Breach Willful". Ob. Cit., p. 1516.

983 Alpa. **La responsabilità civile**. Ob. cit., p. 253.

984 *"Art. 18. (...) Parágrafo único – Salvo os casos expressos em lei, ninguém pode ser punido por fato previsto como crime, senão quando o pratica dolosamente"* (Código Penal, Decreto-Lei n. 2.848, de 1940).

985 Decorrência do princípio da legalidade estrita, a culpa exige tipicidade específica e análise judicial (*'Nulla culpa sine judicio'*) – cf. Ferrajoli, Luigi. **Direito e Razão** : Teoria do Garantismo Penal, 4ª ed., rev., trad. Ana Paula Zomer Sica, Fauzi Hassan Choukr, Juarez Tavares, Luiz Flávio Gomes. São Paulo: Revista dos Tribunais, 2014, p. 91.

986 Caso célebre do Ford Pinto, em que ficou demonstrado que a montadora, ciente dos riscos do *design* do veículo, optou pela manutenção do projeto, face o cálculo perverso do risco submetido e o valor típico das indenizações em caso de condenação da empresa – razão pela qual foi condenada por *'punitive damages'* baseados no lucro deste cálculo (disponível em: <http://law.justia.com/cases/california/court-of-appeal/3d/119/757.html>).

987 No processo n. 0005261-74.2013.8.26.0297 (TJSP), cuja sentença já foi mencionada em capítulo antecedente, a perícia demonstrou a conduta ilícita da operadora de telefonia (TIM), que prometia "ligações ilimitadas" por preço fixo, provocando, deliberadamente, a perda da conexão, interrompendo as ligações e obrigando os consumidores a novos pulsos.

988 Silva. "O conceito de dano...", ob. Cit., p. 337.

"política jurídica", não se pode olvidar a exigência de critérios, mesmo envolvam aspecto subjetivo. Ao contrário da esfera penal, por exemplo, não parece legítima a adoção da teoria da *'cegueira deliberada'* (*'willful blindness'* [989]) – ao menos, não quanto à figura do dolo, podendo ser considerada, porém, culpa grave.

Assim, a definição de culpa grave se mostra mais relevante, já que apta a abranger as nuances menos evidentes de intenção e assunção do risco.

6.1.2. *Culpa grave*

A primeira alusão necessária é que a questão do dano social, inaugurada por ANTONIO JUNQUEIRA DE AZEVEDO, não está circunscrita ao dolo. Afirma GUIDO ALPA que "a função sancionatória é exaltada nos ilícitos dolosos"[990]; isto, porém, não significa a exclusão da culpa – cujo elemento anímico pode ser igualmente objeto de censura civil, *in casu*, quando grave ou gravíssima (figuras não substancialmente díspares do dolo).

Como rememora JOSÉ DE AGUIAR DIAS, a distinção entre dolo e culpa *stricto sensu* remonta ao direito romano, à diferenciação entre delitos e quase delitos "conservada em muitas legislações". Ao contrário do delito (dolo) – "violação intencional da norma de conduta" – o quase-delito "é o fato pelo qual a pessoa capaz de ofender, operando sem malícia, mas com negligência não escusável, em relação ao direito alheio, comete infração prejudicial a outrem"[991]. Igualmente, define SAVATIER:

> "A culpa é a inexecução de um dever que o agente podia conhecer e observar. Se efetivamente o conhecia e deliberadamente o contrariou, há dolo contratual ou delito civil. Se a violação do dever, cognoscível e evitável, é involuntária, constitui culpa simples; e, excluída da matéria contratual, chamada de quase-delito"[992].

[989] A teoria da cegueira deliberada (*'willful blindness'*) ou da evitação da consciência, também conhecida por *'Ostrich Instructions Doctrine'*, amplia o conceito de dolo, especialmente no direito norte-americano, admitindo como intencional "não só aquele cuja conduta é movida por conhecimento positivo, mas igualmente aquele que age com indiferença quanto ao resultado de sua conduta" (SUPREMO TRIBUNAL FEDERAL, Ação Penal n. 470/MG, Rel. Min. JOAQUIM BARBOSA, p. 1297).

[990] ALPA. **La responsabilità civile**. Ob. cit., p. 252.

[991] AGUIAR DIAS. **Da Responsabilidade Civil**... Ob. Cit., p. 111.

[992] *"La faute est l'inexécution d'un devoir que l'agent pouvait connaître et observer (1). S'il le connaissait effectivement et l'a délibérément violé, il y a dol contractuel ou délit civil. Si la violation du devoir,*

De forma análoga, o *'Bürgerliches Gesetzbuch'* estabeleceu a responsabilidade civil com base nas violações ilícitas dolosas (*'Rechtswidrig'*) e culposas (*'Schuldhaft'*)[993]. E, como cita George Marton, à doutrina alemã coube fixar uma "medida estável" de culpa, baseada no "critério Justiniano do *bonus paterfamilias*"[994]. Atualizando e harmonizando tais conceitos, pode-se afirmar que a culpa consubstancia a "inobservância da diligência devida, segundo adequados parâmetros sociais ou profissionais de conduta"[995].

A definição destes parâmetros, outrora baseados na conduta do *'bonus paterfamiliae'*, fomentou intenso debate doutrinário. Para Mazeaud e Mazeaud, a culpa deveria ser a um só tempo "suficientemente flexível para atender a todas as necessidades, e suficientemente precisa para servir de guia aos juízes"[996]. Ocorre que a mesma flexibilidade que admitiu a evolução da responsabilidade civil extracontratual deve ser restrita na aferição da culpa para fins de sanção. Por isso, Antonio Junqueira de Azevedo apontava que o dano social estava condicionado à figura do dolo ou da culpa *grave*. Em outras palavras, exige-se a inobservância (grave ou gravíssima) da diligência devida.

A "gradação de culpa" tem origem nas fontes romanas; Serpa Lopes apontava diversas expressões encontradas nos textos romanos (*'culpa lata'*, *'culpa latior'*, *'magna culpa'*, *'culpa levis'*, *'levissima'* etc.[997]), consagrando-se a tripartição de Pothier (*'lata'*, leve e levíssima). A prática, no entanto, evidencia a dificuldade da distinção entre os *graus de culpa*. Paul Esmein menciona que a prodigalidade de estudos sobre a culpa a tornaram uma "matéria de discordâncias e confusão"[998]; a diferenciação

tout en pouvant être connue et évitée, a été involontaire, il y a faute simple ; et, en dehors des matières contractuelles, on donne à celle-ci le nom de quasi-délit" (Savatier, René. "Règles générales de la responsabilité civile" in **Revue Critique de Legislation et de Jurisprudence**, n. 54, pp. 409-493, 1934, p. 410).

993 Marton. **Les Fondements de la Responsabilité Civile**... Ob. Cit., p. 13.

994 Apud. Aguiar Dias. **Da Responsabilidade Civil**... Ob. Cit., p. 113.

995 Marton. **Les Fondements de la Responsabilité Civile**... Ob. Cit., p. 577.

996 Apud. Aguiar Dias. **Da Responsabilidade Civil**... Ob. Cit., p. 114.

997 Serpa Lopes, Miguel Maria de. **Curso de Direito Civil**. Rio de Janeiro: Freitas Bastos, 2001, p. 344.

998 *"La notion de faute reste, après tant d'études, un domaine de désaccord et de confusion"* (Esmein, Paul. "La faute et sa place dans la responsabilité civile" in **Revue Trimestrielle de Droit Civil**, v. 47, pp. 481-490, 1949, p. 481).

entre a culpa leve, média ou grave de POTHIER carece de positivação, além de se mostrar excessivamente "rígida"[999].

Na definição do autor francês, influência do Código de 1804[1000], a culpa grave consistia na inobservância de um dever de cuidado – quando o agente se conduzia de forma menos diligente que "as pessoas menos cuidadosas e mais estúpidas"[1001]. E, como rememora CESARE MASSIMO BIANCA, o fundamento está no direito romano, mais especificamente em ULPIANO – *'lata culpa est nimia neglegentia, id est non intellegere quod omnes intellegunt'* ("culpa grave é a máxima negligência, isto é, não compreender o que todos compreendem")[1002].

Deste modo, a culpa mencionada por ANTONIO JUNQUEIRA DE AZEVEDO se insere na figura mais severa na cisão da culpa entre levíssima, leve e grave[1003]. Diz respeito à *gravidade* da inobservância do dever de cuidado. E, embora reiterada a comparação com o dolo ou com a culpa consciente[1004], a culpa grave não se confunde com tais institutos[1005], ainda que apresentem aspectos convergentes[1006]. Aponta SÉRGIO CAVALIERI FILHO que abrange, sim, a hipótese em que o agente prevê o resultado, acreditando "sinceramente que o evento não ocorrerá" (culpa consciente), mas, não só; "a culpa será grave se o agente atuar com

[999] ALPA. **La responsabilità civile**. Ob. cit., p. 273.

[1000] PADOA-SCHIOPPA, Antonio. **Storia del diritto in Europa**: dal Medioevo all'età contemporanea. Bologna: Il Mulino, 2007, p. 352.

[1001] *"À ne pas apporter aux affaires d'autrui les soins que les personnes les moins soigneuses et les plus stupides ne manquent pas d'apporter à leurs affaires"* (apud ALPA. **La responsabilità civile**. Ob. cit. Idem).

[1002] Digesto 50.16.213.2 (BIANCA. Ob. Cit., p. 582).

[1003] Além da divisão de POTHIER, amplamente reconhecida a culpa levíssima. Neste sentido, HENRI LALOU definiu sete graus de culpa ("La gamme des fautes". Ob. Cit.). Independente da classificação, coincide entre as figuras a existência de a culpa grave. Entre nós, consagraram-se a cisão trinária (STOCO, Rui. **Tratado de Responsabilidade Civil**. São Paulo: Revista dos Tribunais, 2001, p. 101).

[1004] STOCO. **Tratado de Responsabilidade Civil**; GAGLIANO; FILHO. Ob. Cit., p. 203.

[1005] SERPA. **Indenização Punitiva**. Ob. Cit., p. 256

[1006] Segundo HENRI LALOU, a equiparação entre as figuras (*'culpa lata dolo aequiparatur'*) não se sustenta, porque a definição do dolo ou culpa (mesmo que grave) da conduta enseja efeitos diversos, como na cobertura securitária (LALOU, Henri. "La gamme des fautes" in **Recueil Hebdomadaire de jurisprudence en matière civile, commerciale, administrative et de droit public**, Dalloz, chron., 1940, p. 17).

grosseira falta de cautela, com descuido injustificável ao homem normal, impróprio ao comum dos homens"[1007].

Admitida a culpa como a violação de um "dever preexistente" ou de um "dever jurídico"[1008], a culpa grave consubstancia maior banalidade deste dever. Embora o resultado não seja intencionado, observa negligência, imprudência ou imperícia qualificada, pela violação de dever ínsito ao mais incauto dos indivíduos. Nesta senda, a figura dos *'punitive damages'* de experiências estrangeiras já consolidou que não há indenização punitiva na hipótese de "negligência ordinária ou erros"[1009]. No modelo argentino, apesar da omissão legislativa, a indenização punitiva exige prova da conduta "repugnante, indigna, antissocial", fundamento da indenização[1010].

A culpa grave, portanto, excede a culpa consciente da esfera penal, mas, exige, propriamente, um aspecto subjetivo específico. Sintetiza Pedro Ricardo e Serpa que "para a aplicação da sanção punitiva, basta que o erro grosseiro do ofensor venha acompanhado de uma imprudente indiferença para com os direitos da vítima"[1011]. Evidente, pois, que a distinção da culpa entre grave, leve ou levíssima, para permitir a adoção dos danos sociais é *tópica*, efetivada pelo juiz no caso concreto – dependente, inclusive, de fatores sociais e costumeiros para a definição de "dever jurídico" ou "dever preexistente".

Assim, mais do que a ausência de um conceito, a grande dificuldade consiste na questão probatória. Inolvidável que a evolução em prol da teoria do risco surgiu justamente da dificuldade da prova do aspecto subjetivo da conduta danosa – ante a proliferação dos "danos anônimos", imputados ao acaso, à tecnologia ou a terceiros[1012]. Destacava Louis Josserand que a "sede de justiça" ensejou a ampliação do conceito de culpa, hipóteses de presunção de culpa e, finalmente, sua subs-

[1007] Cavalieri Filho. **Programa de responsabilidade civil**... Ob. Cit., p. 39.

[1008] Chironi, Gian Pietro. **La Culpa en el Derecho Civil Moderno**. Madrid: Reus, 1928, p. 5.

[1009] *"Punitive damages are not predicated upon ordinary negligence or mistakes"* (Rustad, Michael L. "The incidence, scope and purpose of punitive damages. Unraveling punitive damages: current data and further inquiry" in **Wisconsin Law Review**, pp. 15-69, 1998, p. 48).

[1010] Álvarez. **Repensando la Incorporación de los Daños Punitivos**. Ob. Cit.

[1011] Serpa. **Indenização Punitiva**. Ob. Cit., p. 258.

[1012] Tunc. **La responsabilité civile**. Ob. Cit., p. 60-63.

tituição[1013]. Não se pode cogitar, porém, a indenização punitiva sem o *liame subjetivo* – pelo que os norte-americanos suscitam a utilização de *standards* de prova[1014]. A análise do dever de indenizar pode prescindir da análise de culpa, adotando um *standard* de prova menos rigoroso; a fixação do *dano social*, no entanto, exige a demonstração do elemento anímico – seja na figura do dolo ou da culpa grave, imprescindíveis para a definição da sanção.

6.1.3. *Dano social na responsabilidade objetiva*

Neste aspecto, importante destacar que a figura do dano social não encontra obstáculo nas hipóteses de responsabilidade civil objetiva (artigo 927, parágrafo único, do Código Civil, *v.g.*). Como destacado, a prescindibilidade da prova da culpa para a definição do *'an debeatur'* não obsta perquiri-la para fixar o dano social – adotando-se critérios distintos na definição do ônus da prova. Enquanto a procedência do pedido de indenização ordinária depende da demonstração do dano, nexo de causalidade e conduta, nada obsta a concorrência do pedido de indenização punitiva, para o qual será *também* necessária a prova da culpa grave ou do dolo da conduta[1015].

Poder-se-ia fixar tal premissa no debate sobre a aplicabilidade do artigo 944, parágrafo único, do Código Civil[1016], aos casos de responsabilidade civil objetiva. O festejado dispositivo[1017], que introduziu no Código de 2002 o grau de culpa como critério para "reduzir" a indeni-

[1013] Sintetizou as "reações" da responsabilidade civil ante a insuficiência perante a proliferação dos danos de massa: *"1º Admitiu muito facilmente a existência da culpa; 2º Estabeleceu ou reconheceu presunções de culpa; 3º O legislador francês, também substituiu por vezes a noção de culpa pelo conceito de risco: daí, a responsabilidade, de subjetiva que era, tradicionalmente, tornar-se objetiva; 4º Enfim, a jurisprudência estendeu outra medida à responsabilidade contratual, eliminando assim a responsabilidade delitual e colocando a vítima numa situação mais favorável quanto à prova"* (JOSSERAND. "Evolução da Responsabilidade Civil". Ob. Cit., p. 551).

[1014] WOODY, William Douglas; GREENE, Edie "Jurors' Use of Standards of Proof in Decisions about Punitive Damages" in **Behavioural Sciences & the Law**, v. 30, pp. 856-872, 2012.

[1015] SERPA. **Indenização Punitiva**. Ob. Cit., p. 259.

[1016] *"Art. 944. (...) Parágrafo único. Se houver excessiva desproporção entre a gravidade da culpa e o dano, poderá o juiz reduzir, equitativamente, a indenização".*

[1017] Influência do Código Suíço de Obrigações (BANDEIRA, Paula Greco. "A Evolução do Conceito de Culpa e o Artigo 944 do Código Civil" in **Revista da EMERJ**, v. 11, n. 42, pp. 227/249, 2008, p. 240; e MIRAGEM. **Direito Civil** : Responsabilidade Civil. Ob. Cit., p. 267).

zação para evitar o *'enfer de sévérité'*[1018], divide os autores sobre a extensão aos casos em que o dever de indenizar independe de culpa.

A rejeição de parcela significativa da doutrina[1019] foi consagrada no enunciado n. 46, da I Jornada de Direito Civil, organizada pelo SUPERIOR TRIBUNAL DE JUSTIÇA ("A possibilidade de redução do montante da indenização em face do grau de culpa do agente, estabelecida no parágrafo único do art. 944 do novo Código Civil, deve ser interpretada restritivamente, por representar uma exceção ao princípio da reparação integral do dano, não se aplicando às hipóteses de responsabilidade objetiva"[1020]). A IV Jornada de Direito Civil, no entanto, suprimiu a parte final do texto, evidenciando a *admissibilidade* da figura às espécies de responsabilidade civil objetiva[1021].

A divergência instaurada, porém, pode ser superada pela natureza da cláusula geral de responsabilidade do Código Civil (artigos 186 e 927). Ainda que a norma preveja hipóteses de responsabilidade objetiva, isto é, dispense a prova da culpa; as hipóteses de culpa grave ou dolo podem ser facilmente submetidas ao critério da responsabilidade subjetiva. A exigência do aspecto subjetivo para o dano social cinde a análise – para a fixação do dever de indenizar, a culpa não é obstáculo à procedência, por outro lado, a hipótese da indenização punitiva impõe a prova da culpa grave ou dolo.

Segundo Farias, Rosenvald e Netto, "não se pode ceder ao maniqueísmo e concentrar a responsabilidade civil em uma estrutura binária, de repartição de uma área que a culpa é relevante (imputação subje-

[1018] Sobre "inferno de severidade" confira: Sanseverino. **Princípio da reparação integral**... Ob. Cit., p. 84; e STJ, 4ª Turma. REsp. n. 1.127.913/RS, Rel. para acórdão Min. Luís Felipe Salomão, j. 20/9/2012.

[1019] *V.g.* Cláudio Luiz Bueno De Godoy: *"tratando-se a regra do parágrafo único, ora em comento, como de interpretação restritiva, tal qual se viu, e contemplativa de redução em caso de culpa mínima do agente, nega-se sua aplicação as hipóteses de responsabilidade objetiva, porquanto independente de culpa"* (Peluso. **Código Civil Comentado**. Ob. Cit., p. 950); Miragem. **Direito Civil** : Responsabilidade Civil. Ob. Cit., p. 269; Cavalieri Filho. **Programa de responsabilidade civil**... Ob. Cit., p. 54.

[1020] CONSELHO DE JUSTIÇA FEDERAL, I Jornada de Direito Civil (11 de setembro de 2002) – disponível em: <http://daleth.cjf.jus.br/revista/enunciados/IJornada.pdf>, acesso em 20 de agosto de 2016.

[1021] *"380 – Atribui-se nova redação ao Enunciado n. 46 da I Jornada de Direito Civil, com a supressão da parte final: não se aplicando às hipóteses de responsabilidade objetiva"* (Aguiar Jr. Ruy Rosado de (org.). **IV Jornada de Direito Civil**, v. 2. Brasília: Conselho de Justiça Federal, 2007).

tiva) de outra área em que ela não será relevante (imputação objetiva)". A culpa exerce "função social", não se tratando de mera "escolha entre culpa ou risco", mas, verdadeira análise "conjunta"[1022]. Ou, como já mencionou o SUPREMO TRIBUNAL FEDERAL, a discussão da natureza da responsabilidade (objetiva ou subjetiva) constitui questão de "menor relevo" quando evidenciada a culpa[1023].

6.2. Repercussão difusa

Definida a questão subjetiva da exigência de dolo ou culpa grave, a conceituação do dano social depende da demonstração de um reflexo coletivo, já que qualificado como "lesão à sociedade", com repercussão difusa na segurança e na "qualidade de vida", segundo ANTONIO JUNQUEIRA DE AZEVEDO[1024]. Do conceito, o dano social é o ato lesivo não adstrito ao patrimônio moral ou material da vítima, atingindo toda a sociedade, num rebaixamento imediato do nível de vida da população"[1025].

Esse rebaixamento, no entanto, também merece maior análise, sendo necessário estabelecer alguns critérios capazes de fornecer segurança jurídica na definição desta eficácia difusa do dano. Ao refutar a sinonímia entre os danos coletivos ambientais e os danos sociais, o texto introdutório da matéria menciona que a apuração depende da análise "sociológica" e "estatística"[1026]. E, ainda que a aferição seja tópica, impõe-se a adoção de alguns parâmetros para repelir arbitrariedades e adquirir previsibilidade. Aqui, toma-se alguns exemplos da doutrina para evidenciar a necessidade destes critérios.

Não há dúvida do aspecto reprovável dos exemplos "pitorescos" citados por FLÁVIO MURILO TARTUCE SILVA, como "o pedestre que joga papel no chão" ou "o passageiro que atende ao celular no avião"[1027]. Mesmo que dolosas ou gravemente culposas, ainda que coletivamente refletidas (enchente ou queda do avião, como sugerido pelo autor), não

[1022] FARIAS; ROSENVALD; NETTO. **Curso de Direito Civil** – Responsabilidade Civil... Ob. Cit., p. 211.

[1023] STF, AgRg. no AI. n. 600.652/PR, Rel. Min. Joaquim Barbosa – Segunda Turma, j. 04/10/2011, DJe. 21/10/2011.

[1024] JUNQUEIRA DE AZEVEDO. **Novos Estudos e Pareceres**... Ob. Cit., p. 382.

[1025] Idem, p. 380.

[1026] Idem, p. 383.

[1027] SILVA. **Direito Civil**: direito das obrigações e responsabilidade civil... Ob. Cit. p. 319.

se pode crer o rebaixamento do nível de *toda* uma população. Supor de forma contrária ensejaria o efeito inverso daquele que motivou a admissibilidade dos danos sociais, permitindo excessiva severidade da conduta individual por seus reflexos (potenciais ou efetivos). A repercussão negativa deve ser *difusa*, aferida de acordo com elementos capazes de estabelecer nexo de imputação entre a culpa, o resultado danoso e sua natureza coletiva.

6.2.1. *Índice de Desenvolvimento Humano (IDH)*

O texto de Antonio Junqueira de Azevedo aventa que a qualidade de vida e "tranquilidade" de uma população são valores sociais estatisticamente mensurados pelo índice de desenvolvimento humano (IDH)[1028]. Por óbvio, apesar de padronizado e universal, a prova da redução efetiva ou o nexo entre uma conduta e eventual redução do índice de desenvolvimento humano de determinada região não é aferível – ao menos não facilmente ou de forma imediata. O índice regrado pela ORGANIZAÇÃO DAS NAÇÕES UNIDAS[1029], no entanto, traz uma série de variáveis aferíveis que podem corroborar na definição do dano social.

O IDH foi criado por Mahbub Ul Haq com colaboração do ganhador do Nobel de economia de 1998, Amartya Sen, como "medida geral, sintética, do desenvolvimento humano". Como esclarece o PNUD, o índice não reflete o "grau de felicidade", mas, sintetiza "três pilares" para traçar comparativo de "desenvolvimento" das regiões nacionais e internacionais – saúde (expectativa de vida), educação (grau de escolaridade) e renda (renda nacional bruta *per capita*)[1030]. São variáveis: a "esperança de vida à nascença", a "média de anos de escolaridade", os "anos de escolaridade esperados" e "rendimento nacional bruto (RNB) *per capita*"[1031]. Ainda, foram recentemente considerados como variáveis para índices paralelos: a liberdade, a desigualdade econômica e a desigualdade de gênero.

1028 Junqueira de Azevedo. **Novos Estudos e Pareceres**... Ob. Cit., p. 381.

1029 PNUD – Programa das Nações Unidas para o Desenvolvimento (*site*: <http://www.pnud.org.br/IDH/DH.aspx>).

1030 "O que é o IDH" – PNUD, disponível em: <http://www.pnud.org.br/IDH/IDH.aspx?indiceAccordion=0&li=li_IDH>, acesso em 25 de agosto de 2016.

1031 PROGRAMA DAS NAÇÕES UNIDAS PARA O DESENVOLVIMENTO (PNUD). **Relatório do Desenvolvimento Humano 2015**, trad. Camões – Instituto da Cooperação e da Língua Portuguesa. Nova York: PNUD, 2015.

E, com base nos mesmos subíndices, o PNUD lançou no último Relatório Nacional do IDH Brasileiro (2010) o IVH – índice de valores humanos, que considera os "relatos, vivências e percepções das pessoas", pretendendo avaliar o "bem-estar" populacional em relação aos "pilares" do IDH. No âmbito da saúde, a pesquisa quantificou a opinião das pessoas sobre o "respeito" no tratamento; na educação, os "valores de convivência" e, no tocante à renda, a análise do trabalho, sob o enfoque da "liberdade e reciprocidade"[1032].

Com efeito, partindo da premissa que o dano social consubstancia um "rebaixamento da qualidade de vida" da população[1033], o índice de desenvolvimento humano e o índice de valores humanos são *critérios* válidos para aquilatar a gravidade e extensão coletiva do dano. Condutas que violem os "pilares" da saúde, educação e renda ou que afrontem os "valores" nos processos que envolvem cada um destes aspectos, sem dúvida, afetam coletivamente a sociedade e, se dolosas ou gravemente culposas, merecem a devida sanção/prevenção por meio do *dano social.*

Entretanto, a adoção de variáveis tangíveis, aventadas suscintamente pelo próprio Antonio Junqueira de Azevedo, não significa que a tarefa tenha sido enormemente simplificada. Para tanto, alguns exemplos podem ilustrar como a dinâmica entre os índices de desenvolvimento pode facilitar a definição do dano social, corroborando com a aferição do aspecto difuso do dano.

Admitidas as variáveis do IDH e do IVH, publicados pelo PNUD, não há dúvida da proporção "social" do dano, por exemplo, decorrente do rompimento das barragens em Minas Gerais (Mariana), em novembro de 2015[1034]. O desastre, mundialmente noticiado[1035], foi caracterizado como "maior acidente mundial com barragens nos últimos cem

[1032] PROGRAMA DAS NAÇÕES UNIDAS PARA O DESENVOLVIMENTO. **Relatório de Desenvolvimento Humano – Brasil 2009/2010** – valores e desenvolvimento humano. Brasília: PNUD, 2010, p. 304.

[1033] **Novos Estudos e Pareceres**... Ob. Cit., p. 382.

[1034] Cf. entre tantos: Geraque, Eduardo; Mena, Fernanda. "Tragédia em Minas Gerais deve secar rios e criar deserto de lama" in **Folha de São Paulo**, 15 de novembro de 2011. Disponível em: <http://www1.folha.uol.com.br/cotidiano/2015/11/1706510-tragedia-em-minas-gerais-deve-secar-rios-e-criar-deserto-de-lama.shtml>, acesso em 01 de setembro de 2016.

[1035] *V.g.* Gallas, Daniel. "Rebuilding lives after Brazil's worst mining accident" in **BBC News**, 20 de novembro de 2015. Disponível em: <http://www.bbc.com/news/business-34849083>, acesso em 01 de setembro de 2016.

anos"[1036]. Desnecessário qualquer esforço para concluir que a escassez de água potável, a devastação ambiental e a destruição urbana, repercutem de forma evidente em todas as variáveis sugeridas pelo PNUD para aferir o "desenvolvimento humano". O IDH de Mariana (719º do país[1037]), representado principalmente pela longevidade da população local, será afetado de forma evidente; a saúde local, a escolaridade e a renda foram abaladas.

O exemplo bastante evidente, porém, impõe duas observações. A adoção do IDH ou do IVH como critérios objetivos para a definição do dano social não significa que é necessário: (i) a verificação prática desta redução nos índices; e (ii) o atingimento de todos os valores ou "pilares".

Os índices de desenvolvimento humano e de valores humanos são apurados pelo PNUD Brasil em escala municipal há cada dez anos (1991, 2000 e 2010), o que evidencia, por exemplo, o obstáculo da efetiva *verificação* de que alguma conduta tenha afetado diretamente. A análise nacional, mesmo que anual, também apresenta nuances globais que tornarão muito difícil demonstrar o nexo de causalidade entre determinada conduta e a redução da "qualidade de vida", aferida pelo IDH; impor tal critério significaria esvaziar por completo a *teoria do dano social*. As variáveis, contudo, são significativo indício da natureza difusa do dano social; bastando o significativo atingimento de um único pilar para evidenciar a proporção do dano, com verdadeiro "rebaixamento" da qualidade de vida populacional.

Para ilustrar esta última afirmação, pode-se analisar o escândalo de corrupção envolvendo a merenda nas escolas públicas do Estado de São Paulo[1038]. Independente do debate político ou criminal sobre o caso, a

[1036] Cf. Bowker Associates Science & Research In The Public Interest (Oliveira, Noelle. "Desastre em Mariana é o maior acidente mundial com barragens em 100 anos" in **Portal EBC**, 15 de janeiro de 2016. Disponível em: <http://agenciabrasil.ebc.com.br/geral/noticia/2016-01/desastre-em-mariana-e-o-maior-acidente-mundial-com-barragens-em-100-anos>, acesso em 20 de agosto de 2016).

[1037] IDHM "alto", 0,742 (719º de 5565 municípios), PROGRAMA DAS NAÇÕES UNIDAS PARA O DESENVOLVIMENTO. "Ranking IDHM Municípios 2010 – Mariana (MG)" in **Atlas do Desenvolvimento Humano no Brasil**. Brasília: PNUD, 2013. Disponível em: <http://www.atlasbrasil.org.br/2013/pt/perfil_m/mariana_mg>, acesso em 02 de setembro de 2016.

[1038] Aragão, Alexandre. "Máfia da merenda pode ter atingido 152 cidades em São Paulo" in **Folha de São Paulo**, 29 de janeiro de 2016. Disponível em: <http://www1.folha.uol.com.br/

conduta noticiada, sobrepreço nas licitações da alimentação pré-escolar e escolar, denota especial repercussão *social*, aferida pelo indicador da escolaridade, um dos vetores do índice de desenvolvimento humano (IDH). O noticiado desvio de verbas reduz o investimento na educação, afetando a qualidade do ensino estatal e, consequentemente, reduzindo um dos subíndices que integram o índice de desenvolvimento. Assim, preenchidos os demais requisitos, especialmente, a conduta dolosa ou gravemente culposa, poder-se-ia afirmar a natureza *social* do dano causado pela referida conduta.

Em síntese, os índices de desenvolvimento humano (IDH) e de valores humanos (IVH) não se confundem com o "nível de felicidade" de uma população, mas, denotam o grau de desenvolvimento. Consubstanciam índice, objetivo, que pretende estabelecer uma métrica comparativa de "desenvolvimento humano", a partir de três pilares (saúde, educação e renda). Atualmente, abrangem também questões de desigualdade e gênero, referidos "valores" são critérios legítimos para definir a natureza *social* do dano.

6.2.2. *Índice de Progresso Social (IPS)*

Outro índice que ostenta a mesma característica daqueles apurados pelo PNUD e, também, serve de parâmetro na definição do dano social é o índice de progresso social (IPS), realizado pela '*Social Progress Imperative*' – organização mundial sem fins lucrativos que busca medir o "progresso social direto", sem a utilização de indicadores econômicos[1039].

Referida métrica traz outros vetores interessantes para aferição da *qualidade de vida*, inserida no conceito do dano social: as "necessidades essenciais" de um povo, o "bem-estar" coletivo e o "potencial" individual. Por "necessidades essenciais", leia-se nutrição e cuidados médicos, água e saneamento, moradia e segurança pessoal; em "fundamentos do bem-estar" insere-se o "acesso ao conhecimento básico" e à comunicação/informação, saúde e sustentabilidade; finalmente, nas "oportunidades" são verificados os "direitos individuais", as "liberdades individuais",

poder/2016/01/1734870-mafia-da-merenda-pode-ter-atingido-152-cidades-em-sao-paulo.shtml>, acesso em 02 de setembro de 2016.

1039 #Progresso Social Brasil – disponível em: <http://www.progressosocial.org.br/quemide/>.

a "tolerância e inclusão" e o acesso à educação superior – totalizando doze "componentes"[1040].

Os componentes do IPS subdividem-se, ainda, em 53 (cinquenta e três) indicadores. O elemento da "tolerância e inclusão", por exemplo, é analisado com outros indicadores: tolerância religiosa, a imigrantes, a homossexuais e discriminação contra minorias. Em "segurança pessoal", pior indicador pátrio, são computadas as taxas de homicídio e de mortes no trânsito, entre outras[1041]. Referida gama de indicadores permite aferir a variedade de elementos sociais capazes de definir a repercussão *difusa* ou *social* de determinadas condutas.

Deste modo, os índices de desenvolvimento humano (IDH), de valores humanos (IVH), de progresso social (IPS) e seus correlatos trazem variáveis bastante razoáveis para a definição do que consiste a "diminuição do índice de qualidade de vida da população", requisito do dano social[1042]. Saúde, trabalho, renda, escolaridade, desigualdade, liberdade, tolerância, segurança, meio-ambiente, bem-estar, habitação, entre os demais inseridos em cada um destes índices são parâmetros capazes de evidenciar a "qualidade" de vida de uma população. São elementos aptos a aquilatar, de forma objetiva, a repercussão da conduta lesiva ou, ao menos, estabelecer raciocínio indutivo-lógico (objetivo) à fundamentação sobre o dano social, conferindo-lhe *legitimidade* e *segurança jurídica*.

> "Os danos sociais, por sua vez, são lesões à sociedade, no seu nível de vida, tanto por rebaixamento de seu patrimônio moral – principalmente a respeito da segurança – quanto por diminuição de sua qualidade de vida. Os danos sociais são causa, pois, de **indenização punitiva** por dolo ou culpa grave, especialmente, repetimos, se atos que reduzem as condições coletivas de segurança, e de indenização dissuasória, se atos em geral de pessoa jurídica, que trazem uma diminuição do índice de qualidade de vida da população" (grifos originais)[1043].

[1040] Porter, Michael; Stern, Scott. Índice Progresso Social 2016 – Resumo **Executivo**, Social Progress Imperative, 2016, p. 13. Disponível em: <http://www.progressosocial.org.br/wp-content/uploads/2016/07/PT_SPI-2016-Executive-Summary.pdf>, acesso em 01 de setembro de 2016.

[1041] Idem, p. 21.

[1042] **Novos Estudos e Pareceres**... Ob. Cit., p. 382.

[1043] **Novos Estudos e Pareceres**... Ob. Cit., p. 382.

6.2.3. *Jurimetria*

Outro elemento que pode caracterizar a *repercussão difusa* de uma conduta, para qualificá-la ou não como dano social, é o estudo estatístico da demanda judicial – a "jurimetria". Em 1963, Lee Loevinger sugeriu a adoção da metodologia científica própria da matemática e da estatística para a análise do direito, especificamente, da jurisprudência; a *'jurimetrics'* permitiria fixar "previsibilidade jurídica", a partir da análise "quantitativa do comportamento judicial"[1044].

Entre nós, os dados estatísticos têm servido, principalmente, para retratar a estrutura do Poder Judiciário, índices de litigiosidade e congestionamento, além de subsidiar a "fornecer subsídios à construção de soluções para o aperfeiçoamento dos serviços de justiça"[1045]. Mas, a análise não está restrita, podendo ser admitida justamente para a aferição da repercussão coletiva de um dano – especialmente quando considerada a hipótese do dano social em decorrência de "microdanos" ou de "ilícitos lucrativos". O número de demandas por uma mesma conduta ou fato ou, ainda, de um mesmo agente econômico podem qualificar o dolo ou a culpa grave anteriormente debatidos, mas, também, reafirmar a natureza *social* do dano.

Para tanto, diversos são os fatores que podem ser considerados – exigida, porém, especial fundamentação para aferir esta *repercussão coletiva* de uma conduta. O número de ações judiciais e/ou reclamações perante entes de controle (*v.g.* ANATEL, ANEEL e PROCON) pode retratar a difusão de uma conduta, mas, deve ser observado com especial zelo, sob risco de se ignorar as diversas "concausas" da "crise numérica de processos judiciais"; como leciona Rodolfo de Camargo Mancuso, impõe-se uma "perquirição multiplexa".

Exemplificando a problemática, o CNJ produz, além do *Justiça em Números* já mencionado, levantamento sobre os "100 maiores litigantes"[1046].

[1044] "Jurimetrics is concerned with such matters as the quantitative analysis of judicial behavior, the application of communication and information theory to legal expression, the use of mathematical logic in law, the retrieval of legal data by electronic and mechanical means, and the formulation of a calculus of legal predictability" (Loevinger, Lee. "Jurimetrics: The Methodology of Legal Inquiry" in **Law and Contemporary Problems**, v. 28, pp. 5-35, Winter/1963, p. 8).

[1045] CONSELHO NACIONAL DE JUSTIÇA. **Justiça em Números 2015**. Ob. Cit., p. 11.

[1046] CONSELHO NACIONAL DE JUSTIÇA. **100 maiores litigantes**. Brasília: CNJ, 2011.

No último relatório 38 (trinta e oito) instituições financeiras e 6 (seis) empresas de telefonia estão entre os maiores "clientes" do Poder Judiciário; números facilmente compatibilizados com o baixo "índice nacional de satisfação do consumidor"[1047] ou com as reclamações apresentadas perante os órgãos de regulação[1048]. Tais dados, *per se*, não são suficientes, porém, para evidenciar a natureza difusa de determinada conduta – a repetição da conduta, por si só, não serve para qualificá-la como *social*.

Múltiplas são as causas para que determinado fornecedor represente número significativo de demandas judiciais, inolvidável, aqui, que o maior litigante do Poder Judiciário é o próprio Poder Público. O filtro preponderante consistirá na aferição do dolo ou da culpa grave como requisitos do dano social – servindo, no entanto, a reiteração da conduta, aferida objetivamente com o número de demandas sobre um mesmo aspecto fático, como índice de identificação do caráter *difuso* ou social.

Os "microdanos", por exemplo, não ostentam maior repercussão judicial se não verificados de forma *macro*. Analisados de forma individual jamais terão o condão de justificar o dano social, intolerável supor o "rebaixamento da qualidade de vida", quando observada a reiteração da conduta em maiores proporções (ex. desconto de centavos de cada correntista), o dano se torna *socialmente* significante. Por isso, as estatísticas que conglobam parâmetros jurídicos também servem como verdadeiro medidor da repercussão social de uma conduta.

[1047] Pesquisa digital realizada pela Escola Superior de Propaganda e Marketing (ESPM) sobre o índice satisfação do consumidor em diversos ramos. Nos dados de julho de 2016, os bancos e as empresas de telefonia apresentaram índice de 41% e 34,5%, respectivamente, de usuários satisfeitos – abaixo da média para todos os setores (53,9%) e superior apenas à satisfação dos setores de "transporte metropolitano", "saneamento básico", "energia elétrica" e "construtoras" (ESPM. **Resultados INSC** – Índice Nacional de Satisfação do Consumidor, julho 2016. Disponível em: <http://www.insc.com.br/resultados/>, acesso em 20 de setembro de 2016).

[1048] O PROCON-SP também mantém estatísticas de seus atendimentos, separados por diversos parâmetros, inclusive fornecedor e assunto. No acumulado de 2016, dezessete dos cinquenta fornecedores mais acionados eram empresas de telefonia ou instituições financeiras (disponível em: <http://sistemas.procon.sp.gov.br/rank_estadual/?m=rank_atend>, consulta em setembro de 2016).

A problemática deste termômetro, no entanto, assemelha-se àquela doutrinariamente trazida sobre os interesses individuais homogêneos: há um número preciso capaz de evidenciar o que significa repercussão difusa?

Ao tratar da figura do artigo 81, inciso III, do Código de Defesa do Consumidor, surge a dúvida se a "origem comum" é suficiente para uma ação coletiva – mesmo que abranja poucos indivíduos, em "mero litisconsórcio disfarçado"[1049]. Sintetiza Daniel Amorim Assumpção Neves que é necessária uma "repercussão significativa (...), sob pena de se tutelarem coletivamente direitos individuais que não tenham grande repercussão subjetiva"[1050]. Inexiste um "número mínimo" exato que permita afirmar a existência de um interesse individual homogêneo, mas, deve existir expressividade, caracterizado o "fenômeno típico de massa" sob risco de esvaziar a própria razão de ser da tutela[1051].

No mesmo sentido, o dano social não pode ser considerado a partir da simples justaposição de condutas danosas; figurar dentre os cem maiores litigantes do país não torna um fornecedor/parte condenado por *rebaixar a qualidade de vida* de uma coletividade. No entanto, a reiteração de condutas, hoje facilmente constatada a partir de levantamentos de jurimetria ou pela consulta dos repositórios de dados dos tribunais, pode evidenciar a *repercussão social* de um fato ou comportamento, sem que isso possa ser pré-estabelecido de forma estanque.

Não há um número de demandas que permita verificar a repercussão social de determinado fato, a permitir estabelecer o dano social. Entretanto, verificada a *repercussão de massa* por meio de sucessivas ações judiciais ou reclamações extrajudiciais sobre um mesmo aspecto, poder-se-á admitir esta natureza difusa para o preenchimento do conceito de dano social – tal qual um reflexo no IDH.

1049 Neves, Daniel Amorim Assumpção. **Manual de Processo Coletivo** – volume único, 3ª ed., rev., atual. e ampl. Salvador: JusPodivm, 2016, p. 158.

1050 Idem, p. 159.

1051 Mendes, Aluisio Gonçalves de Castro. **Ações Coletivas**. São Paulo: Revista dos Tribunais, 2002, p. 221.

7. Aspectos Processuais do Dano Social

Mais que a definição e distinção do dano social, a grande celeuma (e crítica) da aplicação prática do instituto está fundada em aspectos processuais. Para tanto, basta evidenciar que os únicos precedentes da matéria no SUPERIOR TRIBUNAL DE JUSTIÇA consubstanciam justamente o debate do princípio adjetivo da correlação/adstrição[1052]; polêmicos, ainda, os aspectos da *legitimidade ativa* e da destinação da verba. Assim, pretendemos colaborar com algumas considerações sobre cada um destes enfoques, não abrangidos ou aprofundados por ANTONIO JUNQUEIRA DE AZEVEDO.

7.1. Exigência de pedido (princípio da correlação)

A primeira questão processual já foi estabelecida pelo SUPERIOR TRIBUNAL DE JUSTIÇA de forma vinculante[1053], nos termos do artigo

[1052] STJ, Reclamações n. 12.040/GO e 13.200/GO, já mencionadas.

[1053] A despeito da divergência sobre a constitucionalidade do dispositivo, o artigo 927, do Novo Código de Processo Civil (Lei n. 13.105, de 2015), superou a dúvida sobre a natureza "vinculante" dos acórdãos paradigmas/recursos repetitivos (outrora qualificados como 'quase-vinculantes'). Prevê o artigo 927 que "*os juízes e tribunais observarão: (...) III – os acórdãos em incidente de assunção de competência ou de resolução de demandas repetitivas e em julgamento de recursos extraordinário e especial repetitivos*" – sobre o tema FREIRE, Alexandre; FREIRE, Alonso Reis; MEDINA, José Miguel Garcia. "Para uma compreensão adequada do sistema de precedentes no projeto do Novo Código de Processo Civil Brasileiro" in DIDIER JR., Freddie; FUX, Luiz et alli. **Novas Tendências do Processo Civil – Estudos Sobre o Projeto do Novo CPC**. Salvador: JusPodivm, 2013, p. 677 e ss.

543-C, do Código Buzaid (atual art. 1.036, do Novo Código de Processo Civil). Em sede de *recurso repetitivo*, o STJ afirmou que "é nula, por configurar julgamento *extra petita*, a decisão que condena a parte ré, de ofício, em ação individual, ao pagamento de indenização a título de danos sociais em favor de terceiro estranho à lide"[1054]. Independente da vinculação aos Tribunais e juízes, a decisão não obsta a análise acadêmica.

A despeito dos argumentos esposados no *acórdão paradigma*, a tese em favor da exigibilidade de pedido expresso para a condenação por danos sociais se justifica pelos princípios constitucionais do processo e da jurisdição. Ainda que compreensível a fundamentação para determinadas condutas censuráveis, a fixação do dano social sem pedido viola, em *ultima ratio*, o *devido processo legal*[1055].

O artigo 2º, do Código de Processo Civil de 1973, mencionado pelo STJ, estabelecia o princípio da *inércia* da jurisdição ("nenhum juiz prestará tutela jurisdicional senão quando a parte ou o interessado a requerer")[1056], não superado pelo Código de Processo de 2015. Como lecionam Araújo Cintra, Ada Pellegrini Grinover e Cândido Rangel Dinamarco: "o exercício espontâneo da atividade jurisdicional acabaria sendo contraproducente, pois a finalidade que informa toda a atividade jurídica do Estado é a pacificação social e isso viria em muitos casos a fomentar conflitos e discórdias"[1057].

De tal característica da jurisdição decorre o princípio da *correlação*[1058] – atualmente expresso no artigo 492, da Lei n, 13.105, de 2015 ("é vedado ao juiz proferir decisão de natureza diversa da pedida, bem como condenar a parte em quantidade superior ou em objeto diverso do que lhe foi demandado"). Explica José Miguel Garcia Medina que tal princípio estabelece o dever do juiz de "proferir a sentença, decidir

[1054] STJ, Reclamação n. 12.062/GO, Rel. Min. Raul Araújo – DJe. 20/11/2014.

[1055] Constituição Federal, artigo 5º, inciso LIV: "ninguém será privado da liberdade ou de seus bens sem o devido processo legal".

[1056] *'Ne procedat iudex ex officio'* (Medina, José Miguel Garcia. **Novo Código de Processo Civil Comentado**, 1ª ed. São Paulo: Revista dos Tribunais, 2015, p. 15).

[1057] Cintra, Araújo; Grinover, Ada Pellegrini; Dinamarco, Cândido Rangel. **Teoria Geral do Processo**, 25ª Ed., rev. e atual. São Paulo: Malheiros, 2009, p. 150.

[1058] Destefenni, Marcos. **Curso de Processo Civil** – Processo de conhecimento convencional e eletrônico, v. 1, t. 1, 2ª ed. rev., atual. e ampliada com comentários às Leis dos Juizados Especiais. São Paulo: Saraiva, 2009, p. 46.

o mérito nos 'limites propostos pelas partes' (art. 141 do CPC/2015), não podendo 'proferir decisão de natureza diversa da pedida, bem como condenar a parte em quantidade superior ou em objeto diverso do que lhe foi demandado' (art. 492, *caput* do CPC/2015)"[1059].

E, independente do aspecto processual de cada experiência, a exigência de pedido expresso se repete nos modelos estrangeiros. Para ilustrar, Agustín Alvarez sustenta que os *'daños punitivos'* da *'Ley n. 24.240'* (artigo 52-A), Lei de Defesa do Consumidor Argentina, dependem de pedido expresso[1060]. Idêntica conclusão pode-se extrair sobre os *'punitive damages'* no modelo norte-americano. A indenização punitiva conforme a experiência da *Common Law* amplia os limites objetivos da lide, exigindo, por exemplo, outros *standards* de prova (*v.g. 'gross negligence'*). Neste propósito, a admissão do dano social sem pedido não só viola o princípio da *congruência* processual, aportando reflexos em toda a relação jurídica.

Neste esteio, embora restritiva, a decisão do SUPERIOR TRIBUNAL DE JUSTIÇA mostra-se acurada perante a doutrina processual. O dano social consubstancia nova *espécie*, categoria, de dano, não constituindo simples excedente da indenização moral. Tal qual não se cogita a fixação de indenização material, moral ou estética sem pedido da parte (inclusive na seara recursal[1061]), viola a inércia da jurisdição a fixação de indenização punitiva alheia ao interesse da parte. Fundamentou Raul Araújo que:

> "(...) a decisão ora impugnada extrapolou de forma clara os limites objetivos e subjetivos da demanda, na medida em que conferiu provimento jurisdicional diverso daqueles delineados pela autora da ação na exordial, bem como atingiu para beneficiar terceiro alheio à relação jurídica processual levada a juízo".

A decisão converge com o espectro processual, mas, ainda que se pretendesse contrariá-la, o primeiro obstáculo é processual. O Novo Código de Processo Civil estabelece expressamente a vinculação às

[1059] Medina. **Novo Código de Processo...** Ob. Cit., p. 478.

[1060] Álvarez. **Repensando la Incorporación de los Daños Punitivos**. Ob. Cit., p. 318.

[1061] Cf. Superior Tribunal De Justiça, AgRg. no REsp. n. 1295651/SP, Rel. Ministro Luis Felipe Salomão, 4ª Turma, julgado em 03/12/2015, DJe 10/12/2015.

decisões proferidas em recursos repetitivos, certo que padece de *nulidade* a decisão em sentido contrário que não especifica *distinção* (*'distinguishing'*) ou *superação* (*'overruling'*) do precedente[1062]. Aqui, mesmo que questionável a constitucionalidade do sistema de *precedentes* do Novo Código de Processo Civil[1063], não se pode tolerar a aplicação descomprometida dos institutos de afastamento do julgado superior. Além da questão hierárquica, a rebeldia ao precedente consubstancia ato inconsequente e fantasioso do juiz, porque inevitavelmente sucumbirá ao *'stare decisis'* pela via recursal ou por reclamação, além de protelar a imutabilidade da decisão.

Não bastasse o óbice do acórdão repetitivo, a fixação de verba punitiva em favor de terceiros sem pedido, como usualmente praticado nos precedentes já citados em capítulo antecedente, viola também outras garantias do demandante. Repisa-se a compreensão com as razões expostas pelas turmas julgadoras nas decisões citadas, admitindo o dano social (independente de pedido) em questões de notório desprezo à jurisprudência ou em casos "negativamente exemplares"; no entanto, ao ampliar a lide (objetiva ou subjetivamente), o juiz frustra os limites estabelecidos pelas partes, afrontando a celeridade e a voluntariedade da ação.

Mesmo que exista *contraditório* sobre a questão punitiva, como já aventado em alguns processos na decisão saneadora, a fixação em favor de terceiro, por exemplo, ampliaria o trâmite recursal. Para tanto, basta considerar que o Código de Processo Civil estabelece expressamente a legitimidade do "terceiro prejudicado" para a interposição de recursos, conceituando-o como aquele que demonstra a repercussão da decisão

[1062] *"Art. 489. (...) §1º.* Não se considera fundamentada qualquer decisão judicial, seja ela interlocutória, sentença ou acórdão, que: *(...) VI – deixar de seguir enunciado de súmula, jurisprudência ou precedente invocado pela parte, sem demonstrar a existência de distinção no caso em julgamento ou a superação do entendimento"* (Lei n. 13.105, de 2015).

[1063] O Fórum Permanente de Processualistas Civis (FPPC) estabeleceu o enunciado 170 que traduz posição controvertida na doutrina sobre o Novo Código de Processo Civil: "*(Art. 927, caput) As decisões e precedentes previstos nos incisos do caput do art. 927 são vinculantes aos órgãos jurisdicionais a eles submetidos*" (FÓRUM PERMANENTE DE PROCESSUALISTAS CIVIS. **Carta do Rio de Janeiro**, III Encontro do FPPC, Rio de Janeiro, 25-27 de abril de 2014. Disponível em: <https://www.academia.edu/7103232/Carta_do_Rio_-_III_Fórum_Permanente_de_Processualistas_Civis>, acesso em 20 de julho de 2016).

sobre direito seu[1064]. A propósito, foi justamente isto que ocorreu no julgado da 4ª Câmara de Direito Privado do TRIBUNAL DE JUSTIÇA DO ESTADO DE SÃO PAULO, já citado, em que pende recurso especial da empresa de saúde condenada; o HOSPITAL DAS CLÍNICAS já se habilitou como parte no feito[1065].

Ao favorecer terceiro, sem pedido, o Poder Judiciário impõe à parte verdadeiro *litisconsórcio ativo ulterior*, violando a estabilidade objetiva e subjetiva da demanda, aumentando significativamente a probabilidade da admissão de eventual recurso especial (face o precedente repetitivo citado) e protelando o trânsito em julgado da tutela jurisdicional. Tudo isso, sem o interesse manifesto da parte. Assim, a despeito da questão da legitimidade, enfrentada a seguir, a admissibilidade do dano social na ausência de pedido, sob qualquer enfoque, contraria a regra da *congruência* da decisão e, em *'ultima ratio'*, viola o devido processo legal.

No âmbito das *'class actions'* norte-americanas, exige-se requerimento de uma das partes acolhido pelo juízo. Em outras palavras, a decisão judicial (*'certification'*) que amplia subjetivamente a lide, tornando-a uma ação coletiva, não é concedida de ofício[1066]. Admite-se, no entanto, nos Estados Unidos da América e no Reino Unido "a transformação de um processo individual em coletivo de modo que a sentença a ser proferida não se limite a tutelar o interesse individual do demandante original, mas também o interesse metaindividual associado"[1067].

Não se olvida a existência de mecanismos de coletivização *'ex officio'*. No âmbito da CORTE EUROPEIA DE DIREITOS HUMANOS inse-

[1064] NCPC: "*Art. 996. O recurso pode ser interposto pela parte vencida, pelo terceiro prejudicado e pelo Ministério Público, como parte ou como fiscal da ordem jurídica. Parágrafo único. Cumpre ao terceiro demonstrar a possibilidade de a decisão sobre a relação jurídica submetida à apreciação judicial atingir direito de que se afirme titular ou que possa discutir em juízo como substituto processual*".

[1065] Proc. n. 0027158-41.2010.8.26.0564 (TJSP) – andamento disponível em: <https://esaj.tjsp.jus.br/cpo/sg/search.do;jsessionid=9B6CE3E2FBB302AF26123787236A3E9D.cpo6?conversationId=&paginaConsulta=1&localPesquisa.cdLocal=1&cbPesquisa=NUMPROC&tipoNuProcesso=UNIFICADO&numeroDigitoAnoUnificado=0027158-41.2010&foroNumeroUnificado=0564&dePesquisaNuUnificado=0027158-41.2010.8.26.0564&dePesquisaNuAntigo=>.

[1066] GIDI, Antonio. **A *class action* como instrumento de tutela coletiva dos direitos**: as ações coletivas em uma perspectiva comparada. São Paulo: Revista dos Tribunais, 2007, p. 195.

[1067] SUCUPIRA, Pedro Henrique de Araripe. **Coletivização de demandas individuais**. 2014. Dissertação (Mestrado em Direito Processual) – Faculdade de Direito, Universidade de São Paulo, São Paulo, 2014. Disponível em: <http://www.teses.usp.br/teses/disponiveis/2/2137/tde-11022015-162714/>, acesso em 20 de setembro de 2016, p. 213.

riu-se, em 2011, o "processo de julgamento piloto" (*'procédure de l'arrêt pilote'*). Segundo tal figura, a Corte admite a eficácia coletiva de uma ação individual, estendendo a imposição para todos os casos análogos, podendo fazê-lo mediante requerimento das partes ou de ofício, relevante, porém, que, em qualquer caso, as partes são, ao menos, intimadas para se manifestar[1068].

Ao contrário da figura estabelecida para os julgamentos repetitivos introduzida no Código Buzaid e repetida na Lei n. 13.105, de 2015, o "julgamento piloto" da CEDH não simplesmente replica a solução do caso concreto com a coletivização de uma tese, transforma o objeto da lide. Por isso, destaca José Rogério Cruz e Tucci as críticas que denotam a inconveniência para o autor da demanda individual que se vê refém da solução aventada de forma global ("mais ampla, custosa e demorada, do que atender à necessidade imediata de um único interessado")[1069].

No Brasil, uma hipótese de coletivização da ação individual foi rejeitada pela Presidência da República que vetou o artigo 333, do Novo Código de Processo Civil, inserido por emenda substitutiva da Câmara dos Deputados[1070]. Tal instituto, não previsto na redação do antepro-

[1068] *"Article 61 – Procédure de l'arrêt pilote. 1. La Cour peut décider d'appliquer la procédure de l'arrêt pilote et adopter un arrêt pilote lorsque les faits à l'origine d'une requête introduite devant elle révèlent l'existence, dans la Partie contractante concernée, d'un problème structurel ou systémique ou d'un autre dysfonctionnement similaire qui a donné lieu ou est susceptible de donner lieu à l'introduction d'autres requêtes analogues. 2. a) Avant de décider d'appliquer la procédure de l'arrêt pilote, la Cour doit inviter les parties à donner leur avis sur la question de savoir si la requête à examiner a pour origine pareil problème ou dysfonctionnement au sein de la Partie contractante concernée et si elle se prête à cette procédure. b) La Cour peut décider d'appliquer la procédure de l'arrêt pilote d'office ou à la demande de l'une ou des deux parties.(...)"* – CONSEIL DE L'EUROPE. **Règlement de la Cour** : Cour Européenne des Droits de L'Homme. Strasbourg, 2016. Disponível em: <http://www.echr.coe.int/Documents/Rules_Court_FRA.pdf>, acesso em 20 de setembro de 2016.

[1069] Tucci, José Rogério Cruz e. "Paradoxo da Corte – Um veto providencial ao novo Código de Processo Civil!" in **Revista Consultor Jurídico**, 17 de março de 2015. Disponível em: <http://www.conjur.com.br/2015-mar-17/paradoxo-corte-veto-providencial-cpc>, acesso em 20 de setembro de 2016.

[1070] *"Art. 333. Atendidos os pressupostos da relevância social e da dificuldade de formação do litisconsórcio, o juiz, a requerimento do Ministério Público ou da Defensoria Pública, ouvido o autor, poderá converter em coletiva a ação individual que veicule pedido que:*

I – tenha alcance coletivo, em razão da tutela de bem jurídico difuso ou coletivo, assim entendidos aqueles definidos pelo art. 81, parágrafo único, incisos I e II, da Lei nº 8.078, de 11 de setembro de 1990 (Código de Defesa do Consumidor), e cuja ofensa afete, a um só tempo, as esferas jurídicas do indivíduo e da coletividade;

jeto apresentado no Senado Federal, estabelecia que, "a requerimento do Ministério Público ou da Defensoria Pública" e "ouvido o autor", ampliasse a lide, reconhecendo a "relevância social" daquele objeto proposto individualmente.

O veto presidencial teve origem na manifestação da Advocacia Geral da União e da Ordem dos Advogados do Brasil. Segundo a AGU, "o dispositivo poderia levar à conversão de ação individual em ação coletiva de maneira pouco criteriosa, inclusive em detrimento do interesse das partes"[1071]. Sobre o veto, LUIZ FUX afirmou que a decisão entreviu "clara inconstitucionalidade em converter uma ação individual em coletiva, violando o preceito constitucional da inafastabilidade da jurisdição"[1072].

II – tenha por objetivo a solução de conflito de interesse relativo a uma mesma relação jurídica plurilateral, cuja solução, por sua natureza ou por disposição de lei, deva ser necessariamente uniforme, assegurando-se tratamento isonômico para todos os membros do grupo.
§ 1º *Além do Ministério Público e da Defensoria Pública, podem requerer a conversão os legitimados referidos no art. 5º da Lei nº 7.347, de 24 de julho de 1985, e no art. 82 da Lei nº 8.078, de 11 de setembro de 1990 (Código de Defesa do Consumidor).*
§ 2º *A conversão não pode implicar a formação de processo coletivo para a tutela de direitos individuais homogêneos.*
§ 3º Não se admite a conversão, ainda, se:
I – já iniciada, no processo individual, a audiência de instrução e julgamento; ou
II – houver processo coletivo pendente com o mesmo objeto; ou
III – o juízo não tiver competência para o processo coletivo que seria formado.
§ 4º *Determinada a conversão, o juiz intimará o autor do requerimento para que, no prazo fixado, adite ou emende a petição inicial, para adaptá-la à tutela coletiva.*
§ 5º *Havendo aditamento ou emenda da petição inicial, o juiz determinará a intimação do réu para, querendo, manifestar-se no prazo de 15 (quinze) dias.*
§ 6º *O autor originário da ação individual atuará na condição de litisconsorte unitário do legitimado para condução do processo coletivo.*
§ 7º *O autor originário não é responsável por nenhuma despesa processual decorrente da conversão do processo individual em coletivo.*
§ 8º *Após a conversão, observar-se-ão as regras do processo coletivo.*
§ 9º *A conversão poderá ocorrer mesmo que o autor tenha cumulado pedido de natureza estritamente individual, hipótese em que o processamento desse pedido dar-se-á em autos apartados.*
§ 10º O Ministério Público deverá ser ouvido sobre o requerimento previsto no caput, salvo quando ele próprio o houver formulado" (Lei n. 13.105, de 2015, artigo vetado).

[1071] PRESIDÊNCIA DA REPÚBLICA. **Mensagem n. 56** – Veto parcial o Projeto de Lei n. 166, de 2010, 26 de março de 2015. Disponível em: <http://www.planalto.gov.br/ccivil_03/_ato2015-2018/2015/Msg/VEP-56.htm>, acesso em 22 de setembro de 2016.

[1072] CARNEIRO, Luiz Orlando. "As explicações de Fux para os vetos ao novo CPC" in **Jota**, 17 de março de 2015. Disponível em: <http://jota.uol.com.br/as-explicacoes-de-fux-para-os-vetos-ao-novo-cpc>, acesso em 20 de setembro de 2016.

José Rogério Cruz e Tucci celebrou o veto, afirmando que a coletivização era ofensiva "às garantias do devido processo legal, bem como se descortina como exemplo emblemático de processo autoritário"[1073]. Em sentido idêntico, José Miguel Garcia Medina indicou que a constitucionalidade questionável da imposição "ao autor originário da ação a atuação como litisconsorte do legitimado para a ação coletiva", além da inconveniência no procedimento previsto que "gerava muitas dúvidas"[1074].

Destarte, independentemente da questão da legitimidade tratada a seguir, o veto da *coletivização* da ação individual corrobora o argumento processual da inoportuna ampliação *'ex officio'* da lide. A apreciação do dano social, antes de qualquer outro aspecto processual (legitimidade e destinação) ou material (qualificação e quantificação), depende de pedido expresso – que não pode ser confundido com o requerimento da condenação por dano moral ou dano moral coletivo. Independente da interpretação extensiva, baseada na boa-fé[1075], não há como *deduzir* o pedido de dano social (viés punitivo) pela simples aposição de teses sobre a função pedagógica ou preventiva do dano moral.

Como já afirmou o SUPERIOR TRIBUNAL DE JUSTIÇA, a interpretação do pedido não comporta "ilações ou conjecturas que ampliem seu objeto"[1076]. O dano moral ou o dano moral coletivo são figuras *distintas* como já destacado nos capítulos antecedentes, ostentam funções e, principalmente, requisitos distintos. Logo, exigível pedido expresso de dano social, para permitir o contraditório e a ampla defesa sobre seus elementos próprios (*v.g.* dolo ou culpa gravíssima), e evitar a imposição de litisconsórcio ativo *ulterior*, confrontando o devido processo legal – em desfavor do próprio requerente.

7.2. Legitimidade

Outro aspecto relevante do acórdão paradigma do SUPERIOR TRIBUNAL DE JUSTIÇA envolve a questão da legitimidade do pedido. Além da nulidade na concessão *'ex officio'* do dano social, a Reclamação

[1073] Tucci. "Paradoxo da Corte – Um veto providencial ao novo Código de Processo Civil!". Ob. Cit.

[1074] Medina. **Novo Código de Processo**... Ob. Cit., p. 345.

[1075] *"Art. 322. (...) §2º. A interpretação do pedido considerará o conjunto da postulação e observará o princípio da boa-fé"* (Lei n. 13.105, de 2015 – Novo Código de Processo Civil).

[1076] STJ, REsp. n. 1.155.274/PE, 3ª Turma, Rel. Min. Nancy Andrighi (j. 08/05/2012).

n. 12.062/GO contém na tese declarada a expressão "ação individual"[1077], evidenciando a natureza da figura na interpretação daquela Corte. Constou, ainda, da fundamentação:

> "Os danos sociais são admitidos somente em demandas coletivas e, portanto, somente os legitimados para propositura de ações coletivas têm legitimidade para reclamar acerca de supostos danos sociais decorrentes de ato ilícito, motivo por que não poderiam ser objeto de ação individual"[1078].

O precedente expressamente menciona a fonte da *'ratio decidendi'*: o enunciado 456, da V Jornada de Direito Civil, que consagrou a admissibilidade do dano social na expressão dano do artigo 944, do Código Civil, como espécie de direito coletivo *lato sensu*. O enunciado aprovado na reunião organizada pelo CONSELHO DA JUSTIÇA FEDERAL prevê que "a expressão 'dano' no art. 944 abrange não só os danos individuais, materiais ou imateriais, mas também os danos sociais, difusos, coletivos e individuais homogêneos *a serem reclamados pelos legitimados para propor ações coletivas*"[1079].

A natureza vinculante (art. 927, do Código de Processo Civil) da decisão, porém, não significa o exaurimento do debate sobre a legitimidade para o pedido de danos sociais. Neste sentido, basta considerar que o precedente paradigma do STJ e o enunciado destacados acima contrariam o ensaio introdutório sobre o dano social. No texto de ANTONIO JUNQUEIRA DE AZEVEDO não há um capítulo específico sobre a *legitimidade* ativa, mas suas conclusões sobre a destinação da verba evidenciam a posição adotada neste aspecto antecedente, processual.

[1077] *"É nula, por configurar julgamento extra petita, a decisão que condena a parte ré,* de ofício, ***em ação individual****, ao pagamento de indenização a título de danos sociais em favor de terceiro estranho à lide"* – grifos não originais (STJ, Recl. n. 12.062/GO, Min. Raul Araújo – j. 12/11/2014, DJe. 20/11/2014. Disponível em: <https://ww2.stj.jus.br/processo/revista/documento/mediado/?componente=ITA&sequencial=1365001&num_registro=201300900646&data=20141120&formato=PDF>, acesso em 10 de julho de 2016).

[1078] Idem.

[1079] AGUIAR JÚNIOR, Ruy Rosado (coord.). **Jornadas de direito civil I, III, IV e V** : enunciados aprovados. Brasília: Conselho da Justiça Federal, 2012, p. 66. Disponível em: <http://www.cjf.jus.br/cjf/corregedoria-da-justica-federal/centro-de-estudos-judiciarios-1/publicacoes-1/jornadas-cej/EnunciadosAprovados-Jornadas-1345.pdf>, acesso em 10 de setembro de 2016.

O autor retrata que um aspecto "bastante difícil" do dano social seria "saber a quem atribuir a indenização" em um "processo judicial em que a parte é um indivíduo". Mais, assevera que o modelo dos danos coletivos (depósito em fundos geridos pelo *Parquet*) seria inconveniente, invocando o modelo norte-americano do *'private attorney general'*. Conclui que o autor, "vítima, que move a ação, age também como um 'promotor público privado' e, por isso, merece recompensa"[1080]. Evidente, pois, a ilação quanto à admissibilidade da ação individual postulado danos sociais.

No entanto, a questão não se limita ao reflexo no debate sobre a destinação da verba – enfrentado no capítulo subsequente. Há aspectos de direito processual a serem considerados; o dano social, por definição extrapola o direito do indivíduo lesado. A *repercussão coletiva* já tratada, tal qual o *rebaixamento da qualidade de vida* da sociedade, denotam a natureza difusa, para além do conceito tradicional de legitimidade.

Embora se possa cogitar a concorrência com danos individuais, o dano social, por seu próprio conceito, é o reconhecimento do reflexo coletivo (direto ou indireto) de uma conduta, para além dos efeitos imediatos da lesão. Consubstancia a majoração da indenização, pela censurabilidade da conduta e pela natureza difusa do dano. Assim, há que se reconhecer a proximidade da figura com o fenômeno processual típico dos interesses coletivos (*lato sensu*).

Na lição de Enrico Tullio Liebman, a legitimidade é a "pertinência subjetiva da ação", ou seja, a "identidade entre quem propôs e aquele que, relativamente à lesão de um direito próprio (que afirma existente), poderá pretender para si o provimento de tutela jurisdicional pedido com referência àquele que foi chamado em juízo"[1081]. Sintetiza Susana Henriques da Costa que a "legitimidade ordinária é a regra no nosso ordenamento", legítimo apenas aquele que é o "titular"[1082]. A problemática daí decorre; os direitos coletivos excedem a regra de legitimidade (*ordinária*), porque não consubstanciam direito próprio de um titular – ao menos não de forma exclusiva.

[1080] Junqueira de Azevedo. **Novos Estudos e Pareceres**... Ob. Cit., p. 383.

[1081] Liebman, Enrico Tullio. **Manual de direito processual civil**. Rio de Janeiro: Forense, v. 1, 1984, p. 159.

[1082] Costa, Susana Henriques da. **O Processo Coletivo na Tutela do Patrimônio Público e da Moralidade Administrativa**. São Paulo: Quartier Latin, 2009, p. 180.

A querela processual, porém, não é recente. Como expõe Mauro Cappelletti, a representação dos interesses difusos consistiu na "segunda onda" dentre as "soluções práticas para os problemas de acesso à Justiça"; o modelo posto não atendia os "direitos que pertencessem a um grupo, ao público em geral ou a um segmento do público". Funde-se a concepção individualista do processo com uma "concepção social, coletiva", destinada à tutela de "direitos públicos". Assim, buscam-se alternativas, conferindo legitimidade (*'extraordinária'*) a órgãos especiais (Ministério Público, *Ombudsman*, *'attorney general'* etc.) ou extensão da legitimidade de outros personagens (*'private attorney general'* e associações)[1083].

O próprio Código de Processo Civil estabelece que a regra da legitimidade ordinária pode ser excepcionada: "ninguém poderá pleitear direito alheio em nome próprio, salvo quando autorizado pelo ordenamento jurídico"[1084]. Mas, ao reconhecer que o *dano social* extrapola o fenômeno individual da legitimidade, impõe-se verificar se há amparo no ordenamento jurídico que autorize ao indivíduo propor indenização em favor da sociedade. Não se trata do debate posterior da destinação da verba, mas, efetiva análise do preenchimento das *condições da ação* segundo as normas processuais. No aspecto processual, não há como repelir a conclusão de que o dano social consubstancia *espécie* de direito coletivo *lato sensu*, logo, se sujeita às mesmas regras destas figuras.

Como já mencionado, o ensaio de Antonio Junqueira de Azevedo tangencia a questão processual, sem explicitar a justificativa legal para a admissibilidade da ação individual. Ainda que se concorde com as razões do referido autor, especialmente o anseio de *capilarização* da tutela coletiva; imprescindível a avaliação sob o enfoque processual – cuja instrumentalidade não significa revogação.

No mesmo sentido do texto que introduziu o tema, Fabrício Angerami Poli sugere que seja admitida "a aplicação de indenizações por dano social em dissídios de natureza individual, quando o dano transcender às partes do processo". Justifica que a Constituição Federal atribui à coletividade diversos deveres na tutela coletiva, como na defesa e

1083 Cappelletti; Garth. **Acesso à Justiça**. Ob. Cit., p. 49-53.

1084 Artigo 18, do Novo Código de Processo Civil (Lei n. 13.105, de 2015), com redação análoga àquela do artigo 6º, do Código de Processo de 1973.

preservação ambiental[1085], na proteção da criança e do adolescente[1086] ou, ainda, ao idoso[1087] – além da inafastabilidade de apreciação da lesão ou ameaça de lesão ao Poder Judiciário (art. 5º, inciso XXXV). Ademais, pode-se admitir tal fenômeno em razão da "necessidade do direito flexibilizar-se ante a modificação da configuração da camada social"[1088].

Concordamos que o "cenário ideal" seria a adoção de regras específicas para os "danos de massa", como aventado por GENEVIÈVE VINEY[1089]; "recomendável" a alteração legislativa[1090]. Parece-nos simplista, porém, a afirmação de que a alteração da "configuração da camada social" justifica superar as regras (restritivas) da legitimidade extraordinária. Admitir a propositura de demandas individuais com pedidos de dano social significa conceder ao indivíduo legitimidade extraordinária para demandas coletivas – como ocorre, aliás, na ação popular em relação ao indivíduo (Lei n. 4.717, de 1965). Neste sentido, contudo, necessárias algumas considerações sobre o cabimento desta legitimidade extraordinária pelo ordenamento jurídico, nos exatos termos do limite imposto pelo artigo 18, do Código de Processo Civil.

Explicita ADA PELLEGRINI GRINOVER que, por diversos fatores, as ações coletivas "ainda não conseguiram atingir no Brasil o grau ideal de utilização, desenvolvimento e efetividade"[1091]. Conveniente, portanto, afirmar a possibilidade da veiculação de pedido de indenização por danos sociais em ações individuais; admitir-se-ia maior disseminação do insti-

1085 *"Art. 225. Todos têm direito ao meio ambiente ecologicamente equilibrado, bem de uso comum do povo e essencial à sadia qualidade de vida, impondo-se ao Poder Público e* à coletividade o dever de defendê-lo e preservá-lo *para as presentes e futuras gerações"* (grifos não originais).

1086 *"Art. 227. É* ***dever da família, da sociedade*** *e do Estado assegurar à criança, ao adolescente e ao jovem, com absoluta prioridade, o direito à vida, à saúde, à alimentação, à educação, ao lazer, à profissionalização, à cultura, à dignidade, ao respeito, à liberdade e à convivência familiar e comunitária, além de colocá-los a salvo de toda forma de negligência, discriminação, exploração, violência, crueldade e opressão"* (grifos não originais).

1087 "Art. 230. A **família, a sociedade** e o Estado têm o dever de amparar as pessoas idosas, assegurando sua participação na comunidade, defendendo sua dignidade e bem-estar e garantindo-lhes o direito à vida" (grifos não originais).

1088 POLI. **O Dano Social**. Ob. Cit., p. 271-272.

1089 VINEY. "As Tendências Atuais..." Ob. Cit., p. 52.

1090 POLI. **O Dano Social**. Ob. Cit., p. 272.

1091 GRINOVER, Ada Pellegrini. "Réquiem para a reforma dos processos coletivos" in **Revista do Advogado**, ano XXXVI, n. 130, ago./2016, pp. 9-13, Associação dos Advogados de São Paulo, 2016, p. 13.

tuto, aperfeiçoamento interno e, principalmente, maior efetividade na consecução das finalidades punitivas e preventivas que o fundamentaram.

A figura do "advogado particular do interesse público" ou dos "demandantes ideológicos", com fundamento na *Common Law*[1092], mostra-se sedutora porque fomenta a propositura das ações individuais em busca da tutela de *interesses coletivos*. O indivíduo exerce *'munus publico'*, agindo em seu nome (danos individuais), mas, também, em nome da coletividade (danos sociais) – beneficiada pela decisão judicial.

A disseminação na prática, no entanto, tem amparo puramente econômico, baseado na destinação da verba; a experiência norte-americana denota que a "perspectiva" de condenações expressivas em favor do postulante exorta a proposta de ações do gênero[1093]. E tal ambição econômica não é exclusiva das partes, mas, também de outros personagens, como a advocacia – o que evidencia o paradoxo dos efeitos benéficos e deletérios do modelo.

Ao contrário da regra da sucumbência expressa no Código de Processo Civil pátrio[1094], o sistema norte-americano de distribuição das custas do processo (*'American Rule'*), em regra, distribui entre as partes o pagamento das despesas e dos honorários de seus patronos, independente do resultado da lide[1095]. Deste modo, as *'class actions'* ou as ações que buscam *'punitive damages'* têm nas bancas advocatícias os principais financiadores. MICHAEL RUSTAD e THOMAS KOENIG revelam que a "possibilidade de receber uma parcela dos vereditos de *'punitive damages'* foi fundamental" para que advogados privados admitissem financiar a "guerra" contra a indústria do tabaco naquele país; a admissão da figura nas ações individuais não só fomentou sua disseminação, garantiu equilíbrio entre requerentes e grandes "corporações"[1096].

1092 CAPPELLETTI; GARTH. **Acesso à Justiça**. Ob. Cit., p. 55.

1093 SARAVALLE, Alberto. "I punitive damages nelle sentenze delle Corte europee e dei tribunali arbitrali" in **Rivista di diritto internazionale privato e processuale**, anno 29, n. 4, Padova, Ottobre-Dicembre/1993, pp. 867-892, 1993, p. 871.

1094 *"Art. 85. A sentença condenará o vencido a pagar honorários ao advogado do vencedor".*

1095 VARGO, John F. "The American Rule on Attorney Fee Allocation: the injured person's access to justice" in **The American University Law Review**, v. 42, pp.1.567/1.632, 1993, p. 1.569. Disponível em: <http://digitalcommons.wcl.american.edu/cgi/viewcontent.cgi?article=1586&context=aulr>, acesso em 30 de setembro de 2016.

1096 *"Keeping punitive damages in the hands of private attorneys general evens the playing field between claimants and corporations. The possibility of receiving a share of punitive damages verdict was key to*

No Brasil, poder-se-ia transmitir idêntica preocupação face o crescimento exponencial das ações que veiculam pedido de indenização por danos morais. O anseio na majoração das verbas condenatórias não é exclusivamente das partes, tampouco imaginado à luz *extensão do dano*; é evidente o envolvimento de interesses da classe de advogados que atuam neste tipo de demanda. Se, ao contrário dos Estados Unidos da América, as regras atinentes às custas não são um obstáculo ao acesso à Justiça, a sucumbência ampara a subsistência da atividade advocatícia – não raro cumulados os honorários contratuais '*ad exitum*' com a verba sucumbencial – pelo que é legítimo e manifesto o interesse dos patronos na fixação de verbas expressivas.

A *American Rule* afeta, ainda, o próprio valor da indenização por '*punitive damages*' fixada pelas cortes norte-americanas. Cientes de que as ações do gênero vinculam as partes a contratos '*quota-litis*', os jurados estabelecem valores mais significativos de '*punitive damages*', para "compensar" o montante pago pelo requerente em favor dos patronos ('*contingent fees*'[1097]). Aliás, Goretti Valdillo Robredo crê que esta "compensação" poderia ser invocada para declarar a inadmissão dos '*punitive damages*' nos países que não admitem o contrato '*quota-litis*', como a Alemanha[1098].

Independentemente dos argumentos contrários ou favoráveis, fato é que o modelo processual pátrio não reconhece a figura do '*private attorney general*'. O artigo 18, do Código de Processo Civil, admite exceções à legitimidade ordinária que, no entanto, demandam fundamento no "ordenamento jurídico". E, neste sentido, intolerável o argumento de que a *instrumentalidade* das formas ou dispositivos de *solidariedade de deveres* tenham aptidão para autorizar pretensões de indenização por dano social em ações individuais, ao arrepio da norma processual. Pode-se, efetivamente, cogitar a *legitimidade extraordinária* do indivíduo para as ações coletivas, mas o enfoque é diametralmente oposto.

private trial attorneys agreeing to fund the war chest necessary to tackle tobacco industry" (Rustad, Michael L.; Koenig, Thomas H. **In Defense of Tort Law**. New York: New York University Press, 2001, p. 212).

1097 Robredo. "Reconocimiento y ejecución en Alemania..." Ob. Cit., p. 210.

1098 Segundo a autora, entende-se inválido o contrato '*ad exitum*' na Alemanha, por contrariar a ordem pública (Bürgerliches Gesetzbuch, §138 "*Ein Rechtsgeschäft, das gegen die guten Sitten verstößt, ist nichtig*") – ibidem.

Explicita DANIEL AMORIM ASSUMPÇÃO NEVES que a corrente doutrinaria que admite a "legitimidade coletiva" do cidadão ou indivíduo é "francamente minoritária". Complementa o autor que, tratando-se de direitos difusos, o titular é a "coletividade"; ainda que o autor da demanda se beneficie de seu resultado, "esse efeito não decorrerá em razão de sua titularidade, mas em virtude de tal sujeito ser um membro da coletividade"[1099].

Idêntica a conclusão para a figura dos danos sociais. A titularidade é indivisível, social, coletiva, razão pela qual o indivíduo, sozinho, não é afetado exclusivamente pelo dano – pode até ser titular do direito lesado, ensejando a cumulação de indenizações – jamais como efetivo titular do interesse social. Nesta parcela, o dano *também* o atinge, como indivíduo socialmente considerado. Assim, a legitimidade do cidadão deve ser tida como *extraordinária*, dependente, pois, de exceção no ordenamento jurídico – o que não se constata, salvo na hipótese da ação popular (Lei n. 4.717, de 1965[1100]).

A Lei de Ação Civil Pública prevê rol fechado dos legitimados para a ação coletiva[1101], não tendo estabelecido entre nós a legitimidade extraordinária do cidadão, como efetivou a lei portuguesa. A *'acção popular'* prevista na Constituição de Portugal com caráter amplo[1102], foi

[1099] NEVES. **Manual de Processo Coletivo**... Ob. Cit., p. 190.

[1100] *"Art. 1º **Qualquer cidadão será parte legítima** para pleitear a anulação ou a declaração de nulidade de atos lesivos ao patrimônio da União, do Distrito Federal, dos Estados, dos Municípios, de entidades autárquicas, de sociedades de economia mista (Constituição, art. 141, § 38), de sociedades mútuas de seguro nas quais a União represente os segurados ausentes, de empresas públicas, de serviços sociais autônomos, de instituições ou fundações para cuja criação ou custeio o tesouro público haja concorrido ou concorra com mais de cinquenta por cento do patrimônio ou da receita ânua, de empresas incorporadas ao patrimônio da União, do Distrito Federal, dos Estados e dos Municípios, e de quaisquer pessoas jurídicas ou entidades subvencionadas pelos cofres públicos"* (grifos não originais).

[1101] Lei n. 7.347, de 1985, Art. 5º: *"Têm legitimidade para propor a ação principal e a ação cautelar: I – o Ministério Público; II – a Defensoria Pública; III – a União, os Estados, o Distrito Federal e os Municípios; IV – a autarquia, empresa pública, fundação ou sociedade de economia mista; V – a associação que, concomitantemente: a) esteja constituída há pelo menos 1 (um) ano nos termos da lei civil; (Incluído pela Lei nº 11.448, de 2007). b) inclua, entre suas finalidades institucionais, a proteção ao patrimônio público e social, ao meio ambiente, ao consumidor, à ordem econômica, à livre concorrência, aos direitos de grupos raciais, étnicos ou religiosos ou ao patrimônio artístico, estético, histórico, turístico e paisagístico"*.

[1102] Constituição Portuguesa – Art. 52: "É conferido a todos, pessoalmente ou através de associações de defesa dos interesses em causa, o direito de *acção popular nos casos e termos previstos na lei, incluindo o direito de requerer para o lesado ou lesados a correspondente indemnização,*

regulada pela Lei n. 83, de 1995, que prevê a "titularidade do direito procedimental" ao cidadão, "independentemente de terem ou não interesse direto na demanda"[1103]. Incluir o cidadão ou o indivíduo como também legitimado para as ações coletivas seria uma "medida interessante", não substituindo qualquer dos entes/autoridades elencados pela norma, colocando-o como *outro* legitimado extraordinário, como faz o Direito Português, mas, por ora, de *lege ferenda*[1104].

Incluir o indivíduo como legitimado extraordinário nas ações coletivas significaria dar forma à "terceira onda de acesso à Justiça", citada por MAURO CAPPELLETTI. O dano social, admitido em ação coletiva, promovida por qualquer indivíduo importaria revolução do ordenamento em prol da proteção de interesses coletivos[1105]. A "ampliação da legitimidade para agir" traduz a efetivação do processo civil como *instrumento* do direito material – na consecução dos direitos fundamentais, um processo voltado para o *"resultado"*[1106]. Este papel, todavia, é do ordenamento jurídico, como evidencia o artigo 18, do NCPC; fazê-lo sem reforma legislativa significaria atentar contra a ordem legal, colocando em risco a própria figura do dano social – sem a devida racionalização.

No mais, além da questão da destinação da verba, a legitimidade do indivíduo importaria reflexos em outros aspectos processuais já sedimentados nas ações coletivas – como a coisa julgada, o ônus da prova e a litispendência. Exemplificando a questão, poderia haver outra condenação baseada nos mesmos fatos que ensejaram alguma das condenações por dano social noticiadas nos capítulos antecedentes? Algumas destas demandas individuais impediria outras ações coletivas ou individuais?

nomeadamente para: a) Promover a prevenção, a cessação ou a perseguição judicial das infracções contra a saúde pública, os direitos dos consumidores, a qualidade de vida, a preservação do ambiente e do património cultural; b) Assegurar a defesa dos bens do Estado, das regiões autónomas e das autarquias locais".

1103 PORTUGAL. Lei n. 83, de 1995 – Artigo 2º: "*Titularidade dos direitos de participação procedimental e do direito de acção popular 1 – São titulares do direito procedimental de participação popular e do direito de acção popular quaisquer cidadãos no gozo dos seus direitos civis e políticos e as associações e fundações defensoras dos interesses previstos no artigo anterior, independentemente de terem ou não interesse directo na demanda (...)*". Disponível em: <http://www.pgdlisboa.pt/leis/lei_mostra_articulado.php?nid=722&tabela=leis>, acesso em 10 de setembro de 2016.

1104 NEVES. **Manual de Processo Coletivo**... Ob. Cit., p. 192.

1105 CAPPELLETTI; GARTH. **Acesso à Justiça**. Ob. Cit., p. 73.

1106 BEDAQUE, José Roberto dos Santos. **Direito e Processo** – Influência do Direito Material sobre o Processo, 4ª Ed., rev. e ampl. São Paulo: Malheiros, 2006, p. 15.

Rejeitado o dano social em qualquer ação, outro indivíduo poderia repropor pedido semelhante?

Tais questões já foram respondidas pelo microssistema de direitos coletivos; o enfrentamento do pedido de dano social como uma ação tipicamente coletiva ensejaria, por exemplo, a adoção da coisa julgada *'secundum eventum litis in utilibus'*, mas, seria temerário fazê-lo às ações individuais de *'lege ferenda'*, simplesmente pela natureza do pedido. O dano social tem fundamento na *racionalização* da responsabilidade civil e admitir apenas a ampliação da legitimidade sem os demais aspectos de racionalidade próprios da ação coletiva imporia efeito contrário ao instituto. O tratamento adequado é aquele segundo as regras das demandas multitudinárias, hoje, não extensível às ações propostas por um único indivíduo, hipótese cogitável apenas se realizada reforma legislativa.

Por fim, a legitimidade ativa do *dano social* precisa ser raciocinada sob o enfoque da *representação adequada* (*'adequacy of representation'*), em especial se considerada a aventada legitimidade individual. Uma vez admitidos os efeitos típicos da ação coletiva à demanda individual com pedido de dano social, seria necessário rever a questão da representação adequada, reconhecida *ope legis* no modelo da Lei de Ação Civil Pública. A preocupação de autores "despreparados, desmotivados, diretamente interessados em determinado resultado que pode não ser o melhor para todos, e por vezes até imbuídos de má-fé"[1107] se estenderia às ações em comento.

Por todo o exposto, entendemos que se mostra adequada a interpretação do SUPERIOR TRIBUNAL DE JUSTIÇA e do enunciado 456, do CJF, ao restringir os danos sociais aos legitimados próprios das ações coletivas (cf. Lei de Ação Civil Pública). Embora desejável a disseminação do instituto, inviável dotar-lhe de efetividade sem aspectos acessórios típicos da ação coletiva (*v.g.* regras específicas da coisa julgada ou representação adequada). A lesão é social, um rebaixamento da qualidade de vida, notável a indivisibilidade dos lesados, logo, o indivíduo não pode ser considerado titular da pretensão indenizatória coletiva – beneficia-se reflexamente como integrante do grupo, mas, para que ostente legitimidade, precisaria estar elencado no rol de legitimados extraordinários do ordenamento jurídico. Em outras palavras, não

[1107] NEVES. **Manual de Processo Coletivo**... Ob. Cit., p. 205.

se afasta a legitimidade do cidadão para ações coletivas, dependente, porém, de reforma legislativa; sem norma, a ação indenizatória individual não pode abranger danos sociais, violando a regra da legitimidade ordinária do artigo 18, do Código de Processo Civil.

7.3. Coisa julgada e litispendência

Outros aspectos processuais relevantes, que impõem a análise do dano social sob o enfoque dos direitos coletivos *'lato sensu'*, são as regras da coisa julgada e litispendência.

A repercussão *difusa* do dano social impede que as demandas sejam processadas com a eficácia restrita própria das demandas ordinárias, individuais (*interpartes*); fazê-lo poderia caracterizar *'bis in idem'* da punição, superando os limites do *caput* do artigo 944, do Código Civil. A *proporcionalidade* da indenização com a extensão do dano, mesmo que admitida a natureza punitiva do *dano social*, consubstancia elemento essencial para a autocontenção da figura, almejando os fins citados, sem, contudo, excedê-los – o que importaria reflexos financeiros negativos (*'spreading'*).

O Código de Processo Civil de 2015 (Lei n. 13.105) reitera no texto legal a "teoria da tríplice identidade"[1108]; caracteriza a litispendência ou a coisa julgada "quando se reproduz ação anteriormente ajuizada". Referida afinidade é observada a partir dos três elementos da ação: "as mesmas partes, a mesma causa de pedir e o mesmo pedido" (artigo 337)[1109]. A legislação repete a máxima latina destacada por Savigny: *'exceptionem rei judicatae obstare quotiens easdem quaestio inter easdem personas revocatur'* (a exceção da coisa julgada obsta a reanálise da mesma questão entre as mesmas pessoas)[1110].

[1108] Medina. **Novo Código de Processo**... Ob. Cit., p. 355.

[1109] *"Art. 337. (...) §1º Verifica-se a litispendência ou a coisa julgada quando se reproduz ação anteriormente ajuizada. §2º Uma* ação é idêntica a outra quando possui as mesmas partes, a mesma causa de pedir e o mesmo pedido. *§3º Há litispendência quando se repete ação que está em curso. §4º Há coisa julgada quando se repete ação que já foi decidida por decisão transitada em julgado"* (Lei n. 13.105, de 2015).

[1110] Tradução livre. Savigny, Friedrich Carl Von. **Traité de Droit Romain**, Tome 6, 2de ed. Traduzido do alemão por M. Ch. Guenoux. Paris: Firmin Didot Frères, 1859, p. 426. Disponível em: <http://gallica.bnf.fr/ark:/12148/bpt6k5828153f/f6.image.r=Traite%20de%20droit%20romain%20savigny%206>, acesso em 07 de outubro de 2016.

Verdadeiramente, doutrina e jurisprudência há muito convergem no sentido de ampliar o conceito de identidade, interpretando de maneira ampla os elementos da ação para caracterizar a litispendência ou a coisa julgada[1111]. A flexibilização, no entanto, está mais centrada na questão da *causa de pedir* (*'easdem quaestio'*)[1112], inolvidáveis os limites subjetivos da relação individual.

Embora o artigo 506, do Código de Processo Civil, tenha aperfeiçoado o Código Buzaid, ao prever que a "a sentença faz coisa julgada às partes entre as quais é dada, não prejudicando terceiros", permitindo que os beneficie[1113], não se pode cogitar a adequação do dano social às regras ordinárias do processo individual. O dano social, por definição, atinge direta ou indiretamente uma coletividade de forma que, mesmo admitida a legitimidade extraordinária do indivíduo, não se pode tolerar a concorrência de ações sobre os mesmos fatos, porque haveria evidente sobreposição de interesses e o risco de *'bis in idem'*.

Como citado no item anterior, a legitimidade extraordinária do indivíduo depende de alteração legislativa – evidenciada a problemática também no aspecto da litispendência ou da coisa julgada. Simplesmente admitir a legitimidade do indivíduo, além da violação das regras de legitimidade, imporia ao *dano social* as regras ordinárias da demanda individual, permitindo, por exemplo, diversas ações com o mesmo objeto e, pior, condenações punitivas por uma mesma conduta, já que os elementos da ação (especialmente as partes) não coincidiriam.

A racionalização de demandas indenizatórias integra umas das justificativas apresentadas para a admissibilidade do dano social. E admiti-lo o como espécie de interesse coletivo *'lato sensu'* não bastaria, porque nem mesmo as regras do microssistema de direitos

[1111] SICA, Heitor Vitor Mendonça. "Comentários ao artigo 337" in WAMBIER, Teresa Arruda Alvim; DIDIER JR., Fredie; TALAMINI, Eduardo; DANTAS, Bruno (coords.). **Breves Comentários ao Novo Código de Processo Civil**, 1ª ed. digital. São Paulo: Revista dos Tribunais, 2015, p. 852.

[1112] TUCCI, José Rogério Cruz e. **A causa petendi no processo civil**. 3ª ed. São Paulo: Revista dos Tribunais, 2009, p. 162.

[1113] Estabelecia o revogado Código de Processo Civil de 1973: *"Art. 472. A sentença faz coisa julgada às partes entre as quais é dada,* ***não beneficiando****, nem prejudicando terceiros. Nas causas relativas ao estado de pessoa, se houverem sido citados no processo, em litisconsórcio necessário, todos os interessados, a sentença produz coisa julgada em relação a terceiros"*.

coletivos seriam eficientes. Ao tratar da possibilidade da coletivização de ações individuais, como "mecanismo de aproveitamento de um processo individual", PEDRO HENRIQUE DE ARARIPE SUCUPIRA afirma que a coletivização de demandas "não é suficiente por si só para evitar a proliferação de processos", impositiva a adoção "dos efeitos da litispendência e da coisa julgada", para evitar decisões "conflitantes ou inconsistentes"[1114].

O desastre ambiental de Mariana (Minas Gerais), ocorrido em 2015[1115], pode ilustrar este risco. A alegada omissão das empresas responsáveis pelas barragens teria causado o transbordamento e o rompimento das contenções da lama utilizada para a obtenção de minério de ferro, repercutindo em diversos graus na esfera de milhares de indivíduos, de diversos municípios e mais de um Estado. Inequívoca a legitimidade ordinária, os indivíduos vitimados podem buscar a reparação dos responsáveis pelos danos patrimoniais e extrapatrimoniais; cogitar a legitimidade extraordinária para o pedido de indenização pelo dano social, sem qualquer reforma legislativa, significaria, no entanto, tornar milhares de indivíduos legitimados para perquirir uma mesma verba. Assim, a finalidade da figura restaria esvaziada.

Simplesmente admitir a legitimidade extraordinária também colocaria em dúvida se seriam aplicadas ao feito as regras do processo coletivo – especialmente o disposto no artigo 103, do Código de Defesa do Consumidor, que trata dos efeitos da coisa julgada. Supondo a manutenção dos julgados destacados nos capítulos anteriores, haveria óbice a outra indenização pela mesma conduta? Parece-nos que a resposta é afirmativa, o que, todavia, depende do reconhecimento do *dano social* como figura tipicamente coletiva, sujeita, pois, às regras próprias daquele microssistema, o que abrange a legitimidade, mas, também, os efeitos da litispendência e da coisa julgada, sob risco de ensejar *'bis in idem'*.

Explica KAZUO WATANABE:

> "Ações individuais que veiculem a mesma pretensão da ação coletiva ou de uma outra ação individual com o mesmo escopo são inadmissíveis por significarem um bis in idem, que poderá dar origem a conflitos práticos,

[1114] SUCUPIRA. **Coletivização de demandas individuais**. Ob. Cit., p. 214.
[1115] Cf. http://www.folha.uol.com.br/especial/2015/tragedia-no-rio-doce/.

e não apenas lógicos, de julgados, o que o nosso ordenamento jurídico não tolera (daí os institutos da litispendência e da coisa julgada)"[1116].

Destarte, no aspecto processual, os danos sociais devem ser considerados como tipicamente coletivos; ou seja, sujeitos às regras de legitimação extraordinária e todos os demais reflexos próprios do microssistema de direitos coletivos. Sem alterações legislativas (admissibilidade da legitimidade extraordinária coletiva ao indivíduo/cidadão), não se pode supor a pretensão de dano social em demandas individuais, afrontando a norma processual e, principalmente, os elementos próprios da *nova categoria de dano* e sua justificativa.

7.4. Verbas de sucumbência

Outro motivo relevante para a admissão do dano social como instituto restrito às ações coletivas é a questão dos honorários e verbas de sucumbência. Na experiência norte-americana, a doutrina destaca que parcela dos danos punitivos são usualmente fixadas para despesas que restariam não ressarcidas, apesar da procedência do pedido (*e.g.* custas processuais e honorários advocatícios)[1117]. Importante lembrar que naquele país, o sistema processual "não obriga o vencido a reembolsar ao vencedor os honorários despendidos"[1118]. Assim, no escólio de David G. Owen, ao menos um terço das condenações correspondem usualmente aos honorários advocatícios, por vezes fixados de forma velada; ensejando, pois, a majoração das quantias fixadas a título de *'punitive damages'* sem expressa fundamentação quanto aos motivos[1119].

Verdadeiramente, o modelo processual brasileiro apresenta distinções significativas quanto às regras de custas e sucumbência; todavia, o aspecto não pode ser ignorado na delimitação dos reflexos processuais do dano social.

[1116] Watanabe, Kazuo. "Relação entre Demanda Coletiva e Demandas Individuais" in Grinover, Ada Pellegrini; Mendes, Aluísio Gonçalves de Castro; Watanabe, Kazuo (coord.). **Direito Processual e o Anteprojeto de Código Brasileiro de Processos Coletivos**. São Paulo: Revista dos Tribunais, 2007, p. 157.

[1117] Schlueter, Linda; Redden, Keneth R. **Punitive Damages**, v. 1, 3rd edition. New York: Butterworth Legal, 1995, p. 30.

[1118] Cappelletti; Garth. **Acesso à Justiça**. Ob. Cit., p. 16.

[1119] Owen, David. G. "*Punitive Damages Overview...*". Ob. Cit., p. 379.

O Código de Processo Civil estabelece que, ordinariamente, o sucumbente pagará "honorários ao advogado do vencedor" (artigo 85), valores em regra fixados de acordo com percentual do valor da condenação ou do valor da causa[1120]. Dessume-se, portanto, que a fixação de indenizações por danos sociais repercutirá diretamente nos honorários arbitrados, gerando efeitos na esfera patrimonial das partes de forma marginal – isto é, independentemente da questão de fundo. A punição fixada na decisão judicial pode impor prejuízo de mais 20% (vinte por cento) do valor em prol dos advogados da parte contrária, além do ressarcimento das despesas processuais, igualmente vinculadas ao valor patrimonial envolvido[1121].

Considerados os percentuais vigentes no Estado de São Paulo, eventual acolhimento de pedido de danos sociais, sugeridos pela parte em cinco milhões de reais, poderá ensejar um custo acessório de mais de R$1.300.000,00 (um milhão e trezentos mil reais) – considerados 2% de custas iniciais e finais, preparo recursal e honorários no percentual máximo – isto é, um a acréscimo de 26% do valor condenatório. Inevitável, portanto, a preocupação com o aspecto das verbas de sucumbência, o acréscimo de mais de um quarto em uma condenação punitiva não é desprezível, igualmente inolvidável o risco do obstáculo à jurisdição (artigo 5º, inciso XXXV, da Constituição Federal).

O primeiro aspecto destes valores periféricos do processo a ser considerado é justamente o risco ao acesso à Justiça, há muito aventado por Bryant Garth e Mauro Cappelletti[1122]. As custas podem significar óbice à demanda, afastando a conduta ilícita e o dano social da apreciação pelo Poder Judiciário. Para tanto, basta considerar o exemplo dos microdanos, em que a ação individual é injustificada, mas, as custas de

[1120] *"Art. 85 (...).§ 2º Os honorários serão fixados entre o mínimo de dez e o máximo de vinte por cento sobre o valor da condenação, do proveito econômico obtido ou, não sendo possível mensurá-lo, sobre o valor atualizado da causa (...)"* – Código de Processo Civil, Lei n. 13.105, de 2015.

[1121] As custas processuais são de competência legislativa concorrente (art. 24, inciso XI, da Constituição Federal); no Estado de São Paulo, a "taxa judiciaria" é regida pela Lei Estadual n. 11.608, de 2003. Os serviços forenses são "fato gerador" da referida taxa, calculada em 1% do valor da causa para o ajuizamento de demandas – observado o limite de 3.000 UFESPs (R$25,07, em 2017). Eventual recurso de apelação depende do recolhimento da taxa fixada em 4% do valor fixado na sentença; devido, ainda, 1% do valor da execução, quando satisfeita – cf. <http://www.tjsp.jus.br/IndicesTaxasJudiciarias/DespesasProcessuais/TaxaJudiciaria>.

[1122] Cappelletti; Garth. **Acesso à Justiça**. Ob. Cit., p. 16-18.

um processo por danos sociais poderiam demover o legitimado de buscar a punição do responsável pelo ilícito.

Destaca-se, neste aspecto, que o Código de Processo de Civil de 2015 proscreve o pedido genérico, inclusive quanto aos danos morais[1123] – critério que, sem dúvida, também se aplica ao pedido por danos sociais. Ainda, as novas regras de sucumbência – que impõem a fixação dos honorários, em caso de improcedência, com base no valor do pedido, e vedam a compensação na hipótese de sucumbência recíproca – permitem afirmar a superação da Sumula 326[1124], do Superior Tribunal de Justiça. Cita LUIZ DELLORE que o advento do Novo Código de Processo Civil trouxe regras que "desestimulam dano moral em valores elevados":

> "De seu turno, como passa a ser vedada a compensação, parece-me que não há mais como subsistir a Súmula 326/STJ em situações em que o pedido é parcialmente procedente. Portanto, se o valor do dano moral indicado pelo autor não for acolhido, salvo por pequena quantia, haverá sucumbência recíproca – e, assim, mesmo que o autor seja vencedor, ele terá de pagar os honorários do advogado da parte vencida, sendo possível inclusive que haja o desconto dos honorários (que tem natureza alimentar) do valor a ser pago pelo réu. E isso, por óbvio, tende a desestimular pedidos elevados de dano moral"[1125].

Ainda incipientes os precedentes capazes de indicar a tendência jurisprudencial sobre o dispositivo em comento, fato que as custas e honorários podem *dissuadir* a perquirição pelo dano social em ação ordinária. Exigida a delimitação da quantia no pedido, sujeitando, inclusive, o autor ao pagamento de honorários proporcionais em caso de procedência em valor inferior àquele sugerido, demandar com base em valores efetivamente capazes de punir se torna arriscado – exatamente como aventado no modelo norte-americano.

[1123] *"Art. 292. O valor da causa constará da petição inicial ou da reconvenção e será: (...) V – na ação indenizatória, inclusive a fundada em dano moral, o valor pretendido;"* (Lei n. 13.105, de 2015).

[1124] Súmula 326, do STJ: *"Na ação de indenização por dano moral, a condenação em montante inferior ao postulado na inicial não implica sucumbência recíproca".*

[1125] DELLORE, Luiz. "Pedido de indenização e o CPC: fim da indústria do dano moral?" in **Jota Info**, 22 de fevereiro de 2016. Disponível em: <http://jota.info/colunas/novo-cpc/novo-cpc-e-o-pedido-de-indenizacao-fim-da-industria-do-dano-moral-22022016#_ftn11>, acesso em 10 de janeiro de 2017.

De fato, conforme já previa a Lei n. 1.050, de 1960, o próprio Código de Processo Civil estabelece a hipótese da "gratuidade da Justiça" quando demonstrada a "insuficiência de recursos" para o pagamento das custas, despesas processuais e honorários da parte adversa (artigo 98, da Lei n. 13.105, de 2015). Isto, todavia, não significa a superação absoluta do risco ao acesso à jurisdição; a gratuidade assegurará aos economicamente hipossuficientes, mas, provavelmente, excluirá outros que, embora ostentem patrimônio e renda suficiente para arcar com as custas e honorários, não vejam atrativo no 'investimento' necessário.

Opostamente, os honorários e as custas processuais nas ações por danos sociais podem significar incentivo à demanda com fins exclusivamente pecuniários. Nos Estados Unidos, por exemplo, os advogados são rotineiramente apontados como ávidos por condenações punitivas, diante do inequívoco evidente reflexo em seus honorários[1126]. Sem demérito ao labor exercido pelos patronos de litígios de massa ou à "função essencial à justiça" (art. 133, da Constituição Federal), inevitável idêntico raciocínio para as ações indenizatórias no Brasil.

O argumento, aliás, ganha maior relevância no ordenamento pátrio, porque a remuneração dos causídicos não se restringe aos honorários de sucumbência (art. 86, do Código de Processo Civil), usualmente acordado entre as partes percentual sobre o êxito patrimonial da demanda (honorários contratuais[1127]). No mesmo exemplo da condenação por danos sociais em cinco milhões, eventual acordo entre o patrono e o titular do dano fixado no percentual *mínimo* da Tabela da OAB, importaria no recebimento de dois milhões de reais pelo causídico – vinte por cento dos honorários de sucumbência e outros vinte correspondentes

[1126] Wright, Eric. "The Future of Tort Litigation in California" in **Santa Clara Law Review**, n. 29, pp. 545-565, 1989, p. 562.

[1127] O Código de Ética e Disciplina da Ordem dos Advogados do Brasil (art. 49, §6º) estabelece como dever do advogado praticar os valores mínimos da Tabela de Honorários instituída pelas seccionais, a fim de evitar o "aviltamento dos honorários" [ORDEM DOS ADVOGADOS DO BRASIL. **Código de Ética e Disciplina** (Res. n. 02, de 2015), DOU 04/11/2015. Disponível em: <http://www.oab.org.br/Content/pdf/novo-ced.pdf>, acesso em 10 de janeiro de 2017]. A Tabela da OAB/SP, de 2017, prevê, a título de exemplo, o mínimo de 20% sobre o valor econômico da ação de natureza contenciosa cível (item 1 – Tabela OAB. Disponível em: <http://www.oabsp.org.br/servicos/tabelas/tabela-de-honorarios/parte-geral>).

ao proveito econômico da demanda. Indeclinável, portanto, o atrativo para a propositura destas demandas.

A despeito da mencionada incompatibilidade do exercício da advocacia com "qualquer procedimento de mercantilização"[1128], inexorável a relação entre a remuneração dos advogados e o fomento de demandas. A atração da advocacia por nichos lucrativos não pode ser menosprezada – influenciando diretamente o número de demandas e na legitimação de institutos de direito material e/ou processual, como as indenizações por danos sociais.

Neste ponto, destacam-se as conclusões do Núcleo de Monitoramento de Perfis das Demandas da Corregedoria Geral de Justiça (NUMOPEDE), do Tribunal de Justiça do Estado de São Paulo, criado para "monitorar demandas que, pelas suas características, impactam de forma substancial na organização dos serviços judiciários"[1129]. Referido Núcleo identificou situações de "uso atípico do Poder Judiciário", com a utilização do "aparelho judiciário" para práticas mercantis que desbordam para fraudes. De acordo com o NUMOPEDE, possível identificar o crescimento vertiginoso de demandas propostas por um mesmo grupo de advogados, sobre a mesma questão de direito e solicitação "indistinta do benefício da justiça gratuita". Demandas que causam a cooptação de até 50% da força de trabalho das unidades judiciárias, importam prejuízo aos cofres públicos e, por vezes, sequer têm partes[1130].

Se as custas e honorários têm o condão de conter negativamente a litigiosidade do dano social em determinados aspectos (obstáculo à jurisdição); em outros, verificam-se como elementos de incentivo à judicialização – o que pode significar ampliação do acesso à Justiça, mas, também contrariar os próprios fundamentos da existência do dano social. Como já destacado, o propósito do reconhecimento do dever de indenizar com viés punitivo tem fundamento na eficiência da res-

[1128] Código de Ética e Disciplina da OAB, artigo 5º.

[1129] Expediente CPA n. 2016/163905, Corregedoria Geral de Justiça (Tribunal de Justiça de São Paulo).

[1130] CORREGEDORIA GERAL DE JUSTIÇA. **Relatório Bimestral de Atividades do NUMOPEDE outubro-novembro/2016**. Núcleo de Monitoramento de Perfis de Demandas (NUMOPEDE), Tribunal de Justiça do Estado de São Paulo, 13 de dezembro de 2016. Disponível em: <http://www.tjsp.jus.br/PublicacaoADM/Handlers/FileFetch.ashx?id_arquivo=77180>, acesso em 12 de janeiro de 2017.

ponsabilidade civil, como uma "nova categoria" de dano apta a reduzir a judicialização das questões, seja pela concentração dos danos em um processo único, seja pelo efeito dissuasório (geral e individual) da punição imposta.

Por isso, entendemos que a solução deste paradoxo exige tratar o dano social como tipicamente coletivo. O microssistema de interesses transindividuais prevê expressamente características próprias para afastar os reflexos supra-elencados; o artigo 18, da Lei de Ação Civil Pública, por exemplo, prevê que "não haverá adiantamento de custas, emolumentos, honorários periciais e quaisquer outras despesas", tampouco condenação da autora às verbas de sucumbência – "salvo comprovada má-fé". Inclusive, o Superior Tribunal de Justiça tem admitido interpretação extensiva deste dispositivo, vedando, por exemplo, que o Ministério Público, por simetria, se beneficie com honorários, caso vença a ação civil pública[1131].

Ainda que o tratamento da ação coletiva admita a condenação em honorários, a legitimação extraordinária, restrita às hipóteses legais, e a destinação da verba (fundo público), como prevê a Lei n. 7.347, de 1985, confere ao dano social maior legitimação. Como destacado, tratar os danos sociais como instituto ordinário de ações individuais implica verbas de sucumbência com reflexos marginais, alheios ao mero juízo de procedência ou improcedência, que podem obstar sua realização ou banalizar sua razão de existência.

[1131] STJ, EREsp. n. 895.530/PR, Rel. Min. Eliana Calmon, j. 26/8/2009.

8. Reparação do Dano Social

Embora seja o caminho mais comum e prático, não se pode reduzir a indenização extrapatrimonial - como é o dano social - ao aspecto econômico. Admitida a natureza punitiva da responsabilidade civil, preenchidos os requisitos para a qualificação do dever de indenizar (*'an debeatur'*) e, principalmente, para o reconhecimento do *dano social*, o debate sobre tal obrigação extrapola a quantificação pecuniária.

Ainda que com viés punitivo, já ressaltamos que o dano social consubstancia *espécie* de dano extrapatrimonial, razão pela qual devem ser adotados os argumentos sobre a insuficiência ou subsidiariedade da reparação pecuniária. Sobre os danos morais, leciona Humberto Theodoro Júnior:

> "Se for certo que a ordem constitucional moderna está preocupada em promover a pessoa em seu aspecto ético, valorizando-a pelos dados dos direitos da personalidade e não por suas posses, soa estranho que toda preocupação doutrinária se encontre concentrada na técnica que vê na reparação pecuniária o único meio de satisfazer a vítima do dano moral"[1132].

A fortiori, o argumento citado se estende ao dano social. Com base nos mesmos critérios que permitiram reconhecê-lo (*v.g.* redução dos vetores do índice de desenvolvimento da qualidade de vida da coleti-

[1132] THEODORO JÚNIOR, Humberto. **Dano Moral.** Belo Horizonte: Del Rey, 2010, p. 93.

vidade), o dano social deve ser restituído, tanto quanto possível, pela via da *reparação* – daí a distinção entre o dano social e outras sanções civis. A "nova categoria" sugerida por ANTONIO JUNQUEIRA DE AZEVEDO não olvida sua característica de dano, *reparável*, pois.

E, como leciona HANS ALBRECHT FISCHER, "o direito prático conhece dois caminhos para se atingir o resultado da reparação do dano: o da reparação natural (ou específica) e o da indenização pecuniária"[1133]. Resta-nos, portanto, a análise de ambas as espécies sob o pálio da responsabilidade civil por dano social.

8.1. Reparação natural e pecuniária

A doutrina converge quanto à *preferência* da reparação *'in natura'* em detrimento da indenização pecuniária; inolvidável que a conversão de interesses em pecúnia é típica de sociedades que reconhecem no dinheiro ou na moeda uma expressão econômica uniforme. Como já citado, embora primitivas as noções de dinheiro, coube à doutrina francesa pré-codificação (*v.g.* JEAN DOMAT) consagrar que "todos os danos e interesses devem ser expressos em moeda", afastando a "crueldade" da Lei do Talião[1134].

Deve-se, no entanto, "distinguir a justiça da vingança legal". Afastar o excesso do "mal pelo mal" do Código de Hamurabi[1135] não significa desqualificar a viabilidade da reparação natural de um ilícito – considerado a partir do interesse lesado e não propriamente da ilicitude. A conversão pecuniária do ilícito deve ser subsidiária, como menciona PONTES DE MIRANDA – "tem de vir em primeiro lugar a reparação. E, apenas se não há outro meio de ressarcimento que o da avaliação em pecúnia, dele se tem de lançar mão"[1136]. A reparação natural é "muito mais adequada para atingir o fim ideal de 'restaurar', sendo indiferentemente aplicável aos danos patrimoniais e não patrimoniais"[1137].

[1133] FISCHER. **A Reparação dos Danos no Direito Civil**. Ob. Cit., p. 139.

[1134] DOMAT, Jean. **Les loix civiles dans leur ordre naturel**... Ob. Cit., p. 242.

[1135] DUARTE, Melina. *"A Lei de Talião e o princípio da igualdade entre crime e punição na Filosofia do Direito de Hegel"* in **Revista Eletrônica de Estudos Hegelianos**, ano 6, n. 10, junho-2009, pp. 75-85, 2009. Disponível em: <http://www.hegelbrasil.org/Reh10/melina.pdf>,

[1136] PONTES DE MIRANDA, Francisco Cavalcanti. **Tratado de direito privado**. Rio de Janeiro: Borsoi, 1967, p. 76.

[1137] FISCHER. **A Reparação dos Danos no Direito Civil**. Ob. Cit., p. 140.

A discussão no âmbito dos direitos e interesses extrapatrimoniais, contudo, denota certa complexidade, afinal, não raro se mostra "praticamente impossível restaurar o bem lesado"[1138] por sua própria natureza. Como afirma Hans Albrecht Fischer a reparação pela via específica é "preferível", mas, nem sempre possível na atuação prática – que encontra "obstáculos insuperáveis"[1139].

Por isso, sintetiza Antonio Jeová Santos que "havendo possibilidade jurídica e material" prestigia-se a reparação *'in natura'*. A *preferência* pela reparação específica, mesmo quando possível, mostra-se quase inexistente na prática judiciária das ações indenizatórias – sobretudo na questão dos danos morais. Daí, exsurge movimento crítico sobre a *monetarização* dos danos extrapatrimoniais que interessa para a análise do dano social – citamos:

> "Infelizmente, a experiência nos demonstra que a valoração de bens jurídicos – que antes suponhamos inestimáveis – produz na sociedade a sensação de que a pretensão à reparação do dano moral se trata de uma batalha capitaneada pelo lesado em busca de vantagens financeiras. Igualmente, simbolizaria para o ofensor (e potenciais ofensores) que existe um preço capaz de eliminar qualquer questionamento ético sobre o impacto de um ilícito na dignidade do ofendido. Some-se a isso a enorme dificuldade no estabelecimento de critérios objetivos para a quantificação dos danos extrapatrimoniais, demonstrando que nenhuma fórmula será suficientemente convincente, pois o problema da patrimonialização da reparação não está centrado propriamente em se justificar meritoriamente um montante X ou Y de compensação, mas sim na evidente subversão valorativa de se negligenciar a tutela de bens da personalidade, para que as preocupações se centrem nas consequências econômicas de uma demanda"[1140].

Como já evidenciado, o dano social tem como princípio afastar a crítica sobre a subversão valorativa; a natureza punitiva da verba busca

[1138] Monteiro; Maluf; Tavares da Silva. **Curso de Direito Civil** – Direito das Obrigações... Ob. Cit., p. 641.

[1139] Fischer. **A Reparação dos Danos no Direito Civil**. Ob. Cit., p. 140.

[1140] Farias; Rosenvald; Netto. **Curso de Direito Civil** – Responsabilidade Civil... Ob. Cit., p. 316.

justamente sancionar o desprestígio ético desacobertado pela natureza estritamente reparatória da indenização. Subsiste, porém, a crítica da monetarização dos danos extrapatrimoniais quanto ao interesse das partes de que sejam lesados e da dificuldade na valoração – também extensíveis ao dano social.

Segundo Anderson Schreiber, a "reparação não pecuniária" dos danos extrapatrimoniais consubstancia instrumento apto a rebater o "temor" da proliferação de "ações frívolas voltadas à obtenção de indenização pelos acontecimentos mais banais da vida"[1141]. O modelo norte-americano dos *'punitive damages'* e sua repercussão midiática mundial[1142] exemplifica como a simples admissão da natureza punitiva da responsabilidade civil pode fomentar mais ações, ao invés da pretensa redução baseada na prevenção geral da sanção. Natural na sociedade capitalista que determinados indivíduos tolerem e, até mesmo, desejem determinados ilícitos em busca de um ressarcimento pecuniário.

Destarte, o dano social não discrepa de outras figuras indenizatórias, a recomendar, preferencialmente, a reparação natural. As características e singularidades do dano social, como o viés punitivo, não o dissociam completamente do fundamento reparatório – em face do conceito cunhado por Antonio Junqueira de Azevedo. O dano social é pena, mas, também é dano (ainda que disperso e *social*); logo, contempla o aspecto reparatório, legitimando outros meios de reparação além daqueles estritamente pecuniários.

[1141] Schreiber. **Novos Paradigmas da Responsabilidade Civil**... Ob. Cit., p. 195.

[1142] *V.g.* Recente condenação de um Chef premiado em Nova Iorque, pela existência de um fio metálico na comida de seu restaurante, ao pagamento de US$ 1 milhão a título de *'punitive damages'* repercutiu mundialmente: Inglaterra – ASSOCIATED FRANCE PRESS. "Michelin chef's bistro faces $1.3m fine after piece of wire brush served in coq au vin", **The Guardian**, Londres, 01 de novembro de 2016. Disponível em: <https://www.theguardian.com/us-news/2016/nov/01/daniel-boulud-chef-new-york-bistro-fined-diner-swallows-wire-db-bistro-moderne?CMP=share_btn_link>, acesso em 04 de novembro de 2016; França – ASSOCIATED FRANCE PRESS. "Un chef français condamné à New York pour «négligence», **Le Monde**, Paris, 01 de novembro de 2016. Disponível em: <http://www.lemonde.fr/police-justice/article/2016/11/01/un-chef-francais-condamne-a-new-york-pour-negligence_5023486_1653578.html#xjE4gcLjtDUk6HsP.99>, acesso em 04 de novembro de 2016; e Brasil – ASSOCIATED FRANCE PRESS. "Restaurante do Chef Daniel Boulud multado em US$1,3mi", **Jornal Zero Hora**, Porto Alegre, 31 de outubro de 2016. Disponível em: <http://zh.clicrbs.com.br/rs/noticias/noticia/2016/10/restaurante-do-chef-daniel-boulud-multado-em-us-1-3-mi-8104395.html>, acesso em 04 de novembro de 2016.

A problemática muito se assemelha aos debates doutrinários e jurisprudenciais sobre a reparabilidade do dano moral no século passado. Inolvidáveis as restrições sobre a tutela jurídica do dano extrapatrimonial justamente por sua incompletude no plano da reparação. Friedrich Carl Von Savigny criticava justamente a extensão patrimonial aos chamados direitos "originários" (*'droit originel'*) do homem, tutelados juridicamente com aspecto negativo, distinto do tratamento dado aos direitos passíveis de aquisição (*'droits acquis'* – relação com as coisas e obrigações)[1143]. Os direitos do homem, da personalidade, portanto, *transcendem* a esfera do direito comum, inaplicáveis as "normas usuais, econômicas, de ressarcimento"[1144].

O *'praetium doloris'* era considerado "insuscetível de indenização"[1145]. Antes da alteração do conceito de dano moral, porém, a repulsa de Savigny foi superada com a noção da reparabilidade, o que não significou a solução quanto à natureza desta *reparação.*

Martinho Garcez Neto que "não se paga a dor, porque seria profundamente imoral", mas, poder-se-ia *satisfazê-la, compensá-la* com uma reparação patrimonial[1146]. Consolidou-se, portanto, a percepção da inviabilidade de perfeita *restauração* do *'status quo ante'*; o dano moral, seja na concepção de 'preço da dor', seja na visão contemporânea de tutela da personalidade e dignidade, não pode ser reparado, apenas compensado indiretamente com um "valor permutativo"[1147].

Resume Zulmira Pires de Lima que os danos extrapatrimoniais têm indenização de cunho "satisfatório". Inviável a "restituição do estado anterior", a prestação pecuniária tem o condão *satisfatório* ao ofendido, trazendo-lhe "prazeres que até certo ponto o compensarão da

[1143] Savigny, Friedrich Carl Von. **Traité de Droit Romain**, Tome 1, 2de ed. Traduzido do alemão por M. Ch. Guenoux. Paris: Firmin Didot Frères, 1855, p. 325-327. Disponível em: <http://gallica.bnf.fr/ark:/12148/bpt6k5826822p/f4.image>, acesso em 07 de novembro de 2016.

[1144] Silva. **O Dano Moral e sua Reparação.** Ob. Cit., p. 15.

[1145] SUPREMO TRIBUNAL FEDERAL, RE n. 79.372 – Ministro Rodrigues Alckmin, DJ. 10/10/1975 in **Revista Trimestral de Jurisprudência** (RTJ), v. 81, agosto de 1977, Brasília, p. 585.

[1146] Garcez Neto, Martinho. **Prática da Responsabilidade Civil**, 2ª Ed., rev. e aumentada. Rio de Janeiro: Editora Jurídica e Universitária, 1972, p. 70.

[1147] Pedro dos Santos apud Garcez Neto. **Prática da Responsabilidade Civil**. Ob. Cit., p. 71.

dor"[1148]. Neste sentido, longeva a preferência da jurisprudência quanto à noção de "compensação" do dano[1149]. Sintetiza Carlos Alberto Bittar:

> "Prosperou, a propósito, a tese da compensação, ou seja, a de que a indenização em pecúnia representa reconhecimento institucional de prejuízo sofrido e lenitivo aos males infligidos ao lesado, como assinalado, desde que a moeda propicie a realização de inúmeros interesses, como derivativos dos danos suportados"[1150].

A expressão pecuniária, todavia, tem gerado as distorções já citadas, certo que o dano extrapatrimonial não obsta a possibilidade da reparação natural. Embora menos frequente, a reparação "não pecuniária" pode expressar idêntica aptidão "compensatória", alcançando precisamente a finalidade da responsabilidade imposta. E, neste esteio, não dissente a teoria do dano social.

O dano social, como espécie de interesse extrapatrimonial, está sujeito às mesmas conclusões da doutrina e jurisprudência sobre a inviabilidade habitual de restaurar o estado anterior. O *rebaixamento da qualidade de vida* ou o atentado à segurança da coletividade constituem consequências extrapatrimoniais difusas, cuja restituição é inviável. Em geral, tem-se empregado a fórmula da *compensação* com a expressão pecuniária de valores capazes de restituir o valor coletivo abalado e sancionar o ofensor. Isso, contudo, não significa a impossibilidade da reparação distinta da pecuniária em favor da sociedade.

"Pode-se lançar mão de sanção não pecuniária, com a submissão pessoal do lesante a obrigações de fazer, ou não fazer, como, por exemplo, a prestação de serviços, a abstenção de certas condutas, o cerceamento de certos direitos"[1151], com mais razão dado o aspecto difuso do dano social. A reparação pecuniária consagrará o aspecto punitivo da figura inde-

[1148] Pires de Lima, Zulmira. "Algumas considerações sobre a responsabilidade civil por danos morais" in **Boletim da Faculdade de Direito da Universidade de Coimbra**, Suplemento 2, v. 15, p. 221-223, Coimbra, 1940.

[1149] Cf. "*A indenização por dano moral objetiva* ***compensar*** *a dor moral sofrida pela vítima, punir o ofensor e desestimular este e a sociedade a cometerem atos dessa natureza*" (grifo não original – Superior Tribunal se Justiça, Recurso Especial n. 337.739/SP – Rel. Min. Antônio de Pádua Ribeiro, j. 05 de fevereiro de 2002).

[1150] Bittar. **Reparação Civil por Danos Morais.** Ob. Cit., p. 211.

[1151] Bittar. **Reparação Civil por Danos Morais.** Ob. Cit., p. 213.

nizatória, mas, não suprirá o viés reparatório – especialmente se adotada a destinação ao indivíduo, como sugerido no texto introdutório de ANTONIO JUNQUEIRA DE AZEVEDO, em consonância com a interpretação histórica dos *'punitive damages'*.

A questão da destinação será enfrentada no capítulo subsequente; entretanto, faz-se necessário rememorar que o dano social tem dupla característica: punitiva e reparatória. O conceito abrange os dois aspectos, sob pena de não se enquadrar nos limites legais da responsabilidade civil brasileira – especialmente a exigência do dano como pressuposto do dever de indenizar e a limitação da reparação a este dano (art. 944, do Código Civil). A reparação pecuniária ou natural em favor de um único indivíduo (legitimado extraordinariamente) não aparenta preencher tais exigências, justamente por esvaziar a restituição, sem reversão em favor da coletividade ofendida. Por ora, no entanto, interessa reafirmar a admissibilidade da reparação *'in natura'*, tanto quanto possível na seara do dano social.

Considerada a inviabilidade da restituição ao estado anterior no dano moral; *a fortiori*, o dano social, pela repercussão difusa que integra seu conceito, não comporta *reparação* própria. Impraticável supor qualquer forma de restituição ao 'status quo ante' após um atentado gravemente culposo ao meio ambiente (*v.g.* a tragédia de Mariana/MG já destacada), irreversível no plano fático e nas consequências geradas; tampouco se pode desfazer em curto/médio prazo o rebaixamento da qualidade de vida causada por esquema complexo de corrupção em distintas esferas. Isso, porém, não significa a necessidade de que a compensação por tais danos sociais se dê pela via da indenização pecuniária.

O dano social comporta e, preferencialmente, deveria ser reintegrado por meio de obrigações de fazer ou de não fazer. Utilizando os exemplos acima destacados: os aspectos reparatório e punitivo poderiam ser igualmente alcançados (talvez com maior otimização, inclusive) com a imposição de que as empresas responsáveis pelo significativo dano ambiental – com reflexo social – incentivem projetos de preservação natural ou que empresas envolvidas em corrupção fomentem programas governamentais, melhorando a qualidade de vida da coletividade contra quem atentou.

Em síntese, o dano social se assemelha ao dano moral, admitindo a reparação pecuniária e, também, a reparação 'in natura'; não se trata, propriamente, de reparação, mas, compensação do dano. Assim, tal compensação prescinde da forma restrita, embora mais frequente a condenação pecuniária não obsta a reparação natural – com a adoção de obrigações igualmente capazes de alcançar o propósito da condenação, sancionando a conduta da parte e impondo-lhe o dever de restituir (ainda que de forma indireta) os valores sociais tutelados e lesados por sua conduta dolosa ou gravemente culposa. Referida hipótese, aliás, deve preferir a condenação pecuniária porque apta a afastar as críticas da monetarização dos danos extrapatrimoniais.

8.2. Quantificação da indenização social

A despeito da predileção pela reparação específica (*'in natura'*), não poderíamos ignorar a exigência de debater os critérios para a quantificação pecuniária do dano social. Independente da destinação da verba (analisada no capítulo subsequente), imperativo notar que todos os precedentes mencionados sobre dano social se baseiam na reparação expressa em moeda. Logo, compete-nos observar os valores fixados e os critérios sugeridos, propondo parâmetros que corroborem para conferir legitimidade e segurança à tese do dano social.

Neste intento, é preciso reavivar a concepção adotada de dano social e a distinção desta "nova categoria" em face dos danos morais. Aprofundando o conceito de Antonio Junqueira de Azevedo[1152], os danos sociais podem ser qualificados como *atos, dolosos ou gravemente culposos, com repercussão difusa, que excedem o âmbito lesivo da vítima direta, atingindo toda a sociedade, causando rebaixamento imediato do nível de vida, diminuição da tranquilidade social ou quebra da confiança coletiva.* Consubstanciam espécie de dano extrapatrimonial, distinguindo-se do dano moral coletivo pelo viés punitivo expressamente reconhecido, com fulcro na natureza dolosa ou gravemente culposa da conduta.

Como espécie de dano extrapatrimonial, a fixação do *'quantum debeatur'* vale-se dos paradigmas vastamente debatidos (embora sem harmonia) na doutrina e nos tribunais sobre o valor do dano moral. A distinção e o conceito destacados acima, no entanto, denotam as singularidades do dano social – que integra em sua própria definição alguns tópicos usual-

[1152] Junqueira de Azevedo. **Novos Estudos e Pareceres**... Ob. Cit., p. 380.

mente admitidos para a definição do valor da indenização (*v.g.* conduta do ofensor – dolo ou culpa grave – e punição).

8.2.1. *Sistema aberto*

O primeiro ponto relevante sobre a quantificação do dano social consiste na ausência de critérios específicos para a fixação dos danos extrapatrimoniais na legislação vigente. Ao contrário de outros sistemas ("tarifados"), adotamos um "sistema aberto" que deixa ao juiz a "atribuição" e definição da extensão do dano[1153]. As regras e critérios para a valoração do dano moral foram cunhadas pela "prática" e pela "experiência" dos tribunais, "catalogadas pela doutrina"[1154]; uníssona a crítica da ausência de critérios legais.

Embora promulgado na vigência da Constituição Federal de 1988, a análise histórica-legislativa do Código Civil de 2002 denota que o artigo 944 foi cunhado com referência "única e exclusiva" aos danos materiais[1155]. A "indenização" para os danos de natureza extrapatrimonial é "imperfeita"[1156], já que a conversão de valores morais/sociais em pecúnia tem fundamento na "compensação" – imprópria a noção de ressarcimento ou reparação do caput do referido dispositivo ("A indenização mede-se pela extensão do dano")[1157].

Todavia, ao contrário do que previa o Projeto de Código de Obrigações (coordenado por Caio Mário da Silva Pereira)[1158], o Código Reale

[1153] Bittar. **Reparação Civil por Danos Morais**. Ob. Cit., p. 282.

[1154] Silva. **O Dano Moral e sua Reparação**. Ob. Cit., p. 427.

[1155] Fiuza, César; Moraes, Kelly Cardoso Mendes de. **Crítica à Aplicabilidade aos Danos Morais do parágrafo único do art. 944 do Código Civil**, p. 7. Disponível em: <http://www.publicadireito.com.br/artigos/?cod=5434d832e0dd3baa>, acesso em 10 de outubro de 2016.

[1156] Santos. **Dano Moral Indenizável**. Ob. Cit., p. 124.

[1157] Godoy In Peluso. **Código Civil Comentado**... Ob. Cit., p. 950.

[1158] Em uma das tentativas de reformulação do Código Civil de 1916, Caio Mário da Silva Pereira foi incumbido da proposta de anteprojeto do Código de Obrigações, entregue ao Ministro da Justiça em 1963, que regia, também, a questão da responsabilidade civil (Teixeira, Sálvio de Figueiredo. "Aspectos da Contribuição de Caio Mário ao Direito Civil Brasileiro" in **Informativo Jurídico da Biblioteca Ministro Oscar Saraiva**, v. 16, n. 1, p. 1-74, jan./jul. 2004, p. 44). No anteprojeto do Código de Obrigações, havia dois dispositivos distintos sobre a fixação do *'quantum debeatur'*, o artigo 878, próprio dos danos patrimoniais ("Art. 878. A indenização se fixará de acordo com a gravidade do dano, consideradas as suas circunstâncias, e terá como finalidade restituir o prejudicado ao estado anterior") e o

não ostenta regramento específico para a indenização extrapatrimonial. Isto, porém, não obsta a aplicação do artigo 944, do Código Civil, às indenizações de cunho não patrimonial. Como ponderam CRISTIANO CHAVES DE FARIAS, NELSON ROSENVALD e FELIPE PEIXOTO BRAGA NETTO, "de algum lugar devemos partir" e, ainda que o dispositivo do Código tenha sido concebido para "delimitar a extensão do dano patrimonial", não há razão para repelir a função delimitadora do mesmo artigo para a indenização extrapatrimonial[1159].

Como já sedimentou a doutrina civilista, "não será pela impossibilidade de retorno ao estado anterior, que os predadores dos direitos personalíssimos devem ficar sem resposta. Houve um dano, seja de qual raiz for, a indenização é inexorável"[1160]. E, neste propósito, o artigo 944, do Código Civil, serve, precisamente, para conferir segurança jurídica, impondo critérios de razoabilidade à indenização com vista na extensão do dano – mesmo que não perfeitamente aquilatável. O disposto no artigo 944, todavia, não se mostrou suficiente para conferir estabilidade e previsibilidade nas decisões condenatórias por danos extrapatrimoniais[1161], razão pela qual se buscam outros parâmetros.

Sobre este aspecto, memorável o teor da Lei de Imprensa (n. 5.250, de 1967). A mencionada Lei que regulava "liberdade de manifestação do pensamento e de informação" estabelecia critérios que deveriam ser considerados na fixação do *'quantum debeatur'* extrapatrimonial:

> "Art. 53. No arbitramento da indenização em reparação do dano moral, o juiz terá em conta, notadamente:
>
> I – a intensidade do sofrimento do ofendido, a gravidade, a natureza e repercussão da ofensa e a posição social e política do ofendido;

subsequente, voltado para os danos morais ("Art. 879. No caso de dano simplesmente moral, o juiz arbitrará moderada e equitativamente a indenização").

1159 FARIAS; ROSENVALD; NETTO. **Curso de Direito Civil** – Responsabilidade Civil... Ob. Cit., p. 365.

1160 SANTOS. **Dano Moral Indenizável**. Ob. Cit., p. 124.

1161 Em extensa análise jurisprudencial, MIRNA CIANCI ilustra a carência de critérios e a "injustiça" dela decorrente pelo estudo das decisões sobre o "massacre do Carandiru". Segundo a autora, nas inúmeras ações reparatórias promovidas pelos familiares das vítimas (detentos mortos pela invasão policial) foram fixadas indenizações morais entre 8/30 (0,26) de um salário-mínimo até quinhentos salários (CIANCI. **O Valor da Reparação Moral**... Ob. Cit., p. 244).

II – A intensidade do dolo ou o grau da culpa do responsável, sua situação econômica e sua condenação anterior em ação criminal ou cível fundada em abuso no exercício da liberdade de manifestação do pensamento e informação;

III – a retratação espontânea e cabal, antes da propositura da ação penal ou cível, a publicação ou transmissão da resposta ou pedido de retificação, nos prazos previstos na lei e independentemente de intervenção judicial, e a extensão da reparação por esse meio obtida pelo ofendido".

Os aspectos transcritos para a fixação da indenização moral aproximam-se daqueles reiteradamente adotados atualmente pela jurisprudência pátria (intensidade e consequências do dano, grau de culpa do ofensor, situação econômica das partes etc.)[1162]. No entanto, além dos critérios citados, a Lei de Imprensa também previa limites indenizatórios, fixando um teto para determinadas condutas. A "falsa imputação de crime" culposa por "jornalista profissional", por exemplo, implicava em indenização máxima de vinte salários-mínimos[1163]. Com efeito, sedimentou-se na jurisprudência pátria o entendimento pela não recepção

[1162] Cianci. **O Valor da Reparação Moral**... Ob. Cit., p. 270.

[1163] Lei n. 5.250, de 1967: "*Art. 51. A responsabilidade civil do jornalista profissional que concorre para o dano por negligência, imperícia ou imprudência, é limitada, em cada escrito, transmissão ou notícia:*
I – a 2 salários-mínimos da região, no caso de publicação ou transmissão de notícia falsa, ou divulgação de fato verdadeiro truncado ou deturpado (art. 16, ns. II e IV).
II – a cinco salários-mínimos da região, nos casos de publicação ou transmissão que ofenda a dignidade ou decoro de alguém;
III – a 10 salários-mínimos da região, nos casos de imputação de fato ofensivo à reputação de alguém;
IV – a 20 salários-mínimos da região, nos casos de falsa imputação de crime a alguém, ou de imputação de crime verdadeiro, nos casos em que a lei não admite a exceção da verdade (art. 49, § 1º).
Parágrafo único. Consideram-se jornalistas profissionais, para os efeitos deste artigo:
a) os jornalistas que mantêm relações de emprego com a empresa que explora o meio de informação ou divulgação ou que produz programas de radiodifusão;
b) os que, embora sem relação de emprego, produzem regularmente artigos ou programas publicados ou transmitidos;
c) o redator, o diretor ou redator-chefe do jornal ou periódico, a editor ou produtor de programa e o diretor referido na letra b, nº III, do artigo 9º, do permissionário ou concessionário de serviço de radiodifusão; e o gerente e o diretor da agência noticiosa.
Art. 52. A responsabilidade civil da empresa que explora o meio de informação ou divulgação é limitada a dez vezes as importâncias referidas no artigo anterior, se resulta de ato culposo de algumas das pessoas referidas no art. 50".

dos limites fixados pela Constituição Federal de 1988[1164], em virtude do princípio da reparação integral decorrente do disposto no artigo 5º, inciso V[1165].

Além das questões atinentes à liberdade de expressão, a tarifação dos danos morais na Lei de Imprensa consistiu em um dos argumentos do Supremo Tribunal Federal para a declaração da *incompatibilidade* da norma com a Constituição Federal de 1988, na Arguição de Descumprimento de Preceito Fundamental n. 130. Segundo a declaração de voto do Ministro Enrique Ricardo Lewandowski, as matérias tratadas na Lei n. 5.250, de 1967, já estariam integralmente previstas na Constituição, em regras de eficácia plena, inadmissível a fixação restrita da legislação infraconstitucional, por ela não recepcionada. Menciona o voto convergente:

> "Já, a indenização por dano moral – depois de uma certa perplexidade inicial por parte dos magistrados – vem sendo normalmente fixada pelos juízes e tribunais, sem quaisquer exageros, aliás, com muita parcimônia, tendo em vista os princípios da equidade e da razoabilidade, critérios como o da gravidade e a extensão do dano; a reincidência do ofensor; a posição profissional e social do ofendido; e a condição financeira do ofendido e do ofensor. Tais decisões, de resto, podem ser sempre submetidas ao crivo do sistema recursal.
>
> Esta Suprema Corte, no tocante à indenização por dano moral, de longa data, cristalizou jurisprudência no sentido de que o art. 52 e 56 da Lei de Imprensa não foram recepcionados pela Constituição, com o que afastou a possibilidade do estabelecimento de qualquer tarifação, confirmando, nesse aspecto, a Súmula 281 do Superior Tribunal de Justiça"[1166].

A jurisprudência, portanto, consolidou o que já afirmava a doutrina nacional; Claudio Luiz Bueno de Godoy aponta que a Constituição

[1164] Súmula 281, do Superior Tribunal de Justiça: *"A indenização por dano moral não está* sujeita à tarifação prevista na Lei de Imprensa" (DJe. 13/05/2004).

[1165] *"Art. 5º. (...) V – é assegurado o direito de resposta, proporcional ao agravo, além da indenização por dano material, moral ou à imagem;".*

[1166] Arguição de Descumprimento de Preceito Fundamental (ADPF) n. 130, Rel. Min. Carlos Britto, j. 01/04/2009, Voto convergente Min. Ricardo Lewandowski, p. 108. Disponível em: <http://redir.stf.jus.br/paginadorpub/paginador.jsp?docTP=AC&docID=605411>, acesso em 10 de outubro de 2016.

Federal de 1988 torna "insustentável" a fixação *'a priori'* de faixas ou quantias indenizatórias, na fixação do *'quantum'* por danos extrapatrimoniais[1167]. Embora ilidível a corrente minoritária em prol de um teto máximo para a indenização moral[1168], prevalece o entendimento de que vige um "sistema aberto", que anseia por maiores critérios legais; o que, todavia, não se confunde com a tarifação, incompatível com a Constituição Federal e com a finalidade da indenização.

Quanto aos danos sociais, aplicam-se com mais razão tais argumentos. A natureza punitiva e o conceito do dano social afastam regras limitadoras que, por exemplo, não sejam capazes de abranger ao menos o lucro do ofensor com determinada conduta dolosa e socialmente danosa. Impor limites ao dano social permitiria o cálculo perverso da economia sobre os valores sociais e coletivos tutelados por esta "categoria" de dano. Se é verdade que "a diversidade dos direitos da personalidade não comporta tarifação legal", *'a fortiori'* os danos sociais, coletivamente considerados, tem extensão casuística, variável.

Os fundamentos dos sistemas *fechados* ou *parcialmente fechados*, todavia, não podem ser ignorados.

A *tarifação* de indenizações punitivas tem origem na *'tort reform'* norte-americana, como resposta aos "abusos" verificados na fixação dos *'punitive damages'* pelas cortes/jurados daquele modelo[1169]. Como destaca Ricardo Dal Pizzol, "no contexto da *tort reform*", muitos estados norte-americanos estabeleceram "limites quantitativos aos *punitive damages*", os chamados *'statutory caps'*[1170]. Exemplifica que no Estado de Virgínia os danos punitivos não podem exceder US$350 mil, valor superior ao da Geórgia de US$250 mil; em outras unidades da federação os valores estão atrelados ao valor dos danos compensatórios (Colorado, Flórida e Alasca), mesclando as regras no Arkansas, Idaho, Carolina do Norte e Nova Jersey[1171].

1167 Godoy, Claudio Luiz Bueno de. **A liberdade de imprensa e os direitos da personalidade**. São Paulo: Atlas, 2001, p. 120.

1168 Andrade, Ronaldo Alves de. **Dano Moral e sua Valoração**, 2ª Ed. São Paulo: Atlas, 2011, p. 34.

1169 Lovett. "Exxon Valdez, Punitive Damages, and Tort Reform"... Ob. Cit., p. 1107.

1170 Pizzol. **As Funções Punitiva e Preventiva da Responsabilidade Civil**... Ob. Cit., p. 60.

1171 Pizzol. **As Funções Punitiva e Preventiva da Responsabilidade Civil**... Ob. Cit., p. 61-63.

Os *'statutory caps'* detém o "apelo da eficiência e simplicidade" na fixação dos *'punitive damages'*, mas, na prática, afastam a "individualização" do dano e, consequentemente, a "adequação" da punição. De acordo com Andrea Moore Hawkins, os tetos indenizatórios substituem a alegada arbitrariedade dos júris por um sistema igualmente "arbitrário que limita os danos uniformemente, sem considerar os fatos relevantes do caso concreto"[1172]. Mais, afirma que os limites indenizatórios impõem restrição ao aspecto preventivo, pois facilita *'ex ante'* a análise do "custo-benefício" do ilícito. O ofensor, ciente do valor máximo da indenização, verifica a conveniência econômica de persistir com o ilícito, esvaziando por completo a função preventiva dos *'punitive damages'*[1173].

Aliás, o *cálculo perverso* do ilícito é uma das justificativas da existência e acolhimento da indenização punitiva, ante a insuficiência do modelo estritamente reparatório. Para tanto, basta rememorar a questão moral associada ao célebre caso *'Grimshaw v. Ford Motor Co'* [1174]. Conforme apurado ao longo da demanda, a Ford tinha ciência do potencial lesivo do automóvel fabricado, mas, realizando o cálculo com base nas indenizações habitualmente fixadas pelas Cortes norte-americanas, reputou inconveniente a alteração do projeto e *'recall'* dos veículos – significativamente mais dispendiosos[1175]. O caso concreto, portanto, ilustra a impertinência de limites pecuniários fixos, como fixam alguns estados dos Estados Unidos da América e a lei argentina.

No modelo argentino, o artigo 52-A, da *'Ley 24.240'*, já citado, estabelece indenização punitiva no âmbito do direito do consumidor, prevê

[1172] No original: *"Moreover, even if the empirical data is wrong and jury verdicts are capricious and unpredictable as reformers assert, it is certainly no improvement to replace jury discretion with an even more arbitrary system that caps damages uniformly without considering all the relevant facts of a particular case"* (Hawkins, Andrea Moore. "Balancing Act: Public Policy and Punitive Damages Caps" in **South Carolina Law Review**, v. 49, n. 2, pp. 293-310, 1998, p. 305).

[1173] *"Caps and multipliers not only make adequate punishment less likely, they also prevent punitive damages from working as a deterrent. If defendants know ahead of time what their maximum liability will be, they may well make a cost-benefit decision to move ahead with the wrongful conduct. Some degree of uncertainty is necessary for the deterrent effect of punitive damages to work"* (idem, p. 306).

[1174] Civ. No. 20095. Court of Appeals of California, Fourth Appellate District, Division Two. May 29, 1981. Disponível em: <http://law.justia.com/cases/california/court-of-appeal/3d/119/757.html>, acesso em 10 de novembro de 2016.

[1175] Shaw, William H.; Barry, Vincent. **Moral Issues in Business**, 13ª Ed. Boston: Cengage Learning, 2016, p. 85-86.

um limite pecuniário expresso (*'tope máximo'*)[1176]. Segundo EDGARDO LÓPEZ HERRERA, o teto de cinco milhões de pesos argentinos com base no limite das sanções administrativas foi fundamental para a aprovação da figura dos danos punitivos no processo legislativo, sem o qual seria "impossível" a aprovação[1177].

A justificativa política e o temor por possíveis "arbitrariedades"[1178], contudo, impõe certa contradição jurídica entre a fundamentação dos *'daños punitivos'* e o limite pecuniário imposto. A controvérsia assemelha-se àquela atinente à legislação brasileira; também na Argentina, reconhece-se a *reparação integral* como garantia de constitucional[1179], inviável a imposição de "tetos indenizatórios" sobre a indenização moral[1180]. Ainda que distinta a figura punitiva expressamente admitida na legislação consumerista argentina (sem qualquer caráter retributivo), o limite pecuniário esvazia a razão de ser da indenização punitiva, impondo limite pecuniário que pode excluir as capacidades punitivas ou preventivas.

Resume JONATHAN BRODSKY que o valor é "arbitrário", porque fixado aleatoriamente pelo legislador, e "inexplicável", dado que incapaz de abranger situações que o enriquecimento indevido do ofensor com a conduta danosa supere este *'tope máximo'*. O teto pecuniário frustra o viés preventivo da indenização, pois permite que o fornecedor cal-

[1176] *Ley 24.240: "ARTICULO 52 bis: Daño Punitivo. Al proveedor que no cumpla sus obligaciones legales o contractuales con el consumidor, a instancia del damnificado, el juez podrá aplicar una multa civil a favor del consumidor, la que se graduará en función de la gravedad del hecho y demás circunstancias del caso, independientemente de otras indemnizaciones que correspondan. Cuando más de un proveedor sea responsable del incumplimiento responderán todos solidariamente ante el consumidor, sin perjuicio de las acciones de regreso que les correspondan.* ***La multa civil que se imponga no podrá superar el máximo de la sanción de multa prevista en el artículo 47, inciso b) de esta ley"*** (grifos não originais). O artigo 47 da referida Lei, por seu turno, estabelece o limite das multas administrativas – fixado em 5 milhões de pesos argentinos.

[1177] HERRERA. **Los Daños Punitivos**... Ob. Cit.; e ÁLVAREZ. **Repensando la Incorporación**... Ob. Cit., p. 5.

[1178] HERRERA. **Los Daños Punitivos**... Ob. Cit., p. 355.

[1179] PIZARRO, Ramon Daniel. "Modernas Fronteras de la Responsabilidad Civil: El Derecho a la Reparación desde la perspectiva Constitucional" in **Anales de la Academia Nacional de Derecho y Ciencias Sociales de Córdoba**, Córdoba (Argentina), pp. 405-416, 2005, p. 406. Disponível em: <www.acader.unc.edu.ar>, acesso em 02 de novembro de 2016.

[1180] MOSSET ITURRASPE, Jorge. "Inconstitucionalidad de los topes indemnizatorios de origen legal respecto de los daños injustos (violatorios de la Constitución Nacional y de los tratados internacionales)" in **Revista de Derecho de Daños**, 2001, pp. 125 e seguintes, 2004.

cule seus lucros com o ilícito, levando em conta tal quantia e optando, mesmo assim, pela conduta danosa (mais lucrativa)[1181].

Avaliando a *'tort reform'* nos Estados Unidos da América, Ryan Strasser sugere um "meio termo", rechaçando a fixação de limites pecuniários. Aventa, no entanto, a adoção dos danos compensatórios como teto para a fixação dos *'punitive damages'*; excepcionalmente, a indenização punitiva pode suplantar o valor dos danos compensatórios, hipótese que, todavia, altera o *'standard'* probatório. A indenização além da razão 1:1, portanto, exige prova "além da dúvida razoável" (*'beyond a reasonable doubt'*) da conduta dolosa do ofensor[1182].

Dentre nós, prevalece a resistência às figuras tarifadas da indenização punitiva. Flávio da Costa Higa assevera que a fixação prévia de valores indenizatórios "debilitaria sensivelmente o objetivo dissuasório", seja porque excluiria a margem de individualização do valor pelo magistrado, seja por "aniquilar a imprevisibilidade em relação ao *'quantum'*, que é elemento primordial do desestímulo". O repúdio ao aspecto randômico se dá com a fixação de uma "base principiológica" e a "busca sincera por padrões de apuração do montante condenatório"[1183].

O anseio por limites às indenizações punitivas, até como forma de legitimação e segurança jurídica, é válido – punição não pode ser confundida com arbitrariedade. No entanto, reputamos inconveniente a fixação *'ex ante'* de um valor limite para o dano social, primeiro porque inexiste amparo legal para tanto, segundo porque esvaziaria sua fina-

[1181] *"No solo nos parece arbitrario este límite, sino que nos oponemos a la existencia misma de un techo para los daños punitivos. No hay razón para que, si en el caso se determina que el enriquecimiento indebido a costa del consumidor ha sido de tal magnitud que su desbaratamiento implica una condena por daño punitivo superior a cinco millones de pesos, el juez se vea impedido de hacerlo por un inexplicable límite legal. Del mismo modo, también se ve obstaculizada la prevención de daños futuros, cuando el proveedor pueda calcular que, por ser limitada la cuantía máxima de la multa civil del art. 52 bis, la ganancia que obtendrá con el incumplimiento ante los consumidores será mayor"* (Brodsky, Jonathan M., "Daño punitivo: prevención y justicia en el derecho de los consumidores" in **Lecciones y Ensayos**, n. 90, pp. 277-298, 2012. p. 293).

[1182] *"The proposal is two-part: (1) impose a 1:1 punitive-to-compensatory damages cap on punitive damage awards; and (2) for cases in which the plaintiff requests a punitive damage award in excess of the 1:1 ratio, allow the jury to exceed the cap only if the plain- tiff can prove beyond a reasonable doubt that the defendant acted with an evil mind"* (Strasser, Ryan J. "Punitive Damages Caps: A Proposed Middle Ground After Exxon Shipping Co. V. Baker" in **Cornell Journal of Law and Public Policy**, v. 19, pp. 773-793, 2009-2010, p. 793).

[1183] Higa. **Responsabilidade Civil Punitiva**... Ob. Cit., p. 406.

lidade e razão de existir (efeitos preventivos da pena). Como aponta Paula Meira Lourenço, a *indeterminação* prévia é "garantia de eficácia" da indenização punitiva[1184]. O paradigma nacional da reparação de danos extrapatrimoniais é *aberto*, descabida a fixação de limites pecuniários; o que, todavia, não impede a definição de critérios próprios rigorosos e, principalmente, a revisão dos valores com base na *proporcionalidade*.

8.2.2. *Precedentes nacionais*

Independentemente da análise já pormenorizada em capítulo antecedente, os escassos precedentes que admitiram indenizações por dano social trazem aspectos relevantes também no tocante à quantificação. O que se nota em comum é a reiteração dos argumentos que ensejaram o reconhecimento do dano social, sem, contudo, fundamentação específica sobre o porquê do valor adotado.

Em geral, os valores fixados reforçam o subcapítulo anterior, porque arbitrados de forma absolutamente dissociada dos danos compensatórios ou de qualquer limite legal aplicado por analogia. Apenas a decisão do Tribunal de Justiça do Estado do Rio de Janeiro, que indiretamente aproxima os conceitos de dano social e dano moral coletivo, baseia-se no "lucro" do ofensor, para a definição do *'quantum'*, definindo a indenização com base nos prejuízos da população com a irregularidade no preço das passagens, correspondente, em verdade, ao dano material experimentado pelos cidadãos – cita-se:

> "No caso dos autos, é possível delinear o valor da indenização punitiva devida pelos demandados a título de danos sociais por meio da apuração do lucro indevidamente percebido às custas daqueles passageiros que deveriam ter sido cobrados tão somente pela tarifa básica e, sem chance de escolha, pagaram pelo valor da tarifa diferenciada correspondente a um suposto benefício por eles não utilizado"[1185].

Nos precedentes do Tribunal de Justiça do Rio Grande do Sul, pela fraude em sistema de loterias ('Toto Bola'), ficou reconhecido que "os danos sociais causados pela ré [ofensora] foram maiores do que os

[1184] Lourenço. **A Função Punitiva da Responsabilidade Civil.** Ob. Cit., p. 193.
[1185] TJRJ, Ap. n. 0198586-29.2010.8.19.0001, Rel. Des. Paulo Sérgio Prestes (2ª Câmara Cível), j. 17/02/2016.

danos individualmente sofridos pelos autores das diversas demandas que já aportaram na Justiça". A "pena privada", portanto, foi acolhida com base no valor sugerido pelas vítimas, no teto pecuniário do Juizado Especial Cível, ou seja, quarenta salários-mínimos (então equivalentes a R$10.400,00 - dez mil e quatrocentos reais)[1186]. A singularidade reside na fixação desta verba, em favor do Fundo Estadual de Defesa de Direitos Difusos, em mais de cento e setenta demandas, o que resultou em condenação de cerca de R$1.830.400,00 (um milhão, oitocentos e trinta mil e quatrocentos reais)

Referidas decisões, todavia, não consignam especial fundamentação quanto aos valores arbitrados, além daquelas razões ínsitas da indenização punitiva (*v.g.* repercussão difusa e insuficiência do modelo estritamente reparatório). A necessidade de superação do modelo individual da indenização, em prol de uma função punitiva capaz de superar a reiteração ou gravidade da conduta, é comum aos julgados.

No acórdão da 4ª Câmara de Direito Privado do TRIBUNAL DE JUSTIÇA DO ESTADO DE SÃO PAULO, em que se apreciou a recusa de internação por plano de saúde, a *função da responsabilidade civil* foi a justificativa para a adoção do dano social. O montante fixado em favor do Hospital das Clínicas (R$1.000.000,00 - um milhão de reais) serviria para "acabar com os efeitos da crise provocada pelos chamados efeitos repetitivos da ilicitude".

Segundo o Relator, o "lucro desmedido à custa das transgressões" massificadas do contrato, em afronta à legislação e à jurisprudência (inclusive sumulada), permite a definição de valor capaz de "despertar a noção de cidadania da seguradora"; ressaltando, ainda, que o valor deverá ser extraído dos lucros. Deste modo, embora ausente menção específica sobre as razões do valor fixado, a decisão consignou expressamente que a condenação não poderia ensejar o aumento da sinistralidade, isto é, ser repassado aos consumidores - exigindo prova de que a sanção seria paga com os lucros da sociedade[1187].

A despeito da posterior nulidade decretada pelo TRIBUNAL DE JUSTIÇA DO ESTADO DE SÃO PAULO (capítulo de danos sociais

[1186] TJRS, Recurso Inominado Cível n. 71001249796, Rel. Des. Eugênio Facchini Neto (3ª Turma Recursal), j. 27/03/2007.

[1187] TJSP, Ap. n. 0027158-41.2010.8.26.0564, Rel. Des. Carlos Teixeira Leite (4ª Câmara de Direito Privado), j. 18/07/2013.

'extra petita'[1188]), a sentença destacada que fixou R$500.000,00 (quinhentos mil reais) de dano social em desfavor da Unimed Paulistana acrescentou a questão do *'law and economics'* na análise da conduta ("o custo para ela de sua recusa é menor do que o custo gerado pelo cumprimento do contrato"). Contudo, também não menciona a justificativa para o montante arbitrado[1189]. No mesmo sentido, a afamada decisão que impôs indenização de R$5.000.000,00 (cinco milhões de reais), também anulada pelo Colégio Recursal com base no precedente paradigma (art. 543-C, do Código Buzaid), alude ao capital social do ofensor, mas, não explica a lógica matemática do valor fixado[1190].

Em resumo, excetuado o precedente do TRIBUNAL DE JUSTIÇA DO RIO DE JANEIRO que tangencia de forma punitiva conceitos já sedimentados do dano moral coletivo, as demais decisões destacadas, ora reiteradas, não subsistiram ou subsistirão, porque em desacordo com o precedente do SUPERIOR TRIBUNAL DE JUSTIÇA na Reclamação n. 12.062/GO. Independente da legitimidade/destinação ou da nulidade da adoção do dano social *'ex officio'* que amparam as decisões que afastam tais condenações, deve-se destacar a insegurança jurídica dos montantes fixados, sem qualquer critério expresso, em desfavor da própria figura do dano social.

As decisões em destaque devem ser exaltadas por superar o modelo da punição implicitamente aplicada às indenizações por danos morais. Como aponta Ricardo Dal Pizzol, reiteradamente indica-se o propósito de punir e dissuadir, para a fixação dos danos morais, sem que seja fixada uma parcela específica da indenização – valendo-se de "frases mecanicamente reproduzidas" com eficácia mais retórica que punitiva ou preventiva[1191]. No mesmo sentido, sugere Fabrício Angerami Poli que o "problema" da quantificação está justamente na falta de "embasamento adequado" das indenizações com viés punitivo[1192]. E tal disfunção

[1188] TJSP, Ap. n. 1036078-45.2015.8.26.0100, Rel. Des. Márcia Dalla Déa Barone (3ª Câmara de Direito Privado), j. 02/06/2016.

[1189] TJSP, Proc. n. 1036078-45.2015.8.26.0100, sentença proferida em 30 de setembro de 2015 (Juiz Guilherme Madeira Dezem – 44ª Vara Cível do Foro Central da Capital).

[1190] TJSP, Proc. n. 0005261-74.2013.8.26.0297, sentença proferida em 12 de novembro de 2013 (Juiz Fernando Antônio de Lima – Vara do Juizado Especial Cível e Criminal da Comarca de Jales).

[1191] Pizzol. **As Funções Punitiva e Preventiva**... Ob. Cit., p. 329.

[1192] Poli. **O Dano Social**. Ob. Cit., p. 219.

se mostra especialmente temerária no âmbito das decisões especialmente temerária no âmbito do dano social, por sua repercussão.

Apesar das críticas no âmbito das indenizações por danos morais, deve-se reconhecer que a ausência de critérios ou valores legais expressos não impediu o aperfeiçoamento da fundamentação, com a menção doutrinária e jurisprudencial a diversos critérios. Os precedentes atinentes ao dano social, contudo, sequer mencionam estes fatores usualmente admitidos para justificar os valores fixados, limitando-se a fundamentar o dever de indenizar com os requisitos aventados por ANTONIO JUNQUEIRA DE AZEVEDO.

Se há algum raciocínio na adoção de quinhentos mil, um milhão ou cinco milhões de reais, não consta das decisões citadas; o que, além de violar o artigo 93, inciso IX, da Constituição Federal[1193], denota quantificação com *arbitrariedade* e, consequentemente, deslegitima a "nova categoria de dano". Não bastam os fundamentos do reconhecimento do *'an debeatur'*; ainda que abertos, impõem-se critérios na definição do *'quantum debeatur'* do dano social – vitais para a compreensão do montante fixado, a fim de legitimá-lo dentro da teoria da indenização punitiva, permitir o controle recursal e, principalmente, repelir arbitrariedades.

8.2.3. *Precedentes norte-americanos*

Além da *'tort reform'*, que estabeleceu, dentre outros aspectos, limites indenizatórios (*'statutory caps'*) em diversos estados, os *'punitive damages'* sofreram relevante balizamento pela SUPREMA CORTE DOS ESTADOS UNIDOS DA AMÉRICA. Explicita RICARDO DAL PIZZOL que nas décadas de 1990 e 2000, a SUPREMA CORTE norte-americana dedicou-se ao controle das indenizações punitivas, a fim de reduzir valores "grosseiramente excessivos", violadores do "devido processo legal substantivo"[1194]. Neste esteio, a Corte Constitucional dos Estados Unidos da América estabeleceu alguns critérios ("fatores") para a fixação

[1193] *"Art. 93. (...) IX – todos os julgamentos dos órgãos do Poder Judiciário serão públicos, e fundamentadas todas as decisões, sob pena de nulidade, podendo a lei limitar a presença, em determinados atos, às próprias partes e a seus advogados, ou somente a estes, em casos nos quais a preservação do direito à intimidade do interessado no sigilo não prejudique o interesse público à informação"* (Constituição Federal de 1988).

[1194] Cf. Item 4.1 deste trabalho e PIZZOL. **As Funções Punitiva e Preventiva**... Ob. Cit., pp. 96 e seguintes.

dos *'punitive damages'*, cuja conveniência do estudo é evidente dada a aproximação das figuras punitivas.

Como já destacado, o caso *BMW of North américa Inc. v. Gore* (1996) trouxe três fatores (*'guideposts'*) para a aferição da constitucionalidade dos *'punitive damages'* [1195]. Decidiu a SUPREMA CORTE que o montante fixado pelas Cortes inferiores no caso era excessivo porque incompatível com (i) o grau de reprovabilidade do ofensor; (ii) a disparidade entre o dano sofrido ou potencial (*'compensatory damages'*); e (iii) a discrepância entre os *'punitive damages'* e as multas civis previstas ou impostas em casos análogos[1196].

(i) *Grau de reprovabilidade da conduta*

Ressalta o voto-condutor (*Justice* STEVENS) que o "mais importante" dos indícios de razoabilidade da indenização punitiva é o vínculo com a conduta do ofensor e o seu grau de repreensibilidade. Ou, como afirmado pela SUPREMA CORTE em precedente de 1852, os *'exemplary damages'* devem refletir "a enormidade de sua ofensa", já que a natureza punitiva não os dissocia completamente da ofensa, cuja proporcionalidade deve ser observada[1197].

No caso concreto, a maioria dos *Justices* entendeu que não havia elementos agravantes capazes de justificar os *'punitive damages'* no montante indicado pelas instâncias inferiores; para tanto, levaram em consideração, também, o *reflexo exclusivamente patrimonial* da conduta,

[1195] SERPA. **Indenização Punitiva.** Ob. Cit., p. 102.

[1196] *"Three guideposts, each of which indicates that BMW did not receive adequate notice of the magnitude of the sanction that Alabama might impose for adhering to the nondisclosure policy adopted in 1983, lead us to the conclusion that the $2 million award against BMW is grossly excessive: the degree of reprehensibility of the nondisclosure; the disparity between the harm or potential harm suffered by Dr. Gore and his punitive damages award; and the difference between this remedy and the civil penalties authorized or imposed in comparable cases"* (BMW of North America, Inc. v. Gore (94-896), 517 U.S. 559 (1996) – Opinion Justice STEVENS. Disponível em: <https://www.law.cornell.edu/supct/html/94-896.ZO.html>, acesso em 02/07/2016).

[1197] *"Perhaps the most important indicium of the reasonableness of a punitive damages award is the degree of reprehensibility of the defendant's conduct. As the Court stated nearly 150 years ago, exemplary damages imposed on a defendant should reflect "the enormity of his offense." Day v. Woodworth, 13 How. 363, 371 (1852). See also St. Louis, I. M. & S. R. Co. v. Williams, 251 U.S. 63, 66-67 (1919) (punitive award may not be "wholly disproportioned to the offense")"* – BMW of North America, Inc. v. Gore (94-896), 517 U.S. 559 (1996) – Opinion Justice STEVENS. Disponível em: <https://www.law.cornell.edu/supct/html/94-896.ZO.html>, acesso em 08 de janeiro de 2017.

a ausência de reincidência e a conduta processual (boa-fé)[1198]. Aqui, importante destacar que a SUPREMA CORTE não relevou a gravidade da conduta, tampouco afastou o cabimento dos *'punitive damages'*, apenas asseverou que a gravidade deveria ser mais bem avaliada para a fixação do *'quantum'* indenizatório, observando-se justamente o grau de reprovabilidade desta conduta (também abrangida aquela processual).

No julgamento do caso *Philip Morris USA v. Williams, 549 US. 346 (2007)*, a SUPREMA CORTE reiterou este fator para a aferição do *'quantum'* fixado a título de *'punitive damages'*[1199]. Em oposição ao decidido no *'leading case'* que estabeleceu os *'guideposts'* (*BMW v. Gore*), asseverou que há "particular repreensibilidade" a conduta que impõe risco generalizado[1200].

(ii) *Disparidade com os danos compensatórios*

O segundo fator seria a ("longeva") vinculação entre os danos punitivos e os danos compensatórios. Nos termos da *'opinion'* do *Justice* Stevens que conduziu o voto majoritário, os *'punitive damages' devem* ostentar "razoável relação" com os danos compensatórios, como indicam os múltiplos que os fundamentam desde os primórdios ingleses de 1275 (dobro, triplo ou quádruplo da indenização)[1201].

[1198] Pizzol. **As Funções Punitiva e Preventiva**... Ob. Cit., p. 105.

[1199] Pizzol. **As Funções Punitiva e Preventiva**... Ob. Cit., p. 111.

[1200] *"Respondent argues that she is free to show harm to other victims because it is relevant to a different part of the punitive damages constitutional equation, namely, reprehensibility. That is to say, harm to others shows more reprehensible conduct. Philip Morris, in turn, does not deny that a plaintiff may show harm to others in order to demonstrate reprehensibility. Nor do we. Evidence of actual harm to nonparties can help to show that the conduct that harmed the plaintiff also posed a substantial risk of harm to the general public, and so was particularly reprehensible–although counsel may argue in a particular case that conduct resulting in no harm to others nonetheless posed a grave risk to the public, or the converse. Yet for the reasons given above, a jury may not go further than this and use a punitive damages verdict to punish a defendant directly on account of harms it is alleged to have visited on nonparties"* – Philip Morris USA v. Williams, 549 U.S. 346 (2007) (Disponível em: <https://www.law.cornell.edu/supct/html/05-1256.ZO.html>, acesso em 08 de janeiro de 2017).

[1201] *"The principle that exemplary damages must bear a "reasonable relationship" to compensatory damages has a long pedigree. Scholars have identified a number of early English statutes authorizing the award of multiple damages for particular wrongs. Some 65 different enactments during the period between 1275 and 1753 provided for double, treble, or quadruple damages"* – BMW of North America, Inc. v. Gore (94-896), 517 U.S. 559 (1996) – Opinion Justice Stevens. Disponível em: <https://www.law.cornell.edu/supct/html/94-896.ZO.html>, acesso em 08 de janeiro de 2017.

O critério de razoabilidade já havia sido afirmado em outros precedentes [*Pacific Mutual Live Insurance Co. V Haslip, 499 U.S. 1 (1991)* e *TXO Production Corp. V. Alliance Resource Corp., 509 U.S. 443 (1993)*], oportunidades que a SUPREMA CORTE se recusou a fixar uma "linha divisória fixa (*'a mathematical bright line'*)"[1202], mas, indicando que determinadas proporções (*v.g.* 500:1) apresentariam significativa "suspeita" de que seriam "excessivas"[1203].

Embora as decisões das Cortes Estaduais sejam notórias pelo acolhimento de razões bastante desproporcionais (*v.g. 145:1*)[1204], a SUPREMA CORTE apurou que a média é de apenas 0,65:1; ou seja, as indenizações conferidas a título de *'punitive damages'* costumam ser inferiores aos danos compensatórios – conforme explicitado no precedente *Exxon Shipping Co. v. Baker, 554 U.S. 471 (2008)*[1205]. O aspecto mais relevante, porém, é a afirmação em todos os precedentes de que não há uma fórmula predeterminada, mas, sem dúvida, a razão entre os *danos punitivos* e os danos compensatórios é "fator" indiciário da razoabilidade da indenização fixada.

1202 PIZZOL. **As Funções Punitiva e Preventiva**... Ob. Cit., p. 102.

1203 *"Of course, we have consistently rejected the notion that the constitutional line is marked by a simple mathematical formula, even one that compares actual and potential damages to the punitive award. TXO, 509 U. S., at 458. Indeed, low awards of compensatory damages may properly support a higher ratio than high compensatory awards, if, for example, a particularly egregious act has resulted in only a small amount of economic damages. A higher ratio may also be justified in cases in which the injury is hard to detect or the monetary value of noneconomic harm might have been difficult to determine. It is appropriate, therefore, to reiterate our rejection of a categorical approach. Once again, "we return to what we said in Haslip: 'We need not, and indeed we cannot, draw a mathematical bright line between the constitutionally acceptable and the constitutionally unacceptable that would fit every case. We can say, however, that [a] general concer[n] of reasonableness (...) properly enter[s] into the constitutional calculus.'" TXO, 509 U. S., at 458 (quoting Haslip, 499 U. S., at 18). In most cases, the ratio will be within a constitutionally acceptable range, and remittitur will not be justified on this basis. When the ratio is a breathtaking 500 to 1, however, the award must surely "raise a suspicious judicial eyebrow." TXO, 509 U. S., at 482"* – BMW of North America, Inc. v. Gore (94-896), 517 U.S. 559 (1996) – Opinion Justice STEVENS. Disponível em: <https://www.law.cornell.edu/supct/html/94-896.ZO.html>, acesso em 08 de janeiro de 2017.

1204 Cf. State Farm Mut. Automobile Ins. Co. v. Campbell, 538 U.S. 408 (2003). Disponível em: <https://www.law.cornell.edu/supct/html/07-219.ZO.html>, acesso em 02 de janeiro de 2017.

1205 Exxon Shipping Co. v. Baker, 554 U.S. 471 (2008) (Disponível em: <https://www.law.cornell.edu/supct/html/07-219.ZS.html>, acesso em 08 de janeiro de 2017).

(iii) *Discrepância entre os 'punitive damages' e as multas civis*

O último indício apresentado no caso em destaque foi a discrepância entre os *'punitive damages'* fixados pela Corte do Alabama (US$ 2 milhões) e o limite das sanções impostas pela conduta no âmbito do Direito Administrativo – *in casu*, US$2 mil. Segundo o voto em comento, é necessário conferir "substancial deferência às ponderações já realizadas pelo legislativo"[1206].

Deve-se compreender este critério com parcimônia. No caso *Exxon Shipping Co. v. Baker, 554 U.S. 471 (2008)*, a SUPREMA CORTE estabeleceu que a previsão de multas em legislação específica não impede a adoção dos *'punitive damages'*. A Corte indicou que a lei marítima *não* ab-rogou o direito consuetudinário, para fazê-lo, a legislação deve abordá-lo diretamente, de forma que coexistem os sistemas de multas e indenizatório (consuetudinário)[1207].

Admitir que os valores fixados pelo direito tipicamente sancionador sirvam de limite aos *danos punitivos* significaria negar-lhe sua *'ratio essendi'*, permitindo, por exemplo, o cálculo perverso do "lucro ilícito". O que consignou a SUPREMA CORTE Norte-americana foi a excessiva "desproporção" entre os valores fixados pelo Poder Legislativo, a título de sanção administrativa, para condutas idênticas, indicando o "excesso" da indenização fixada pelo Judiciário. Em outras palavras, os valores estabelecidos como sanções administrativas para a conduta não consubstanciam limite, mas, devem ser observados como *parâmetro* da razoabilidade do montante.

8.2.4. *Critérios da quantificação*

Repelida a aplicabilidade da Lei de Imprensa (n. 5.250, de 1967), os critérios na afixação de danos extrapatrimoniais ficaram relegados à jurisprudência e à doutrina. Aqui, a quantificação do dano social encontra

1206 Tradução de PIZZOL. **As Funções Punitiva e Preventiva...** Ob. Cit., p. 106.

1207 *"All in all, we see no clear indication of congressional intent to occupy the entire field of pollution remedies, see, e.g., United States v. Texas, 507 U. S. 529, 534 (1993) ("In order to abrogate a common--law principle, the statute must speak directly to the question addressed by the common law" (internal quotation marks omitted)); nor for that matter do we perceive that punitive damages for private harms will have any frustrating effect on the CWA remedial scheme, which would point to preemption"* – Exxon Shipping Co. v. Baker, 554 U.S. 471 (2008) – Opinion Justice SOUTER. Disponível em: <https://www.law.cornell.edu/supct/html/07-219.ZO.html>, acesso em 08 de janeiro de 2017.

compatibilidade com os debates e critérios já aventados sobre os danos morais (individual e coletivo). A singularidade, no entanto, consiste no fato de que parte destes critérios usualmente mencionados (*v.g.* conduta do ofensor) integram o próprio conceito do dano social, o que não obsta que sejam considerados na definição da quantia indenizatória, atendendo ao disposto no artigo 944, do Código Civil. Os elementos ensejadores do dever de indenizar do dano social podem ser aferidos na definição da extensão deste dano.

Passemos, pois, à análise dos fatores aptos a definição do valor do dano social.

(a) Grau de reprovabilidade do ofensor

A despeito da objetivação da responsabilidade civil, longeva a admissão do grau de reprovabilidade do ofensor na definição do *'quantum debeatur'*. Enquanto pendia o debate sobre a reparabilidade dos danos morais no Brasil, a III Conferência Nacional de Desembargadores de 1965 estabelecera que os danos extrapatrimoniais deveriam ser fixados "ao inteiro arbítrio do Juiz", cuja análise tópica deveria considerar "a repercussão econômica" do dano, "a prova da dor" e o "grau de dolo ou culpa do ofensor"[1208]. No tocante ao dano social, como já mencionado, a reprovabilidade da conduta, especificamente o dolo ou a culpa grave, são requisitos da definição do *'an debeatur'*; isso, todavia, não obsta a aferição da reprovabilidade na quantificação do dano.

Repisa-se, aqui, a admissibilidade da indenização punitiva no contexto da responsabilidade civil objetiva[1209], desde que, neste capítulo da decisão, o juiz estabeleça *'standards'* distintos de prova. Como delineado nos capítulos antecedentes, a natureza punitiva depende de inequívoca demonstração do dolo ou da culpa grave; o que não fragiliza a responsabilidade civil, conforme acusavam os reformadores da matéria na transição dos dois séculos anteriores (cf. JOSSERAND e SALEILLES). A indenização de cunho compensatório está assegurada pelos mecanismos de abertura do instituto (teoria do risco, inversão do ônus da prova, flexibilização do nexo de causalidade), apenas a parcela punitiva

[1208] Apud. SILVA. **O Dano Moral e sua Reparação.** Ob. Cit., p. 365.

[1209] HIGA. **Responsabilidade Civil Punitiva...** Ob. Cit., p. 342.

do pedido demanda maior rigor probatório – o que se conforma com a natureza e excepcionalidade da verba em comento.

"O exame do comportamento negligente do agente e de seu descaso pelos direitos alheios não é um dado sepultado pelo triunfo da teoria objetiva"[1210]; como lecionam Cristiano Chaves De Farias, Nelson Rosenvald e Felipe Peixoto Braga Netto, a pena civil deve exercer o papel de "preço da culpa", não banalizando o aspecto punitivo, aplicável aos "casos mais graves", como "*extrema ratio*" – "não se trata de fazer uma escolha entre culpa ou risco, mas de trabalhar conjuntamente culpa e risco"[1211].

Neste esteio, Yussef Said Cahali aponta que "intensidade da culpa" consubstancia "proveitoso elemento informador" para o arbitramento dos danos morais[1212]. Na jurisprudência, o grau de reprovabilidade da conduta tem sido reiteradamente admitido pelos Tribunais pátrios na definição do '*quantum debeatur*' – às vezes, até de forma contraditória face a reiterada repulsa à função punitiva da responsabilidade civil.

O Superior Tribunal de Justiça, embora tenha afirmado em sede de recurso representativo de controvérsia (art. 1.036, do Código de Processo Civil) que é "inadequado pretender conferir à reparação civil" aspecto punitivo, explicitou na mesma decisão que o arbitramento deve ser feito com *moderação*, "proporcionalmente ao grau de culpa" [1213]. Na fundamentação, a Segunda Seção do STJ explicita a crítica de Maria Celina Bodin De Moraes, para quem a adoção de critérios punitivos significaria extrapolar a extensão do dano, limite da responsabilidade civil, conforme prevê o artigo 944, *caput*, do Código Civil; mas, paradoxalmente, admite nos parágrafos subsequentes a conduta do agente e o grau de culpa como elementos da quantificação do dano extrapatrimonial.

Sobre a admissão da culpa, os precedentes mais remotos indicam o reconhecimento do grau de reprovabilidade como elemento capaz de reduzir a indenização, especialmente considerada a culpa concor-

[1210] Farias; Rosenvald; Netto. **Curso de Direito Civil** – Responsabilidade Civil... Ob. Cit., p. 211.

[1211] Farias; Rosenvald; Netto. **Curso de Direito Civil** – Responsabilidade Civil... Ob. Cit., p. 211.

[1212] Cahali. **Dano Moral**. Ob. Cit., p. 177.

[1213] STJ, REsp. n. 1.354.536/SE; Segunda Seção, Rel. Ministro Luis Felipe Salomão

rente[1214]. No entanto, o Superior Tribunal de Justiça já afirmou até mesmo o caráter punitivo da indenização moral em casos de dolo:

> "Sendo a conduta dolosa do agente dirigida ao fim ilícito de causar dano à vítima, mediante emprego de reprovável violência física, o arbitramento da reparação por dano moral deve alicerçar-se também no caráter punitivo e pedagógico da compensação"[1215].

Na mesma linha, os Tribunais de Justiça e Tribunais Regionais Federais[1216] reiteradamente aplicam a *intensidade da culpa* ou a *reprovabilidade da conduta* como critérios, mesmo que negada a função punitiva dos danos extrapatrimoniais. Resume ANTONIO JEOVÁ SANTOS: "ainda que o juiz não aceite esse aspecto punitivo da indenização, a realidade se sobrepõe a qualquer tendência doutrinária"[1217]. Neste propósito, a despeito do reconhecimento da utilidade da culpa como pressuposto deste trabalho, registrável a crítica de que melhor seria admitir expressamente a culpa como critério de arbitramento dos danos morais, a fim de conferir integridade à jurisprudência e, principalmente, previsibilidade.

No tocante ao dano social, os argumentos sobre a intensidade de culpa no dano extrapatrimonial adquirem maior relevância. Ínsita ao conceito da "nova categoria de dano", a reprovabilidade da conduta também serve de critério apto a definir sua extensão. Contrapondo a crítica de FABRÍCIO ANGERAMI POLI, que refuta a análise da culpa porque "dificultará a indenização das vítimas"[1218], entendemos que a intensidade da

[1214] *"A indenização deve ser proporcional ao grau de culpa das partes envolvidas, procurando reparar o dano de forma integral, para quem dele não participou, e de forma concorrente, em caso de participação de ambas as partes"* (STJ, REsp. n. 284.499/RS – Rel. Min. Salvio de Figueiredo Teixeira, j. 28/11/2000).

[1215] STJ, REsp. n. 839.923/MG; 4ª Turma, Rel. Min. Raul Araújo – j. 15/05/2012.

[1216] Por todos, veja-se: TJSP, Ap. n. 0005607-06.2013.8.26.0659, Rel. Des. Rômolo Russo, 7ª Câmara de Direito Privado, Data do julgamento: 16/12/2016; TJSP, Ap. n, 1015890-94.2016.8.26.0100, Rel. Des. Eduardo Siqueira, 38ª Câmara de Direito Privado, Data do julgamento: 15/12/2016; TJAC, Ap. n. 0714674-47.2014.8.01.0001, Rel. Des. Eva Evangelista, 1ª Câmara Cível, Data do julgamento: 20/09/2016; TJRS, Ap. n. 70072042823, 5ª Câmara Cível, Rel. Des. Jorge Luiz Lopes do Canto, Data do julgamento: 19/12/2016; TRF 1ª Região, Ap. n. 0000725-51.2005.4.01.3200, Rel. Des. João Batista Moreira, 5ª Turma, Data do Julgamento: 09/04/2014.

[1217] SANTOS. **Dano Moral Indenizável**. Ob. Cit., p. 154.

[1218] POLI. **O Dano Social**. Ob. Cit., p. 223.

culpa é fato definidor do dano social, já aferido na definição do dever de indenizar. Logo, a quantificação apenas se valerá de elementos probatórios outrora analisados para aquilatar a ocorrência de um dano social, impositiva a valoração da reprovabilidade no montante arbitrado.

Anteriormente definida a distinção entre a culpa grave e o dolo (elementos do dever de indenizar punitivo), deve ser reconhecido tratamento distinto a cada uma das figuras no momento da fixação do *'quantum debeatur'*. Conforme admitido por Poli, com base no precedente norte-americano *Broome V. Cassel & Co. Ltda.*, a "ação intencional ou fraudulenta em direção ao dano" poderá majorar o valor indenizatório[1219]. Sem dúvida, o dolo deve ser tratado com maior rigor que a culpa grave, mas, até mesmo a culpa grave pode ser cindida, com base elementos que integrarão outros critérios (*v.g.* repercussão da conduta e reincidência).

Em síntese, o grau de reprovabilidade da conduta, a partir da aferição da culpa grave ou dolo (que integram o conceito do dano social), constitui fator preponderante na definição do valor da indenização social. Dolo e culpa grave têm limites tênues, mas, quando identificada a primeira espécie, impõe-se maior reprovação da conduta. Admitida a função punitiva da responsabilidade civil, não há obstáculo no reconhecimento do grau de culpa como elemento integrante do conceito de extensão do dano (art. 944, do Código Civil); a natureza social do dano permite qualificá-lo de acordo com sua repercussão, o que, sem dúvida, integra a análise do grau de reprovabilidade.

(b) Reincidência e reiteração danosa

Embora pudessem integrar o critério do grau de reprovabilidade, a reincidência ou reiteração da conduta ilícita apresentam especialidade que nos permite mencioná-las de forma apartada àquele primeiro elemento utilizado na definição do *'quantum'*. Aqui, a reiteração também pode servir de fundamento para qualificar o dano social; como, por exemplo, a hipótese do dano social por *microlesões* – pune-se a repetição de condutas contrárias ao direito que individualmente não se mostram especialmente censuráveis, mas, face o caráter generalizado (*ilícito lucrativo*), adquirem relevância *social*.

[1219] Poli. **O Dano Social**. Ob. Cit., p. 223.

Veja-se que a Lei de Imprensa estabelecia expressamente a existência de "condenação anterior em ação criminal ou cível fundada em abuso no exercício da liberdade de manifestação do pensamento e informação" como critério para a quantificação dos danos extrapatrimoniais[1220]. E, como já ressalvado, apesar da não recepção da norma pela Constituição Federal de 1988, os parâmetros ali aventados ainda influenciam as decisões e reflexões sobre a extensão dos danos[1221].

Resiste, porém, a dúvida de como aferir este critério no âmbito civil. A reincidência no Direito Penal tem amparo específico na norma (artigo 63, do Código Penal[1222]), o que não significa a harmonia em sua aplicação – para alguns, até mesmo, não pode ser considerada, pois inconstitucional[1223]. Sem dúvida, a utilização na esfera cível (ainda que para fins punitivos) denota menor restrição àquela própria do direito penal – a análise é tópica e demanda a fundamentação como elemento capaz de verificar a proporcionalidade dos aspectos considerados.

Tal qual no âmbito penal, o agravamento pela reincidência tem duas vertentes – uma retrospectiva, impondo verdadeira punição ao agente reiteradamente descomprometido com a norma, outra prospectiva, com nítido caráter preventivo, a fim de desestimulá-lo a praticar novos ilícitos. Neste propósito, inquestionável que a *sucessão* de condutas deve ser

[1220] *"Art. 53. No arbitramento da indenização em reparação do dano moral, o juiz terá em conta, notadamente: (...) II – A intensidade do dolo ou o grau da culpa do responsável, sua situação econômica e sua* ***condenação anterior em ação criminal ou cível fundada em abuso no exercício da liberdade de manifestação do pensamento e informação****"* (Lei n. 5.250, de 1967 – grifos não originais).

[1221] Miragem. **Direito Civil** : Responsabilidade Civil. Ob. Cit., p. 388.

[1222] *"Art. 63. Verifica-se a reincidência quando o agente comete novo crime, depois de transitar em julgado a sentença que, no País ou no estrangeiro, o tenha condenado por crime anterior"* (Código Penal).

[1223] A Corte Interamericana de Direitos Humanos (CIDH n. 126, Caso *Fermin Ramirez vs. Guatemala*, 20 de julho de 2005) estabeleceu a *inconvencionalidade* de decisão do Judiciário da Guatemala que levou em consideração "juízos de personalidade", incompatíveis com o 9º, do Pacto de *San José da Costa Rica*, porque violadores do princípio da culpabilidade e do '*ne bis in idem*' – disponível em: <http://www.corteidh.or.cr/docs/casos/articulos/seriec_126_esp.pdf> (Paiva, Caio; Heeman, Thimotie Aragon. **Jurisprudência Internacional de Direitos Humanos**, 1ª ed. Manaus: Dizer o Direito, 2015, p. 93). O Supremo Tribunal Federal, contudo, já sedimentou a constitucionalidade da reincidência como agravante da pena (RE. n. 453.000) – "ignorando" o posicionamento da Corte Interamericana (Gomes, Luiz Flávio. "*Reincidência: novo conflito entre o STF e a Corte Interamericana*" in **Jornal Carta Forense**, 03 de maio de 2013. Disponível em: <http://www.cartaforense.com.br/conteudo/colunas/reincidencia-novo--conflito-entre-o-stf-e--a-corte-interamericana/11076>, acesso em 20 de janeiro de 2017).

levada em consideração para a quantificação do dano social. Ao tratar da valoração dos danos extrapatrimoniais, ensina SERGIO CAVALIERI FILHO:

> "(...) não pode, nem deve, ser insignificante, mormente diante da situação econômica do ofensor, eis que não pode constituir estímulo à manutenção de práticas que agridam e violem direitos do consumidor. Assim, entendemos que a indenização pelo dano moral, além de proporcionar ao ofendido um bem-estar psíquico compensatório pelo amargor da ofensa, deve ainda representar uma punição para o infrator, capaz de desestimulá-lo a reincidir na prática do ato ilícito"[1224].

E, neste exato sentido, os Tribunais pátrios reafirmam a dupla vertente prospectiva e retrospectiva. Inúmeros precedentes mencionam fixação da indenização extrapatrimonial, para que o agente "não venha a reincidir"[1225], não só pelo viés preventivo, mas, também punitivo[1226] (viés prospectivo). Outros tantos precedentes consignam expressamente a majoração dos danos extrapatrimoniais de acordo com a reincidência e reiteração da conduta. O Tribunal de Justiça do Estado do Rio de Janeiro, por exemplo, asseverou que a reiteração da conduta indevida constitui maior reprovabilidade – "reiteração de conduta reprovável, tendo em vista a sentença transitada em julgado perante o juízo cível, a demonstrar desprezo pelo consumidor e descaso com a decisão judicial"[1227].

O precedente destacado, ainda, permite o questionamento sobre a necessidade de condenação judicial para aferir a reiteração/reincidência, para fins de análise do grau de reprovabilidade do dano social. A despeito da influência do texto da Lei n. 5.250, de 1967, que exigia tal condenação, entendemos que a sentença condenatória apenas agrava a conduta – demonstrando o *descaso* ou *desprezo* reiterado à ordem jurí-

1224 CAVALIERI FILHO. **Programa de responsabilidade civil...** Ob. Cit., p. 92-93.

1225 Superior Tribunal de Justiça, AgInt. no AREsp. 925.161/SP, Rel. Ministro Herman Benjamin, Segunda Turma, julgado em 25/10/2016, DJe. 08/11/2016.

1226 *"Cabe ao Superior Tribunal de Justiça o controle do valor fixado a título de indenização por dano moral, que não pode ser ínfimo ou abusivo, diante das peculiaridades de cada caso, mas sim proporcional à dúplice função deste instituto: reparação do dano, buscando minimizar a dor da vítima, e punição do ofensor, para que* não volte a reincidir" (STJ, REsp. n. 575.023/RS, Rel. Ministra Eliana Calmon, Segunda Turma, julgado em 27/04/2004, DJe. 21/06/2004, p. 204).

1227 TJRJ, Ap. n. 1018194-40.2011.8.19.0002, Rel. Des. Elton Martinez Carvalho Leme, 17ª Câmara Cível; j. 04/12/2013; DJe. 10/02/2014.

dica, inclusive às decisões condenatórias do Poder Judiciário. Neste propósito, inclusive, o ilícito reiterado ao arrepio de seguidas condenações pode qualificar evidente *opção* da parte pelo "ilícito lucrativo". Deste modo, o cálculo "perverso" integra a extensão do dano social.

Inexiste, entretanto, justificativa para que a reincidência seja considerada apenas na hipótese de sentença condenatória. Ainda que na esfera punitiva, o direito civil não se circunscreve à legalidade penal (restrita); a "flexibilidade" da responsabilidade civil[1228], inclusive, integra as justificativas deste trabalho para a adoção de um mecanismo apto a responder ao anseio de "modular condutas", independente das *amarras* típicas do direito sancionador.

Verdadeiramente, o *'standard'* de prova deve ser igualmente rigoroso àquele aplicado na verificação da culpa grave ou dolo. Embora inexigível decisão judicial ou trânsito em julgado como ocorre na esfera penal, a fundamentação do caso concreto consubstancia requisito de validade da decisão, permitindo o controle (duplo grau de jurisdição) de razoabilidade e proporcionalidade. E, à semelhança do juízo sobre a *repercussão difusa* do dano social, pode-se reiterar a validade de múltiplos fatores para a definição da reincidência/reiteração da conduta, dentre eles, a jurimetria. Assim como a sentença em caso análogo, as estatísticas dos Tribunais evidenciando a repetição de demandas sobre o mesmo tema podem fundamentar maior reprovabilidade da conduta, a ser incluída como fator na fixação do dano social.

Por último, o critério da reincidência deve ser debatido de acordo com o lapso temporal. Considerado o limite temporal de cinco anos no âmbito penal[1229], haveria alguma limitação no âmbito civil? Inconteste o reflexo do tempo na esfera cível (*v.g.* prescrição e decadência), não há dúvida da desproporção de uma indenização majorada pela reincidência baseada em conduta idêntica de décadas; em sentido contrário, a repetição da conduta por anos se mostra mais censurável que aquela temporária. Por isso, não há como afirmar um lapso temporal objetivo como

[1228] MONTEIRO; MALUF; TAVARES DA SILVA. **Curso de Direito Civil** – Direito das Obrigações... Ob. Cit., p. 584.

[1229] *"Art. 64. Para efeito de reincidência: I – não prevalece a condenação anterior, se entre a data do cumprimento ou extinção da pena e a infração posterior tiver decorrido período de tempo superior a 5 (cinco) anos, computado o período de prova da suspensão ou do livramento condicional, se não ocorrer revogação"* (Código Penal).

previsto na lei penal, mas, inafastável o reflexo do tempo na definição da gravidade da conduta reiterada. Aliás, se conhecido, o dano protraído no tempo reflete menor repercussão lesiva, já que sem oposição por longo período – como já reconheceu o Superior Tribunal de Justiça[1230].

Em síntese, a reiteração ou reincidência são aspectos da gravidade da conduta, a serem aferidos de maneira tópica – capazes de aumentar ou reduzir o *'quantum'* indenizatório a título de danos sociais. Ilustrando, o referido critério foi expressamente destacado no precedente citado da 4ª Câmara do Tribunal de Justiça de São Paulo, que impôs danos sociais à empresa de saúde que impôs restrição ao contrato "após várias decisões sobre esse assunto", reputando especialmente danosas "as reiteradas e descabidas as recusas de cobertura" ao arrepio de entendimento sumulado e diversas condenações judiciais[1231].

(c) Intensidade e repercussão do dano

Segundo Mirna Cianci, a "intensidade do sofrimento" compõe, ao lado da conduta do ofensor, o "mais importante critério na aferição do valor indenizatório"[1232]. E, superado o conceito dos danos extrapatrimoniais como dor ou sofrimento[1233], parece mais acertada para a figura do dano social o critério classificado por Antonio Jeová Santos como a "gravidade da lesão e sua repercussão"[1234]. Ao contrário dos parâmetros expostos até então, volta-se o foco às vítimas, apurando intensidade do dano, sua natureza e gravidade[1235].

O critério, segundo Bruno Miragem, parte de uma "exigência de proporcionalidade para distinguir entre diversos danos" – avaliando, por exemplo, se repercutem de forma temporária ("ocorrência se esgota no

[1230] *"A demora no ingresso em juízo, de modo exagerado em proporção ao dano sofrido, se apresenta na jurisprudência como fato capaz de impor redução ao valor da condenação"* (Cianci. **O Valor da Reparação Moral**. Ob. Cit., p. 153) e STJ, REsp. n. 244.839/RJ, Rel. Min. Sálvio de Figueiredo Teixeira, Quarta Turma, j. 15/06/2000.

[1231] TJSP, Ap. n. 0027158-41.2010.8.26.0564; Rel. Des. Teixeira Leite; Comarca: São Bernardo do Campo; Órgão julgador: 4ª Câmara de Direito Privado; Data do julgamento: 18/07/2013; Data de registro: 19/07/2013.

[1232] Cianci. **O Valor da Reparação Moral**. Ob. Cit., p. 158.

[1233] *"O dano será a lesão em si, a algum direito da personalidade, não será a lágrima derramada em decorrência dessa lesão"* (Andrade. **Dano Moral e Indenização...** Ob. Cit., p. 68).

[1234] Santos. **Dano Moral Indenizável**. Ob. Cit., p. 131.

[1235] Miragem. **Direito Civil**: Responsabilidade Civil. Ob. Cit., p. 389.

tempo") ou permanente ("se projetam no tempo")[1236]. E, neste julgamento de proporcionalidade, pode-se valer de idêntico raciocínio àquele já aplicado para aferir a *repercussão difusa* (requisito de existência do dano social). Se a aferição do dano social depende da análise da *gravidade* e *repercussão social* da conduta ilícita, os mesmos parâmetros já aventados (jurimetria, índice de desenvolvimento humano e índice de progresso social) também corroboram na definição do *'quantum debeatur'*.

Evidente que o juiz não tem formação técnica ou instrumentos suficientes para apurar os reflexos precisos da conduta danosa. O número de variáveis dos índices de desenvolvimento e progresso humano já elencados ostenta complexidade que obsta uma conclusão simplista de que a indenização estaria vinculada à queda significativa de quaisquer destes fatores. Possível, no entanto, que o magistrado fixe o valor de acordo com a "gravidade objetiva do dano", a partir de seus elementos "perceptíveis"[1237]. Os reflexos diretos aos indicadores citados (saúde, bem-estar, segurança, saneamento, tolerância, liberdade, educação, direitos individuais, sustentabilidade, comunicação etc.) podem ser objetivamente distinguidos a partir de outros danos – no modelo comparativo, portanto, faz-se a avaliação da proporcionalidade da sanção a ser imposta com a *repercussão do dano.*

Em *'ultima ratio'*, o dano social consubstancia sanção do Estado imposta contra um particular ou outro órgão estatal; válidas, portanto, as lições doutrinárias sobre o princípio da *proporcionalidade*, cuja "principal finalidade é a contenção do arbítrio estatal, provendo critério para o controle das medidas restritivas"[1238]. Assegurar a eficácia do dano social, sem banalizá-lo, tampouco impor arbitrariedades, demanda o preenchimento dos elementos do princípio da proporcionalidade: *adequação, necessidade* e *proporcionalidade em sentido estrito*[1239].

[1236] MIRAGEM. **Direito Civil:** Responsabilidade Civil. Ob. Cit., p. 389.

[1237] BREBBIA, Roberto Horacio. **El Daño Moral**. Buenos Aires: Bibliográfica Argentina, 1950, p. 208.

[1238] NETO; SARMENTO. **Direito Constitucional – Teoria, História**... Ob. Cit., p. 382.

[1239] A doutrina alemã já indica que são cinco os "subprincípios" da proporcionalidade, integrando àqueles consagrados (adequação, necessidade e proporcionalidade em sentido estrito) outros dois elementos – objetivo legítimo e meio legítimo (KLATT, Matthias; MEISTER Moritz. *"Der Grundsatz der Verhältnismäßigkeit. Ein Strukturelement des globalen Konstitutionalismus"* in **Juristische Schulung**, ano 54, n. 3, p. 193-199. Disponível em: <https://dialnet.unirioja.es/servlet/articulo?codigo=4628616>, acesso em 20 de janeiro de

Somente estará caracterizada a proporcionalidade ("superconceito") quando a medida estiver em *conformidade* com os fins, isto é, seja *adequada* aos fins subjacentes; caracterizar a "menor ingerência possível" (necessidade); e, cumulativamente, guardar proporcionalidade em sentido estrito, observada a partir da ponderação entre o resultado obtido e o interesse afetado[1240]. Resumem Gilmar Ferreira Mendes e Paulo Gustavo Gonet Branco: "de qualquer forma, um juízo definitivo sobre a proporcionalidade da medida há de resultar da rigorosa ponderação e do possível equilíbrio entre o significado da intervenção para o atingido e os objetivos perseguidos"[1241].

Em síntese, a quantificação do dano social deve corresponder à gravidade e repercussão do caso concreto, considerados os fatores que o constituíram, avaliados sob o enfoque da proporcionalidade. Ao julgar a proporcionalidade do dano social, o montante indenizatório deve ser idôneo para a punição pretendida (*adequado*), não pode ser mais oneroso que o necessário para alcançar esta finalidade (*necessário*) e, ainda, deve ser fixado de acordo com a proporcionalidade em sentido estrito, ou seja, de forma a equilibrar o fim pretendido e a natureza excepcional de sua aplicação, sem ensejar arbitrariedades, mas suficiente para *compensar* a coletividade pela repercussão do dano.

(d) Danos Materiais e Morais

A despeito da *autonomia*, ilidível a influência das demais figuras de danos na quantificação dos danos sociais. Ainda que os danos materiais e/ou morais aplicados tenham natureza, fundamento e destinação distintas, os valores fixados naqueles capítulos da decisão podem servir de parâmetro da razoabilidade do valor punitivo – o que não se confunde com a fixação de um *limite* ou proporção, como demonstrado no estudo do modelo de alguns estados norte-americanos (*'statutory caps'*).

A experiência norte-americana, a propósito, evidencia que a análise é tópica – "não existe uma linha matemática brilhante aplicável a todos

2017) – traduzido para o português por Costa Neto, João. "*A Máxima da Proporcionalidade: um elemento estrutural do constitucionalismo global*" in **Observatório da Jurisdição Constitucional**, Instituto Brasiliense de Direito Público (IDP), n. 1, ano 7, jan./jun. 2014, Brasília, pp. 23-41, 2014.

1240 Canotilho. **Direito Constitucional**. Ob. Cit., p. 382-383.

1241 Mendes, Gilmar Ferreira; Branco, Paulo Gustavo Gonet. **Curso de Direito Constitucional**, 10ª ed. rev. e atualizada (comemorativa). São Paulo: Saraiva, 2015, p. 227.

os casos entre o constitucionalmente aceitável e o constitucionalmente inaceitável"[1242]. Primeiro, os precedentes estrangeiros denotam a inconveniência e inviabilidade prática de se fixar, *'a priori'*, uma razão de 1:1 (equivalência) ou quaisquer múltiplos (2:1, 1:2, 1:3, 1:10 etc.) entre os danos punitivos e compensatórios. Nem sempre os danos compensatórios encontrarão limite *'razoável'* com o grau de eficiência na punição e prevenção pretendidas com os danos punitivos, como reiteradamente se verifica nos casos de microdanos ou *ilícitos lucrativos*. Segundo o escólio de Richard Allen Posner, em julgado da Corte de Apelação do Sétimo Distrito (Chicago):

> "(...) uma razão mecânica, como dois para um, três para um, quatro para um ou até mesmo dez para um, não faria sentido. Quanto menores os danos compensatórios, maior a proporção dos danos punitivos, a fim de cumprir os objetivos de sua imposição"[1243].

Além disso, inolvidável a natureza distinta dos *danos sociais* em relação à concepção norte-americana. A figura sugerida por Antonio Junqueira de Azevedo apresenta finalidade punitiva, mas, antes, é dano; ainda que difícil a mensuração, os danos sociais são danos extrapatrimoniais de uma coletividade, um dano *difuso*, cuja indenização, de fato, tem viés punitivo, mas, em *'ultima ratio'* não despreza a natureza compensatória – mesmo que de forma diferentemente aquilatada face aos danos materiais, por exemplo. Supor, portanto, uma razão limite entre os "danos compensatórios" (materiais ou morais) fixados em favor das vítimas diretamente envolvidas afastaria esta concepção, afinal, a

[1242] Tradução livre: *"there is no mathematical bright line between the constitutionally acceptable and the constitutionally unacceptable that would fit every case"* (Suprema Corte dos Estados Unidos da América, U.*S. 1, 499 Pacific Mutual Life Insurance Co. v. Haslip*. Disponível em: <https://scholar.google.com.br/scholar_case?case=17404474625320594258&hl=en&as_sdt=2006&as_vis=1>, acesso em 07 de janeiro de 2017).

[1243] No original: *"(...) a mechanical ratio, such as two to one or three to one or four to one or even ten to one, would not make good sense. The smaller the compensatory damages, the higher the ratio of punitive to compensatory damages has to be in order to fulfill the objectives of awarding punitive damages"* (suprimidas as citações do texto – *Cooper v. Casey, 97 F. 3d 914 – Court of Appeals, 7th Circuit 1996, Judge Richard Allen Posner*. Disponível em: <https://scholar.google.com.br/scholar_case?case=11421344735723862834&hl=en&as_sdt=2006&as_vis=1>, acesso em 07 de janeiro de 2017).

indenização pelo dano social deve corresponder à extensão desta figura *autônoma* (art. 944, do Código Civil).

Conquanto não se possa estabelecer limites ou *razões áureas*, a autonomia das figuras indenizatórias não impede uma análise de razoabilidade entre elas. O reconhecimento de múltiplas indenizações decorrentes de um mesmo ilícito (*v.g.* danos emergentes, lucros cessantes, danos morais e sociais) impõe silogismo entre as indenizações. Ao prever "critérios gerais" para a fixação dos danos extrapatrimoniais, Mirna Cianci sugere que a "compensação material será levada em conta na fixação do dano moral"[1244].

Para o propósito deste trabalho, pode-se ir além, os danos materiais e morais devem ser levados em conta para o dano social. Não se trata de limite ou razão pré-estabelecida; significa comparar grandezas autônomas, a fim de assegurar legitimidade do *'quantum'* fixado, à luz do princípio da proporcionalidade já mencionado – especialmente se o valor arbitrado é *adequado* à otimização pretendida por cada espécie de indenização.

(e) Sanções administrativas

As multas e sanções administrativas aplicáveis ao ilícito são, também, usualmente mencionadas como parâmetro ou limite para os danos punitivos dele decorrente.

Como outrora destacado, na Argentina, o limite máximo fixado para os *'daños punitivos'* admitidos na legislação consumerista (cinco milhões de pesos argentinos) remete expressamente à multa administrativa reconhecida naquela Lei[1245]. Nos Estados Unidos da América, quando não integram os limites fixados (*'statutory caps'*) trazidos pela *'tort reform'*, as multas civis ou administrativas são habitualmente consideradas para o cálculo da proporção dos *'punitive damages'*[1246].

1244 Cianci. **O Valor da Reparação Moral**. Ob. Cit., p. 270.

1245 Lei n. 24.240 – Artigo 52-A. *"Daño Punitivo. Al proveedor que no cumpla sus obligaciones legales o contractuales con el consumidor, a instancia del damnificado, el juez podrá aplicar una multa civil a favor del consumidor, la que se graduará en función de la gravedad del hecho y demás circunstancias del caso, independientemente de otras indemnizaciones que correspondan. Cuando más de un proveedor sea responsable del incumplimiento responderán todos solidariamente ante el consumidor, sin perjuicio de las acciones de regreso que les correspondan.* ***La multa civil que se imponga no podrá superar el máximo de la sanción de multa prevista en el artículo 47, inciso b) de esta ley****".*

1246 Dentre tantos: *"The remitted punitive award of $15 million was 1500 times the amount of the $10,000 Georgia fine. The district court concluded that $15 million was "grossly disproportionate to*

Dentre nós, embora questionável a eficiência[1247], o Direito Administrativo exerce função sancionadora como corolário do poder de polícia e propósito de assegurar a obediência à lei e às normas regulamentares[1248]. Além da previsão no Código de Defesa do Consumidor[1249], destaca-se a relevância das multas previstas na seara ambiental[1250] e no âmbito das agências reguladoras (*v.g.* ANATEL[1251], ANAC[1252], ANVISA[1253]). A con-

the penalties that [CE] has suffered or has come to expect" and "would not comport with the fair notice requirements of the Constitution." The court's reduction of the punitive damages to $4.35 million represents an award 400 times greater than the actual civil sanction" (Johansen v. Combustion Engineering, Inc., 170 F. 3d 1320 – Court of Appeals, 11th Circuit 1999. Disponível em: <https://scholar.google.com.br/scholar_case?case=8334017623618394951&hl=en&as_sdt=6&as_vis=1&oi=scholarr&sa=X&ved=0ahUKEwjLjImaw-TRAhVQlpAKHXEkADQQgAMIGSgAMAA>, acesso em 07 de janeiro de 2017).

1247 Fabrini, Fábio. "Agências reguladoras aplicam multas, mas não recebem nem metade do valor" in **Estado de São Paulo**, Política, 12 de fevereiro de 2013. Disponível em: <http://politica.estadao.com.br/noticias/geral,agencias-reguladoras-aplicam-multas-mas-nao-recebem-nem-metade-do-valor,996175>, acesso em 07 de janeiro de 2017.

1248 Oliveira, Régis Fernandes de. **Infrações e Sanções Administrativas**. São Paulo: Revista dos Tribunais, 1985.

1249 O artigo 56, da Lei n. 8.078, de 1990, estabelece que as "*infrações das normas de defesa do consumidor ficam sujeitas (...) às seguintes sanções administrativas, sem prejuízo das de natureza civil, penal e das definidas em normas específicas: I – multa*" – a qual vem delineada no artigo 57, que fixa os parâmetros ("*gravidade da infração, a vantagem auferida e a condição econômica do fornecedor*") e o destinatário (Fundo da Lei n. 7.347, de 1985), além de um limite mínimo e máximo (art. 57, parágrafo único, do Código de Defesa do Consumidor).

1250 O Plano Nacional do Meio Ambiente (Lei n. 6.938, de 1981) prevê expressamente que o "*não cumprimento das medidas necessárias à preservação ou correção dos inconvenientes e danos causados pela degradação da qualidade ambiental*" sujeita os infratores à multa administrativa – calculada com base no Decreto n. 6.514, de 2008, que estabelece limites mínimo (R$50,00) e máximo (R$50.000.000,00) – cf. art. 9º.

1251 ANATEL, Resolução n. 589, de 7 de maio de 2012 (art. 3º, inciso II); e Portaria n. 791, de 26 de agosto de 2014, que prevê a forma de cálculo, cujos limites estão fixados no Anexo da Res. 589/12, que estabelece gradação de R$110,00 a R$50.000.000,00 – conforme o porte da empresa.

1252 Os anexos da Resolução n. 25, de 2008, da Agência Nacional de Aviação Civil (ANAC), apresentam de forma individualizada para inúmeras condutas e agentes os limites máximos das multas – entre R$800,00 e R$200.000,00, que poderão ser multiplicados por 1.000 (alcançando, pois, até R$200.000.000,00), "considerada a gravidade da infração, a vantagem auferida, a condição econômica do infrator, e/ou seus antecedentes", se houver dano grave (art. 20, §1º).

1253 A Lei n. 6.427, de 1977, estabelece os valores das multas em caso de infrações sanitárias no plano federal, com sanções pecuniárias de até R$1.500.000,00, sujeita ao dobro em caso de reincidência (art. 2º, §1º).

trovérsia, portanto, seria a vinculação destas sanções no arbitramento do dano social – tal qual ocorre na Argentina – ou, ao menos, uma verificação de proporcionalidade.

Dentre os *'guideposts'* aventados pela SUPREMA CORTE Norte-Americana no precedente *BMW v. Gore*, o *Justice* STEVENS consignou que a "desproporção" entre os danos punitivos e as "penas" aplicadas em condutas comparáveis deveria servir para o julgamento da razoabilidade da indenização[1254]. E, com inspiração nos referidos parâmetros, se há algum liame entre o dano social e as multas administrativas previstas na legislação pátria, temos que este liame não é vinculante.

Para tanto, o primeiro aspecto a ser salientado é a autonomia das figuras. Como leciona HELY LOPES MEIRELLES, a partir da jurisprudência do Tribunal de Justiça do Estado de São Paulo, "o mesmo fato, juridicamente, pode gerar pluralidade de ilícitos e de sanções administrativas"[1255].

Ainda que o dano social apresente finalidade punitiva, a natureza das verbas é distinta, o que repele a ideia de *'bis in idem'* e, também, autoriza afirmar a dissociação dos valores (*'a priori'*). Aqui, repisa-se a importância da noção compensatória do dano social, inviável a simples *importação* da figura dos *'punitive damages'* ao modelo nacional; fosse a verba estritamente punitiva, a sanção administrativa e os danos punitivos incorreriam em dupla punição idêntica. Ao contrário, ao indicar que o dano social é, antes de punição, dano, ANTONIO JUNQUEIRA DE AZEVEDO permite a conclusão da natureza e propósito distintos do dano social – também *compensatório* para a sociedade/coletividade. E, considerado o princípio da *restituição integral*, o dano social não está vinculado/limitado aos valores das multas fixadas em lei específica pela Administração Pública.

A autonomia das verbas, não significa ignorar os parâmetros punitivos adotados pelo Poder Legislativo e pelo Poder Executivo. A despeito da "razoabilidade" do *'tope máximo'* afirmada pela doutrina argentina[1256], deve-se reconhecer maior virtude das normas pátrias que fixam limites mínimos e máximos com amplitude e grandeza capazes de abran-

[1254] *BMW of North America, Inc. v. Gore* (94-896), 517 U.S. 559 (1996) – Opinion Justice STEVENS. Disponível em: <https://www.law.cornell.edu/supct/html/94-896.ZO.html>, acesso em 02/07/2016.

[1255] MEIRELLES, Hely Lopes. **Direito Administrativo Brasileiro**, 42ª Ed., atualizada até a EC. 90/15 por José Emmanuel Burle Filho. São Paulo: Malheiros, 2016, p. 163.

[1256] ÁLVAREZ. **Repensando la Incorporación de los Daños Punitivos**. Ob. Cit.

ger com plenitude a complexidade fática das relações. Considerados os parâmetros indicados (com multas de até duzentos milhões no âmbito da ANAC), dificilmente o dano social extrapolará os limites da sanção administrativa. Por outro lado, a magnitude entre os limites mínimo e máximo podem dificultar a comparação das verbas e a definição da proporcionalidade da indenização – razão pela qual se pode afirmar legítima a adoção dos critérios da fixação da sanção administrativa também no tocante ao dano social.

Em suma, as multas estabelecidas no âmbito do Direito Administrativo sancionador não constituem obstáculo ou limitação para o dano social. Os valores indicados pelo Poder Legislativo e pelo Poder Executivo (agências reguladoras), no entanto, podem ser utilizados como parâmetro de definição da razoabilidade da indenização por dano social, tal qual os critérios estabelecidos nas normas específicas para a definição da sanção.

(f) Condição econômica das partes

Outro critério rotineiramente admitido pelos Tribunais pátrios e indicado pela doutrina para a fixação dos danos extrapatrimoniais é a *"condição econômica das partes"*[1257]. Aqui, considerada a questão da destinação do dano social, a ser enfrentada no capítulo subsequente, fica em segundo plano a polêmica sobre a capacidade econômica da vítima como critério de fixação do *'quantum debeatur'* [1258]; interessa-nos a análise da condição econômica do ofensor como elemento na formação do valor do dano social.

Se, por um lado, inexiste amparo legal para vincular o dano social ao lucro ou capital social; por outro, mostra-se impositiva a majoração da indenização nos casos de abuso do poder econômico, por exemplo. Neste aspecto, uma vez mais não acreditamos na vinculação do dano social a qualquer grandeza econômica do ofensor; sem prejuízo, elementos como lucro, receita, patrimônio ou capital social podem ser

[1257] *"Mostra-se razoável a fixação em danos morais – R$ 6.780,00 (seis mil setecentos e oitenta reais) – para a hóspede em virtude do ato ilícito configurado, consideradas as circunstâncias do caso e as* ***condições econômicas das partes****"* (grifos não originais – STJ, AgRg no AREsp 629.677/SP, Rel. Ministro Moura Ribeiro, 3ª Turma, julgado em 07/04/2015); na doutrina, dentre outros, cita-se Andrade. **Dano Moral e sua Valoração.** Ob. Cit., p. 48.

[1258] Cianci. **O Valor da Reparação Moral.** Ob. Cit., p. 35.

considerados na definição do valor da indenização – para aumentá-la ou reduzi-la.

Em última análise, a capacidade econômica consubstancia critério baseado no princípio da isonomia (artigo 5º, *caput*, da Constituição Federal[1259]), despropositado tratar de forma equânime pessoas físicas ou jurídicas em situações financeiras distintas. Ademais, trata-se de elemento vinculado à efetividade do dano social, porque evidente a frustração na hipótese de sanção, por exemplo, milionária para uma pequena empresa ou uma multa mínima para uma sociedade empresária global.

Ínsita à quantificação do dano a preocupação do juiz de que o montante fixado seja capaz de otimizar o aspecto punitivo com a efetividade. Ignorar esse cuidado ensejará indenizações sem viabilidade fática, apenas simbólicas, esvaziando a legitimidade do dano social e, consequentemente, da responsabilidade civil.

(g) Método bifásico

Com o propósito de colmatar os critérios aventados acima, introduzimos, por fim, o método bifásico, inaugurado por Paulo de Tarso Vieira Sanseverino[1260] e repetido pelo autor nos julgados do Superior Tribunal de Justiça[1261]. O método referido cinde a análise do *'quantum debeatur'* em duas fases: a primeira, em que se define um valor-base, com base nos precedentes jurisprudenciais para casos análogos, em que os Tribunais apreciaram lesões semelhantes ao mesmo interesse jurídico violado; na segunda fase, fixa-se o montante definitivo de acordo com as peculiaridades e circunstâncias do caso.

1259 *"Art. 5º Todos são iguais perante a lei, sem distinção de qualquer natureza, garantindo-se aos brasileiros e aos estrangeiros residentes no País a inviolabilidade do direito à vida, à liberdade, à* ***igualdade****, à segurança e à propriedade, nos termos seguintes (...)"* (grifos não originais – Constituição Federal de 1988).

1260 Sanseverino. **Princípio da reparação integral**... Ob. Cit., p. 288.

1261 "(...) 3. Elevação do valor da indenização por dano moral na linha dos precedentes desta Corte, considerando as duas etapas que devem ser percorridas para esse arbitramento. 4. Na primeira etapa, deve-se estabelecer um valor básico para a indenização, considerando o interesse jurídico lesado, com base em grupo de precedentes jurisprudenciais que apreciaram casos semelhantes. 5. Na segunda etapa, devem ser consideradas as circunstâncias do caso, para fixação definitiva do valor da indenização, atendendo a determinação legal de arbitramento equitativo pelo juiz. 6. Aplicação analógica do enunciado normativo do parágrafo único do art. 953 do CC/2002 (...)" (STJ, REsp. n. 959.780/ES, Rel. Ministro Paulo de Tarso Sanseverino, Terceira Turma, julgado em 26/04/2011, DJe 06/05/2011).

Explicativo o acórdão paradigma:

> "Na *primeira fase*, arbitra-se o valor básico ou inicial da indenização, considerando-se o **interesse jurídico lesado**, em conformidade com os precedentes jurisprudenciais acerca da matéria (**grupo de casos**). Assegura-se, com isso, uma exigência da justiça comutativa que é uma razoável igualdade de tratamento para casos semelhantes, assim como que situações distintas sejam tratadas desigualmente na medida em que se diferenciam.
>
> Na *segunda fase*, procede-se à fixação definitiva da indenização, ajustando-se o seu montante às peculiaridades do caso com base nas suas circunstâncias. Partindo-se, assim, da indenização básica, eleva-se ou reduz-se esse valor de acordo com as **circunstâncias particulares do caso** (gravidade do fato em si, culpabilidade do agente, culpa concorrente da vítima, condição econômica das partes) até se alcançar o montante definitivo. Procede-se, assim, a um arbitramento efetivamente equitativo, que respeita as peculiaridades do caso"[1262].

Ainda segundo a fundamentação do Superior Tribunal de Justiça, o método bifásico permite fixar "razoável correspondência" do valor da indenização com o interesse jurídico violado, observadas as peculiaridades do caso concreto, mas, respeitados os paradigmas jurisprudenciais para casos análogos. E, a despeito da crítica sobre a insuficiência dos critérios estabelecidos[1263], a metodologia, de fato, confere legitimidade e previsibilidade à fundamentação, razão pela qual entendemos aplicável na fixação dos danos sociais.

Assim como o dano moral, o dano social prescinde de tabelamento ou critérios legais expressos, sob risco de reprimi-los e, principalmente, deixar desatendido o princípio da reparação integral. Isso, todavia, não significa completo arbítrio e aleatoriedade na fixação dos valores, como verificado nos precedentes mencionados. Neste ponto, aliás, as lições do direito alienígena não podem ser ignoradas, o movimento norte-americano da *'tort-reform'* teve início a partir da conclusão de que os *'punitive*

[1262] Idem, p. 19.

[1263] Cianci. **O Valor da Reparação Moral.** Ob. Cit., p. 253.

damages' eram "extremamente imprevisíveis", "arbitrários", "injustos" e fixados pelos júris de forma aleatória, "escolhendo números no ar"[1264].

Os paradigmas para a fixação do *'quantum debeatur'* em conformidade com a proporcionalidade, correspondendo à finalidade punitiva, preventiva e reparatória, ostenta inequívoca, há muito são reconhecidos pela doutrina e jurisprudência. Os critérios elencados aqui de forma não exaustiva contemplam conceitos indeterminados de natureza jurídica, social e econômica – os quais são decisivos para a fundamentação do dano social, requisito de validade, mas, principalmente, legitimação da condenação, para que não remanesça dúvida da necessária ponderação entre a punição, a conduta e os reflexos sociais, inviável a escolha aleatória de valores.

1264 *"Punitive damages are wildly unpredictable, so arbitrary as to be un- fair and are awarded without any guidance to juries, which simply pick numbers out of the air"* (THE WASHINGTON POST. *"Trial Lawyers' Triumph"*, **Editorial**, p. A16, Washington D.C., 16 de março de 1996. Disponível em: <http://pqasb.pqarchiver.com/washingtonpost/doc/307929160.html?FMT=CITE&FMTS=CITE:FT&date=Mar+19%2C+1996&author=&desc=Trial+Lawyers%27+Triumph>, acesso em 10 de fevereiro de 2017).

9. Destinação do Dano Social

A questão da destinação da verba condenatória a título de dano social encontra fundamento nos aspectos processuais, mas neles não se esgota, razão pela qual se dedica um capítulo exclusivo. Refutar a legitimidade do pedido em ações individuais tampouco esgota o debate sobre a destinação, até porque não se olvida a possibilidade da reforma legislativa para incluir o cidadão como legitimado para a ação civil pública. Deve a indenização social ser revertida em favor do indivíduo (vítima direta da conduta especialmente culposa ou dolosa), conforme o modelo norte-americano do *'private attorney general'*, a um fundo gerido pelo Estado ou a terceiros, como habitualmente estabelecido nos precedentes citados?

9.1. Indivíduo (*'private attorney general'*)

No ensaio introdutório, ANTONIO JUNQUEIRA DE AZEVEDO reconhece que a destinação é um "ponto bastante difícil" da tese do dano social[1265]. O autor elucida as hipóteses, sustentando a legitimidade individual e a destinação ao autor da demanda, "operário" em prol da indenização, "quem de fato trabalhou" pela condenação da parte contrária por uma conduta em desprestígio da sociedade. Afirma que se trata de um "incentivo para um aperfeiçoamento geral" àquele que age como "promotor público privado"; reconhecida a ineficiência do Estado na gestão dos fundos de indenizações coletivas ("o Ministério Público já tem trabalho suficiente")[1266].

[1265] JUNQUEIRA DE AZEVEDO. **Novos Estudos e Pareceres**... Ob. Cit., p. 382.
[1266] JUNQUEIRA DE AZEVEDO. **Novos Estudos e Pareceres**... Ob. Cit., p. 383.

A tese do dano social, amplamente repetida na doutrina e na jurisprudência, no entanto, não foi aceita no aspecto da destinação. As decisões já mencionadas evidenciam que, via de regra, os precedentes que reconhecem um dano social revertem a indenização em favor de terceiros – em geral, hospitais públicos ou sem fins lucrativos. A despeito das particularidades processuais já mencionadas, a atribuição integral da verba ao autor da demanda encontra resistência, revestida na alegação do enriquecimento sem causa, mas, de efetivo caráter cultural.

Como menciona Fabrício Angerami Poli a menção à vedação ao enriquecimento sem causa "mostra-se um contrassenso", já que ao admitir "um *plus* indenizatório, destinado à punição", a decisão judicial consubstancia a própria causa do enriquecimento/empobrecimento das partes, isto é, "terá base jurídica"[1267]. O amparo legal (enunciado 456, do CJF) e o reconhecimento judicial (decisão) esvaziam a subsunção da indenização concedida à figura proscrita pelo artigo 884, do Código Civil[1268].

O enriquecimento sem causa tem como requisitos cumulativos: (i) o enriquecimento de alguém; (ii) o empobrecimento correspondente de outrem; (iii) a relação de causalidade entre ambos; (iv) a ausência de causa jurídica; e (v) a inexistência de ação específica[1269]. E, segundo Hamid Charaf Bdine Junior, o último, a previsão legal ou causa jurídica consubstancia o "requisito mais importante para o reconhecimento do enriquecimento sem causa", porquanto "não haverá enriquecimento sem causa quando o fato estiver legitimado por um contrato ou outro motivo previsto em lei"[1270].

Ainda, a responsabilidade civil seria uma forma "secundária" de remoção de um enriquecimento sem causa[1271]. Nas palavras de Boris Starck: "se a ideia da pena privada é justa em si, evidente se torna que o pretendido enriquecimento ou empobrecimento terão base legal, uma causa, o que elimina qualquer crítica a respeito"[1272].

[1267] Poli. **O Dano Social**. Ob. Cit., p. 277.

[1268] *"Art. 884. Aquele que, sem justa causa, se enriquecer à custa de outrem, será obrigado a restituir o indevidamente auferido, feita a atualização dos valores monetários".*

[1269] Gonçalves, Carlos Roberto. **Direito Civil**, Vol. 5. São Paulo: Saraiva, 2004, p. 590.

[1270] Bdine Júnior, Hamid Charaf. "Artigo 884" in Peluso, Cezar (coord.). **Código Civil Comentado**: doutrina e jurisprudência, 6ª ed., rev. e atual. Barueri: Manole, 2012, p. 899.

[1271] Noronha, Fernando. "Enriquecimento sem causa" in **Revista de Direito Civil, Imobiliário, Agrário e Empresarial**, n. 56, pp. 51-78, São Paulo, 1991, p. 58.

[1272] Apud Aguiar Dias. **Da Responsabilidade Civil**... Ob. Cit., p. 844.

Deste modo, uma vez admitida a legitimidade extraordinária, inexistiria óbice legal ao pagamento da indenização punitiva em favor do indivíduo. Aliás, tal hipótese não é necessariamente inovadora, há muito sedimentada na destinação das *astreintes*[1273].

A destinação ao autor da demanda indenizatória serve de incentivo que os indivíduos a busquem, aperfeiçoando o sistema social em favor da coletividade; caso não lhes fosse destinada qualquer quantia, as vítimas não teriam "motivos para reclamá-las"[1274]. PEDRO RICRADO E SERPA, contudo, adverte que o modelo nacional não ostenta a *'american rule'*, pela qual a indenização punitiva também é fixada com fulcro nos custos do processo arcados pelo demandante – ao contrário, o modelo de sucumbência e a amplitude da gratuidade judiciária ensejariam o fomento de "demandas frívolas"[1275].

Uma vez mais, assentamos que a destinação e definição do *'quantum debeatur'* estão em momento posterior àquele da definição do dever de indenizar. Ao fixar o *'an debeatur'* realiza-se o filtro judicial, inequívoco o dever judicial de "filtrar" as demandas que não caracterizem dano social – no que a destinação ao agente provocador do processo não seria, por si, causa de aumento das demandas sem sentido, bastando, para tanto, o juízo de improcedência. FLÁVIO DA COSTA HIGA complementa que o Reino Unido apresenta regra de custas análoga ao modelo brasileiro, ou seja, desconhece a *'american rule'*, sem afetar a destinação ao indivíduo.

Por isso, parece-nos que a resistência à figura do *'private attorney general'* tenha fundamento cultural ou filosófico, sem efetivo obstáculo no ordenamento pátrio. Os precedentes e a doutrina denotam a não recepção da sugestão de ANTONIO JUNQUEIRA DE AZEVEDO quanto à destinação ao indivíduo, ao menos não exclusivamente. E, considerando que inexistiria obstáculo no artigo 884, do Código Civil, aparenta sustentação no critério particular da *justiça comutativa* de ARISTÓTELES e TOMÁS

[1273] O Novo Código de Processo Civil reiterou a solução sedimentada na jurisprudência, revertendo em favor do exequente as multas processuais por descumprimento de uma obrigação (confira art. 537, § 2º – "*O valor da multa será devido ao exequente*").

[1274] THE LAW COMISSION. **Aggravated, Exemplary and Restitutionary Damages** – A Consultation Paper, n. 132. London: HMSO – Her Majesty's Stationery Office, 1993, p. 141. Disponível em: <https://s3-eu-west-2.amazonaws.com/lawcom-prod-storage-11jsxou24uy7q/uploads/2015/04/cp132.pdf>, acesso em 2 de novembro de 2017.

[1275] SERPA. **Indenização Punitiva**. Ob. Cit., p. 290.

de Aquino[1276]. Deste modo, não subsistindo os óbices culturais ou jurídicos (materiais), persiste unicamente o obstáculo processual – uma vez que, como já destacado alhures, não há previsão de legitimação individual para a tutela coletiva, inolvidável que o autor individual é, também, vítima, mas representa ou substituiria toda a coletividade.

9.2. Indenização repartida (*'split recovery'*)

Como já mencionado quando da análise dos *'punitive damages'*, o pagamento integral da condenação punitiva em favor dos autores das demandas foi uma das críticas ao modelo norte-americano; um dos elementos que fomentou e que também foi alterado na chamada *'tort reform'* [1277]. Conforme ensina Ricardo Dal Pizzol, "atualmente, há oito Estados que dividem a indenização" com fundamento nos *'split-recovery statutes'* [1278].

Nos Estados Unidos da América, portanto, a solução às críticas das indenizações milionárias consistiu na simples *divisão* da condenação (*'to split'*) em um modelo no qual parcela dos *'punitive damages'* é paga em favor do demandante e outra (geralmente a maior parte) para um fundo gerido pelo Estado[1279]. Nas palavras de Mauro Cappelletti, a cisão da verba constituiu verdadeira "publicização" da teoria dos danos punitivos. Trata-se, portanto, de figura *intermediária* que reconhece a legitimidade e importância da atuação do indivíduo, em busca de uma indenização contra um dano que desborda seu interesse individual, mas, não consente com o pagamento de quantias excessivas em seu favor.

A Corte do Estado de Ohio decidiu pela divisão dos *'punitive damages'* sob o argumento de que "é o interesse social que justifica a fixação desse tipo de indenização", logo, não faria "sentido o autor ficar com o valor integral da indenização punitiva"[1280]. Segundo Catherine Sharkey, o *'split-recovery'* tem fundamento justamente na natureza *'social'* dos *'punitive*

[1276] Barzotto, Luís Fernando. Justiça Social – Gênese, estrutura e aplicação de um conceito. **Revista do Ministério Público**, Porto Alegre – RS, v. 50, p. 19-56, 2003.

[1277] Ulian. **Responsabilidade civil punitiva**. Ob. Cit. p. 53-54.

[1278] Pizzol. **As Funções Punitiva e Preventiva**... Ob. Cit., p. 66.

[1279] *"Moreover, in a number of states local legislators have adopted split-recovery schemes, whereby a percentage of the plaintiff's punitive damages award goes to the plaintiff and the remainder – often a majority of it-goes to a state- or court-administered fund"* (Cappelletti. "Punitive damages and the publice/private...". Ob. Cit., p. 805).

[1280] Pizzol. **As Funções Punitiva e Preventiva**... Ob. Cit., p. 68.

damages' [1281], o que permitiria a extensão do raciocínio aos danos sociais, como sugerido na Itália para a *pena civil* proposta por Paolo Gallo[1282].

No Brasil, Nelson Rosenvald justifica que é necessário *recompensar* o autor da ação que "agiu como porta-voz de um sentimento comum a uma coletividade de pessoas"; não condizente, porém, a destinação de "todos os valores punitivos ao particular", porque o que motivou a condenação é justamente seu caráter "difuso". Sustenta, portanto, um "fracionamento" da verba, em percentuais calculados a depender da natureza imediata do dano (difuso ou individual). Conclui que o pagamento parcial em favor do erário evidenciaria o aspecto "teleológico da condenação" com a demonstração de que, além de punir e prevenir ilícitos, reverte-se parte da verba em favor da própria coletividade lesada[1283].

9.3. Indenização para terceiros

Os precedentes que admitiram o dano social, já citados em capítulo antecedente, denotam que, independentemente do aspecto processual (legitimidade), há verdadeiro receio da imposição da verba ao indivíduo – autor da demanda – seja o valor integral, seja uma parte do dano social acolhido. O espírito tomista paira os julgados que revertem o dano moral e material ao indivíduo, recusando-lhe, porém, qualquer valor pela indenização social admitida. Ao reconhecer a tese de Antonio Junqueira de Azevedo e refutar o caráter coletivo do dano social, os Tribunais aventaram uma outra solução, capaz de esvaziar as contradições do pagamento ao autor da demanda; neste sentido, os precedentes transferem para terceiros, entidades e associações civis beneficentes (v.g. hospitais), a indenização punitiva.

O fundamento legal é citado pelo próprio Antonio Junqueira de Azevedo; embora mencionado para justificar o pagamento a fundos públicos, o autor aponta a previsão do parágrafo único do artigo 883, do Código Civil[1284]. No Título dos Atos Unilaterais, antes da regra da vedação ao locupletamento sem causa, prevê a Lei n. 10.406, de 2002:

[1281] Sharkey, Catherine M. "Punitive Damages as Societal Damages" in **Yale Law Journal**, n. 113, v. 347, pp. 375-78, 2003.

[1282] Gallo. **Pene private**... Ob. Cit., p. 203.

[1283] Rosenvald. **As Funções da Responsabilidade Civil**... Ob. Cit., p. 227-228.

[1284] Junqueira de Azevedo. **Novos Estudos e Pareceres**... Ob. Cit., p. 383.

> "Art. 883. Não terá direito à repetição aquele que deu alguma coisa para obter fim ilícito, imoral, ou proibido por lei.
>
> Parágrafo único. No caso deste artigo, o que se deu reverterá em favor de estabelecimento local de beneficência, a critério do juiz".

Como apontava José Osório de Azevedo Junior, o referido parágrafo único poderia solucionar o "dilema do juiz" quanto à fixação dos danos extrapatrimoniais[1285]. Leciona Alexandre Guerra que o artigo 883, parágrafo único, do Código Civil de 2002, permite aplicação analógica, com fundamento na "solidariedade social e dignidade da pessoa humana", para "a destinação produto de indenização por danos supraindividuais em favor de terceiros", tal qual efetivado na Lei da Ação Civil Pública. Admitir-se-ia o dano moral *punitivo* com destinação da verba "em proveito de entidade de benemerência, a critério do julgador, tais como orfanatos, asilos, abrigos, ou entidades assistenciais"[1286].

Com ou sem referência expressa ao dano social, tais autores reconhecem a natureza punitiva da indenização; e, para evitar o enriquecimento sem causa (art. 884, do Código Civil), apontam o parágrafo único, do artigo 883, do Código Reale, como fundamento para, analogamente, destinar a verba para entidades estranhas à lide, a critério do julgador. Sintetiza Diogo Leonardo Machado de Melo:

> "(...) para que o desequilíbrio social não seja acentuado, e para que a sociedade tenha uma resposta efetiva a uma ofensa à dignidade, entendemos que a pena pecuniária de valor superior ao dano provocado – que será descoberto invariavelmente pelo juiz do caso concreto – deverá ser destinada em benefício da própria sociedade. E esta solução, como vimos, já encontrada expressamente no nosso ordenamento (referindo, entre outros, à Lei n. 7.347/85 e ao art. 883 do CC). Adotando essa postura, entendemos que o aspecto punitivo da reparação moral, que antes abria caminho para disparidades e arbitrariedades, ganha coerência, e, ao mesmo tempo, permite mais efetividade na proteção aos direitos fundamentais"[1287].

[1285] Apud. Guerra. "Dano Moral Punitivo e a Indenização Social ...". Ob. Cit., p. 216.

[1286] Guerra. "Dano Moral Punitivo e a Indenização Social ...". Ob. Cit., p. 216.

[1287] Melo, Diogo Leonardo Machado de. "A função punitiva da reparação dos danos sociais (e a destinação de parte da indenização para entidades de fins sociais – art. 883, parágrafo

Exemplificando, os precedentes favoráveis do Tribunal de Justiça do Estado de São Paulo (posteriormente reformados nas Instâncias Superiores), já citados, agraciaram a verba do dano social ao Hospital das Clínicas e ao Grupo de Apoio ao Adolescente e à Criança com Câncer (GRAAC). A 4ª Câmara de Direito Privado do TJSP mencionou expressamente o dispositivo em comento para fixar os danos sociais em favor do Hospital das Clínicas, em acórdão já mencionado[1288].

Louvável a "postura criativa"[1289] sobre o artigo 883, parágrafo único, do Código Civil, especialmente porque baseada na norma vigente – ainda que analogamente aplicada. Preferível à sugestão original de Antonio Junqueira de Azevedo de pagamento direto ao indivíduo, como no modelo norte-americano do *'private attorney general'*; a destinação a terceiros não se mostra a melhor solução, porém.

Judith Martins-Costa crê que a fixação dos danos sociais "a uma entidade beneficente" reflete a figura do "trem descarrilhado" no âmbito da responsabilidade civil extrapatrimonial; critica, especificamente, a ausência de fundamentação sobre a escolha de determinada entidade em detrimento de outras[1290]. Entendemos, no entanto, que este é o menor dos problemas, já que o artigo 883, parágrafo único, do Código Civil, também deixa à critério do juízo a destinação da verba – bastaria, pois, fundamentar a escolha, suprindo a exigência de motivação (artigo 93, inciso X, da Constituição Federal, e artigo 489, parágrafo 1º, inciso I, do Novo Código de Processo Civil).

O principal obstáculo verificado tem fundamento processual, conforme outrora apontado. A fixação dos danos sociais em favor de terceiro que não integra a lide tem se dado sem *pedido* do autor, em absoluta violação aos princípios da inércia e da correlação, refletindo negativamente na celeridade esperada da tutela jurisdicional (art. 5º, inciso XXXV, da Constituição Federal).

único, do Código Civil" in Alves, Jonas Figueiredo; Delgado, Mario Luiz (coords.). **Novo Código Civil** : Questões controvertidas. Responsabilidade Civil, v. 5. São Paulo: Método, 2006, p. 120.

1288 TJSP, Ap. n. 0027158-41.2010.8.26.0564; Rel. Des. Teixeira Leite; Comarca: São Bernardo do Campo; Órgão julgador: 4ª Câmara de Direito Privado; Data do julgamento: 18/07/2013; Data de registro: 19/07/2013.

1289 Melo. "A função punitiva da reparação dos danos sociais...". Ob. Cit., p. 116.

1290 Martins-Costa. "Dano moral à brasileira". Ob. Cit., p. 7.102.

Ainda que admitida a legitimidade individual para o dano social, a fixação em favor de terceiro estranho à lide significa ampliação superveniente subjetiva da demanda (litisconsórcio ativo *ulterior* ou assistência) – admitindo, por exemplo, recurso do "terceiro prejudicado" (art. 996, do Código de Processo Civil), retardando a tutela em face do autor. O artigo 883, parágrafo único, do Código Civil, admitiria interpretação convergente ao artigo 13, da Lei da Ação Civil Pública, desde que houvesse pedido expresso, contraditório e fundamentação.

A aleatoriedade na escolha, a partir dos precedentes citados, também preocupa – já que a solução com base no artigo 883, parágrafo único, do Código Civil, prestigia terceiros, em geral pessoas jurídicas de direito privado (ainda que sem fins lucrativos), omissa a norma sobre mecanismos de controle da utilização efetiva da verba em favor dos "fins sociais" pretendidos. De fato, associações e fundações estão sujeitas à supervisão de organismos externos (*e.g.* Ministério Público, artigo 66, do Código Civil). O GRAAC, por exemplo, também noticia que é auditado por empresa especializada[1291]; o Hospital das Clínicas, por seu turno, está inserido no âmbito da administração pública indireta – gerido pela Faculdade de Medicina da Universidade de São Paulo (autarquia especial). São dois exemplos de notório atendimento de excelência e seriedade, o que muito provavelmente motivou a escolha dos juízes e desembargadores; isto, no entanto, não é suficiente para conferir *legitimidade* a esta destinação.

Neste propósito, ilustrativa a Súmula n. 58, do Conselho Superior do Ministério Público do Estado de São Paulo. No panorama do poder conferido para tomar *termo de ajustamento de conduta* (TAC)[1292] o órgão de administração superior do Ministério Público de São Paulo[1293] – responsável pelo arquivamento de inquéritos civis e pela homologação de eficácia dos compromissos firmados pelos demais órgãos de execução do Parquet[1294] –

[1291] Cf. "*Anualmente, o GRAACC é auditado pela ERNST & YOUNG*". Disponível em: <https://www.graacc.org.br/o-graacc.aspx>, acesso em 28 de fevereiro de 2017.

[1292] *"Art. 5°. (...) § 6° Os órgãos públicos legitimados poderão tomar dos interessados compromisso de ajustamento de sua conduta às exigências legais, mediante cominações, que terá eficácia de título executivo extrajudicial"* (Lei n. 7.347, de 1985).

[1293] Lei Complementar do Estado de São Paulo n. 734, de 1993, art. 5º, inciso III.

[1294] *"Art. 113. (...) Parágrafo único – A eficácia do compromisso ficará condicionada à homologação da promoção de arquivamento do inquérito civil pelo Conselho Superior do Ministério Público"* (Lei Complementar do Estado de São Paulo n. 734, de 1993). Extrapola o propósito deste tra-

estabelece que: "SOMENTE SE HOMOLOGA" termo de ajustamento de conduta se as "indenizações multas" sejam "obrigatoriamente destinadas para fundos de proteção de direitos transindividuais"[1295].

Referido enunciado ceifou em TACs a prática análoga àquela aventada nas decisões por dano social. Enuncia o Conselho Superior do MPSP que "apesar dos respeitáveis argumentos favoráveis à destinação de numerário a entidades determinadas", a Lei de Ação Civil Pública não admite destinação distinta daquela prevista no artigo 13 (Fundos Públicos), "mais adequada ao interesse público". Fundamenta que, no propósito de "preservar e/ou reparar direito transindividual" a verba obtida nos compromissos de ajustamento de conduta ostentam natureza pública, cuja oficialização os torna integrantes do erário, ilegítimo o Ministério Público, colegitimados para o termo ou o causador do dano na gestão da verba pública – em especial "quando o beneficiário tem personalidade jurídica privada"[1296].

Analogamente, o dano social, em *'ultima ratio'*, consubstancia verba de natureza idêntica – porque destinado a *reparar* lesão que extrapola o interesse subjetivo das vítimas diretas, repercutindo de forma difusa no âmago social. Deste modo, ainda que admitida a legitimidade extraordinária de qualquer ofendido, a destinação da verba não pode ser aleatoriamente fixada para terceiro. Mesmo que louváveis os argumentos, inclusive amparados na norma civil (art. 883, parágrafo único, do Código Civil), a praxe denota a inconveniência. A *legitimidade* do dano social perpassa sua transparência, uma vez que o pagamento aleatório para terceiros, além de usualmente violar preceitos processuais (adstrição ao pedido), pode inviabilizar a fiscalização da efetiva reversão da verba aos interesses coletivos.

balho a polêmica acerca da limitação da eficácia ao TAC – cf. Mazzilli. **A Defesa dos Interesses Difusos**... Ob. Cit., p. 451.

[1295] "*SOMENTE SE HOMOLOGA promoção de arquivamento fundada em Termo de Ajustamento de Conduta desde que indenizações e multas, cominatórias e/ou compensatórias, sejam obrigatoriamente destinadas para os fundos de proteção de direitos transindividuais legalmente previstos*" (MINISTÉRIO PÚBLICO DO ESTADO DE SÃO PAULO. **Súmulas do Conselho Superior do Ministério Público** (CSMP), n. 1 a 59. Enunciado n. 58 – São Paulo, 2016. Disponível em: <http://www.mpsp.mp.br/portal/page/portal/conselho_superior/sumulas>, acesso em 03 de março de 2017 – caixa alta original do texto).

[1296] Ibidem. Fundamentos ao Enunciado n. 58 – São Paulo, 2016. Disponível em: <http://www.mpsp.mp.br/portal/page/portal/conselho_superior/sumulas>, acesso em 03 de março de 2017.

Como veremos em seguida, os fundos públicos de direitos difusos garantem maior legitimação da verba, já que os valores são aplicados de forma dispersa em diversos projetos em favor da sociedade. A fixação em favor de uma entidade beneficente será, sempre, passível de questionamento sobre a lisura na escolha e na aplicação da verba – especialmente porque não integrantes da Administração Pública. Em outras palavras, a fixação em favor de terceiros pode ser admitida no ordenamento, mas, também não se mostra a melhor solução.

9.4. Fundos públicos

A *'tort reform'* nos Estados Unidos da América consagrou o modelo anteriormente exemplificado do pagamento dividido entre o indivíduo (autor da demanda) e fundos públicos – baseado na natureza "quase-pública" dos *'punitive damages'*[1297]. Neste sentido, a solução do recolhimento das verbas para fundos públicos, geridos pelo Poder Executivo ou pelo Ministério Público, complementa a tese do *'split recovery'*, mas, também pode vigorar de forma autônoma como destino para a indenização punitiva, expressa no *'dano social'*.

No plano nacional, o Fundo de Defesa de Direitos Difusos (FDD) tem base expressa na Lei de Ação Civil Pública. O dispositivo legal prevê que as condenações pecuniárias nas demandas coletivas (*'lato sensu'*) serão revertidas a "um fundo gerido por um Conselho Federal ou por Conselhos Estaduais de que participarão necessariamente o Ministério Público e representantes da comunidade", cujos valores serão destinados "à reconstituição dos bens lesados" (artigo 13[1298]).

[1297] *"Awards of punitive damages, being "quasi-criminal," are by their nature "quasi-public;" therefore, the public logically should share in very large awards. But the first and foremost office of punitive damages should be to achieve justice between the parties in the "private" lawsuit, such that the victim ought to be truly fully compensated-both in terms of actual losses and retribution – before the public should have a claim at all"* (OWEN. "A Punitive Damages Overview...". ob. Cit., p. 410).

[1298] Lei 7.347, de 1985: *"Art. 13. Havendo condenação em dinheiro, a indenização pelo dano causado reverterá a um fundo gerido por um Conselho Federal ou por Conselhos Estaduais de que participarão necessariamente o Ministério Público e representantes da comunidade, sendo seus recursos destinados à reconstituição dos bens lesados. §1º. Enquanto o fundo não for regulamentado, o dinheiro ficará depositado em estabelecimento oficial de crédito, em conta com correção monetária. § 2º. Havendo acordo ou condenação com fundamento em dano causado por ato de discriminação étnica nos termos do disposto no art. 1o desta Lei, a prestação em dinheiro reverterá diretamente ao fundo de que trata o caput e será utilizada para ações de promoção da igualdade étnica, conforme definição do Conselho Nacional de Promo-*

Atualmente, o FDD está regulado pela Lei n. 9.008, de 1995, e pelo Decreto n. 1.306, de 1994, que evidencia a vinculação ao Ministério da Justiça – cujo representante preside o Conselho Federal Gestor, composto por outros ministros de Estado, um membro do *Parquet* Federal e três representantes de entidades civis relacionadas aos direitos coletivos[1299].

A importância do FDD pode ser representada pelos valores arrecadados nas últimas décadas. Segundo o Ministério da Justiça, a arrecadação, pouco mais de dois milhões de reais em 1999, saltou para mais de R$563 milhões em 2015, duplicada em relação ao ano anterior[1300]. A alocação destes recursos é gerida pelo Conselho Gestor que seleciona programas e trabalhos de "recuperação de bens, na promoção de eventos educativos, científicos e na edição de material informativo especificamente relacionados com a natureza da infração ou do dano causado, bem como na modernização administrativa dos órgãos públicos"[1301].

Em 2015, por exemplo o Conselho Gestor abriu chamamento público para inscrição de "propostas de trabalho" de pessoas jurídicas de direito público e entidades civis sem fins lucrativos, com a distribuição de verbas entre R$100 mil e R$350 mil, selecionadas pelo próprio Conselho. Para a escolha dos projetos agraciados com a verba do FDD, foram considerados como critérios: a distribuição regionalizada, a sustentabilidade do projeto, o impacto social e a diversificação de temáticas[1302]. O último relatório publicado no endereço eletrônico do Ministério da Justiça, entretanto, reaviva a crítica de Antonio

ção da Igualdade Racial, na hipótese de extensão nacional, ou dos Conselhos de Promoção de Igualdade Racial estaduais ou locais, nas hipóteses de danos com extensão regional ou local, respectivamente".

1299 Lei n. 9.008, de 1995: *"Art. 2º O CFDD, com sede em Brasília, será integrado pelos seguintes membros: I – um representante da Secretaria de Direito Econômico do Ministério da Justiça, que o presidirá; II – um representante do Ministério do Meio Ambiente, dos Recursos Hídricos e da Amazônia Legal; III – um representante do Ministério da Cultura; IV – um representante do Ministério da Saúde, vinculado à área de vigilância sanitária; V – um representante do Ministério da Fazenda; VI – um representante do Conselho Administrativo de Defesa Econômica – CADE; VII – um representante do Ministério Público Federal; VIII – três representantes de entidades civis que atendam aos pressupostos dos incisos I e II do art. 5º da Lei nº 7.347, de 1985".*

1300 MINISTÉRIO DA JUSTIÇA E CIDADANIA. **Arrecadação FDD** – Tabela de Arrecadação Anual 1999-2015. Disponível em: <http://www.justica.gov.br/seus-direitos/consumidor/direitos-difusos/Arrecadacao>, acesso em 15 de outubro de 2016.

1301 Artigo 1º, §3º, da Lei n. 9.008, de 1995.

1302 MINISTÉRIO DA JUSTIÇA E CIDADANIA. **Edital de Chamamento Público CFDD n. 1**, 13 de maio de 2015. Disponível em: <http://www.justica.gov.br/seus-direitos/consu-

JUNQUEIRA DE AZEVEDO, uma vez que em 2010 há notícia do contingenciamento do orçamento do Conselho[1303].

Em São Paulo, *verbi gratia*, há o Fundo Estadual de Defesa dos Interesses Difusos (FID), criado pela Lei Estadual n. 6.536, de 1989, sob a estrutura organizacional do Ministério Público de São Paulo, hoje vinculado à Secretaria da Justiça e Defesa da Cidadania do Estado (Lei n. 13.555, de 2009). O modelo atual segue o CFDD, destacada, no entanto, a maior participação do *Parquet* Estadual na composição[1304]. O endereço eletrônico do FID de São Paulo, no entanto, carece de informações sobre os valores recebidos e projetos apoiados.

Singela pesquisa aos endereços eletrônicos dos Governos dos Estados de Minas Gerais, Rio de Janeiro, Rio Grande do Sul, Goiás e Paraná denotam quadro idêntico. Os fundos estaduais seguem a estrutura do FDD Nacional, com vinculação ao Poder Executivo e participação de Secretários de Estado, membros do Ministério Público e de entidades civis. Mas, não raro, a lei de criação é a única informação disponível – notável a violação à Lei n. 12.527, de 2011[1305].

E, por isso, a referida solução foi expressamente rechaçada por ANTONIO JUNQUEIRA DE AZEVEDO. O autor reconhece a possiblidade da fixação em favor de "um fundo, como já ocorre no caso dos danos

midor/direitos-difusos/anexos/edital-de-chamamento-publico-2015-final-13-05-2015.pdf>, acesso em 15 de outubro de 2016.

1303 MINISTÉRIO DA JUSTIÇA E CIDADANIA (CONSELHO FEDERAL GESTOR DO FUNDO DE DEFESA DE DIREITOS DIFUSOS). **Relatório de Gestão**: Atividades realizadas em 2010. Brasília, 2011. Disponível em: <http://www.justica.gov.br/seus-direitos/consumidor/direitos-difusos/anexos/relatorios-de-gestao/2010gestao_cfdd.pdf>, acesso em 16 de outubro de 2016.

1304 Lei Estadual n. 13.555, de 2009: *"Artigo 5º – O FID será gerido por um Conselho Gestor com a seguinte composição: I – Secretário da Justiça e da Defesa da Cidadania ou representante por ele indicado; II – Secretário do Meio Ambiente ou representante por ele indicado; III – Secretário da Fazenda ou representante por ele indicado; IV – Secretário da Cultura ou representante por ele indicado; V – Secretário dos Direitos da Pessoa com Deficiência ou representante por ele indicado; VI – Secretário de Economia e Planejamento ou representante por ele indicado; VII – Secretário de Assistência e Desenvolvimento Social ou representante por ele indicado; VIII – Procurador-Geral do Estado ou representante por ele indicado;* ***IX – 3 (três) membros do Ministério Público do Estado de São Paulo, designados pelo Procurador-Geral de Justiça****; X – 3 (três) representantes de associações instituídas de acordo com o artigo 5º, inciso V, da Lei federal nº 7.347, de 24 de julho de 1985"* (grifo não original).

1305 Cf. Lei de Acesso à Informação: *"Art. 8º. É dever dos órgãos e entidades públicas promover, independentemente de requerimentos, a divulgação em local de fácil acesso, no âmbito de suas competências, de informações de interesse coletivo ou geral por eles produzidas ou custodiadas"*.

ambientais". Aponta, todavia, "irrealismo" na atribuição de "mais deveres" para o Estado, especialmente para o Ministério Público, o qual "já tem trabalho suficiente"[1306].

Flávio da Costa Higa também se opõe à legitimação através das ações coletivas e destinação aos fundos públicos porque determinadas condutas alcançariam "direitos individuais *heterogêneos* que dificultariam o manejo de ações civis públicas"[1307]. Discordamos, porém, dos louváveis argumentos; quanto à possibilidade de lesões "individuais heterogêneas" temos que a questão desvirtua o conceito de dano social. Ao tratar o dano-social como dano-consequência, determinadas condutas (dano-evento), sem dúvida, advirão de aspectos individuais – a legitimação e, consequentemente, a destinação coletiva se justificam porque tal conduta excedeu o aspecto entre as partes. Destarte, ainda que se possa cogitar a concorrência das ações, o dano social deveria ser perquirido pelos legitimados capazes de representar a coletividade, a fim de destinar à sociedade a indenização pelo rebaixamento de sua qualidade de vida.

No tocante à eficiência dos fundos públicos, o temor é legítimo, especialmente considerada a falta de transparência dos dados dos fundos estaduais; mas, parece-nos secundário. Ainda que questionemos a gestão pelo Poder Público, impositivo rememorar que a *destinação* do dano social consubstancia momento posterior, certo que a justificativa de sua existência está fundada principalmente na sua imposição. O escopo punitivo esgota-se com a imposição da indenização social; a destinação tem aspecto distributivo ou reparatório (especialmente quando revertida, direta ou indiretamente, para a sociedade). A justificativa do dano social exposta nos capítulos antecedentes está baseada na punição imposta ao responsável pelo dano, secundária a alocação desta verba. Assim, embora ilidível a crítica da ineficiência de um fundo gerido pelo Poder Público, já assoberbado, secundária tal preocupação.

A ineficiência do Estado não serve de arrimo para ignorar a lei; a destinação da verba em favor de um fundo público é a única solução expressamente amparada pela norma processual (legitimidade) e material (Lei da Ação Civil Pública). Mais, o pagamento em favor do Fundo, especial-

[1306] Junqueira de Azevedo. **Novos Estudos e Pareceres**... Ob. Cit., p. 383.

[1307] Higa. **Responsabilidade Civil Punitiva**... Ob. Cit., p. 349.

mente considerado o modelo de funcionamento destacado, atende à função reparatória da indenização, porque reverte de forma democrática em favor da própria sociedade lesada.

Como adverte Caroline Vaz, os danos sociais refletem no plano coletivo, não exclusivamente na esfera individual da vítima, de forma a melhor forma de recompor o "patrimônio social lesado" se dá com a destinação coletiva[1308]. E, ainda que insubsistente o temor enriquecimento sem causa, a destinação aos fundos públicos suprimiria qualquer resquício cultural ou anímico do juiz neste sentido, a permitir melhor mensuração do dano. Assim, a destinação coletiva eliminaria a "tendência de moderação das quantias impostas a título de indenização punitiva"[1309].

E, ainda que desejável maior transparência da gestão e aplicação das verbas destinadas aos fundos públicos previstos na Lei da Ação Civil Pública, o aspecto público permite maior controle em comparação, por exemplo, com a destinação a entidades beneficentes. A verba usualmente destinada a hospitais e associações de cunho assistencial não ostenta, em regra, a mesma proteção dos fundos previstos na Lei n. 7.347, de 1985. Por se tratar de verba que integra o patrimônio público, tais fundos estão sujeitos, dentre outros, aos ditames da Lei de Acesso à Informação (n. 12.527, de 2011) e seus gestores podem responder na forma da Lei n. 8.429, de 1992 (Lei de Improbidade Administrativa).

Em síntese, nenhuma das quatro alternativas se mostra incompatível com o sistema, tampouco esvaziaria o fundamento e a eficácia da indenização punitiva, que revigora a importância do ofensor e da conduta no plano da responsabilidade civil. Como destaca Pedro Ricardo e Serpa, a adoção do modelo do *'private attorney general'* consistiria em questão de "política legislativa"; as opções destacadas para o recebimento da indenização punitiva não a tornariam "ilícita"[1310]. Por ora, porém, o microssistema de tutela de direitos difusos e coletivos não admite a legitimidade do indivíduo, no que, ainda que razoável a destinação aventada por Antonio Junqueira de Azevedo, encontra obstáculo processual.

[1308] Vaz. **Funções da Responsabilidade Civil**... Ob. Cit., p. 140.

[1309] Serpa. **Indenização Punitiva**... Ob. Cit.,. p. 294.

[1310] Serpa. **Indenização Punitiva**... Ob. Cit.,. p. 298.

Outrossim, a destinação repartida (*'split recovery'*) e a destinação a terceiros (entidades beneficentes) têm amparo no Código Civil, mas, mostram-se menos oportunas em virtude do caráter democrático dos fundos públicos. Em *'ultima ratio'*, o dano social tem viés punitivo, mas, seu fundamento é o rebaixamento da qualidade de vida de toda a sociedade; neste sentido, a destinação coletiva, seguindo os parâmetros legais de distribuição dos fundos públicos, se mostra mais adequado ao conceito.

A base teórica do "Por uma nova categoria de dano: o dano social" é o reconhecimento de uma verba punitiva, porém, com amparo na legislação – o dano social é antes dano que punição. Logo, ainda que cogitáveis as quatro espécies de destinação, a que independe de complementação legislativa, adequada ao modelo vigente, e supre com mais acuidade as críticas, sem dúvida, é a destinação aos fundos públicos.

CONCLUSÕES

A responsabilidade civil tem experimentado, nas últimas décadas, significativa mutação em seus conceitos. O afã social de assistir a vítima ampliou enormemente os interesses tutelados e erodiu os "filtros" há muito fixados – especificamente a culpa, o nexo de causalidade e o dano. A responsabilidade não está baseada exclusivamente no aspecto subjetivo, a relação de causalidade é ampla e cogita-se, até mesmo, a indenização sem dano – cujo conceito também fora significativamente expandido.

A "sociedade de risco" criou novos mecanismos lesivos ao indivíduo e à sociedade em proporção análoga ao desenvolvimento tecnológico que reduz tais riscos – prevalecendo, no entanto, a noção ("líquida", de acordo com BAUMAN) de insegurança, crescente o temor do desamparo perante eventos imponderáveis. No plano da responsabilidade civil, o aspecto ressarcitório não se mostra mais suficiente, a indenização deve ter aptidão para, também, prevenir, educar e, por que não, punir.

Caracterizada a ineficiência do direito penal e do direito administrativo sancionador, transmite-se ao direito civil a *esperança* de regulação da sociedade. A punição na esfera cível decorre da dissipação do "muro" construído entre o direito público e o direito privado. A seara penal discute o reducionismo/abolicionismo das penas privativas de liberdade, consagrando instrumentos diversos de punição (v.g. Justiça Restaurativa e transação penal); enquanto o direito administrativo transparece sua ineficiência, em especial pela carência de executoriedade das sanções impostas.

Entretanto, o anseio social por tal *resposta* do direito civil extrapola as evoluções da matéria já realizadas, na mesma medida em que atenta contra a segurança e a estabilidade do sistema jurídico.

A consagração do dano extrapatrimonial como figura indenizável rompeu com o dissenso sobre o cabimento dos danos não patrimoniais, alastrando, contudo, a divergência quanto aos critérios da definição do que caracteriza o dano moral e, caracterizado, quais os elementos para a fixação do *'quantum debeatur'*. A cláusula geral de danos do Código Civil (sistema *aberto*) tolera a necessária ampliação dos interesses tutelados, confere *plasticidade* ao sistema, mas, também, chancela pedidos "frívolos", desvirtuados.

Premente, pois, o debate no sentido de conferir densidade às cláusulas gerais, estabelecer critérios previsíveis e, consequentemente, repelir abusos.

Com este propósito, em meio à crescente alusão às múltiplas funções da responsabilidade civil, ANTONIO JUNQUEIRA DE AZEVEDO invoca uma "nova categoria de dano" – o dano social. Referida espécie indenizatória pode suprir as exigências teóricas do dano como *pressuposto* do dever de indenizar e, concomitantemente, consagraria a função punitiva ansiada – dotando a responsabilidade civil com viés pedagógico e social.

O dano social consiste na "diminuição da tranquilidade social" ou na quebra da confiança, situações que caracterizam rebaixamento do nível de vida da população, causado por atos dolosos, gravemente culposos ou negativamente exemplares, que extrapolam o espectro agente lesante e vítima. Assim, o dano social ostenta caráter coletivo (*lato sensu*), superando os danos causados ao indivíduo e, com efeito, sobrelevando as objeções usualmente aventadas à punição por meio da responsabilidade civil – isto porque, antes de sanção, o dano social é *dano*.

Destarte, o dano social poderia, a um só tempo, suprir a necessidade punitiva da responsabilidade civil, conferindo-lhe especial aptidão de controle social, e, principalmente, assegurar critérios precisos para tanto. A "nova categoria de dano", portanto, surge com o propósito de impor estabilidade à ampliação dos interesses tutelados e, principalmente, aos critérios de fixação da indenização extrapatrimonial.

O prestígio do autor fez com que, rapidamente, o instituto introduzido se difundisse na doutrina e nos tribunais. O Conselho de Justiça Federal aprovou enunciado (número 456 – V Jornada de Direito Civil) que reconheceu o dano social como figura inserta na expressão *dano* do artigo 944, do Código Civil. E, ainda que pouco explorado na Academia, o dano social foi admitido em alguns Tribunais de Justiça pátrios – inclusive em segundo grau.

A aplicação judicial, contudo, evidenciou incoerências da *nova categoria* de dano com dogmas materiais e processuais há muito estabelecidos. O temor do locupletamento sem causa, o próprio conceito aplicado do que é dano social, a legitimidade para requerê-lo e a divergência sobre a destinação da verba realçaram a insuficiência das hipóteses alvitradas.

Exemplificando, a tese quanto ao pagamento da indenização em favor do indivíduo/vítima (autor da demanda), sustentada com vigor no ensaio inaugural, não foi admitida em qualquer dos precedentes analisados sobre o tema. Em sentido análogo, esvaziando o instituto, o SUPERIOR TRIBUNAL DE JUSTIÇA (recurso repetitivo – cf. art. 927, do Código de Processo Civil) assentou que o dano social depende de pedido expresso e está subordinado aos legitimados da tutela coletiva (Órgãos Públicos, Defensoria Pública, Ministério Público e associações).

Em verdade, a disseminação das bases do dano social se deu antes de maior reflexão – seja doutrinária, seja jurisprudencial. A pesquisa sobre o tema denota alusões reiteradas ao texto original. Poucos, no entanto, são os trabalhos que buscaram aperfeiçoar e aprofundar o tema, em especial reforçar o propósito que motivou a sugestão da "nova categoria de dano".

Consequentemente, o instituto perde vigor, em razão da carência de bases teóricas que sustentem sua aplicação, contrariando seus fundamentos – incorrendo nas mesmas críticas que o motivaram. Buscou-se, pois, reunir as conclusões da doutrina pátria, as lições do direito estrangeiro em figuras análogas e os exemplos jurisprudenciais, a fim de traçar um panorama e propor alguns critérios capazes de sedimentar a aplicação do dano social.

Neste sentido, as balizas não podem olvidar a razão de ser do dano social. Ao mesmo tempo em que a função punitiva da responsabilidade civil é *desejável* – com o escopo de efetivar a aptidão do direito civil de modular condutas, reprender o lucro ilícito e censurar microdanos –, a "nova categoria de dano" não pode ser trivializada. Estabelecer critérios e parâmetros afigura compromisso de eficácia do instituto para evitar que seja apenas mais um interesse juridicamente tutelado no conceito amplo de dano, sujeito às críticas inerentes ao assoberbamento do Poder Judiciário e da proliferação de abusos.

O dano social é tópico; o nível de rebaixamento da qualidade de vida ou a violação da "confiança" social são cláusulas gerais, cuja aferição é casuística. Os precedentes analisados, entretanto, indicam alguns padrões no seu reconhecimento – o pressuposto, condutas que extrapolam a relação individual, atingindo a coletividade, deve ser alinhavado com ofensas associadas a valores fundamentais. Tal qual o dano moral está associado à dignidade da pessoa humana, o dano social deve ser avaliado sob o enfoque dos objetivos fundantes da República Federativa (art. 1º, da Constituição Federal) em seu enfoque difuso. Daí, o reconhecimento em condutas reiteradas em contratos de saúde e em contratos de consumo.

O dano social é a consagração da multiplicidade de funções da responsabilidade civil. Assim como no direito penal contemporâneo, a pena não encontra uma só justificativa; pueril crer que a sanção se exaure apenas no fundamento expiatório ou na prevenção (geral, especial, positiva ou negativa). O dano social surge, porém, como instrumento capaz de efetivar a teoria mista, uma vez que o caráter "pedagógico", "propedêutico", "preventivo" e "punitivo" usualmente alegados nas decisões sobre danos morais são puramente retóricos – sequer distinguível em qual parcela o montante extrapola o dano propriamente dito.

Aliás, a consagração das funções múltiplas é confirmada pela justificativa econômica do instituto. Como destacado, o dano social é instrumento apto a realizar os "fins desejáveis" da responsabilidade civil, inclusive a *reparação*. O limite da "extensão do dano" do Código Civil consagra também uma garantia (*'restitutio in integrum'*) que pode não ser alcançada na sociedade de massas. As situações de microdanos ou de ilícitos lucrativos denotam que a responsabilidade civil, por vezes, sequer alcança o ressarcimento, o equilíbrio que a fundou.

Ainda, a nova categoria de dano se funda na estabilidade e segurança jurídicas, rompendo com a divergência sobre o viés punitivo dos danos extrapatrimoniais individuais.

A justificativa da imprecisa subsunção dos danos extrapatrimoniais ao princípio reparatório confere vagueza suficiente para indenizações desproporcionais – seja no excesso, seja na escassez. A variação jurisprudencial para casos análogos atenta contra o Estado Democrático de

Direito, esvaindo a confiança no Poder Judiciário. A punição deve ser relegada ao dano social, porque conceitualmente depende de requisitos mais rigorosos, demanda outras provas além da simples aferição da existência de dano moral, constituindo, assim, instrumento apto a afastar a "aleatoriedade" das indenizações fixadas a título de danos morais.

O primeiro requisito a ser apurado na definição do *'an debeatur'* social é o elemento subjetivo. Em consonância com o que estabelecem a maior parte dos precedentes dos *'punitive damages'* da *'Common Law'*, o dano social depende da prova do dolo ou culpa grave. Isto, porém, não significa que o dano social está adstrito às hipóteses de responsabilidade subjetiva; pode-se conceber a cumulação material com outras espécies indenizatórias, para as quais prescinde a avaliação da culpa *'lato sensu'*, ressalvando, no entanto, o ônus de demonstrar o elemento anímico para a definição da parcela punitiva da indenização.

Também consubstancia elemento essencial do dano social a "repercussão difusa"; ínsita ao conceito, a conduta lesiva deve extrapolar a relação agente ofensor-vítima. Para tanto, a análise tópica pode se basear em elementos objetivos – amplos os indicadores reconhecidos pela sociedade como métricas da "qualidade de vida".

A Organização das Nações Unidas regulamentou o Índice de Desenvolvimento Humano (IDH) e o Índice de Valores Humanos (IVH), que podem justamente amparar a definição do que caracteriza o aspecto difuso do dano social. Possível definir a repercussão social e o rebaixamento da qualidade de vida da coletividade a partir dos parâmetros elencados pela ONU para tais índices, como níveis de saúde, educação, renda, liberdade e desigualdade econômica e de gênero.

Tais variáveis, portanto, densificam o conceito do dano social. Violações que reduzem a oferta educacional, diminuem a expectativa de vida, afetam a renda *'per capita'*, restringem a liberdade e o acesso à informação ou reprimem direitos de grupos sociais servem de exemplo de condutas que extrapolam o aspecto individual e, caracterizados os demais elementos, como o aspecto doloso ou gravemente culposo, permitiriam a fixação da verba em comento.

O dano social não se confunde com a medida da *felicidade* da coletividade; os "pilares" do IDH e do IVH transmitem justamente elementos objetivos aptos a aquilatar o necessário rebaixamento da qualidade de vida. A repercussão difusa baseia-se na violação de valores coletivos.

Por isso, as métricas sugeridas pelo PNUD não esgotam a avaliação do dano social.

A repercussão difusa pode também ser objetivamente avaliada sob os "vetores" avaliados no Índice de Progresso Social (IPS) que estabelece outras fontes de avaliação da conduta. Referido índice traz inúmeros critérios para a definição de bem-estar, como a nutrição, o saneamento, o acesso a medicamentos, a moradia, a segurança pessoal, o acesso à informação, a tolerância, o respeito às minorias, a mobilidade urbana, a liberdade religiosa, o grau de desemprego – mecanismos que podem definir objetivamente o viés coletivo da conduta, a fim de indicar a existência do dano social.

Sedimentados o conceito e as balizas para defini-lo, destaca-se que a controvérsia judicial acerca da "nova categoria de dano" tem se limitado ao aspecto processual.

Conforme precedente vinculante (art. 927, do Código de Processo Civil) do SUPERIOR TRIBUNAL DE JUSTIÇA, não se pode conceber a indenização por danos sociais sem pedido – sob risco de violação do princípio da correlação. A premissa processual de aplicação da verba punitiva, portanto, é o pedido expresso da parte, a fim de assegurar o contraditório e a ampla defesa, inclusive e especialmente sobre os critérios específicos do dano social nem sempre exigidos para os demais pedidos (*v.g.* elemento subjetivo).

E o pedido conduz à divergência sobre a legitimidade para o pleito da indenização por danos sociais. A despeito da tese aventada por ANTONIO JUNQUEIRA DE AZEVEDO, a melhor solução – compatível com o modelo processual vigente e que dispensa alteração legislativa – é o reconhecimento da legitimidade restrita dos danos sociais àqueles legitimados para a ação civil pública. Como formulou a V Jornada de Direito Civil (enunciado 456), os danos sociais devem ser "reclamados pelos legitimados para propor ações coletivas".

Malgrado existam fundamentos para a atribuição da legitimidade ao indivíduo (*'private attorney general'*), não há dúvida da natureza transindividual dos danos sociais – inviável que o indivíduo postule em nome próprio direito alheio sem amparo legislativo (artigo 18, do Código de Processo Civil). Neste sentido, há movimentos favoráveis do reconhecimento da legitimidade extraordinária do indivíduo para a ação civil pública, em consonância com a ação popular; por ora, porém, a solução viola as regras processuais vigentes.

Ainda que desejável *capilarizar* a tutela dos danos sociais, a legitimação individual sem alterações legislativas atentaria aos fundamentos da "nova categoria de dano". A admissão de demandas individuais aumentaria a litigiosidade, permitindo, por exemplo, o *'bis in idem'* com condenações múltiplas pelos mesmos fatos – já que inexistentes os filtros do processo civil, como a litispendência e a coisa julgada coletiva.

E definidos o conceito, a legitimidade, reconhecido o *'an debeatur'*, os aplicadores do direito devem observar igual ponderação na avaliação do *'quantum debeatur'* do dano social.

A preferível restituição *'in natura'* nem sempre é possível, pacífica a dificuldade de "reparação" nos danos de natureza extrapatrimonial. Isto, porém, não significa que o dano social não possa admitir reparações naturais; pelo contrário, a criatividade na definição de mandados judiciais que "compensem" o rebaixamento da qualidade de vida deve ser ambicionada. Plenamente cogitável a definição de obrigações de fazer ou não fazer que, ainda que não restituam a sociedade ao *'statu quo ante'*, revigorem a "tranquilidade" cujo atentado caracterizou o dano social – fomentando, por exemplo, programas educacionais e beneficentes.

Inviável a reparação *'in natura'*, o dano social deve ser fixado em pecúnia, tal qual o dano moral.

Aqui, os *'statutory caps'* de alguns modelos dos Estados Unidos da América devem ser enjeitados. O repúdio nacional ao tarifamento no tocante aos danos morais se repete, com mais razão, no âmbito dos danos sociais. O risco da *'underdeterrence'* soma-se com o perigo do "cálculo perverso" do ilícito lucrativo ou do "inadimplemento eficiente"; os danos sociais são tópicos.

O sistema aberto, no entanto, não se confunde com a abusividade na fixação da verba. Assim, a quantificação deve observar os critérios já delimitados na doutrina e na jurisprudência quanto aos danos extrapatrimoniais (individuais e coletivos), capazes de conferir maior previsibilidade à condenação. Com base nos exemplos estrangeiros, a indenização deve atender ao sobreprincípio da *proporcionalidade*, cuja densidade é conferida pelos parâmetros aventados pelo direito germânico – especificamente: a necessidade, a adequação e a proporcionalidade em sentido estrito.

O dano social deve levar em conta o grau de culpa do ofensor – distinguíveis, por exemplo, o dolo da culpa grave –, o lucro obtido com a conduta, a condição econômica das partes, a extensão/intensidade do dano na coletividade, a conduta pregressa do ofensor (reincidência) e a cumulação com outras espécies de dano ou sanções impostas (v.g. multa administrativa). Critérios que se submetem ao "modelo bifásico" já utilizado pelo SUPERIOR TRIBUNAL DE JUSTIÇA, que busca conferir proporcionalidade à indenização, ao confrontar as circunstâncias do caso concreto com os paradigmas jurisprudenciais.

A quantia fixada, por fim, deve ser revertida em favor dos fundos públicos previstos na Lei n. 7.347, de 1985.

A proposta original de que os danos sociais deveriam ser pagos ao indivíduo lesado ("promotor público privado") encontra obstáculo processual – em face da legitimidade extraordinária –, mas, principalmente, cultural. O modelo vigente, que há muito rechaça o viés punitivo da responsabilidade civil, não demonstra tolerância com a destinação ao indivíduo, em especial pela vedação ao enriquecimento sem causa (art. 884, do Código Civil) –mesmo que tal hipótese possa ser refutada.

Fato é que o dano social em favor do indivíduo é causa, ainda que inconsciente, de ineficácia do instituto. Ao reduzir a indenização social, para evitar o locupletamento ou apenas para afirmar a observância da proporcionalidade da verba recebida por um único indivíduo, afronta-se a otimização da verba, atentando com seus fundamentos e finalidades. Por isso, a melhor solução, amparada na norma (material e processual), é a destinação pública.

Os fundos criados pela Lei da Ação Civil Pública consagram gestão democrática, estão sujeitos a estrito controle e transparência – permitindo, inclusive, a responsabilização dos gestores na forma da Lei n. 8.429, de 1992. Logo, referida destinação também deve ser prestigiada em detrimento daquela aventada nos precedentes avaliados – com o pagamento em favor de uma instituição beneficente.

Como visto, o pagamento em favor de associação ou fundação privadas de cunho assistencial detém amparo legal, ao menos de forma analógica (art. 883, parágrafo único, do Código Civil). Todavia, há restrições processuais – ampliação subjetiva da lide – e carência de transparência, já que tais entes não se submetem ao regramento público. Embora inexista dúvida da seriedade de instituições como o GRAAC ou o Hospital das Clínicas, a fixação em favor de terceiros apresenta viés aleatório na escolha do beneficiário – não sujeito a idêntico controle em comparação àquele dos entes públicos.

Deste modo, congraçando a múltipla função exigida da responsabilidade civil, os danos sociais devem ser reconhecidos e aprofundados. A figura sugerida tem caráter análogo a institutos estrangeiros, os quais podem corroborar no seu aperfeiçoamento. Reconhecer o dano social como indenização de cunho transindividual, de legitimidade restrita e destinação a fundos públicos consagra sua razão de existir, em especial, a admissão de uma "nova categoria de dano" que atende ao anseio de compensar, mas, também, punir e prevenir o dano.

REFERÊNCIAS

Aguiar Júnior, Ruy Rosado de (coord.). **Jornadas de direito civil I, III, IV e V**: enunciados aprovados. Brasília: Conselho da Justiça Federal, 2012. Disponível em: <http://www.cjf.jus.br/cjf/corregedoria-da-justica-federal/centro-de-estudos-judiciarios-1/publicacoes-1/jornadas-cej/EnunciadosAprovados-Jornadas-1345.pdf>.

Aguiar Júnior. Ruy Rosado de (org.). **IV Jornada de Direito Civil**, v. 2. Brasília: Conselho de Justiça Federal, 2007.

Alpa, Guido. **La responsabilità civile**. Parte Generale. Torino: UTET, 2010.

Alsina, Jorge Bustamante. **Teoría General de la Responsabilidad Civil**. 8ª Ed. ampl. e atual. Buenos Aires: Abeledo-Perrot, 1994.

Álvarez, Agustín. **Repensando la Incorporación de los Daños Punitivos**. Argentina, Academia Nacional de Derecho y Ciencias Sociales de Córdoba. Disponível em: <https://www.google.com.br/url?sa=t&rct=j&q=&esrc=s&source=web&cd=2&cad=rja&uact=8&ved=0ahUKEwj7u5zDgKjMAhXEFpAKHXjKBQwQFggmMAE&url=http%3A%2F%2Fwww.acaderc.org.ar%2Fdoctrina%2Farticulos%2Frepensando-la-incorporacion-de-los-danos-punitivos%2Fat_download%2Ffile&usg=AFQjCNGPbX_3PX5iEIh3oNp_FvWBho4Gzw&sig2=czCJyYUl5ygiKY6zbnsC0w>, acesso em 12 de outubro de 2016.

Alves, José Carlos Moreira. **Direito Romano**, v. I, 6ª Ed. Rio de Janeiro: Forense, 1987.

Alvim, Agostinho. **Da inexecução das Obrigações e suas Consequências**. São Paulo: Saraiva, 1949.

Alvim, Agostinho. **Da Inexecução das Obrigações e suas Consequências**, 4ª ed. São Paulo: Saraiva, 1972.

ANDRADE, Adriano; MASSON, Cleber; ANDRADE, Landolfo. **Interesses Difusos e Coletivos**, 5ª ed., rev. atualizada e ampliada. São Paulo: GEN/Método, 2015.

ANDRADE, André Gustavo Corrêa de. **Dano Moral e Indenização Punitiva**: Os *punitive damages* na experiência da *common law* e na perspectiva do direito brasileiro, 2ª ed. Rio de Janeiro: Lumen Juris, 2009.

ANDRADE, André Gustavo Corrêa de. **Indenização Punitiva**, 2008. Disponível em: <http://www.tjrj.jus.br/c/document_library/get_file?uuid=dd10e43d-25e9-478f-a346-ec511dd4188a>, acesso em 10 de agosto de 2016.

ANDRADE, Ronaldo Alves de. **Dano Moral e sua Valoração**, 2ª Ed. São Paulo: Atlas, 2011.

ÁNGEL YÁGÜEZ, Ricardo de. **Algunas previsiones sobre el futuro de la responsabilidad civil** (con especial atención a la reparación del daño). Madrid: Civitas, 1995.

ANTUNES VARELA, João de Matos. **Das Obrigações em Geral** – v. I, 10ª ed., Coimbra: Almedina, 2000.

ANTUNES, Ana Filipa; FONSECA, Ana Maria Taveira da; VASCONCELOS, Maria João Pestana; SÁ, Fernando. **Novas Tendências da Responsabilidade Civil**. Coimbra: Almedina, 2007.

ANTUNES, Henrique Sousa. **Da Inclusão do Lucro Ilícito e de Efeitos Punitivos entre as Consequências da Responsabilidade Civil Extracontratual**: A Sua Legitimação pelo Dano. Coimbra: Ed. Coimbra, 2011.

ARAGÃO, Alexandre. "Máfia da merenda pode ter atingido 152 cidades em São Paulo" in **Folha de São Paulo**, 29 de janeiro de 2016. Disponível em: <http://www1.folha.uol.com.br/poder/2016/01/1734870-mafia-da-merenda-pode-ter-atingido-152-cidades-em-sao-paulo.shtml>, acesso em 30 de janeiro de 2016.

ARISTIZÁBAL VELÁSQUEZ, David. "Apuntes sobre el Daño Punitivo en la Responsabilidad Patrimonial Colombiana" in **Revista Facultad de Derecho y Ciencias Políticas**, vol. 40, n. 112, Universidad Pontificia Bolivariana, Medellín, 2010. Disponível em <http://redalyc.uaemex.mx/src/inicio/ ArtPdfRed.jsp?iCve=151416945007>, acesso em 15 de fevereiro de 2017.

ASCENSÃO, José de Oliveira. Sociedade do risco e direito do consumidor. In: LOPES, Teresa Ancona; LEMOS, Patrícia Faga Iglecias; RODRIGUES JUNIOR, Otavio Luiz (Coord.). **Sociedade de risco e direito privado**: desafios normativos, consumeristas e ambientais. São Paulo: Atlas, 2013.

Bandeira, Paula Greco. "A Evolução do Conceito de Culpa e o Artigo 944 do Código Civil" in **Revista da EMERJ**, v. 11, n. 42, pp. 227/249, 2008.

Baptista, Silvio Neves. **Teoria Geral do Dano** – de acordo com o Novo Código Civil Brasileiro. São Paulo: Atlas, 2003.

Bar-Gill, Oren; Ben-Shahar, Omri. "An Information Theory of Willful Breach" in **Michigan Law Review**, vol. 107, n. 8, pp. 1479-1500, 2009.

Baratella, Maria Grazia. **Le Pene Private** – Responsabilità Comunicazione Impresa 16. Milano: Giuffré, 2006.

Baratella, Maria Grazia. **Le pene private**. Milano: Giuffrè, 2004.

Barbierato, Daniela (a cura di). **Il risarcimento del danno e le sue 'funzioni'**. Napoli: Jovene, 2012.

Barbosa Moreira, José Carlos. "Problemas relativos a litígios internacionais" in **Revista de Processo** (Instituto Brasileiro de Direito Processual), v. 17, n. 65, jan./mar. 1992, São Paulo: Revista dos Tribunais, pp. 144-161, 1992.

Barcellona, Mario. **Tratatto del Danno e della Responsabilità Civile**. Torino: Utet, 2011.

Barrett, Joyce E. "Damages for Wrongful Birth" in **Cleveland State Law Review**, v. 21, pp. 34-41, 1972.

Barros, Paula Cristina Lippi Pereira de. **A sanção socioeducativa como compensação não patrimonial do dano**. Dissertação (Mestrado em Direito) – Faculdade de Direito, Pontifícia Universidade Católica de São Paulo, São Paulo, 2010, 214 p.

Barzotto, Luis Fernando. Justiça Social – Gênese, estrutura e aplicação de um conceito. **Revista do Ministério Público**, Porto Alegre – RS, v. 50, p. 19-56, 2003.

Bassan, Marcela Alcazas. As funções da indenização por danos morais e a prevenção de danos futuros. 2009. Dissertação (Mestrado em Direito Civil) – Faculdade de Direito, Universidade de São Paulo, São Paulo, 2009. Disponível em: <http://www.teses.usp.br/teses/disponiveis/2/2131/tde-24112009-133257/>.

Bauman, Zygmunt; Bordoni, Carlo. **Estado de crise** – tradução Renato Aguiar, 1ª Ed. Rio de Janeiro: Zahar, 2016.

Bdine Júnior, Hamid Charaf. "Artigo 884" in Peluso, Cezar (coord.). **Código Civil Comentado**: doutrina e jurisprudência, 6ª ed., rev. e atual. Barueri: Manole, 2012.

Beck, Ulrich. **Sociedade de risco**: rumo a outra modernidade, 2ª Ed., reimpressão, trad. Sebastião Nascimento. São Paulo: Editora 34, 2013.

BEDAQUE, José Roberto dos Santos. **Direito e Processo** – Influência do Direito Material sobre o Processo, 4ª Ed., rev. e ampl. São Paulo: Malheiros, 2006.

BEHR, Volker. "Punitive Damages in American and German Tendencies Towards approximation of Apparently Irreconcilable Concepts" in **Chicago-Kent Law Review**, vol. 78, n. 105, pp. 105-161, 2003. Disponível em: <http://scholarship.kentlaw.iit.edu/cgi/viewcontent.cgi?article=3389&context=cklawreview>, acesso em 26 de setembro de 2016.

BELTRÃO, Rogério Coutinho; VASCONCELOS, Fernando Antônio de. "Punitive Damages: A Indenização de Caráter Punitivo por Danos Morais no Ordenamento Jurídico Brasileiro" in **Revista Direito e Desenvolvimento**, v. 5, n. 9, pp. 205-225, João Pessoa, jan./jun. 2014.

BENACCHIO, Marcelo. "A função punitiva da responsabilidade civil no Código Civil" in LOTUFO, Renan; NANNI, Giovanni Ettore; MARTINS, Fernando Rodrigues (coords.). **Temas Relevantes do Direito Civil Contemporâneo**: Reflexões sobre os 10 anos do Código Civil. São Paulo: Atlas, 2012, pp. 641-668.

BENAZZO, Paolo. **Le 'Pene Civili' nel Diritto Privato d'Impresa**. Quaderni di Giurisprudenza Commerciale. Milano: Giuffrè, 2005.

BENTHAM, Jeremy. **Teorías de las Penas y de las Recompensas** – Trad. D.L.B. Paris: Casa de Masson e Hijo, 1826. Disponível em: <http://cdigital.dgb.uanl.mx/la/1080043788_C/1080045964_T3/1080045964_MA.PDF>, acesso em 03 de novembro de 2017.

BHATIA, Kedar S. **Stat Pack for October Term 2014**, SCOTUSBLOG (June 30, 2015). Disponível em: <http://sblog.s3.amazonaws.com/wp-content/uploads/2015/07/SB_Stat_Pack_OT14.pdf>, acesso em: 02/07/2016.

BIANCA, Cesare Massimo. **Diritto Civile V** – La Responsabilità, 2ªed. Milano: Giuffrè, 2012.

BIANCA, Massimo. Riflessioni sulla pena privata. In: BUSNELLO, Francesco; SCALFI, Gianguido (orgs.). **Le pene private**. Milano: Giuffré, 1985.

BIANCHINI, Alice. **Pressupostos Materiais Mínimos da Tutela Penal** – Série As Ciências Criminais no Século XXI, v. 7. São Paulo: Revista dos Tribunais, 2002.

BITENCOURT, Cezar Roberto. **Falência da Pena de Prisão**: Causas e Alternativas, 4ª ed. São Paulo: Saraiva, 2011.

BITTAR FILHO, Carlos Alberto. Do Dano Moral Coletivo no Atual Contexto Jurídico Brasileiro. **Revista de Direito do Consumidor**, n. 12, out./dez. 1994, pp. 44-62, São Paulo, Revista dos Tribunais, 1994.

BITTAR, Carlos Alberto. **Reparação Civil por Danos Morais**, 4ª Ed., rev., aumentada e modificada por Eduardo C. B. Bittar. São Paulo: Saraiva, 2015.

BLOWER, Bradley H. "Exemplary Damages: Applying Natural Justice to Ensure Fundamental Fairness" in **New Zealand Law Review**, 1998.2, pp. 313-344, 1998.

BOBBIO, Norberto. **A Era dos Direitos**. Trad. Carlos Nelson Coutinho, 7ª tiragem. Rio de Janeiro: Elsevier, 2004.

BOBBIO, Norberto. **Teoria da Norma Jurídica** – 5ª ed., trad. Fernando Pavan Baptista e Ariani Bueno Sudatti, apresentação Alaôr Caffé Alves. São Paulo: EDIPRO, 2012.

BODENSTEIN, H. D. J. "English Influences on the Common Law of South Africa" in **South African Law Journal**, v. 32, n. 4, Juta Law Publishing, Cidade do Cabo, pp. 337-358, 1915.

BORGHETTI, Jean-Sébastien. "Punitive damages in France" in KOZIOL, Helmut; WILCOX, Vanessa. **Punitive Damages: Common Law and Civil Law Perspectives** – Tort and Insurance Law, v. 25. Vienna: Springer, 2009, pp. 55-73.

BOURRIÉ-QUENILLET. "Le préjudice moral des proches d'une victime blessée : dérive litigieuse ou prix du désespoir" in **"La Semaine Juridique"**, nº 51, 16 décembre 1998, p. 2205, 1998. Disponível em: <http://www.lexisnexis.fr/droit-document/article/la-semaine-juridique-edition-generale/51-1998/T02_PS_SJG_SJG9851DT02.htm#.V4KvPldk-Rs>, acesso em 30 de setembro de 2017.

BRASIL. Câmara dos Deputados. **Relatório da Comissão de Constituição e Justiça e Redação sobre o PL 6.960/2002**, Deputado Vicente Arruda, 2004. Disponível em: <http://www.camara.gov.br/sileg/integras/196514.pdf>, acesso em 23 de março de 2017.

BRASIL. Senado Federal. **Projeto de Lei n. 278**, de 2010. Altera a Lei nº 8.078, de 11 de setembro de 1990 (Código de Defesa do Consumidor), para disciplinar a multa civil. Disponível em: <https://www25.senado.leg.br/web/atividade/materias/-/materia/98320>, acesso em 10 de maio de 2017.

BRASIL. Senado Federal. **Relatório da Comissão de Comissão de Constituição, Justiça e Cidadania sobre o PL 114/2008**, Senador Álvaro Dias, 2011. Disponível em: <http://legis.senado.leg.br/sdleg-getter/documento?dm=4664919&disposition=inline>, acesso em 23 de março de 2017.

BRASILINO, Fábio Ricardo Rodrigues. "O dano social e função social da responsabilidade civil" in FIÚZA, César Augusto de Castro; SILVA, Rafael Peteffi da; JÚNIOR, Otávio Luiz Rodrigues (coord.). **Direito Civil I**. Florianópolis: CONPEDI, 2014, p. 412-433. Disponível em: <http://www.publicadireito.com.br/artigos/?cod=1cde2efe98ea537f>, acesso em 10 de abril de 2017.

BRASILINO, Fábio Ricardo Rodrigues. **Dano Social como instrumento paradigmático-constitucional de efetivação da dignidade humana**. 2015. Disponível em: <http://brasilino.adv.br/?p=40>, acesso em 10 de abril de 2017.

BRASLOW, Norman T. "The Recognition and Enforcement of Common Law Punitive Damages In a Civil Law System: Some Reflections on the Japanese Experience" in **Arizona Journal of International and Comparative Law**, vol. 16, n. 2, pp. 285-365, 1999.

BREBBIA, Roberto Horacio. **El Daño Moral**. Buenos Aires: Bibliográfica Argentina, 1950.

BRICOLA, Franco. La riscoperta delle "pene private" nell'ottica del penalista in **Foro Italiano**, v. 108, n. 1, jan./1985, pp. 1-16, 1985.

BRODSKY, Jonathan M., "Daño punitivo: prevención y justicia en el derecho de los consumidores" in **Lecciones y Ensayos**, n. 90, pp. 277-298, 2012.

BRYNJOLFSSON, Erik; MCAFEE, Andrew; CUMMINGS, JEFF. **The Second Machine Age**: Work, Progress, and Prosperity in a Time of Brilliant Technologies. New York: W.W. Norton & Company, 2014.

BUENO, Cassio Scarpinella. **Manual de Direito Processual Civil** – Volume Único, 2ª Ed. (inteiramente estruturado à luz do NCPC). São Paulo: Saraiva, 2016.

BUSNELLI, Francesco D.; PATTI, Salvatore. **Danno e Responsabilità Civile**, 3ª ed. Torino: G. Giappichelli, 2013.

BUSNELLI, Francesco D.; SCALFI, Gianguido (a cura di). **Le Pene Private**. Milano: Giuffrè, 1985.

BUSNELLI, Francesco. *Interessi della Persona e Risarcimento del Danno,* **Rivista Trimestrale di Diritto e Procedura Civile**, anno L (1996), pp. 1-25, Milano: Giuffrè, 1996.

BUSTAMANTE, Thomas da Rosa. *"A 'Lei da Boa Razão' e a cultura jurídica oitocentista: prolegômeno para uma proposta de compreensão da cultura jurídica brasileira contemporânea* **à luz do pensamento de***Antônio Manuel Hespanha"* in **Revista Estudos Filosóficos**, n. 14, pp. 96-112, Universidade Federal de São João del-Rei, São João del-Rei (MG), 2015. Disponível em: <http://www.ufsj.edu.br/portal2-repositorio/File/revistaestudosfilosoficos/art7%20rev14.pdf>, acesso em 12 de fevereiro de 2017.

CAHALI, Youssef Said. **Dano Moral**, 7ª Ed. São Paulo: Revista dos Tribunais, 2000.

CALABRESI, Guido. "Some thoughts on Risk Distribution and the Law of Torts" in **Yale Law Journal**, v. 70, n. 4, pp. 499-553, março/1961.

CALABRESI, Guido. **Costo degli Incidenti e Responsabilità Civile**: Analisi economico-giuridica, ristampa. Milano: Giuffrè, 2015.

CALABRESI, Guido. **The Costs of Accidents**: A Legal and Economic Analysis, student edition. New Haven: Yale University Press, 1970.

CAMARGO, Bárbara Galvão Simões de. "A ação coletiva face ao microdanos" in **Revista de Processo**, Instituto Brasileiro de Direito Processual – v. 38, n. 219, pp. 405-422, maio/2013.

CAMARGO, Paulo Sérgio Uchôa Fagundes Ferraz de. **Dano Moral Coletivo**: Uma possibilidade de aplicação dos danos punitivos. São Paulo: Almedina, 2016.

CAMPOS SCAFF, Fernando. "Da culpa ao risco" in RODRIGUES JUNIOR, Otávio Luiz; MAMEDE, Gladston; VITAL DA ROCHA, Maria et. alli. (coords.) **Responsabilidade Civil Contemporânea em homenagem a Sílvio de Salvo Venosa**. São Paulo: Atlas, 2011.

CANOTILHO, José Joaquim Gomes; MENDES, Gilmar Ferreira; SARLET, Ingo Wolfgang; STRECK, Lenio Luiz (coords.). **Comentários à Constituição do Brasil**. São Paulo: Saraiva/Almedina, 2013.

CANOTILHO, José Joaquim Gomes. **Direito Constitucional e Teoria da Constituição**. Coimbra: Almedina, 1998.

CANOTILHO, José Joaquim Gomes. **Direito Constitucional**, 6a ed. Coimbra: Almedina, 1993.

CAPITANT, Henri. **Introduction à l'Étude du Droit Civil**: Notions générales, 5e Éd. Paris: Pedone, 1929.

CAPPELLETTI, Mauro. **Acesso à Justiça**. Trad. de Ellen Gracie Northfleet. Porto Alegre: Fabris, 1988.

CAPPELLETTI, Mauro. Formazioni sociali e interessi di gruppo davanti alla giustizia civile. **Rivista di Diritto Processuale**, n. 30, p. 361-402, 1975.

CARMON, Haggai. **Foreign Judgments in Israel**: recognition and enforcement, trad. Rafaella Levine e Haggai Carmon. New York: Springer, 2011.

CARNEIRO, Luiz Orlando. "As explicações de Fux para os vetos ao novo CPC" in **Jota**, 17 de março de 2015. Disponível em: <http://jota.uol.com.br/as-explicacoes-de-fux-para-os-vetos-ao-novo-cpc>.

CARPES, Artur Thompsen. **A Prova do Nexo de Causalidade na Responsabilidade Civil** – Col. O Novo Processo Civil (Coords. Luiz Guilherme Marinoni; Sérgio Cruz Arenhart; Daniel Mitidiero). São Paulo: Revista dos Tribunais, 2016.

CARRÁ, Bruno Leonardo Câmara. **Direito Civil Atual**: É possível uma responsabilidade civil sem dano? Disponível em: <http://www.conjur.com.br/2016-abr-18/direito-civil-atual-possivel-responsabilidade-civil-dano>, acesso em 22 de abril de 2016.

CARUSI, Donato; DI MAJO, Adolfo et alii. **La Reponsabilità e Il Danno III**, Attuazione e Tutela de Diritti (Dirito Civile, diretto da Nicolò Lipari e Pietro Rescigno). Milano: Giuffrè, 2009.

CARVAL, Suzanne. "La responsabilité civile dans sa fonction de peine privée" in **Revue Internationale de Droit Comparé**, vol. 47, n. 4, Octobre-décembre/1995. pp. 1046-1047, 1995, p. 1.046. Disponível em: <http://www.persee.fr/doc/ridc_0035-3337_1995_num_47_4_5187>, acesso em 28 de setembro de 2016.

CARVAL, Suzanne. **La responsabilité civile dans sa fonction de peine privée**. Paris: L.G.D.J., 1995.

CASTRONOVO, Carlo. **Eclissi del Diritto Civile**, ristampa emendata. Milano: Giuffrè, 2012.

CAYLA, Olivier; THOMAS, Yan. ***Du droit de ne pas naître*** : *À propos de l'affaire Perruche*, Paris: Gallimard, 2002.

CENDON, Paolo. **Trattato dei nuovi Danni** : danni da inadempimento, responsabilità del professionista, lavoro subordinato – Volume Quarto. Padova: Cedam, 2011.

CENDON, Paolo. **Trattato dei nuovi Danni** : danni da reato, responsabilità processuale pubblica amministrazione – Volume Sesto. Padova: Cedam, 2011.

CENDON, Paolo. **Trattato dei nuovi Danni**: Danni in generale, integrità fisica e psichica, criteri del risarcimento – Volume Primo. Padova: Cedam, 2011.

CENDON, Paolo. **Trattato dei nuovi Danni** : informazioni erronee, sogetti deboli, illeciti informatici, danni ambientali – Volume Quinto. Padova: Cedam, 2011.

CENDON, Paolo. **Trattato dei nuovi Danni** : malpractice medica, prerogative della persona, voci emergenti della responsabilità – Volume Secondo. Padova: Cedam, 2011.

CENDON, Paolo. **Trattato dei nuovi Danni** : uccisione del congiunto, responsabilità familiare, affido adozione – Volume Terzo. Padova: Cedam, 2011.

CESARINI-SFORZA, Widar. "Ordinamenti giuridici privati" in **Rivista Trimestrale del Diritto Pubblico**, pp. 249-331, 1995.

CHAMATROPULOS, Demetrio Alejandro. **Los daños punitivos en la Argentina**. Buenos Aires: Errepar, 2009.

CHIRONI, Gian Pietro. **La Culpa en el Derecho Civil Moderno**. Madrid: Reus, 1928.

CHRISTIE, George C. "Current Trends in the American Law of Punitive Damages" in **Anglo-american Law Review**, n. 20, pp. 349-370, 1991.

CINTRA, Antônio Carlos Araújo; GRINOVER, Ada Pellegrini; DINAMARCO, Cândido Rangel. *Teoria Geral do Processo,* 26ª Ed. São Paulo: Malheiros, 2010.

CINTRA, Araújo; GRINOVER, Ada Pellegrini; DINAMARCO, Cândido Rangel. **Teoria Geral do Processo**, 25ª Ed., rev. e atual. São Paulo: Malheiros, 2009.

COASE, Ronald. "The Problem of Social Cost" in **The Journal of Law and Economics**, v. 3, pp. 1-44, outubro/1960.

COMANDÉ, Giovanni. *Risarcimento del Danno Alla Persona e Alternative Istituzionale:* Studio di Diritto Comparato. Torino: Giappichelli, 1999.

CONSEIL D'ETAT. **Rapport Public**: Jurisprudence et avis de 1997. Paris: La Documentation Française, 1998.

CONSEIL DE L'EUROPE. **Règlement de la Cour** : Cour Européenne des Droits de L'Homme. Strasbourg, 2016. Disponível em: <http://www.echr.coe.int/Documents/Rules_Court_FRA.pdf>, acesso em 03 de outubro de 2017.

CONSELHO NACIONAL DE JUSTIÇA. Relatório **Justiça em Números 2015**: ano-base 2014. Brasília: CNJ, 2015. Disponível em: <http://www.cnj.jus.br/files/conteudo/arquivo/2015/09/ff7463a6fe08604488795034964c0508.swf>, acesso em 20 de setembro de 2016.

CONSELHO NACIONAL DE JUSTIÇA. **Justiça em Números 2016**: ano-base 2015. Brasília: CNJ, 2016. Disponível em: <http://cnj.jus.br/files/

conteudo/arquivo/2017/12/9d7f990a5ea5e55f6d32e64c96f0645d.pdf>, acesso em 20 de setembro de 2016.

CONSELHO NACIONAL DE JUSTIÇA. **Justiça em Números 2017**: ano-base 2016. Brasília: CNJ, 2017. Disponível em: <http://cnj.jus.br/files/conteudo/arquivo/2017/12/9d7f990a5ea5e55f6d32e64c96f0645d.pdf>, acesso em 15 de dezembro de 2017.

CONSELHO NACIONAL DE JUSTIÇA. **Regras de Tóquio**: regras mínimas padrão das Nações Unidas para a elaboração de medidas não privativas de liberdade (Série: Tratados Internacionais de Direitos Humanos). Coordenação: Luís Geraldo Sant'Ana Lanfredi. Brasília: Conselho Nacional de Justiça, 2016.

Cooter, Robert D. "Punitive Damages, Social Norms and Economic Analysis" in **Law and Contemporary Problems**, vol. 60, n. 3. Summer/1993, pp. 73-91, 1997.

Cordech, Pablo Salvador. "Punitive Damages" in **InDret Revista para el Análisis del Derecho**, n. 13 (2000), Barcelona, 2000. Disponível em: <http://www.indret.com/pdf/013_es.pdf>, acesso em 20 de outubro de 2017.

Cornet, Manuel; Rubio, Gabriel Alejandro. "Daños punitivos" in **Anuario de Derecho Civil**, Tomo III (1997), pp. 31/45, Córdoba (Argentina), 1997.

CORREGEDORIA GERAL DE JUSTIÇA. **Relatório Bimestral de Atividades do NUMOPEDE outubro-novembro/2016**. Núcleo de Monitoramento de Perfis de Demandas (NUMOPEDE), Tribunal de Justiça do Estado de São Paulo, 13 de dezembro de 2016. Disponível em: <http://www.tjsp.jus.br/PublicacaoADM/Handlers/FileFetch.ashx?id_arquivo=77180>, acesso em 12 de janeiro de 2017.

Cortés, Édgar. "Constitución y Responsabilidad Civil. Una relación ambivalente" in **Revista de Derecho Privado**, Universidad Externado de Colombia, n. 11, pp. 171-179, 2006.

Costa Neto, João. "*A Máxima da Proporcionalidade: um elemento estrutural do constitucionalismo global*" in **Observatório da Jurisdição Constitucional**, Instituto Brasiliense de Direito Público (IDP), n. 1, ano 7, jan./jun. 2014, Brasília, pp. 23-41, 2014.

Costa, Susana Henriques da. **O Processo Coletivo na Tutela do Patrimônio Público e da Moralidade Administrativa**. São Paulo: Quartier Latin, 2009.

CRASWELL, Richard. "When is a Willful Breach Willful – The Link between Definitions and Damages" in **Michigan Law Review**, v. 107, n. 8, Michigan/USA, pp. 1501-1516, 2009.

CUNHA, Edilson Alkmim; ALVES, Antônio Augusto Catão [et. al.]. **Corpus Iuris Civilis**: Digesto – Livro I. Brasília: TRF1 – Escola da Magistratura Federal da 1a Região, 2010

CUNHA, Leonardo Carneiro da; MACÊDO, Lucas Buril de; ATAÍDE JR, Jaldemiro Rodrigues de (org.). **Precedentes judiciais no NCPC**. Coleção Novo CPC e novos temas. Salvador: Juspodivm, 2015.

CUPIS, Adriano de. **Il Danno** – Teoria Generale della Responsabilità Civile. Milano: Giuffrè, 1946.

D'ALESSANDRO, Elena. "Pronunce americane di condanna al pagamento dei punitive damages e problemi di riconoscimento in Italia" in **Rivista di Diritto Civile**, Cedam, pp. 383 e ss., 2007.

DALLA MASSARA, Tommasso. "Terzo comma dell'art. 96 c.p.c.: quando, quanto e perché?" in **Nuova Giurisprudenza Civile Commentata**, n. 1, anno XXVII, Cedam, pp. 55-72, 2011.

DE PAGE, Henri. **Traité Elémentaire De Droit Civil Belge :** Principes, Doctrine, Jurisprudence, V. II. Bruxelles: Emile Bruylant, 1933.

DEGENHART, Cristoph. **Staatsrecht I** : Staatsorganisationsrecht – Mit Bezügen zum Europarecht, 28ª Ed. Heidelberg: C.F. Muller, 2012.

DELGADO, Mario Luiz; ALVES, Jones Figueiredo. **Novo Código Civil – Questões Controvertidas**: Responsabilidade Civil, v. 5. Séries Grandes Temas de Direito Privado. São Paulo: Método, 2006.

DEMOGUE, René. "Validity of the Theory of Compensatory Damages" in **The Yale Law Journal**, Vol. 27, No. 5, Mar./1918, pp. 585-598, 1918.

DEUTSCHER JURISTENTAG. **Beschlüsse** n. 66, Stuttgart 19, bis 22, setembro de 2006. Disponível em: <http://www.djt.de/fileadmin/downloads/66/66_DJT_Beschluesse.pdf>, acesso em 05 de maio de 2017.

Dolinger, Jacob. **A Evolução da Ordem Pública no Direito Internacional Privado**. Rio de Janeiro: Luna, 1979.

DOMAT, Jean. **Les loix civiles dans leur ordre naturel; le droit public et legum delectus**, nouvelle édition, t. 1. Paris: Savoye, 1756.

DOMAT, Jean. **Oeuvres complètes**, nouvelle édition par Joseph Remy. Paris: Firmin Didot, 1828.

DONNINI, Rogério. "Prevenção de Danos e a extensão do princípio neminem laedere". In **Responsabilidade Civil** – estudos em homenagem ao

Prof. Rui Geraldo Camargo Viana. São Paulo, Editora Revista dos Tribunais, pp. 482/503.

DONNINI, Rogério. "A complementação de lacunas no Código Civil: continua a viger o artigo 4º da Lei de Introdução às Normas do Direito Brasileiro – LINDB?" in CASSETTARI, Christiano (coord.); VIANA, Rui Geraldo Camargo (orient.). **10 anos de vigência do Código Civil Brasileiro de 2002**: Estudos em homenagem ao professor Carlos Alberto Dabus Maluf. São Paulo: Saraiva, 2013.

DREIER, Thomas. **Kompensation und Prävention**: Rechtsfolgen der unerlaubten Handlung im Bürgerlichen. Tübingen: Möhr Siebeck, 2002.

DURAND, Jean-Paul. "The Civil Code and the Canon Law", **Pouvoirs, revue française d'études constitutionnelles et politiques**, nº 107, 107 – Le Code civil, p.59-79. Disponível em: <http://www.revue-pouvoirs.fr/The-Civil-Code-and-the-Canon-Law.html>, acesso em 15 de novembro de 2017.

DURKHEIM, Emile. **As regras do método sociológico**. São Paulo: Companhia Nacional, 1974.

ENNECCERUS, Ludwig. **Tratado de Derecho Civil**: derecho de obligaciones, t. 2, v. 1. Tradução da 35ª ed. em alemão por Pérez Gonzales e José Alguer. Barcelona: Bosch, 1954.

ESHEINER, José Maria Rosa. "Juiz *bouche de la loi* – em Defesa de Montesquieu" in **Revista Páginas de Direito**, Porto Alegre, ano 8, nº 788, 23 de junho de 2008. Disponível em: <http://www.tex.pro.br/home/noticias2/64-artigos-jun-2008/5975-juiz-bouche-de-la-loi--em-defesa-de-montesquieu>, acesso em 23 de maio de 2016.

ESMEIN, Paul. "Examen doctrinal Responsabilité Civile" in **Revue Critique de Législation et de Jurisprudence**, v. 47, n. 513, pp. 513-527, 1927.

ESMEIN, Paul. "La faute et sa place dans la responsabilité civile" in **Revue Trimestrielle de Droit Civil**, v. 47, pp. 481-490, 1949.

ESPÍNDOLA SANTOS, Adriano Barreto. **O dano social e as funções punitiva e social da responsabilidade civil**. 2015. Dissertação (Mestrado em Direito Civil) – Faculdade de Direito, Universidade de Coimbra, Coimbra, 2015. Disponível em: <https://estudogeral.sib.uc.pt/bitstream/10316/29870/1/O%20dano%20social%20e%20as%20funcoes%20punitiva%20e%20social.pdf>, acesso em 20 de setembro de 2017.

ESPM. **Resultados INSC** – Índice Nacional de Satisfação do Consumidor, julho 2016. Disponível em: <http://www.insc.com.br/resultados/>, acesso em 20 de setembro de 2016.

FABRINI, Fábio. "Agências reguladoras aplicam multas, mas não recebem nem metade do valor" in **Estado de São Paulo**, Política, 12 de fevereiro de 2013. Disponível em: <http://politica.estadao.com.br/noticias/geral,agencias-reguladoras-aplicam-multas-mas-nao-recebem-nem-metade-do-valor,996175>, acesso em 07 de janeiro de 2017.

FACCHINI NETO, Eugênio. Code Civil francês: gênese e difusão de um modelo. **Revista de Informação Legislativa**, n. 198, ano 50, abr./jun. 2013.

FACHIN, Luiz Edson. **Responsabilidade civil contemporânea no Brasil**: notas para aproximação. 2013. Disponível em: <http://fachinadvogados.com.br/artigos/FACHIN%20Responsabilidade.pdf>, acesso em 28 de agosto de 2015.

FARIAS, Cristiano Chaves de; ROSENVALD, Nelson; NETTO, Felipe Peixoto Braga. **Curso de Direito Civil**: responsabilidade civil, v. 3, 3ª ed., rev. e atual. Salvador: JusPodivm, 2016.

FERRAJOLI, Luigi. **Direito e Razão**: Teoria do Garantismo Penal, 4ª ed., rev., trad. Ana Paula Zomer Sica, Fauzi Hassan Choukr, Juarez Tavares, Luiz Flávio Gomes. São Paulo: Revista dos Tribunais, 2014.

FERRARI, Franco. **Atipicità dell'Illecito Civile** : una comparazione. Milano, Giuffrè, 1992.

FERRAZ, Tercio Sampaio. **Introdução ao Estudo do Direito**: técnica, decisão, dominação, 5ª Ed. São Paulo: Atlas, 2007.

FERREIRA DA SILVA, Sara Monteiro Pinto. **Danos Punitivos – Problemas em relação à sua admissibilidade no ordenamento jurídico português**. Ago./2012. Dissertação (Mestrado Forense) – Faculdade de Direito, Universidade Católica Portuguesa, Lisboa, 2012.

FERREIRA, Gezina Nazareth. **O Caráter Punitivo do Dano Moral**. Artigo (Especialização em Direito do Consumidor) – EMERJ, Escola da Magistratura do Estado do Rio de Janeiro, TJRJ, Rio de Janeiro, 2012, 19p.

FERREIRA, Keila Pacheco; BIZELLI, Rafael Ferreira. "A Cláusula Geral de Tutela da Pessoa Humana: enfoque específico no Dano Existencial, sob a perspectiva civil-constitucional" in **Revista de Direito Privado**, ano 14, vol. 54, pp. 11-43, abr.-jun./2013.

FILHO, Ralpho Waldo De Barros Monteiro; ZANETTA, Renata Pinto Lima. "O dano na responsabilidade civil" in GUERRA, Alexandre Dartanhan de Mello; BENACCHIO, Marcelo. **Responsabilidade Civil**. São Paulo: Escola Paulista da Magistratura, 2015.

FILHO, Sérgio Cavalieri. **Programa de responsabilidade civil**, 10ª Ed., rev. e atual. São Paulo: Atlas, 2012.

FISCHER, Hans Albrecht. **A reparação dos Danos no Direito Civil**. Trad. de Antônio Arruda Ferrer Correia. São Paulo: Livraria Acadêmica/ Saraiva, 1938.

FIUZA, César; MORAES, Kelly Cardoso Mendes de. **Crítica à Aplicabilidade aos Danos Morais do parágrafo único do art. 944 do Código Civil**. Disponível em: <http://www.publicadireito.com.br/ artigos/?cod=5434d832e0dd3baa>, acesso em 10 de outubro de 2016.

FLOUR, Yvonne. Faute et Responsabilité Civile: Déclin ou Renaissance. **Revue Française de Théorie Juridique**, Paris, n. 5 (1987), pp. 29-43, 1987.

FLUMIGNAN, Silvano José Gomes. "Uma nova proposta para a diferenciação entre o dano moral, o dano social e os *punitive damages*" in **Revista dos Tribunais**, vol. 958, ano 104, p. 119-147. São Paulo: Revista dos Tribunais, ago. 2015.

FLUMIGNAN, Silvano José Gomes. **Dano-evento e dano-prejuízo**. 2009. Dissertação (Mestrado em Direito Civil) – Faculdade de Direito, Universidade de São Paulo, São Paulo, 2009, p. 14. Disponível em: <http:// www.teses.usp.br/teses/disponiveis/2/2131/tde-18112011-131559/>, acesso em 07 de janeiro de 2017.

FÓRUM PERMANENTE DE PROCESSUALISTAS CIVIS. **Carta do Rio de Janeiro**, III Encontro do FPPC, Rio de Janeiro, 25-27 de abril de 2014. Disponível em: <https://www.academia.edu/7103232/Carta_do_ Rio_-_III_Fórum_Permanente_de_Processualistas_Civis>, acesso em 20 de julho de 2016.

FOUCAULT, Michel. **A Sociedade Punitiva**: Curso no Collège de France (1972-1973), trad. Ivone C. Bnedetti. São Paulo: Martins Fontes, 2015.

FRANÇA, Rubens Limongi. "As Raízes da Responsabilidade Aquiliana" in **Revista dos Tribunais**, n. 577, São Paulo, pp. 267-287, nov./1983.

FREIRE, Alexandre; FREIRE, Alonso Reis; MEDINA, José Miguel Garcia. "Para uma compreensão adequada do sistema de precedentes no projeto do Novo Código de Processo Civil Brasileiro" in DIDIER JR., Freddie; FUX, Luiz et alli. **Novas Tendências do Processo Civil – Estudos Sobre o Projeto do Novo CPC**. Salvador: JusPodivm, 2013.

FRIEDL, Birgit. "Wrongful Birth Claims in Germany." In **King's College Law Journal**, v. 5 pp. 161-165, Londres, 1994-1995.

FUCHS, Maximilian. "I caratteri fondamentali del sistema della responsabilità civile tedesca" in **Danno e Responsabilità**, n. 12, pp. 1133-1149, 2001.

GABBA, Carlo Francesco. **Questioni di Diritto Civile**, vol. II. Torino: Fratelli Bocca, 1911. Disponível em: <http://catalog.hathitrust.org/Record/008975573>, acesso em 30 de setembro de 2017.

GAGLIANO, Pablo Stolze; FILHO, Rodolfo Pamplona. **Novo Curso e Direito Civil**, volume 3: responsabilidade civil, 10ª. Ed., rev., atual. e ampl. São Paulo: Saraiva, 2012.

GALANTER, Marc. "Real world torts: an antidote to anedoct" in **Mariland Law Review**, v. 55, pp. 1.093-1.160, 1996.

GALGANO, Francesco. "Civile e penale nella legislazione valutaria" in **Politica del Diritto**, Il Mulino, anno VI, 1976.

GALGANO, Francesco. "La Commedia della Responsabilità Civile" in **Rivista Critica del Diritto Privato**, v. 5, Società Editrice Il Mulino, pp. 191-205, 1987.

GALLAS, Daniel. "Rebuilding lives after Brazil's worst mining accident" in **BBC News**, 20 de novembro de 2015. Disponível em: <http://www.bbc.com/news/business-34849083>, acesso em 01 de setembro de 2016.

GALLO, Paolo. **Pene Private e Responsabilità Civile**, Milano: Giuffrè, 1996.

GARCEZ NETO, Martinho. **Prática da Responsabilidade Civil**, 2ª Ed., rev. e aumentada. Rio de Janeiro: Editora Jurídica e Universitária, 1972.

GARCIA, Rogério Maia. "A sociedade de risco e a (in)eficiência do Direito Penal na era da Globalização" in **Revista de Estudos Criminais**, v. 5, n. 17, Porto Alegre, pp. 77-104, 2005.

GASSET, José Ortega y. **A rebelião das massas**. Rio de Janeiro: Livro Ibero-americano, 1959.

GAUNTLET, J. J. "Corbett The Quantum of Damages in Bodily and Fatal Injury Cases – Volume I: General Principels" in **Journal of South African Law**, v. 4, pp. 794-796, 1995.

GERAQUE, Eduardo; MENA, Fernanda. "Tragédia em Minas Gerais deve secar rios e criar deserto de lama" in **Folha de São Paulo**, 15 de novembro de 2011. Disponível em: <http://www1.folha.uol.com.br/cotidiano/2015/11/1706510-tragedia-em-minas-gerais-deve-secar-rios-e-criar-deserto-de-lama.shtml>, acesso em 01 de setembro de 2016.

GERMANO, Geandrei Stefanelli. **Punitive damages nas relações de consumo**. 2011. Dissertação (Mestrado em Direito Civil) – Faculdade de Direito, Universidade de São Paulo, São Paulo, 2011. Disponível em:

<http://www.teses.usp.br/teses/disponiveis/2/2131/tde-03102012-084841/>, acesso em 10 de janeiro de 2016.

GHIARDI, James D. "The Case against Punitive Damages" in **The Forum** 8.2, 1972-1973, pp. 411-424, 1973.

GIDI, Antonio. **A *class action* como instrumento de tutela coletiva dos direitos**: as ações coletivas em uma perspectiva comparada. São Paulo: Revista dos Tribunais, 2007.

GILEAD, Israel. "Issues in the Law of Torts" in **Israel Law Review**, vol. 24, pp. 650-656, Tel Aviv, 1990.

GODOY, Claudio Luiz Bueno de. **A liberdade de imprensa e os direitos da personalidade**. São Paulo: Atlas, 2001.

GODOY, Cláudio Luiz Bueno de. **Responsabilidade civil pelo risco da atividade**: uma cláusula geral no Código civil de 2002, 2ª Ed. São Paulo: Saraiva, 2010.

GODOY, Claudio Luiz Bueno. "Artigo 927" in PELUSO, Cezar (coord.). **Código Civil Comentado**: doutrina e jurisprudência, 6ª ed., rev. e atual. Barueri: Manole, 2012.

GODOY, Claudio Luiz Bueno. Alguns apontamentos sobre o dano moral, sua configuração e o arbitramento da indenização. In. CASSETARI, Christiano (coord.); CAMARGO VIANA, Rui Geraldo (orient.). **10 anos de vigência do Código Civil Brasileiro de 2002**: Estudos em homenagem ao Prof. Carlos Alberto Dabus Maluf. São Paulo: Saraiva, 2012.

GODOY, Gabriel Gualano. **Acórdão Perruche e o Direito de Não Nascer**. 2007. Dissertação (Mestrado em Direito) – Faculdade de Direito, Universidade Federal do Paraná, Curitiba, 2007 Disponível em: <http://dspace.c3sl.ufpr.br/dspace/bitstream/handle/1884/12026/nao_nascer_FINAL.pdf;jsessionid=870BDE8162F96BF65DF073856DE3F944?sequence=1>, acesso em 05 de agosto de 2017.

GOMES, Júlio. "Uma função punitiva para a responsabilidade civil e uma função reparatória para a responsabilidade penal?" in **Revista de Direito e Economia**, ano XV (1989), Universidade de Coimbra, pp. 105-144, 1989. Disponível em: <http://repositorio.ucp.pt/handle/10400.14/18283>, acesso em 24 de junho de 2017;

GOMES, Luiz Flávio. "*Reincidência: novo conflito entre o STF e a Corte Interamericana*" in **Jornal Carta Forense**, 03 de maio de 2013. Disponível em: <http://www.cartaforense.com.br/conteudo/colunas/reincidencia-novo--conflito-entre-o-stf-e--a-corte-interamericana/11076>, acesso em 20 de janeiro de 2017.

GONÇALVES, Carlos Roberto. **Direito Civil**, Vol. 5. São Paulo: Saraiva, 2004.

GONÇALVES, Vitor Fernandes. **A punição na responsabilidade civil**. Brasília: Brasília Jurídica, 2005.

GONZALO, Marco Lopez de. "Punitive Damages e Ordine Pubblico" in **Rivista di Diritto Internazionale Privato e Processuale**, anno XLIV, n. 1, gen.-mar./2008, págs. 77/83, 2008.

GRAY, Withmore; ZHENG, Henry Ruiheng. "*General Principles of Civil Law of the People's Republic of China*" in **Law and Contemporary Problems**, v. 52, n. 2, pp. 27-57, 1989.

GREEN, Leslie. "Positivism and the Inseparability of Law and Morals" in ZALTA, Edward (editor). **The Stanford Encyclopedia of Philosophy**, Spring (2003). Disponível em: <https://plato.stanford.edu/entries/legal-positivism/>, acesso em 10 de fevereiro de 2017.

GREENLEAF, Simon. **Treatise on the Law of Evidence**, v. II, 14ª Ed. Boston: Little, Brown and Co., 1883.

GRINOVER, Ada Pellegrini et al. **Código Brasileiro de Defesa do Consumidor**: Comentado pelos autores do Anteprojeto. 11ª Ed. Rev. Atualizada e reformulada. Rio de Janeiro: Forense, 2017.

GRINOVER, Ada Pellegrini. "Réquiem para a reforma dos processos coletivos" in **Revista do Advogado**, ano XXXVI, n. 130, ago./2016, pp. 9-13, Associação dos Advogados de São Paulo, 2016.

GRINOVER, Ada Pellegrini. **Código Brasileiro de Defesa do Consumidor comentado pelos autores do anteprojeto**, 8ª Ed. Rio de Janeiro: Forense, 2005.

GUERRA, Alexandre Dartanhan de Mello; BENACCHIO, Marcelo. **Responsabilidade Civil**. São Paulo: Escola Paulista da Magistratura, 2015.

GUERRA, Alexandre; BENACCHIO, Marcelo (coords.). **Responsabilidade Civil Bancária**. São Paulo: Quartier Latin, 2012.

GUERRA, Alexandre. "Dano Moral Punitivo e a Indenização Social: A destinação de parte da indenização por danos morais punitivos em favor de instituições locais de beneficência, a critério judicial, como forma de evitar o enriquecimento ilícito da vítima" in GUERRA, Alexandre; BENACCHIO, Marcelo (coords.). **Responsabilidade Civil Bancária**. São Paulo: Quartier Latin, 2012.

GUIMARÃES, Patrícia Carla Monteiro. "Os Danos Punitivos e a Função Punitiva da Responsabilidade Civil" in **Revista de Direito e Justiça**, vol. XV, t. 1, 2001.

HASSEMER, Winfried. **Fundamentos del Derecho Penal**. Barcelona: Bosch, 1984.

HAWKINS, Andrea Moore. "Balancing Act: Public Policy and Punitive Damages Caps" in **South Carolina Law Review**, v. 49, n. 2, pp. 293-310, 1998.

HERNANDÉZ, Luís Carlos Sánchez. "Reflexiones en torno a las funciones de la condena por daños extrapatrimoniales a la persona a partir del estudio de la "iniuria" del derecho romano clásico" in **Revista de Derecho Privado**, n. 23, jul.-dez./2012, pp. 312, 364, 2012. Disponível em: <http://heinonline.org/HOL/Page?handle=hein.journals/revdpriv23&div=2&g_sent=1&collection=journals#>, acesso em 10 fevereiro de 2016.

HERRERA, Edgardo López. **Los Daños Punitivos**, 1ª Ed. Buenos Aires: Abeledo-Perrot, 2008.

HESPANHA, António Manoel. **A História do Direito na História Social**. Lisboa: Livros Horizonte, 1978.

HIGA, Flávio da Costa. **Responsabilidade Civil Punitiva** – Os "Punitive Damages" no Direito Brasileiro. Rio de Janeiro: Lumen Juris, 2016.

HIRONAKA, Giselda Maria Fernandes Novaes (coord.). **A Outra Face do Poder Judiciário** – Decisões Inovadoras e Mudanças de Paradigmas, v. 1. São Paulo: Del-Rey, 2005.

HIRONAKA, Giselda Maria Fernandes Novaes. "Responsabilidade Pressuposta" in **EOS – Revista Jurídica da Faculdade de Direito**, v. 2, n. I, ano II, Faculdade Dom Bosco. Núcleo de Pesquisa do Curso de Direito, pp. 54-66, Curitiba, 2008. Disponível em: <http://www.dombosco.sebsa.com.br/faculdade/revista_direito/3edicao/3ª%20edição%20completa.pdf>, acesso em 15 de janeiro de 2017.

HOBSBAWN, Eric. **A era das revoluções**: 1789 -1848, 25ª Ed., Trad. Maria Teixeira. São Paulo: Paz e Terra, 2009.

HODGIN, R. W.; VEITCH, E. "Punitive Damages – Reassessed" in **International and Comparative Law Quarterly**, v. 21, pp. 119-132, 1972.

HUGUENEY, Louis. **La Peine Privée en Droit Contemporain** : quelques observations de droit maritime, de droit international et de droit civil comparé. Paris : Librairie Générale de Droit & de Jurisprudence, 1906.

IBGE, Diretoria de Pesquisas, Coordenação de Trabalho e Rendimento. **Pesquisa Nacional por Amostra de Domicílios** 2005 e 2015. Disponível em: <http://www.ibge.gov.br/home/estatistica/populacao/acessoainternet/default.shtm>, acesso em 29 de fevereiro de 2016.

IHERING, Rudolf Von. **A luta pelo Direito**. Trad. João de Vasconcelos. São Paulo: Martin Claret, 2009.

IRIGOYEN TESTA, Matías. **Análisis económico del derecho de daños**: los daños punitivos, Tese (Doutorado) - Facultad de Derecho, Universidad Complutense de Madrid, Madri, 2006.

JAULT, Alexis. **La Notion de Peine Privée**, Bibliothèque de Droit Privé - Tome 442, Préface de François Chabas. Paris: L.G.D.J., 2005.

JOSSERAND, Louis. "Evolução da Responsabilidade Civil" Trad. Raul Lima in **Revista Forense**, fasc. 454, Vol. LXXXVI, pp. 52/63, Rio de Janeiro, abril de 1941.

JULIO STRADA, Alexei. **La Eficacia de los Derechos Fundamentales entre Particulares**. Bogotá: Universidad Externado de Colombia, 2000.

JUNKES, Sérgio Luiz. "A culpa e a punição não podem servir de critério para a fixação da indenização por dano moral" in **Novos Estudos Jurídicos**, v. 11, n. 2, pp. 291-299, jul./dez. 2006.

JUNQUEIRA DE AZEVEDO, Antonio. "(Parecer) O Direito como sistema complexo e de 2ª ordem; sua autonomia. Ato nulo e ato ilícito. Diferença de espírito entre responsabilidade civil e penal. Necessidade de prejuízo para haver direito de indenização na responsabilidade civil" in **Estudos e Pareceres de Direito Privado**. São Paulo: Saraiva, 2004, pp. 25-37.

JUNQUEIRA DE AZEVEDO, Antonio. "Cadastros de Restrição ao Crédito: Dano Moral" in **Revista de Direito do Consumidor**, São Paulo: RT, n. 36, 2000.

JUNQUEIRA DE AZEVEDO, Antonio. "O direito pós-moderno", **Revista USP**, n. 42, pp. 96/101, junho/agosto 1999.

JUNQUEIRA DE AZEVEDO, Antonio. "Por uma nova categoria de dano na responsabilidade civil: o dano social" in **Revista Trimestral de Direito Civil**, Rio de Janeiro, ano 5º, n. 19, pp. 211-218, jul./set., 2004.

JUNQUEIRA DE AZEVEDO, Antonio. **Estudos e Pareceres de Direito Privado**. São Paulo: Saraiva, 2004.

JUNQUEIRA DE AZEVEDO, Antonio. **Novos Estudos e Pareceres de Direito Privado**. São Paulo: Saraiva, 2009.

JUNQUEIRA, Gustavo Octaviano Diniz. **Finalidades da Pena**. Barueri: Manole, 2004.

JUNQUEIRA, Gustavo; VANZOLINI, Patrícia. **Manual de Direito Penal**. São Paulo: Saraiva, 2013.

KANT, Immanuel. **Princípios Metafísicos da Doutrina do Direito**. São Paulo: Martins Fontes, 2014.

KELSEN, Hans. **Teoria Pura do Direito**, 7ª Ed. – Trad. João Baptista Machado. São Paulo: Martins Fontes, 2006.

KLATT, Matthias; MEISTER Moritz. *"Der Grundsatz der Verhältnismäßigkeit. Ein Strukturelement des globalen Konstitutionalismus"* in **Juristische Schulung**, ano 54, n. 3, p. 193-199. Disponível em: <https://dialnet.unirioja.es/servlet/articulo?codigo=4628616>, acesso em 20 de janeiro de 2017.

KOZIOL, Helmut; WILCOX, Vanessa. **Punitive Damages: Common Law and Civil Law Perspectives** – Tort and Insurance Law, v. 25. Vienna: Springer, 2009.

KOZIOL, Helmut. "Punitive Damages – A European Perspective" in **Louisiana Law Review**, vol. 68, 741, 2007-2008, pp. 741-764, 2008.

KOZIOL, Helmut. "Punitive Damages in China" in **Frontiers of Law in China**, v. 9, n. 3, pp. 308-320, set. 2014.

KRAMMER, Mathew H. **Where Law and Morality Meet**. Oxford: Oxford University Press, 2009.

LAIDLER, Pawel. "The Distinctive Character of the Quebec Legal System" in PLACE AND MEMORY IN CANADA: GLOBAL PERSPECTIVES (3rd Congress of Polish Association for Canadian Studies & 3rd International Conference of Central European Canadianists), **Anais**, Cracóvia, pp. 277-287, 2004. Disponível em: <http://www.ptbk.org.pl/userfiles/file/laidler04.pdf>, acesso em 02 de janeiro de 2017.

LALOU, Henri. "La gamme des fautes" in **Recueil Hebdomadaire de jurisprudence en matière civile, commerciale, administrative et de droit public**, Dalloz, chron., 1940.

LALOU, Henri. **La Responsabilité Civile**: Principes élementaires et applications pratiques. Paris: Dalloz, 1928.

LEAL, Pastora do Socorro Teixeira (coord.). **Direito Civil Constitucional e outros estudos em homenagem ao Prof. Zeno Veloso**: uma visão luso-brasileira. Curitiba: Método, 2014.

LEVY, Daniel de Andrade. "Uma Visão Cultural dos *Punitive Damages*" in **Revista de Direito Privado**, n. 45, jan.-mar./2011, ano 12, pp. 166-216, 2011.

LEVY, Daniel de Andrade. **Responsabilidade Civil**: De um Direito dos Danos a um Direito das Condutas Lesivas. São Paulo: Atlas, 2012.

LIMA MARQUES, Cláudia (Coord.). **Diálogo das Fontes** - do conflito à coordenação de normas do direito brasileiro. São Paulo: Revista dos Tribunais, 2012.

LIMA, Alvino. **Culpa e risco**, 2ª Ed., revista e atualizada por Ovídio Rocha Barros Sandoval. São Paulo: Revista dos Tribunais.

LIMA, Alvino. **Da Culpa ao risco**. São Paulo: Revista dos Tribunais, 1938.

LIN, Ye. "The Torts System in China" in **Law and Contemporary Problems**, v. 52, n. 3, trad. Li Xiaoming e Henry Pitney, pp. 143-167, 1989. Disponível em: <http://scholarship.law.duke.edu/cgi/viewcontent.cgi?article=4002&context=lcp>, acesso em 05 de fevereiro de 2016.

LÔBO, Paulo Luiz Netto. "Constitucionalização do direito civil", **Revista de Informação Legislativa**, a. 36, n. 141, Brasília, jan./mar. 2009. Disponível em: <http://www2.senado.leg.br/bdsf/bitstream/handle/id/453/r141-08.pdf?sequence=4>, acesso em 12 de março de 2017.

LOEVINGER, Lee. "Jurimetrics: The Methodology of Legal Inquiry" in **Law and Contemporary Problems**, v. 28, pp. 5-35, Winter/1963.

LOMBA, Christiano Tadeu M. "O dano social" in **Informe Jurídico JEC n. 4**, Siqueira Castro Advogados, outubro de 2013. Disponível em: <http://www.siqueiracastro.com.br/informativos/Informe-JEC/2013/info_jec-04_02.html>, acesso em 10 de abril de 2016.

LOPEZ, Teresa Ancona. **Princípio da Precaução e Evolução da Responsabilidade Civil**. São Paulo: Quartier Latin, 2010.

LOURENÇO, Paula Meira. "Novos Rumos da Responsabilidade Civil e Teoria da Indemnização Sancionatória" in **Colóquio Responsabilidade Civil Novas Perspectivas**, Superior Tribunal de Justiça, Brasília, 13 de março de 2008. Disponível em: <http://www.stj.pt/ficheiros/coloquios/responsabilidadecivil_paulameiralourenco.pdf>, acesso em 21 de março de 2017.

LOURENÇO, Paula Meira. **A Função Punitiva da Responsabilidade Civil**. Coimbra: Coimbra, 2006.

LOVETT, William A. "Exxon Valdez, Punitive Damages, and Tort Reform" in **Tort Trial & Insurance Practice Law Journal** 38.4 (2002-2003), pp. 1071-1128, 2003.

LUZ, Nelson Ferreira da. "Considerações sobre o Dolo" in **Revista da Faculdade de Direito UFPR**, v. 2, pp. 303-313, 1954. Disponível em: <http://dx.doi.org/10.5380/rfdufpr.v2i0.6185>, acesso em 15 de março de 2017.

MAHUAD, Luciana Carone Nucci Eugenio; MAHUAD, Cassio. "Imputação da responsabilidade civil: responsabilidade objetiva e subjetiva" in GUERRA, Alexandre Dartanhan de Mello; BENACCHIO, Marcelo (coords.). **Responsabilidade Civil**. São Paulo: Escola Paulista da Magistratura, 2015.

MALUF, Renata Chade Cattini. **O Aspecto Punitivo da Reparação do Dano Moral**. Dissertação (Mestrado em Direito) – Faculdade de Direito, Pontifícia Universidade Católica de São Paulo, São Paulo, 2004.

MARTINS-COSTA, Judith Hofmeister. "Os danos à pessoa no direito brasileiro e a natureza da sua reparação" in MARTINS-COSTA, Judith Hofmeister; CUNHA, Alexandre dos Santos (orgs.). **A Reconstrução do Direito Privado**: reflexos dos princípios, diretrizes e direitos fundamentais constitucionais no direito privado. São Paulo: Revista dos Tribunais, 2002, p. 408-446.

MARTINS-COSTA, Judith Hofmeister. "Zeca Pagodinho, a razão cínica e o novo Código Civil Brasileiro" in **Portal Migalhas**, 31 de março de 2014. Disponível em: <http://www.migalhas.com.br/dePeso/16,MI4218,101048-Zeca+Pagodinho+a+razao+cinica+e+o+novo+Codigo+Civil+Brasileiro>. Acesso em 10 de abril de 2017.

MARTINS-COSTA, Judith Martins; PARGENDLER, Mariana Souza. "Usos e abusos da função punitiva" in **Revista do Centro de Estudos Judiciários (CEJ)**/ Conselho da Justiça Federal, Brasília: CEJ, v. 9, n. 28, pp. 15-32, jan./mar. 2005.

MARTINS-COSTA, Judith. "Dano Moral à Brasileira" in **Revista do Instituto de Direito Brasileiro**, ano 3, n. 9, Lisboa, pp. 7073/7122, 2014.

MARTINS-COSTA, Judith. "Os Danos à Pessoa no Direito Brasileiro e a Natureza da sua Reparação" in **Revista da Faculdade de Direito da Universidade Federal do Rio Grande do Sul (UFRGS)**, volume 19, pp. 181-207, mar./2001.

MARTON, George. **Les Fondementes de la Responsabilité Civile**: révision de la doctrine, essai d'un système unitaire. Paris: Sirey, 1938.

MAZEAUD, Henri; MAZEAUD, Leon. **Traité Théorique et Pratique de la Responsabilité Civile Délictuelle et Contractuelle**, 4ª ed. Paris: Recueil Sirei, 1947.

MAZZILLI, Hugo Nigro. **A Defesa dos Interesses Difusos em Juízo**: meio-ambiente, consumidor, patrimônio cultural, patrimônio público e outros interesses, 25ª Ed. rev., ampl. e atualizada. São Paulo: Saraiva, 2012.

MEDINA, José Miguel Garcia. **Novo Código de Processo Civil Comentado**, 1ª ed. São Paulo: Revista dos Tribunais, 2015.

MEIRELLES, Hely Lopes; BURLE FILHO, José Emmanuel. **Direito Administrativo Brasileiro**, 42ª Ed., atual. até a EC n. 90/2015. São Paulo: Malheiros, 2016.

MEIRELLES, Hely Lopes. **Direito Administrativo Brasileiro**, 42ª Ed., atualizada até a EC. 90/15 por José Emmanuel Burle Filho. São Paulo: Malheiros, 2016.

MELO, Diogo Leonardo Machado de. "A função punitiva da reparação dos danos sociais (e a destinação de parte da indenização para entidades de fins sociais – art. 883, parágrafo único, do Código Civil" in ALVES, Jonas Figueiredo; DELGADO, Mario Luiz (coords.). **Novo Código Civil**: Questões controvertidas. Responsabilidade Civil, v. 5. São Paulo: Método, 2006.

MENDES, Aluisio Gonçalves de Castro. **Ações Coletivas**. São Paulo: Revista dos Tribunais, 2002.

MENDES, Gilmar Ferreira; BRANCO, PAULO GUSTAVO GONET. **Curso de Direito Constitucional**, 9ª Ed. rev. e atual. São Paulo: Saraiva, 2014.

MENDES, Gilmar Ferreira; BRANCO, Paulo Gustavo Gonet. **Curso de Direito Constitucional**, 10ª ed. rev. e atualizada (comemorativa). São Paulo: Saraiva, 2015.

MENDONÇA, Diogo Naves. **Análise Econômica da Responsabilidade Civil**: O Dano e a sua Quantificação. São Paulo: Atlas, 2012.

MENEZES DIREITO, Carlos Alberto; CAVALIERI FILHO, Sergio in TEIXEIRA, Sálvio de Figueiredo. **Comentários Ao Novo Código Civil** – Volume XIII (arts. 927 a 965), Da responsabilidade civil, das preferências e privilégios creditórios, 3ª ed., rev. e atual. Rio de Janeiro: Forense, 2011.

MENEZES LEITÃO, Luís Manuel Teles de. **Direito das Obrigações**, V. I, 4ª ed., Coimbra: Almedina, 2005.

MINISTÉRIO DA JUSTIÇA E CIDADANIA (CONSELHO FEDERAL GESTOR DO FUNDO DE DEFESA DE DIREITOS DIFUSOS). **Relatório de Gestão**: Atividades realizadas em 2010. Brasília, 2011. Disponível em: <http://www.justica.gov.br/seus-direitos/consumidor/direitos-difusos/anexos/relatorios-de-gestao/2010gestao_cfdd.pdf>, acesso em 14 de novembro de 2017.

MINISTÉRIO DA JUSTIÇA E CIDADANIA. **Arrecadação FDD** – Tabela de Arrecadação Anual 1999-2015. Disponível em: <http://www.justica.

gov.br/seus-direitos/consumidor/direitos-difusos/Arrecadacao>, acesso em 11 de novembro de 2017.

MINISTÉRIO DA JUSTIÇA E CIDADANIA. **Edital de Chamamento Público CFDD n. 1**, 13 de maio de 2015. Disponível em: <http://www.justica.gov.br/seus-direitos/consumidor/direitos-difusos/anexos/edital-de-chamamento-publico-2015-final-13-05-2015.pdf>, acesso em 17 de outubro de 2017.

MINISTÉRIO DAS COMUNICAÇÕES; MINISTÉRIO DA CIÊNCIA, TECNOLOGIA E INOVAÇÃO. **Portaria Interministerial n. 147**, 31 de maio de 1995.

MINISTÉRIO PÚBLICO DO ESTADO DE SÃO PAULO. **Súmulas do Conselho Superior do Ministério Público** (CSMP), n. 1 a 59. Enunciado n. 58 – São Paulo, 2016. Disponível em: <http://www.mpsp.mp.br/portal/page/portal/conselho_superior/sumulas>, acesso em 03 de março de 2017.

MIRAGEM, Bruno Nubens Barbosa. **Direito Civil**: responsabilidade civil. São Paulo: Saraiva, 2015.

MOACYR PORTO, Mario. O ocaso da culpa como fundamento da responsabilidade civil. **Revista da AJURIS** (Associação dos Juízes do Rio Grande do Sul), Porto Alegre, Ano XIV, p. 200, mar. 1987.

MONTEIRO, Washington de Barros; MALUF, Carlos Alberto Dabus; SILVA, Regina Beatriz Tavares da. **Curso de Direito Civil vol. 5**: direito das obrigações, 2ª parte, 41ª Ed. São Paulo: Saraiva, 2014.

MONTESQUIEU, Charles de Seondat, Baron de. **O Espírito das Leis**, 2ª Ed., 2ª tiragem – apresentação Renato Janine Ribeiro, trad. Cristina Murachco. São Paulo: Martins Fontes, 2000.

MORAES, Alexandre de. **Direitos Humanos Fundamentais**. São Paulo: Atlas, 2005.

MORAES, Bernardo Bissoto Queiroz de. **Manual de Introdução ao Digesto**. São Paulo: YK Editora, 2017.

MORAES, Maria Celina Bodin de. A constitucionalização do direito civil e seus efeitos sobre a responsabilidade civil. **Direito Estado e Sociedade**, v. 9, n. 9, jul./dez. 2006.

MORAES, Maria Celina Bodin de. **Danos à pessoa humana**: uma leitura civil-constitucional dos danos morais, Rio de Janeiro: Renovar, 2003.

MORAES, Maria Celina Bodin de. **Dilemas de Direito Civil-Constitucional**. Rio de Janeiro: Renovar, 2012.

MORAES, Maria Celina Bodin de. *Punitive damages* em sistemas civilistas: problemas e perspectivas in **Revista Trimestral de Direito Civil**, Rio de Janeiro: Padma, ano 5, n. 18, p. 45-78, abr./jun. 2004.

MORSELLO, Marco Fábio. "Contratos existenciais e de lucro. Análise sob a ótica dos princípios contratuais contemporâneos" in LOTUFO, Renan; NANNI, Giovanni Ettore; MARTINS, Fernando Rodrigues (org.). **Temas relevantes do direito civil contemporâneo**: reflexões sobre os 10 anos do Código Civil, v. 1, 1ª Ed. São Paulo: Atlas, 2012, p. 292-307.

MORSELLO, Marco Fábio. "O nexo causal e suas distintas teorias: apreciações críticas" in **Revista do Instituto dos Advogados de São Paulo**, v. 19, pp. 211-220, São Paulo, 2007.

MORSELLO, Marco Fabio. A responsabilidade civil e a socialização dos riscos. O sistema neozelandês e a experiência escandinava. **Revista da Escola Paulista da Magistratura**, ano 7, n. 2, pp. 13-22, julho-dezembro, 2006.

MORSELLO, Marco Fábio. A Sociedade de Risco e a Responsabilidade civil do Fabricante-Construtor da Aeronave in LOPEZ, Teresa Ancona; LEMOS, Patrícia Faga Iglecias; JUNIOR, Otavio Luiz Rodrigues. **Sociedade de Risco e Direito Privado** – desafios normativos, consumeristas e ambientais. São Paulo: Atlas, 2013.

MOSSET ITURRASPE, Jorge. "Inconstitucionalidad de los topes indemnizatorios de origen legal respecto de los daños injustos (violatorios de la Constitución Nacional y de los tratados internacionales)" in **Revista de Derecho de Daños**, 2001, pp. 125 e seguintes, 2004.

MOURA, Rafael Moraes; PIRES, Breno. "Um terço dos presos no Brasil são provisórios, diz CNJ". **O Estado de São Paulo**, 23 de fevereiro de 2017. Disponível em: <http://brasil.estadao.com.br/noticias/geral,um-terco-dos-presos-no-brasil-sao-provisorios-diz-cnj,70001677310>, acesso em 10 de outubro de 2017.

NAAMANI, Israel T. "Marriage and Divorce in Jewish Law" in **Journal of Family Law**, n. 3 v. 2 pp. 177-200, 1963.

NALINI, José Renato. Ética na Magistratura, 2ª Ed. São Paulo: Revista dos Tribunais, 2014.

NANNI, Giovanni Ettore. **Enriquecimento sem causa** – de acordo com o Novo Código Civil. Coleção Prof. Agostinho Alvim. São Paulo: Saraiva, 2004.

NERY JÚNIOR, Nelson; NERY, Rosa Maria de Andrade. **Código Civil Comentado e Legislação extravagante** – 2ª Ed., rev. e ampl. São Paulo: Revista dos Tribunais, 2003.

NERY JÚNIOR, Nelson. Os princípios gerais do Código Brasileiro de Defesa do Consumidor. **Revista de Direito do Consumidor**, n. 3, Instituto Brasileiro de Política e Direito do Consumidor, Revista dos Tribunais, São Paulo, pp. 44-77, jul./set. 1992.

NETTO, Felipe Braga; FARIAS, Cristiano Chaves de; ROSENVALD, Nelson. **Novo Tratado de Responsabilidade Civil**, 2ª Ed. São Paulo: Saraiva, 2017.

NEVES, Daniel Amorim Assumpção. **Manual de Processo Coletivo** – volume único, 3ª ed., rev., atual. e ampl. Salvador: JusPodivm, 2016.

NORONHA, Fernando. "Enriquecimento sem causa" in **Revista de Direito Civil, Imobiliário, Agrário e Empresarial**, n. 56, pp. 51-78, São Paulo, 1991.

NORONHA, Fernando. "Os danos à pessoa, corporais (ou biológicos) e anímicos (ou morais em sentido estrito), e suas relações com os danos patrimoniais e extrapatrimoniais" in **Revista de Direito Privado**, v. 6, n. 22, pp. 83-95, abr./jun. 2005.

NUGENT, Lory S.; HAMMERSFAHR, Robert W.; BLATT, Richard L. **Punitive Damages**: A State-by-State Guide to Law and Practice, 2012-2013 ed. Westlaw, 2013.

OLIVEIRA, Régis Fernandes de. **Infrações e Sanções Administrativas**. São Paulo: Revista dos Tribunais, 1985.

OPICE BLUM, Renato. **Direito Eletrônico – a Internet e os Tribunais**. São Paulo: Edipro, 2001.

ORDEM DOS ADVOGADOS DO BRASIL. **Código de Ética e Disciplina** (Res. n. 02, de 2015), DOU 04/11/2015. Disponível em: <http://www.oab.org.br/Content/pdf/novo-ced.pdf>, acesso em 10 de janeiro de 2017.

OSÓRIO, Fabio Medina. **Direito Administrativo Sancionador**, 5ª Ed. rev., atual. e ampl. São Paulo: Revista dos Tribunais, 2015.

OWEN, David G. "A Punitive Damages Overview: Functions, Problems and Reform" in **Villanova Law Review**, vol. 39, n. 363, 1994, p. 374-475. Disponível em: <http://digitalcommons.law.villanova.edu/vlr/vol39/iss2/3>, acesso em 25 de janeiro de 2017.

PADOA-SCHIOPPA, Antonio. **Storia del diritto in Europa**: dal Medioevo all'età contemporanea. Bologna: Il Mulino, 2007.

PAGE, Joseph A. "Deforming Tort Reform" in **Georgetown Law Journal** 78.3, pp 649-698, 1990.

PAIVA, Caio; HEEMAN, Thimotie Aragon. **Jurisprudência Internacional de Direitos Humanos**, 1ª ed. Manaus: Dizer o Direito, 2015.

PARGENDLER, Mariana Souza. O caráter exemplar da indenização e o Direito Civil Brasileiro: pena privada ou *punitive damages* In **Salão de iniciação Científica** (15: 2003: Porto Alegre, RS). Livro de resumos. Porto Alegre: UFRGS, 2003.

PASSOS, Edilenice; LIMA, João Alberto de Oliveira. **Memória Legislativa do Código Civil**. Brasília: Senado Federal, 2012.

PEDROSO, Antonio Carlos de Campos. A reparação do dano moral. **Revista da Faculdade de Direito da Universidade de São Paulo**, São Paulo, v. 90, 1995, p. 155-180, 1995, p 171. Disponível em: <http://www.revistas.usp.br/rfdusp/article/viewFile/67294/69904>, acesso em 07 de outubro de 2017.

PEREIRA, Caio Mário da Silva. **Instituições de Direito Civil**: Teoria Geral das Obrigações, v. II, 20ª Ed., rev. e atual. por Luiz Roldão de Freitas Gomes. Rio de Janeiro: Forense, 2005.

PEREIRA, Caio Mario da Silva. **Responsabilidade Civil**, 4a Ed. São Paulo: Forense, 1999.

PEREIRA, Caio Mário da Silva. **Responsabilidade civil**, 9ª Ed. Rio de Janeiro: Forense, 1998.

PEREIRA, Ricardo Diego Nunes. "Os novos danos: danos morais coletivos, danos sociais e danos por perda de uma chance" in Âmbito Jurídico, Rio Grande, XV, n. 99, abril 2012. Disponível em: <http://www.ambito-juridico.com.br/site/?n_link=revista_artigos_leitura&artigo_id=11307>. Acesso em 22 de abril de 2016.

PERLINGIERI, Pietro. **Il diritto civile nella legalità costituzionale secondo il sistema italo-comunitario delle fonti**, vol. 1. Napoli: Edizioni Scientifiche Italiane, 2012.

PETTI, Giovani Batistti. **Il Risarcimento dei danni** : biologico, genetico, esistenziale, t. 1. Torino: Utet, 2002.

PICASSO, Sebastián. **Sobre los denominados 'daños punitivos'**. Buenos Aires: La Ley, 2007.

PICCOLO, Carla Henriete Bevilacqua. **A moral e o conceito de direito em H. L. A. Hart**. 2011. Dissertação (Mestrado em Filosofia e Teoria Geral do Direito) – Faculdade de Direito, Universidade de São Paulo, São Paulo, 2011.

PINHEIRO, Patrícia Peck. **Direito Digital**, 5ª ed. São Paulo: Saraiva, 2013.

PIRES DE LIMA, Zulmira. "Algumas considerações sobre a responsabilidade civil por danos morais" in **Boletim da Faculdade de Direito da Universidade de Coimbra**, Suplemento 2, v. 15, pp. 221-242, Coimbra, 1940.

PIZARRO, Ramón Daniel. "Daños Punitivos" in **Derecho de daños**: libro homenaje al Prof. Félix Trigo Represas, 2ª parte. Buenos Aires: La Rocca, 1993.

PIZARRO, Ramon Daniel. "Modernas Fronteras de la Responsabilidad Civil: El Derecho a la Reparación desde la perspectiva Constitucional" in **Anales de la Academia Nacional de Derecho y Ciencias Sociales de Córdoba**, Córdoba (Argentina), pp. 405-416, 2005. Disponível em: <www.acader.unc.edu.ar>, acesso em 02 de novembro de 2016.

PIZARRO, Ramón Daniel. **Daño moral**: prevención, reparación, punición: el daño moral en las diversas ramas del derecho. Colección Responsabilidad Civil, v. 17. Buenos Aires: Hammurabi, 2000.

PIZZOL, Ricardo Dal. **As funções punitivas e preventivas da responsabilidade civil**, Dissertação (Mestrado) – Faculdade de Direito da Universidade de São Paulo. São Paulo, 2016.

POLACCO, Vittorio. **Le obbligazioni nel diritto civile italiano**, 2ª Ed. riv. ed ampliata. Roma: Athenaeum, 1915.

POLI, Fabrício Angerami. **O Dano Social**. 2014. Dissertação (Mestrado em Direito Civil) – Faculdade de Direito, Universidade de São Paulo, São Paulo, 2014, 300p.

POLINSKY, A. Mitchel; SHAVELL, Steven. "3700 - Punitive Damages" in BOUCKAERT, Boudewijn; DE GEEST, Gerrit. **Encyclopedia of Law and Economics**, v. II, Cheltenham (UK): Edward Elgar, 2000, pp. 764-781.

POLINSKY, Alan Mitchell; SHAVELL, Steven. "Punitive Damages: An Economic Analysis" in **Harvard Law Review**, v. 111, n. 4, pp. 869-962, fevereiro de 1998.

PONTES DE MIRANDA, Francisco Cavalcanti. **Tratado de Direito Privado**. Rio de Janeiro: Borsoi, 1967.

PONZANELLI, Giulio. "Sezione III Civile; Sentenza 19 Gennaio 2007, n. 1183; Pres. Fiduccia, Est. Fico, P.M. Sgroi (concl. Conf.); Parrott (Avv. Pavoni, Belvederi) C. Soc. Fimez (Avv. Cignitti, Campeis). Conferma App. Venezia 15 Ottobre 2001" in **Il Foro Italiano** 130, no. 5, 2007, pp. 1459/1466. Disponível em: <http://www.jstor.org/stable/23203320>, acesso em: 21 de maio de 2016.

PORTAL MIGALHAS. "TIM deve pagar R$300 mil por dano social", 22 de janeiro de 2014. Disponível em: <http://www.migalhas.com.br/

Quentes/17,MI194063,81042-Tim+deve+pagar+R+300+mil+por+dano+social>, acesso em 05/05/2015.

PORTER, Michael; STERN, Scott. Índice Progresso Social 2016 – Resumo Executivo, Social Progress Imperative, 2016. Disponível em: <http://www.progressosocial.org.br/wp-content/uploads/2016/07/PT_SPI-2016-Executive-Summary.pdf>, acesso em 01 de setembro de 2016.

PORTO, Mario Moacyr. O ocaso da culpa como fundamento da responsabilidade civil. **Revista da AJURIS** (Associação dos Juízes do Rio Grande do Sul), Porto Alegre, Ano XIV, p. 200, mar. 1987.

POSNER, Richard Allen. "Common-Law Economic Torts: An Economic and Legal Analysis" in **Arizona Law Review**, v. 48, pp. 735-747, 2006.

POTHIER, Joseph Robert. **Oeuvres de Pothier** : Traité des obligations, nouvelle édition. Paris: Bechet Aine, 1824.

PRESIDÊNCIA DA REPÚBLICA. **Mensagem n. 56** – Veto parcial o Projeto de Lei n. 166, de 2010, 26 de março de 2015. Disponível em: <http://www.planalto.gov.br/ccivil_03/_ato2015-2018/2015/Msg/VEP-56.htm>, acesso em 10 de fevereiro de 2017.

PRIEST, George L. "Punitive Damages Reform: The Case of Alabama" in **Louisiana Law Review** 56.4 (1995-1996), pp. 825-840, 1996.

PROGRAMA DAS NAÇÕES UNIDAS PARA O DESENVOLVIMENTO (PNUD). **Relatório do Desenvolvimento Humano 2015**, trad. Camões – Instituto da Cooperação e da Língua Portuguesa. Nova York: PNUD, 2015.

PROGRAMA DAS NAÇÕES UNIDAS PARA O DESENVOLVIMENTO. "Ranking IDHM Municípios 2010 – Mariana (MG)" in **Atlas do Desenvolvimento Humano no Brasil**. Brasília: PNUD, 2013. Disponível em: <http://www.atlasbrasil.org.br/2013/pt/perfil_m/mariana_mg>, acesso em 02 de setembro de 2016.

PROGRAMA DAS NAÇÕES UNIDAS PARA O DESENVOLVIMENTO. **Relatorio de Desenvolvimento Humano – Brasil 2009/2010** – valores e desenvolvimento humano. Brasília: PNUD, 2010.

PÜSCHEL, Flávia Portella. "Funções e Princípios Justificadores da Responsabilidade Civil e o art. 927, parágrafo único do Código Civil" in **Revista Direito GV**, v. 1, n. 1, pp. 91-107, maio/2005.

QUARTA, Francesco. **Risarcimento e sanzione nell'illecito civile**. Napoli: Edizione Scientifiche Italiane, 2013.

RADBRUCH, Gustav. **Filosofia do Direito**. Trad. Marlene Holzhansen. São Paulo: Martins Fontes, 2004.

RAMOS, Elival da Silva. **Ativismo Judicial**: Parâmetros Dogmáticos. São Paulo: Saraiva, 2010.

REALE, Miguel. **Teoria Tridimensional do Direito**, 5ª ed. São Paulo: Saraiva, 2003.

RECASÉNS SICHES, Luis. **Nueva filosofía de la interpretación del derecho**, 3ª Ed. México: Editorial Porrúa, 1980.

RHODES, Peter F. "Damages – Personal Injuries – Rate of Interest to Be Applied on General Damages for Pain, Suffering, and Loss of Amenities – Ng Chai-man and Another v. Leung Ngan" in **Hong Kong Law Journal**, v. 14, pp. 90-95, Hong Kong, 1984.

RIPERT, Georges. **La règle morale dans les obligations civiles**. Paris: Librairie générale de droit et de jurisprudence, 1949.

ROBREDO, Goretti Vadillo. "*Daños Punitivos en el Proceso Civil Norteamericano*", ***Revista de la Universidad de Deusto***, vol. 57, fasc. 97, jul-dic./ 1996.

RODIÈRE, René. **La Responsabilité Civile**. Paris: Rousseau, 1952.

RODOTÁ, Stefano. **Il problema della responsabilità civile**. Milano: Giuffrè, 1967.

RODRIGUES JUNIOR, Otávio Luiz. "Encontro em Cambridge discute rumos da responsabilidade civil no mundo" in **Direito Comparado**, Portal Conjur, 27 de julho de 2016, disponível em: <http://www.conjur.com.br/2016-jul-27/direito-comparadoencontro-cambridge-discute-rumos-responsabilidade-civil>, acesso em 30 de julho de 2016.

RODRIGUES JUNIOR, Otávio Luiz. A influência do BGB e da doutrina alemã no direito civil brasileiro do século XX. **Revista dos Tribunais**, São Paulo: RT, v. 938, p. 79-155, dez. 2013.

ROSENVALD, Nelson. **As funções da responsabilidade civil**: a reparação e a pena civil, 2ª ed. São Paulo: Atlas, 2014.

ROSSA, Gabrielle Barroso. "O dano social na prática: A nova tendência nas ações judiciais contra grandes empresas" in **Portal Migalhas**, 10 de junho de 2013. Disponível em: <http://www.migalhas.com.br/dePeso/16,MI180129,51045-O+dano+social+na+pratica>, acesso em 04/05/2016.

ROXIN, Claus. **Derecho Penal** – Parte General. Madrid: Civitas, 1997.

ROXIN, Claus. **Problemas Fundamentais de Direito Penal**. Lisboa: Vega, 1998.

RUEDIGER, Marco Aurélio (coord.). **Geografia do Encarceramento**: Estudo sobre a origem dos apenados e crimes no Rio de Janeiro. Rio de Janeiro:

Fundação Getúlio Vargas, 2016. Disponível em: <http://dapp.fgv.br/geografia-do-encarceramento/>, acesso em 10 de outubro de 2017.

RUSTAD, Michael L. "The Closing of Punitive Damages' Iron Cage" in **Loyola of Los Angeles Law Review** 38.3 (2004-2005), pp. 1297-1420, 2005.

RUSTAD, Michael L. "In Defense of Punitive Damages in Products Liability: Testing Tort Anecdotes with Empirical Data" in 78 **Iowa Law Review** 1, pp. 1-88, 1992.

RUSTAD, Michael L. "The incidence, scope and purpose of punitive damages. Unraveling punitive damages: current data and further inquiry" in **Wisconsin Law Review**, pp. 15-69, 1998.

RUSTAD, Michael L.; KOENIG, Thomas H. **In Defense of Tort Law**. New York: New York University Press, 2001.

RUSTAD, Michael; KOENIG, Thomas. "The Historical Continuity of Punitive Damages Awards: Reforming the Torts Reformers" in **American University Law Review**, n. 42, pp. 1269-1333, 1993.

SABALLA JUNIOR, Léo. "Justiça condena envolvidos na fraude do Toto-Bola". Porto Alegre, **Jornal Zero Hora**, 02 de julho de 2009, disponível em: <http://zh.clicrbs.com.br/rs/noticia/2009/07/justica-condena-envolvidos-na-fraude-do-toto-bola-2566286.html>, acesso em 05/05/2016.

SAKAIHARA, Mitsuo. "Wrongful Birth Claim in Japan" in **Medicine, Science and the Law**, v. 42, n. 3, pp. 258-260, 2002.

SALEILLES, Raymond. **Les accidents de travail et la responsabilité civile**: Essai d'une Théorie Objective de la Responsabilité Délictuelle. Paris: Arthur Rousseau, 1987.

SALVI, Cesare. **La responsabilità civile** – Trattato di diritto privato (a cura di Giovani Iudica e Paolo Zatti), 2ª Ed. Milano: Giuffrè, 2005.

SANSEVERINO, Paulo de Tarso. **Princípio da reparação integral** – indenização no Código Civil. São Paulo: Saraiva, 2010.

SANTOS, Antonio Jeová. **Dano Moral Indenizável**, 6ª ed., rev., atual. e ampl. Salvador: Juspodivm, 2016.

SANTOS, Manoel J. Pereira dos; TAVARES DA SILVA, Regina Beatriz (coord.). **Responsabilidade Civil na Internet e nos demais Meios de Comunicação**, 2ª Ed. Série GVLaw. São Paulo: Saraiva, 2012.

SARAIVA, David Emanuel Chiquita. **A Tutela Preventiva da Responsabilidade Civil**. Fev./2015. 118p. Dissertação (Mestrado em Ciências Jurídicas Forenses) – Faculdade de Direito, Universidade Nova de Lisboa, Lisboa, 2015.

SARAVALLE, Alberto. "I punitive damages nelle sentenze delle Corte europee e dei tribunali arbitrali" in **Rivista di diritto internazionale privato e processuale**, anno 29, n. 4, Padova, Ottobre-Dicembre/1993, pp. 867-892, 1993.

SARLET, Ingo Wolfgang. "A eficácia do direito fundamental à segurança jurídica: dignidade da pessoa humana, direitos fundamentais e proibição de retrocesso social no direito constitucional brasileiro" in ROCHA, Carmen Lúcia Antunes (coord.). **Constituição e segurança jurídica**: direito adquirido, ato jurídico perfeito e coisa julgada. Estudos em homenagem a José Paulo Sepúlveda Pertence, 2. ed. Belo Horizonte: Fórum, 2009.

SARMENTO, Daniel. **Direitos Fundamentais e Relações Privadas**, 2ª ed., 3ª tiragem. Rio de Janeiro: Lumen Juris 2010.

SAVATIER, René. "Règles générales de la responsabilité civile" in **Revue Critique de Legislation et de Jurisprudence**, n. 54, pp. 409-493, 1934.

SAVATIER, René. **Traité de la Responsabilité Civile en Droit Français**, tomo 1, n. 2. Paris: Libr. Générale de Droit et de Jurisprudence, 1939.

SAVIGNY, Friedrich Carl Von. **Traité de Droit Romain**, Tome 1, 2de ed. Traduzido do alemão por M. Ch. Guenoux. Paris: Firmin Didot Frères, 1855. Disponível em: <http://gallica.bnf.fr/ark:/12148/bpt6k5826822p/f4.image>, acesso em 10 de janeiro de 2017.

SAVIGNY, Friedrich Carl Von. **Traité de Droit Romain**, Tome 6, 2eme ed. Traduzido do alemão por M. Ch. Guenoux. Paris: Firmin Didot Frères, 1859. Disponível em: <http://gallica.bnf.fr/ark:/12148/bpt6k5828153f/f6.image.r=Traite%20de%20droit%20romain%20savigny%206>, acesso em 10 de janeiro de 2017.

SCAFF, Fernando Campos. "Da culpa ao risco na Responsabilidade Civil" in MAMEDE, Gladston; RODRIGUES JUNIOR, Otávio Luiz; ROCHA, Maria Vital da (orgs). **Responsabilidade civil contemporânea em homenagem a Silvio de Salvo Venosa**, vol. I, São Paulo, Atlas, 2011, p. 75-86.

SCHILLER, Sophie. "Hypothèse de L'américanisation du Droit de la Responsabilité" in **Archives de Philosophie du Droit**, 2001, n. 45 ('L'américanisation du Droit'), pp. 177-198, 2001.

SCHLUETER, Linda; REDDEN, Keneth R. **Punitive Damages**, v. 1, 3rd edition. New York: Butterworth Legal, 1995.

SCHLUETER, Linda; REDDEN, Keneth R. **Punitive Damages**, v. 2, 3rd edition. New York: Butterworth Legal, 1995.

SCHONBLUM, Paulo Maximilian Wilhelm. **Dano Moral**: Questões Controvertidas, 2ª ed. Rio de Janeiro: Forense, 2003.

SCHREIBER, Anderson. **Novos paradigmas da responsabilidade civil**: Da Erosão dos Filtros da Reparação à Diluição dos Danos – 5a ed. São Paulo: Atlas, 2013.

SCIARRATTA, Nicoletta. "La Cassazione su astreinte, danni punitivi e (funzione della) responsabilità civile" in **Rivista Diritto Civile Contemporaneo**, anno II, Numero III, luglio/settembre 2015. Disponível em: <http://dirittocivilecontemporaneo.com/wp-content/uploads/2015/07/SCIARRATTA-ASTREINTE-2.pdf>, acesso em 15 de novembro de 2016.

SEBOK, Anthony J. "What Did Punitive Damages Do – Why Misunderstanding the History of Punitive Damages Matters Today" in 8 **Chicago-Kent Law Review**, n. 163, v. 78, article 7, pp. 163-206, 2003. Disponível em: <http://scholarship.kentlaw.iit.edu/cklawreview/vol78/iss1/7>, acesso em 02 de fevereiro de 2016.

SEDGWICK, Theodore. **A Treatise on the Measure of Damages**: an inquiry into the principles which govern the amount of pecuniary compensation awarded by courts of justice, 8ª ed., rev. e ampl. New York: Baker Voorhis & Co., 1891.

SERPA LOPES, Miguel Maria de. **Curso de Direito Civil**. Rio de Janeiro: Freitas Bastos, 2001.

SEVERO, Sérgio. **Os Danos Extrapatrimoniais**. São Paulo: Saraiva, 1996.

SHARKEY, Catherine M. "Punitive Damages as Societal Damages" in **Yale Law Journal**, n. 113, v. 347, New Haven, pp. 375-78, 2003.

SHAW, William H.; BARRY, Vincent. **Moral Issues in Business**, 13ª Ed. Boston: Cengage Learning, 2016.

SILVA, Clóvis Veríssimo do Couto e. "O conceito de dano no direito brasileiro e comparado" in **Revista de Direito Civil Contemporâneo**, vol. 2 (2015), pp. 333-348, jan./mar. 2015.

SILVA, Clóvis Veríssimo do Couto e. **A obrigação como processo**. Rio de Janeiro: FGV, 2006.

SILVA, Flávio Murilo Tartuce. "Reflexões sobre o dano social" in Âmbito Jurídico, Rio Grande, XI, n. 59, nov. 2008. Disponível em: <http://www.ambito-juridico.com.br/site/index.php?n_link=revista_artigos_leitura&artigo_id=3537>, acesso em 05 de maio de 2016.

SINTEZ, Cyril. **La sanction préventive en droit de la responsabilité civile**: contribution à la théorie de l'interprétation et de la mise en effet des normes. 2009. Tese (Doutorado em Direito) – Faculdade de Direito, Universidade de Montreal, Montreal, 2009. Disponível em: <https://papyrus.bib.umontreal.ca/xmlui/bitstream/handle/1866/3748/Sintez_Cyril_2009_these.pdf?sequence=2&isAllowed=y>, acesso em 09 de março de 2016.

SINTEZ, Cyril. **La sanction préventive en droit de la responsabilité civile**: contribution à la théorie de l'interprétation et de la mise en effet des normes. Paris : Dalloz, 2011.

SIRENA, Pietro. **La Funzione Deterrente della Responsabilità Civile**: alla luce delle riforme straniere e dei Principles of European Tort Law. Milano: Giuffrè, 2011.

SMITH, Lewis Lawrence. "Punitive Damages" in **The American Law Register and Review**, n. 41, pp. 517-528, jun./dez. 1893.

SOARES, Flaviana Rampazzo. **Responsabilidade Civil por Dano Existencial**. Porto Alegre: Livraria do Advogado, 2009.

SOUZA, Maristela Denise Marques de; LOPES, Adriana. Crise dos Pressupostos Tradicionais da Responsabilidade Civil. **Revista AJURIS**. Rio Grande do Sul, v. 40, n. 129, março/2013, pp. 107-152, 2013.

SOUZA, Motauri Ciocchetti. **Ação Civil Pública e Inquérito Civil**, 6ª Ed. São Paulo: Saraiva, 2017.

STARCK, Boris. **Droit civil**: Obligations, vol. 2. Paris: Litec, 1972.

STARCK, Boris. **Essai d'une Théorie Générale de la Responsabilité Civil Considérée en as Double Fonction de Garantie et de Peine Privée**. Paris: L. Rodstein, 1947.

STEINMETZ, Wilson. "Segurança jurídica hoje: princípio da proteção à confiança" in CLEVE, Clemerson Merlin (coord.). **Direito constitucional brasileiro**: teoria da constituição e direitos fundamentais, v. 1. São Paulo: Revista dos Tribunais. 2014.

STEINNINGER, Barbara C. "Wrongful Birth and Wrongful Life: Basic Questions" in **Journal of European Tort Law**, n. 1, pp. 125-155, 2010.

STEVENS, Clay R. "Split-Recovery: A Constitutional Answer to the Punitive Damage Dilemma", 21 Pepperdine Law Review, n. 3, v. 21, pp. 857-908, 1994. Disponível em: <http://digitalcommons.pepperdine.edu/plr/vol21/iss3/5>, acesso em 07 de setembro de 2017.

STOCCO, Rui. "Responsabilidade Civil no Código Civil Francês e no Código Civil Brasilerio" in SEMINÁRIO EM HOMENAGEM AO BICENTENÁRIO DO CÓDIGO CIVIL FRANCÊS, Superior Tribunal de Justiça, setembro/2004, **Anais**... Brasília, 2004.

Stoco, Rui. **Tratado de Responsabilidade Civil**. São Paulo: Revista dos Tribunais, 2001.

Strasser, Ryan J. "Punitive Damages Caps: A Proposed Middle Ground After Exxon Shipping Co. V. Baker" in **Cornell Journal of Law and Public Policy**, v. 19, pp. 773-793, 2009-2010.

Streck, Lênio. "Senso Incomum: A Katchanga e o bullying interpretativo no Brasil" in **Consultor Jurídico**, 28 de junho de 2012. Disponível em: <https://www.conjur.com.br/2012-jun-28/senso-incomum-katchanga-bullying-interpretativo-brasil>, acesso em 10 de outubro de 2017.

Sucupira, Pedro Henrique de Araripe. **Coletivização de demandas individuais**. 2014. Dissertação (Mestrado em Direito Processual) – Faculdade de Direito, Universidade de São Paulo, São Paulo, 2014. Disponível em: <http://www.teses.usp.br/teses/disponiveis/2/2137/tde-11022015-162714/>, acesso em 02 de agosto de 2017.

Sunstein, Cass R.; Kahneman, Daniel Kahneman; SCHKADE, David. "Assessing Punitive Damages [WITH NOTES ON COGNITION AND VALUATION IN LAW]" in **Coase-Sandor Institute for Law & Economics Working Paper**, n. 50, Chicago Unbound, 1997. Disponível em: <http://chicagounbound.uchicago.edu/cgi/viewcontent.cgi?article=1064&context=law_and_economics>, acesso em 09 de setembro de 2016.

SUPREMO TRIBUNAL FEDERAL. **Revista Trimestral de Jurisprudência** (RTJ), v. 81, Tomo 123, agosto de 1977, Brasília, pp. 329-674.

Tartuce, Flávio. **Direito Civil**: direito das obrigações e responsabilidade civil – v. 2, 9ª ed. Rio de Janeiro: Forense, 2014.

Tavares, André Ramos. **Reforma do Judiciário no Brasil pós-88**: (des) estruturando a justiça: comentários completos à EC no 45/05. São Paulo: Saraiva, 2005.

Teixeira, Sálvio de Figueiredo. "Aspectos da Contribuição de Caio Mário ao Direito Civil Brasileiro" in **Informativo Jurídico da Biblioteca Ministro Oscar Saraiva**, v. 16, n. 1, p. 1-74, jan./jul. 2004.

Tepedino, Gustavo; Barboza, Heloisa Helena; Moraes, Maria Celina Bodin (coords.). **Código Civil Interpretado Conforme a Constituição da República**, vol. II. Rio de Janeiro: Renovar, 2006.

Tepedino, Gustavo; Schreiber, Anderson. "As Penas Privadas no Direito Brasileiro" in Galdino, Flávio; Sarmento, Daniel (orgs.). **Direitos fundamentais:** Estudos em homenagem ao Professor Ricardo Lobo Torres. Rio de Janeiro: Renovar, 2006, p. 409-525.

Terra, Aline Miranda Valverde; Guedes, Gisela Sampaio da Cruz. "Considerações acerca da exclusão do lucro ilícito do patrimônio do agente ofensor" in **Revista da Faculdade de Direito da Universidade Estadual do Rio de Janeiro**, n. 28, pp. 1-24, dez./2015. Disponível em: <http://www.e-publicacoes.uerj.br/index.php/rfduerj/article/view/20290>, acesso em 10 de agosto de 2017.

THE LAW COMISSION. **Aggravated, Exemplary and Restitutionary Damages** – A Consultation Paper, n. 132. London: HMSO – Her Majesty's Stationery Office, 1993, p. 141. Disponível em: <https://s3-eu-west-2.amazonaws.com/lawcom-prod-storage-11jsxou24uy7q/uploads/2015/04/cp132.pdf>, acesso em 2 de novembro de 2017.

THE WASHINGTON POST. *"Trial Lawyers' Triumph"*, **Editorial**, p. A16, Washington D.C., 16 de março de 1996. Disponível em: <http://pqasb.pqarchiver.com/washingtonpost/doc/307929160.html?FMT=CITE&FMTS=CITE:FT&date=Mar+19%2C+1996&author=&desc=Trial+Lawyers%27+Triumph>, acesso em 10 de fevereiro de 2017.

Theodoro Júnior, Humberto. **Dano Moral**. Belo Horizonte: Del Rey, 2010.

Thibierge, Catherine. "Libre propos sur l'évolution du droit de la responsabilité vers un élargissement de la fonction de la responsabilité". **Revue Trimestrielle de Droit Civil**, Paris, n. 3, jul./set. 1999.

Todd, Stephen. "Wrongful Conception, Wrongful Birth and Wrongful Life" in **Sydney Law Review**, v. 27, n. 3, pp. 525-542, 2005.

Torneau, Philippe Le. **La Responsabilité Civile**, Tome I. Paris: Dalloz, 1972.

Tourneau, Philippe le; Cadiet, Loïc. **Droit de la responsabilité**, coll. "Dalloz action". Paris: Dalloz, 1998.

Troncoso, María Isabel. "El principio de precaución y la responsabilidad civil" in **Revista de Derecho Privado**, Universidad Externado de Colombia, n. 18, pp. 205-220, 2010.

Tucci, José Rogério Cruz e. **A causa petendi no processo civil**. 3ª ed. São Paulo: Revista dos Tribunais, 2009.

Tunc, André. **La responsabilité civile**, 2e Éd. Paris: Economica, 1989.

Ulian, Eduardo. **Responsabilidade Civil Punitiva,** Tese (Doutorado) – Faculdade de Direito da Universidade de São Paulo. São Paulo, 2003.

Vadillo Robredo, Goretti. "Reconocimiento y ejecución en Alemania de sentencias extranjeras de daños punitivos. Comentario a la decisión del Tribunal Federal de Justicia alemán (Bundesgerichtshof), de 4 de junio de 1992" in **Estudios de Deusto**, v. 45, n. 2, pp. 203-243, ene. 2015. ISSN 2386-9062. Disponível em: <http://revista-estudios.revistas.deusto.es/article/view/622/784>, acesso em 27 de agosto de 2016.

VALLER, Wladimir. **A reparação do dano moral no direito brasileiro**, 3ª Ed. Campinas: EV Editora, 1995.

VARELA, João de Matos Antunes. "Rasgos inovadores do Código Civil Português de 1966 em matéria de responsabilidade civil" in **Boletim da Faculdade de Direito**, Universidade de Coimbra, v. 48 (1972), pp. 77-106, 1972. Disponível em: <https://dialnet.unirioja.es/servlet/articulo?codigo=5561029>, acesso em 01 de abril de 2016.

VARGO, John F. "The American Rule on Attorney Fee Allocation: the injured person's access to justice" in **The American University Law Review**, v. 42, pp.1.567/1.632, 1993. Disponível em: <http://digitalcommons.wcl.american.edu/cgi/viewcontent.cgi?article=1586&context=aulr>, acesso em 03 de maio de 2016.

VASCONCELOS, Maria João Sarmento Pestana de. "Algumas questões sobre a ressarcibilidade delitual de danos patrimoniais puros no ordenamento jurídico português" in ANTUNES, Ana Filipa Morais et alli. **Novas Tendências da Responsabilidade Civil**. Coimbra: Almedina, 2007.

VAZ, Caroline. **Funções da Responsabilidade Civil**: Da Reparação à Punição e Dissuasão – Os punitive damages no Direito Comparado e Brasileiro, Porto Alegre, Livraria do Advogado, 2009.

VIANNA, Tauanna Gonçalves. Indenização Punitiva no Brasil: desafios e configuração, **Revista de Direito Privado**, vol. 57/2014, pp. 179-192, jan. 2014.

VICENTE DE AZEVEDO, Vicente de Paulo. **Crime-Dano-Reparação**. São Paulo: Revista dos Tribunais, 1934.

VINEY, Geneviève. "As Tendências Atuais do Direito da Responsabilidade Civil" in TEPEDINO, Gustavo (org.). **Direito Civil Contemporâneo**: Novos Problemas à Luz da Legalidade Constitucional – Anais do Congresso Internacional de Direito Civil-Constitucional da Cidade do Rio de Janeiro. São Paulo: Atlas, 2008.

VINEY, Geneviève. **Le Déclin de la Responsabilité Individuelle**. Bibliotheque de Droit Prive, 53. Paris: L.G.D.J, 1965.

VINEY, Geneviève. **Traité de Droit Civil – Introduction à la responsabilité**, vol. I, 2ème éd. Paris: LGDJ, 1995.

VOCI, Pasquale. **Risarcimento e pena privata nel diritto romano clássico**. Milano: Giuffrè, 1939.

WAISBERG, Tatiana. "Notas sobre o Direito Constitucional Israelense: A Revolução Constitucional e a Constituição Escrita do Estado de Israel" in **Revista Brasileira de Direito Constitucional**, n. 11, pp. 107-134, jan./jun. 2008. Disponível em: <http://www.esdc.com.br/RBDC/RBDC-11/RBDC-11-107-Tatiana_Waisberg.pdf>, acesso em 23 de novembro de 2017.

WAMBIER, Luiz Rodrigues; VASCONCELOS, Rita de Cássia Corrêa de; WAMBIER, Teresa Arruda Alvim. "Jurisprudência oscilante no STJ – Ofensa à segurança jurídica sob o aspecto da previsibilidade judiciais" in GALLOTTI, Isabel; DANTAS, Bruno; FREIRE, Alexandre; GAJARDONI, Fernando da Fonseca; MEDINA, José Miguel Garcia (Orgs.). **O papel da jurisprudência no STJ**, 1ª Ed. São Paulo: Revista dos Tribunais, 2014, pp. 223-238.

WAMBIER, Teresa Arruda Alvim; DIDIER JR., Fredie; TALAMINI, Eduardo; DANTAS, Bruno (coords.). **Breves Comentários ao Novo Código de Processo Civil**, 1ª ed. digital. São Paulo: Revista dos Tribunais, 2015.

WATANABE, Kazuo. "Relação entre Demanda Coletiva e Demandas Individuais" in GRINOVER, Ada Pellegrini; MENDES, Aluisio Gonçalves de Castro; WATANABE, Kazuo (coord.). **Direito Processual e o Anteprojeto de Código Brasileiro de Processos Coletivos**. São Paulo: Revista dos Tribunais, 2007.

WESENDONCK, Tula. "O Dano Existencial nas Jurisprudências Italiana e Brasileira – Um Estudo de Direito Comparado" in **Revista da Associação dos Juízes do Rio Grande do Sul (AJURIS)**, ano 38, n. 124, pp. 327-356, dez./2011.

WOODY, William Douglas; GREENE, Edie "Jurors' Use of Standards of Proof in Decisions about Punitive Damages" in **Behavioral Sciences & the Law**, v. 30, pp. 856-872, 2012.

WRIGHT, Eric. "The Future of Tort Litigation in California" in **Santa Clara Law Review**, n. 29, pp. 545-565, 1989.

WU, Huizhong. 900 million Indians can't get online. Here's why. **CNN Money**, Nova Délhi, 09 de março de 2016, disponível em: <http://money.cnn.com/2016/03/09/technology/india-internet-access/>, acesso em 09 de agosto de 2017.

YOSHIKAWA, Eduardo Henrique de Oliveira. "A incompatibilidade do caráter punitivo da indenização do dano moral com o Direito Positivo brasileiro (à luz do art. 5º, XXXIX, da CF/88 e do artigo 944, caput, do CC/2002)" in **Revista de Direito Privado**, v. 9, n. 35, p. 77-96, jul./set. 2008.

YOSHIKAWA, Eduardo Henrique de Oliveira. **Processo (in)civil e (in)segurança jurídica**. 2014. Tese (Doutorado em Direito Processual) – Faculdade de Direito, Universidade de São Paulo, São Paulo, 2014.

ZABALA, Filipe Jaeger; SILVEIRA, Fabiano Feijó. "Jurimetria: estatística aplicada ao direito" in **Revista Direito e Liberdade**, Natal, v. 16, n. 1, p. 87-103, jan./abr. 2014.

ZAFFARONI, Eugenio Raúl; BATISTA, Nilo; ALAGIA, Alejandro; SLOKAR, Alejandro. **Direito Penal Brasileiro**: Teoria do Delito, introdução histórica, v. 2, 2ª edição. Rio de Janeiro, Revan, 2016.

ZAFFARONI, Eugenio Raúl; PIERANGELI, José Henrique. **Manual de Direito Penal Brasileiro**, v. 1, 6ª edição. São Paulo: Revista dos Tribunais, 2006.

ZAFFARONI, Eugenio Raul. **Em Busca das Penas Perdidas**: A Perda da Legitimidade do Sistema Penal, trad. Vania Romano Pedrosa e Amir Lopez da Conceição, 5ª Ed. Rio de Janeiro: Revan, 2012.

ZANINI, Leonardo Estevam de Assis. "As penas privadas" in **Revista do Tribunal Regional Federal da 1ª Região**, v. 20, n. 6, Brasília, pp. 42-57, jun./2008.

ZANNONI, Eduardo A. **El daño en la responsabilidad civil**. 2ª Ed., 1ª reimpressão. Buenos Aires: Astrea, 1993.

ZAVASCKI, Teori Albino. **Processo Coletivo**: tutela de direitos coletivos e tutela coletiva de direitos. São Paulo: Revista dos Tribunais, 2006.

ZITZER, Kurt M. Punitive Damages: A Cat's Clavicle in Modern Civil Law. In. **The John Marshall Law Review**, vol. 22, 1998, pp. 559-662. Disponível em <http://heinonline.org/HOL/LandingPage?collection=journals&handle=hein.journals/jmlr22&div=34&id=&page=>, acesso em 03 de setembro de 2016.